U0659100

| 台湾研究系列 | 两岸关系与海峡传播研究文库之三

谢清果 主编

两岸关系和平发展协同创新中心成果

闽台文化记忆与海峡传播研究

谢清果 编著

九州出版社 JIUZHOUPRESS | 全国百佳图书出版单位

图书在版编目（CIP）数据

闽台文化记忆与海峡传播研究 / 谢清果编著. -- 北京 : 九州出版社, 2021.6
ISBN 978-7-5225-0336-3

Ⅰ. ①闽… Ⅱ. ①谢… Ⅲ. ①地方文化－文化传播－研究－福建②地方文化－文化传播－研究－台湾 Ⅳ. ①G127.57②G127.58

中国版本图书馆CIP数据核字(2021)第149772号

闽台文化记忆与海峡传播研究

作　　者	谢清果　编著
责任编辑	郝军启
出版发行	九州出版社
地　　址	北京市西城区阜外大街甲 35 号 (100037)
发行电话	(010)68992190/3/5/6
网　　址	www.jiuzhoupress.com
印　　刷	北京九州迅驰传媒文化有限公司
开　　本	720 毫米 ×1020 毫米　16 开
印　　张	17.5
字　　数	328 千字
版　　次	2021 年 8 月第 1 版
印　　次	2021 年 8 月第 1 次印刷
书　　号	ISBN 978-7-5225-0336-3
定　　价	58.00 元

本书受

厦门大学台湾研究院、两岸关系和平发展协同创新中心

资助出版

目　录

上篇：妈祖文化传播研究

妈祖文化：维系两岸情感沟通的媒介

谢清果　林　凯*

（厦门大学 新闻传播学院，福建厦门，361005）

从对妈祖原型的挖掘到神话故事的信仰书写再到衍生妈祖信俗文化，其中蕴含着慈善、救苦救难的道德情感以及保佑中华民族同胞的民族情感。妈祖信俗文化通过神话故事传说和仪式活动以及其他媒介载体进行各种形态的传播，在此过程中，两岸民众以此为媒介实现情感互动和交流，有助于增强“两岸一家亲”观念，改善了两岸关系。当然，妈祖文化作为媒介，在两岸情感沟通过程中也存在一些不理性和异质化的问题，需要我们进行反思。

长期以来，两岸以妈祖作为朝拜对象而举办各类盛大的民俗信仰活动，两岸官方和民间都热情参与其中，两岸也因妈祖文化的信俗活动而频繁往来，成了两岸民间交往中的一道靓丽的风景线。两岸“妈祖热”现象折射出了两岸对妈祖的虔诚敬仰，更彰显了妈祖文化在两岸情感沟通上的桥梁作用。本文也以此为切入点探寻妈祖文化作为沟通媒介在两岸情感交流中的形成过程和重要意义。

一、作为两岸情感沟通媒介的妈祖文化

妈祖文化作为一种两岸乃至海内外华人共同的精神依托，已然成为中华民族的文化符号，进而成为维系中华民族共同的情感纽带。

（一）妈祖文化的情感内涵

1987 年，上海师范大学林文金教授在湄洲妈祖庙举行规模盛大的妈祖千年祭

---

* 谢清果，男，博士，两岸关系协同创新中心研究员，厦门大学新闻传播学院教授，博士生导师，传播研究所所长。林凯，男，厦门大学新闻传播学院 2017 级博士研究生。

基金资助：厦门大学人文社会科学“校长基金·创新团队”项目：“海峡两岸舆论：动力机制及其演化轨迹研究”（编号：20720171005）

祀活动的学术研讨会上，提出重视妈祖文化研究的必要性。[①] 在上千年的民众朝拜信仰中，妈祖由神话传说逐渐演化为妈祖文化，其中积淀了丰富而深刻的文化内涵，情感内涵始终贯穿于妈祖文化在民众沟通和传播过程中。我们以为，妈祖文化的情感内涵主要有两个方面，一方面是妈祖的孝悌忠义、济世救人、除恶扬善的精神，这是人类最本真的道德情感，是人类社会存在的一个基本特征，这种精神同时也是中华民族的传统美德，具有强大的感召力。[②] 另一方面，对中华民族来说，妈祖文化具有深刻隽永的民族情感。在古代她能够保护中华民族使臣出海安全，传播中华文明。北宋宣和四年（1122 年）给事中路允迪奉旨使高丽，由于“通贤神女”桅樯护使，返航平安。[③] 而在明朝，据郑和《天妃之神灵应记》碑云：“而我云帆之高涨，昼夜星驰，涉彼狂澜，若履通衢者，诚荷朝廷威福之致，尤赖天妃之神保佑之德。”[④] 从这些记载中我们看到人们信仰妈祖作为“海上女神”的神通广大这一情感表达方式，在一定程度上促进了中华文明的传播和中华民族的强大。同时，在台湾和大陆之间，妈祖更是发挥了“保护神”的作用，为两岸渔民和移民往返台海两岸保驾护航，《陔余丛书》上称：“台湾往来神迹箸，土人呼神为妈祖。倘遇风浪危急，呼妈祖，则神披发而来，其效立应；若呼天妃，则神必冠帔而至，恐稽时刻。”[⑤] 当下，两岸同胞尤其台湾和福建沿海地区的民众在准备出海作业或从事其他事情的时候，都会祈求妈祖护佑。可以说，妈祖是两岸同胞共同的精神纽带，是两岸民众共同的情感诉求归属。千百年来，妈祖的神话传说不断被颂扬，妈祖文化中的慈善救世的道德情感和护佑中华民族儿女的民族情感内涵也在不断升华和凸显，它不会随时代变迁而消失，反而会在中华民族一代又一代的传承、濡化中变得厚重而隽永。

每个国家和民族都可视为记忆性的载体，都拥有各自共同的文化、道德、宗教、信仰、风俗等历史传统。这些历史传统积淀的过程，就是情感的社会传承过程。妈祖文化中的情感内涵及其传承是民众社会生存的信仰需求，也是中华民族传递情感、增进团结，维系社会发展的重要精神中介，其起到了帕森斯所讲的社会系统的“维模”作用。[⑥]

---

① 朱天顺：《妈祖研究论文集》，厦门：鹭江出版社，1989 年，第 1 页。

② 金文亨，彭程：《妈祖文化在台湾的传播》，《福建学刊》1997 年第 5 期。

③ 朱天顺：《妈祖研究论文集》，厦门：鹭江出版社，1989 年，第 11 页。

④ 王丽梅：《妈祖文化的核心价值及其现代社会功用》，《重庆文理学院学报（社会科学版）》2010 年第 1 期。

⑤ 王连弟：《妈祖文化中的人文关怀取向》，《闽江学院学报》2007 年第 3 期。

⑥ 郭景萍：《情感社会学：理论·历史·现实》，上海：上海三联书店，2008 年，第 95 页。

（二）妈祖文化的媒介意义

由于民众对妈祖的信仰，妈祖文化成为两岸民众甚至全世界华侨华人共同认同的精神价值和追求，妈祖成为两岸民众情感的寄托，从这个意义上讲，妈祖文化具有一定的媒介意义。也就是说，通过对妈祖的信仰、朝拜，对妈祖文化的认同和弘扬而实现社会民众之间的交流，甚至达成共识而凝聚成一个共同体，这是妈祖文化在其中起到媒介和催化的作用，也即“文化媒介化”，它是以“物”为载体，以语言符号为内容，旨在记录和传播人类思维、审美情趣或重大事件等文化事象和活动的中介。[①]具体而言，第一，妈祖的神像以及各类含有妈祖文化内涵的物品，也就是妈祖文化的“物化”物品，这些都可以成为两岸民众沟通的媒介。妈祖文化在经过近40年的发展，逐渐形成妈祖文化产业，而其中一个重要体现就是妈祖文化的经济和生活化。英国学者拉什（Lash,S.）和卢瑞（Lury,C.）曾谈道：“在全球文化工业兴起的时代，一度作为表征的文化开始统治经济和日常生活，文化被‘物化’（thingified）”[②]。当然全球文化工业不是本文的背景，但是我们以为，文化的“物化”能够让更多文化受众接触到、体验到文化的内涵。从这个意义上看，妈祖文化的各类“物化”物品让两岸民众对妈祖文化信仰更有依赖感和体会，而且也可以因为共同拥有这种物品而联系在一起。从1987年台胞从湄洲祖庙请去675尊妈祖神像开始，到现在台湾地区有500多座妈祖庙，这些妈祖“实物”搭起了两岸民众情感沟通的桥梁。第二，妈祖文化情感内涵中的精神依托是一种纽带。这种精神依托是通过两个方面来实现的，一方面是两岸民众希望通过妈祖来祈求平安、幸福，寻求妈祖的庇佑；另一方面，妈祖是两岸同胞的守护神，是两岸同胞期盼和平统一，融入中华民族大家庭的精神依托。从1987年湄洲祖庙举行“妈祖千年祭”庆典，台中大甲镇镇澜宫董事会护送开基妈祖回湄洲谒祖，恢复谒祖惯例，到1997年，湄洲妈祖金身巡游台湾102天、19个县市，驻跸35座分灵庙。再到2005年，来自台湾的连战和宋楚瑜分别为湄洲妈祖祖庙的题词：“神昭海表”和“圣德配天”。[③]从这里可以看出，两岸民众以妈祖为信仰，妈祖文化的情感内涵强化了两岸民众的情感联系。第三，妈祖文化产业氛围将两岸民众情感沟通融入生活。随着两岸政策的放开和两岸经济水平的提升，妈祖文化逐渐产业化，形成一定的规模，譬如妈祖文化旅游节和各类庆典活动，这极大提升两岸朝拜妈祖

① 熊高：《传播学视阈下的文化媒介属性（中）》，《广西师范学院学报（哲学社会科学版）》2012年第2期。

② ［英］拉什，［英］卢瑞：《全球文化工业：物的媒介化》，要新乐译，北京：社会科学文献出版社，2010年，第4—5页。

③ 彭文宇：《妈祖文化研究论丛》，北京：人民出版社，2012年，第50—51页。

的氛围。2008 年在第四届“中国·天津妈祖文化旅游节”上，台湾北港朝天宫董事会常务董事长蔡辅雄说道：“通过参加妈祖文化旅游节，我认识了很多朋友。两岸妈祖信众聚在一起，就像一家人一样。”而台湾大甲镇澜宫副董事长郑铭坤也说：“妈祖文化旅游节有利于促进两岸文化交流，而且两岸妈祖文化的交流越来越频繁了。”[①]更为让人感动的是，一位名叫杨卢玉的老太太，她从 1987 年到 2000 年共来湄洲 52 次，她的走法是：打听哪个庙组团就跟着来，直到 90 岁高龄，人家才不敢再带她来了。[②]妈祖文化产业化不仅增加了两岸经济往来，而且将妈祖信仰泛化和融入民众的生活中，增强民众认识、体悟和传播妈祖文化的意识，由此深化了两岸民众的情感沟通。

2009 年国务院正式公布《关于支持福建省加快建设海峡西岸经济区的若干意见》，其中提道：“要拓展妈祖文化等两岸共同文化内涵……进一步增强妈祖文化连接两岸同胞感情的文化纽带作用”。[③]妈祖文化由民间的朝拜上升到官方对其纽带和中介作用的认同，不仅是社会对民俗文化的肯定，而且也是对关涉两岸民众精神情感依托的保障。通过对妈祖的朝拜，是妈祖文化作为一个情感连接中介的体现，同时也在其中构建和践行妈祖文化的媒介意义。更长远来看，妈祖文化作为中华民族的一个组成部分，在具有共同语言、共同风俗习惯的两岸中具有极强的凝聚力，通常说的“妈祖是海峡两岸的和平女神”，便是表明妈祖文化对海峡两岸同胞具有内聚力。[④]这也是妈祖文化作为媒介意义的追求目标所在，也即能够借助妈祖文化增进两岸对中华文明、中华民族的认同，推进两岸和平统一和中华民族团结的进程。

二、妈祖文化原型：两岸情感沟通的原始动力

妈祖文化信仰的丰富内容中，既有妈祖作为历史上的一位人物所展示的中华民族的鲜活情感，又有作为女神对民众庇佑的坚定信仰。从而成为民众的精神信仰对象——神灵。这些都具有深刻的情感沟通的媒介意义。而其中，妈祖文化的原型则在两岸情感沟通过程中发挥着基础和催化作用。

（一）妈祖神话原型

关于妈祖的生平，据《天妃显圣录》记载：

---

① 陈筠：《妈祖文化 两岸同霑》，《两岸关系》2008 年第 10 期。

② 蒋维锬：《妈祖文化热的再认识》，《东南学术》2004 年增刊。

③ 翁卫平：《妈祖文化与海峡两岸交流互动》，《闽台文化交流》2011 年第 3 期。

④ 朱天顺：《妈祖研究论文集》，厦门：鹭江出版社，1989 年，第 1 页。

天妃，莆林氏女也。宋太祖建隆元年庚申（960），三月二十三日方夕，见一道红光从西北射室中，晶辉夺目，异香氤氲不散。俄而王氏腹震，即诞妃于寝室。里邻咸以为异。父母大失所望，然因其生奇，甚爱之。自始生之弥月，不闻啼声，因命名曰“默”。幼而聪颖，不类诸女。甫八岁。从塾师训读，悉解文义。十岁余，喜净几焚香，诵经礼佛，旦暮未尝少懈。婉娈季女，俨然窈窕仪型。十三岁时，有老道士玄通者往来其家，妃乐舍之。道士曰：“若具佛性，应得度人正果。”乃授妃玄微妙秘法，妃受之，悉悟诸要典。十六岁，窥井得福，遂灵通变化，驱邪救世，屡显神异。常驾云飞渡大海，众号曰“通贤灵女”。越十三载，道成，白日飞升；时宋雍熙思念丁亥（987）秋九月重九日也。[①]

同时，在这本书中也记载了妈祖化草救商、挂席泛槎等神话故事。

这是关于妈祖文化的原型塑造和神话叙事与书写。在荣格看来，原型的一个表达方式是神话与童话。[②]所谓原型概念，是作为集体无意识概念的“一个不可或缺的关联物”，它表示一种似乎无处不在、无时不在的不同种类的固定形式在精神领域中的存在，而且是一种业已存在的形式——并非是鼓励的，而是在不同知识领域中得到承认与命名的东西。[③]也就是说，这种原型是存在于人们的精神领域的，也是得到人们认可的“原始意象”或“优势遗传物”。[④]妈祖文化的原型是千百年来被人们所认同和始终以具体的慈善和救苦救难的意象存在于人们的精神领域，而被反复认知、传颂和完善。神话是一种匿名创作的叙事，是将自然变为文化的一种关键手段，[⑤]同时也是文化的有机成分，以象征的叙述故事的形式表达着一个民族或一种文化的基本价值观。[⑥]对中华民族来说，尤其是两岸民众有着共同的生活习惯、共同的语言和信仰崇拜，同时也都具有中华民族所具有的勤劳、善良的优良品质，应该说，妈祖文化的原型彰显了中华民族的价值观和美好的形象。

---

① 台湾银行经济研究室编辑：《天妃显圣录》，台北：台湾省文献委员会，1996年，第17—18页。

② ［瑞士］卡尔·古斯塔夫·荣格：《原型与集体无意识》，徐德林译，北京：国际文化出版公司，2011年，第7页。

③ ［瑞士］卡尔·古斯塔夫·荣格：《原型与集体无意识》，徐德林译，北京：国际文化出版公司，2011年，第36页。

④ 叶舒宪：《神话——原型批评》，西安：陕西师范大学出版社，1987年，第6—7页。

⑤ ［美］费斯克等：《关键概念：传播与文化研究辞典（第二版）》，李彬译注，北京：新华出版社，2003年，第176页。

⑥ 叶舒宪：《神话——原型批评》，西安：陕西师范大学出版社，1987年，第12页。

（二）原型特质和书写：两岸情感沟通的原始动力

妈祖文化原型体现的妈祖精神得到了两岸民众的认同。加拿大文学理论家弗莱就认为，原型具有历史性和交际性，是社会变迁下人们对当下社会的某些集体记忆和情感体验，它们是可以交际传播的。[①]也就是说，一方面，原型中蕴含的某种特质或象征能够勾连起人们的某些集体记忆，是人们传颂的基础；另一方面，原型以神话故事或者文学作品等形式经过社会时代变迁的书写而具有历史性和社会人文精神的交往特性，同时也注入了丰富的人类情感，因此它是可以在人类社会进行传播和交流的。妈祖文化的原型特质是作为社会存在与自然、社会敌对力量斗争的一种回应，[②]是劳动人民为生存而艰辛地、集体对抗自然的过程的一个产物。[③]而从千百年来两岸民众和广大海外华人华侨对妈祖的信仰和崇拜，是对妈祖神话原型内在精神的认同，也在一个侧面反映了中华民族奋斗过程，更是凸显了两岸民众自强不息、坚韧勤劳的特质，这是两岸民众对中华民族认同的基础。妈祖神话原型通过千百年的书写、流传，充注了丰富的情感内涵，具有强大的沟通和传播能力。这是两岸民众情感沟通的原始动力和基础所在。

1990 年，湄洲妈祖祖庙与北港朝天宫联合建造的大型妈祖石雕像矗立在湄洲岛妈祖祖庙山顶的最高处。这尊石雕像高 14.35 米，象征湄洲岛 14.35 平方公里的面积，石雕像由 365 块石头组成，加上手捧的石如意，寓意着一年到头吉祥如意。这尊妈祖像面向东南，正对着台湾的北港。1992 年，一尊同样的石像运到了台湾北港朝天宫，面朝西北与祖庙的石雕像隔海遥遥相望，象征着妈祖期盼两岸能够早日统一。[④]在这里，两岸以相互矗立妈祖神像来表达对妈祖的共同信仰，这种情感的社会化表达不仅是两岸民众个体的情感抒发，而且更是一种两岸对寻根怀祖、对妈祖原型特质中蕴含的中华民族文化认同的表征，是强大的融合民族情感，加强民族团结的凝聚力和向心力，也是推进祖国和平统一的感情基础，这也正是妈祖文化和平友好的情感沟通的核心所在。[⑤]

妈祖文化的原型特质以神话的形式叙事和书写以及以文化活动形式呈现和演绎，以反复性、象征性和模式功能让人在特定情境中实现与特定心理情感相契合，[⑥]

---

① 蒋晓丽，何飞：《情感传播的原型沉淀》，《现代传播》2017 年第 5 期。

② PC Joshi. *Culture, communication and Social Change*. Delhi : Vikas Publishing House Pvt Ltd, 1989，P51.

③ PC Joshi. *Culture, communication and Social Change*. Delhi : Vikas Publishing House Pvt Ltd, 1989，P51.

④ 彭文宇：《妈祖文化研究论丛》，北京：人民出版社，2012 年，第 50—51 页。

⑤ 吴珊珊：《论妈祖文化精神》，《东南学术》1999 年第 6 期。

⑥ 齐蔚霞：《论现代广告的原型叙事》，《陕西师范大学学报（哲学社会科学版）》2013 年第 6 期。

上升为不同历史时期特定社会的普遍社会心理，沉淀着两岸民众共享的社会意义和情感联结，唤起两岸民众的集体认同感，构成两岸共同朝拜妈祖的集体行为，[①] 发挥着两岸情感沟通的媒介作用。

三、妈祖文化仪式：两岸情感沟通的媒介场域

妈祖文化仪式作为沟通妈祖神灵与民众精神沟通的重要过程和形式，两岸民众都是通过仪式获得对神灵的愿望诉求和对同胞的情感沟通，是一种重要的文化场域。这些仪式承载着妈祖文化的精神象征和情感内涵，具有重要的媒介载体意义。

（一）两岸妈祖文化仪式

仪式 / 礼仪（ritual）指组织化的象征活动与典礼活动，用以界定和表现特殊的时刻、事件或变化所包含的社会与文化意味。[②] 仪式是集体的行为，是在一定的空间中进行的能够表征事件内涵以及进行情感沟通的象征性活动。两岸举办妈祖文化相关祭典仪式由来已久，具有深远的影响。台湾的妈祖源于福建莆田湄洲祖庙。过去，每逢农历三月二十三日妈祖诞辰前，妈祖的分身要返回“娘家”进香拜谒。但在日本侵占时期，就改为到北港朝天宫接引了湄洲祖庙的“火”。大甲镇澜宫往北港朝天宫进香的习俗，俗称“大甲妈祖回娘家”，这个进香活动是台湾对妈祖崇拜中的重要仪式。[③] 而且在妈祖升天日（农历九月初九）也有大型庆典活动，这两个特殊时刻已成为台湾社会祭典妈祖的特殊传统庆典节日。2000 年，台湾台中县大甲镇澜宫组织 2000 多名信众包机经香港到莆田进行为期 5 天的谒祖进香活动，成为迄今为止人数最多、规模最大、内容最丰富、最受关注的台胞到大陆交流活动。[④] 而现在湄洲妈祖祖庙每年都会在妈祖诞辰日举行盛大的祭典仪式，随着两岸“三通”的开放，两岸往来参与庆典活动日益频繁和隆重，也不断规范化和正式化。2006 年妈祖祭典民俗被列入国家级非物质文化遗产名录，可以说是对妈祖文化仪式活动和价值的认可。2009 年 9 月 30 日联合国教科文组织政府间保护非物质文化遗产委员会第四次会议审议，决定将《妈祖信俗》列入世界非物质文化遗产，成为中国首个信俗类世界遗产，而且台湾地区也参与申报，意义非同寻常。

---

① 蒋晓丽，何飞：《情感传播的原型沉淀》，《现代传播》2017 年第 5 期。

② ［美］费斯克等：《关键概念：传播与文化研究辞典（第二版）》，李彬译注，北京：新华出版社，2003 年，第 243 页。

③ 朱天顺：《妈祖研究论文集》，厦门：鹭江出版社，1989 年，第 144—145 页。

④ 曹曦，艾明江：《海上和平女神：妈祖信仰在台湾》，福州：福建教育出版社，2008 年，第 86 页。

在妈祖文化仪式中，有主祭、司仪等主持仪式，进行上香、叩拜，之后还有妈祖巡游、集体祈祷、演戏等，两岸民众都是在这一定的空间中进行祭拜，向妈祖祈求保佑。应该说，这是一个特殊的空间和时刻，是两岸民众在其中满足世俗要求的身体集聚活动和行为，同时也因为民众的虔诚祈求，让这一仪式成为神圣的仪式，仪式空间成为神圣的空间。他们的聚集，借仪式来开始和结束，共同分享并共同创造这个涂尔干所谓的的“集体的神圣空间感”。[①]可以说，这种仪式是具有象征意义的，是具有传播效力的。如果从传播学角度来看，仪式本身即是人类一种充分、卓越的文化交流行为。通过仪式，人们传递情感，交流思想，共享价值，促进团结，确认秩序，强化认同，增进融合。[②]

（二）仪式：情感沟通场域

法国社会学家布尔迪厄对场域做过界定，他认为，从分析的角度来看，一个场域可以被定义为在各种位置之间存在的客观关系的一个网络（network），或一个构型（configuration）。[③]这就是说，场域是由客观关系组成的一个网络空间。在布尔迪厄看来，场域不是简单的物理边界的限制空间，而是内在具有生命活力的一种存在。我们以为，场域可以是社会中人们以特定的需求和客观关系而组合在一起的一种空间存在形式，因此，妈祖文化仪式所形成的特定的空间就是一种文化场域或者说是仪式场域。这个仪式场域是具有某种传播氛围的特定时空与心境，也就是说，它是在一定的物理空间中由参与者亲身体验经历，从而进入仪式所形成的心中追求的心境。[④]所以，它既是物质的，也是心灵的，其传播场域最终要通过参与者的心理建构，来实现承载仪式意义、融洽体验氛围、维系群体关系的功能。[⑤]因此，可以说，仪式场域是具有传播功能的场域，可以通过参与者在仪式中的互动和体验，达到情感和意义的共享，从这个意义上讲，仪式传播也即是情感传播。[⑥]

---

① 张珣：《文化妈祖：台湾妈祖信仰研究论文集（初版）》，台北：“中研院民族所”，2003 年，第 39 页。

② 张兵娟：《互动仪式中的情感传播及其建构——以〈中国好声音〉为例》，《新闻爱好者》2012 年（12 下半月）。

③ ［法］皮埃尔·布迪厄，［美］华康德：《实践与反思——反思社会学导论》，李猛，李康译，北京：中央编译出版社，1998 年，第 133—134 页。

④ 张方敏：《仪式传播场域论纲——对传播仪式观研究支点的探索》，《新闻与传播研究》2015 年第 5 期。

⑤ 张方敏：《仪式传播场域论纲——对传播仪式观研究支点的探索》，《新闻与传播研究》2015 年第 5 期。

⑥ 蒋晓丽，何飞：《互动仪式理论视域下网络话题事件的情感传播研究》，《湘潭大学学报（哲学社会科学版）》2016 年第 2 期。

上文中，我们提到妈祖文化仪式中两岸民众聚集在特定的神圣空间中举行祭典活动，这是一个特殊的民俗仪式。在这个仪式中，两岸民众通过共同的祭祀活动、统一的动作，置身于神圣的祭拜氛围中，在祭司的口号下进行互动和体验，把自身的祈求愿望诉诸仪式，祈愿妈祖。一方面，两岸通过妈祖文化仪式获得情感的沟通。丹森认为，人的情感不是严格意义上的生理或心理的过程，而是社会的过程。[①] 也就是说情感是能够在社会的人际互动中产生的。两岸民众通过妈祖文化仪式进行情感互动和情感联结——通过身体的协调一致、相互激起 / 唤起参加者的神经系统——结合在一起，从而导致形成了妈祖信众的成员身份感；而这也为每个参加者带来了情感能量，使他们感到有信心、热情和愿望去共同参与朝拜。[②] 此外，仪式场域的情感沟通能够在象征意义和程序化过程的感召下团结在一起，而且仪式的强度越高，当前所产生的情感就越多，其长期的效应也会越大。[③] 因此，妈祖文化仪式对团结两岸民众具有重要意义，这也反映了妈祖文化各类仪式盛大的原因。另一方面，仪式场域不仅能促进情感的沟通，而且集体仪式和集体欢腾能创造充沛的情感能量。[④] 也就是说，在仪式互动中人与人的互动是主动而开放的，观众并不是被动地等待自己的情绪被操纵，而是在创造共同感受的过程中积极的、不可分割的一部分，[⑤] 也即具有较强的积极传播功能。这方面的意义在于能够维持仪式的情感氛围和延伸、强化仪式的象征意义，由此可见，仪式不仅用来管理情绪，而且情感也用来加强仪式的意义。[⑥] 在妈祖文化仪式中两岸民众情感的集合能够强化之间的认同和团结，同时也保证了妈祖仪式在海峡两岸永续传播。总的来说，两岸在妈祖文化仪式或者说妈祖原型“情境”中，共享两岸同属中华民族的“大家族”情感，增进了情感的传播和接受，同时也促进实现仪式作为沟通人与人、人与神以及强化秩序和整合社会的积极意义，[⑦] 为两岸和平统一，两岸和谐发展提供情感动力。

---

① [美] 诺尔曼·丹森:《情感论》，魏中军，孙安迹译，沈阳：辽宁人民出版社，1989 年，第 42 页。

② [美] 柯林斯:《互动仪式链》，林聚任，王鹏，宋丽君译，北京：商务印书馆，2009 年，第 3 页。

③ [美] 柯林斯:《互动仪式链》，林聚任，王鹏，宋丽君译，北京：商务印书馆，2009 年，第 170 页。

④ 冯仕政:《西方社会运动理论研究》，北京：中国人民大学出版社，2013 年，第 313 页。

⑤ Sally Planalp. *Communicating Emotion: social, moral, and cultural processes*. Cambs: Cambridge university press，1999，P216

⑥ Sally Planalp. *Communicating Emotion: social, moral, and cultural processes*. Cambs: Cambridge university press，1999，P229

⑦ 郭于华:《仪式与社会变迁》，北京：社会科学文献出版社，2000 年，第 1 页。

四、妈祖文化传播：彰显两岸情感沟通的媒介效应

妈祖文化具有丰富的情感内涵，是两岸情感沟通的良好沟通媒介之一，也能带来良好的媒介效果。为此，我们以为，可以延伸妈祖文化的媒介形态，扩大其媒介效应，同时通过媒介效应来强化两岸民众的情感联结和身份认同。

（一）加强延伸妈祖文化的媒介形态

妈祖神话故事的传播以及妈祖文化仪式的情感交流，以此为媒介使得两岸互动交流更加频繁，情感更加深厚。我们以为，妈祖文化作为两岸情感沟通的媒介之一，应该充分发挥妈祖文化的传播效应，而这首要的则是延伸妈祖文化的媒介形态，而不仅仅局限在妈祖神话故事或仪式传播上。以妈祖故事传奇为基础的媒介形态可以是小说等文学作品以及戏剧影视作品。小说方面，最早描写妈祖故事的小说可以追溯至明朝的《天妃出身济世传》；进入21世纪之后，台湾新生报社在1963年8月印行知名历史小说家南宫博创作的现代小说《妈祖》；戏剧方面，20世纪50年代末神话戏剧《马祖志》，将妈祖形象搬上文艺舞台；而在影视方面，则成果比较丰硕，如《圣女妈祖传》影片，1955年11月初，蒋介石、宋美龄夫妇还一起观赏了该影片。另外，大约在《圣女妈祖传》摄制的同时，“必达影业”摄制了另一部妈祖电影《圣母妈祖传》。此后，1963年和1975年各有一部影片《圣女妈祖传》和《天后》。[①]在电视剧方面，从1987年中华电视公司拍摄了电视剧《妈祖的故事》到2012年北京网连八方文化传媒有限公司拍摄电视剧《妈祖》之间，两岸共拍摄了大约12部电视剧；2007年由台湾林世仁执导动画片《海之传说——妈祖》。[②]此外，随着科技和旅游业的发展兴盛，依托妈祖文化还建设有妈祖源流博物馆、妈祖文化影视园、妈祖阁、妈祖文化朝圣观光区等旅游新景点，[③]传播载体大大扩展。当然，妈祖庙上的楹联也可算传播妈祖文化的一种特殊媒介形态。可以说，妈祖文化的媒介形态丰富多样，这是妈祖神话原型叙述媒介化和社会化效应的体现，为妈祖文化传播和两岸的情感沟通开辟了更多途径和空间。

（二）扩大妈祖文化传播媒介效应

美国学者G.格伯纳等人提出“培养”理论。“培养”理论也称“培养分析”

---

① 曹曦，艾明江：《海上和平女神：妈祖信仰在台湾》，福州：福建教育出版社，2008年，第69—70页。

② 百度百科：《妈祖》，https://baike.baidu.com/item/妈祖/53171，2017年12月02日。

③ 宋建晓：《21世纪海上丝绸之路中的妈祖文化》，2015年7月22日，http://www.qstheory.cn/culture/2015—07/22/c_1116000623.htm，2017年12月22日。

或“教化分析”“涵化分析”。该理论的基本观点是：社会要作为一个统一的整体存在和发展下去，就需要社会成员对该社会有一种“共识”，也就是对客观存在的事物，重要的事物以及社会的各种事物、各个部分及其相互关系要有大体一致或接近的认识。只有在这个基础上，人们的认识、判断和行为才会有共通的基准，社会生活才能实现协调。[①]我们以为，通过妈祖文化演绎出各类文学和影视作品，作为补充妈祖文化沟通两岸情感的媒介形态对两岸达成“同属一个中华民族、同属一个中国”的共识具有重要的意义。以两岸影视作品来看，不管是两岸独立制作还是两岸联合制作，其中的作品都共同反映了妈祖神话原型以及妈祖对两岸民众的庇佑及其带给两岸的共同福祉。此外，通过这些媒介作品以及妈祖源流博物馆、朝圣观光区等让两岸民众甚至海外华侨华人共同体验到中华民族的“根”在中国，凝聚两岸民心，增进民族情感，达成两岸同属一个中国的共识。总之，通过妈祖文化媒介形态的延伸，强化两岸社会对妈祖文化内涵的涵化，让两岸都对此有一个统一的认识，从而协调两岸沟通的行为，为两岸早日实现统一奠定思想认识基础。当然，更为重要的是，通过各类媒介形态的涵化效应，能够让两岸在日后的交流中始终保持和谐的发展秩序，进而保障社会的稳定发展。

五、妈祖文化反思：突破两岸情感沟通的媒介局限性

妈祖文化作为两岸情感沟通的媒介之一，在官方和民间层面都有很大的影响力。当然，两岸利用妈祖文化作为媒介进行沟通也存在一些不理性和异化现象，值得关注和反思。

（一）两岸情感沟通中的不理性因素

任何个体都必然处在情感之中，并通过情感的绽放意识到自身的存在。[②]也就是说，每个个体都富有情感，通过情感的社会化实现与人沟通，而且也由此确证自身的社会存在，是构建社会存在和关系的内在动力。当然，情感更多地源于刺激的激发，是一种强大的、独立于理智之外的人类能量，[③]因此有更多的主观性和张力，其内容指向是模糊的，情感传播中存在不稳定成分，这是情感传播所存在的局限性，而妈祖文化在两岸情感沟通中同样也存在这种局限。因此，在两岸情感沟通过程中需要理性来加以调控，有必要去拓展情感传播的理性价值，提升情

① 郭庆光：《传播学教程（第2版）》，北京：中国人民大学出版社，2011年，第204—205页。

② 张志平：《情感的本质与意义——舍勒的情感现象学概论》，上海：上海人民出版社，2006年，第63页。

③ 齐蔚霞：《论现代广告的原型叙事》，《陕西师范大学学报（哲学社会科学版）》2013年第6期。

感传播的表达形式，形成复合高效的传播效果。[①]

东方文化认为情感比理智更根本，对人的精神状态和精神境界影响更大。[②]因此也就不难理解两岸为何对妈祖文化的热情崇拜和信仰，妈祖文化俨然成了两岸民众心中的精神支柱。当然在这种情感热涨和释放的过程中，也出现了一些违背民俗精神和宗教纯洁性、神圣性的非理性行为。譬如，在妈祖朝圣地区民间迷信旧俗泛滥和复活，装神弄鬼表演大行其道，以此愚弄民众，骗取钱财。而在台湾，信众对妈祖的虔诚和信仰，使得妈祖庙的香火钱收入不断增加，因此台湾地区妈祖庙的管理采用企业董事会管理规制，商业竞争的规则被引入妈祖庙，使得庙与庙以及庙内各股势力之间竞争加剧，甚至不择手段。[③]这些妈祖文化情感传播过程中存在不理性因素在一定程度上影响两岸以妈祖文化作为媒介沟通交流的有效性，甚至可能破坏两岸的情感。为此，妈祖文化在两岸传播过程中，应该注意用理性进行调控，避免利用妈祖文化进行非理性情感沟通，维护两岸和平关系。

（二）妈祖文化的变迁与异化

任何文化都有自身成长、发展、演变的自然环境和社会环境，即原初环境。一旦脱离了原初环境，文化就会发生“南橘北枳”而失去活力甚至消亡。为了在新环境中生存下去，文化会主动或被动地发生一定程度的改变，从而发生一些差异和变形。[④]换言之，文化在传播的过程中与异地文化的碰撞融合能够衍生出新的文化样态。就此来看，妈祖的故事流传千年并广泛播散在世界各地，在这历史演变过程中，妈祖文化也在其中发生变迁甚至异化。所谓妈祖文化的变迁和异化，就是妈祖文化进入不同地区和不同的环境之后文化的内涵和形式所发生的变化。也就是说，妈祖文化与当地的其他民俗文化结合，形成当地特色的民间信仰，其意味和象征意义发生了转变，而成了世俗而普通的民间信仰，甚至沦为迷信旧俗。妈祖文化的这种变迁和异化削减了妈祖文化中道德和民族情感的纯洁内涵，以及妈祖文化作为两岸情感沟通的媒介效力。为此，对于妈祖文化的变迁和异化的遭遇，一方面应该努力保障妈祖文化及其活动的纯粹性，同时尊重和保护真正能够对妈祖文化创新和传承的民俗主体，保证传承的延续性和创新性。

---

① 李建军，刘会强，刘娟：《理性传播与情感传播：对外传播的新尺度》，《江西社会科学》2015年第5期。

② 杨岚：《人类情感论》，天津：百花文艺出版社，2002年，第43—44页。

③ 蒋维锬：《妈祖文化热的再认识》，《东南学术》，2004年增刊。

④ 张放：《文化免疫与文化变异——全球化背景下文化本土化的双重内涵》，《天府新论》2009年第1期。

六、结语

妈祖文化中凝聚着两岸民众和世界海外侨胞共同的家国情怀和慈心向善的祈愿，搭建了沟通两岸情感沟通的桥梁，是两岸民众心与心相连的重要情感纽带。不管是妈祖原型的叙述，还是妈祖文化的呈现与传承，其中蕴含的慈善和救苦救难的道德情感和庇佑中华民族同胞的民族情感始终不会变，其担负的沟通两岸的媒介功能没有退化。中国当代著名学者虞愚教授（1909—1989）曾为莆田湄洲岛妈祖女神祖庙“天后宫”的石像题过一副精彩的对联：

呵护航行，羽化千年长在望；
仰瞻石像，神通两岸合言欢。[①]

从这副对联中，我们可以体会到妈祖为两岸的福祉所做出的贡献和我们对之的颂扬之情。而台湾鹿港妈祖庙的“湄洲圣迹留千古，台岛恩波颂万年”对联，则让我们感受到台湾民众对妈祖的感恩和敬仰之情。应该说，这种情感来自祖国大陆，深植于两岸民众心中，渗透到两岸民众的血液中，维系着两岸的民族情缘。[②]

在当前两岸关系的发展过程中，利用妈祖文化作为桥梁和媒介的居间者作用，对于化解两岸在政治、经济和文化上的误解和困境具有重要的意义。当然，在这过程中应该剔除不理性和变异的成分。总而言之，从两岸民众对妈祖的信仰程度来看，两岸都希望加强情感联络，都期许两岸早日和平统一，都对“两岸同属中华民族”深度认同，而妈祖文化则是其中最好的媒介之一。

---

① 蔡泰山：《妈祖文化学术论文集》，台北：立得出版社，2006年，第134—135页。

② 曹曦，艾明江：《海上和平女神：妈祖信仰在台湾》，福州：福建教育出版社，2008年，第91页。

论妈祖女神符号传播对“21 世纪海上丝绸之路”构建的积极作用

田素美　谢清果*

本文以妈祖女神的符号传播对构建“21 世界海上丝绸之路”的积极作用为研究对象。妈祖曾被称为“天上圣母”“海洋女神”“世界和平女神”，具有世界性的影响和地位。妈祖女神形象是古代中国官民互动的结晶。“妈祖”作为文化媒介符号，蕴涵了丰富的中国传统文化的精髓，反映了中国人民对世界和平、统一、共荣的向往，展示了中国人民“勇敢、正直、宽容”的品格。妈祖女神形象对 21 世纪海上丝绸建设作用巨大，有利于丝路沿线国家形成文化认同，有益于海外华人的民族认同，同时对于协调两岸关系、促进祖国统一、加强丝路起点城市之间的合作意义重大。

妈祖文化源远流长，绵延千年而历久弥新，是中华民族文化的瑰宝，世界文化的宝贵精神财富。纵观妈祖文化千年传播历程，妈祖从民间的“林默”“林姑娘”“娘妈”“妈祖”到“海洋女神”“天上圣母”，从官方的“夫人”“天妃”“天后”到“和平女神”，其女神形象逐渐形成，光芒万丈。妈祖文化折射我国人民传统的精神信仰——女神崇拜，兼具海洋文化与中华农耕文化兼容的特征，吸收及弘扬中国传统文化儒、释、道的精神内涵，被历代统治者用以政治统治、思想控制、民风教化等，曾对经济、文化、社会各个领域都发挥着巨大的影响和作用。时至今日，妈祖文化对于沟通两岸关系，增强文化认同，促进祖国和平统一、促进“21 世纪海上丝绸之路”建设都具有重要的战略意义。

* 田素美，贵州师范大学国际旅游文化学院副教授，厦门大学新闻传播学院博士研究生。主要研究方向为文化传播。谢清果，厦门大学新闻传播学院教授、博士生导师，厦门大学传播研究所所长。主要研究方向为华夏文化传播。

一、官民互动传播塑造妈祖女神形象概述

妈祖有福建湄洲岛的林姓女子、民间推崇的“天上圣母”和纳入皇家祭祀的“天后”的全能女神形象，是官民互动迎合各自需求造神的结果。妈祖信仰起源于民间，而官方的推崇却在女神形象的塑造作用中起到了主导作用。

民间妈祖女神形象的塑造最初来源于古代福建莆田地区的“巫文化”，初步奠定妈祖未婚“女巫”“灵女的形象”。妈祖死后，鉴于其生前为当地百姓带来的恩惠（如“预知福祸”“采药救人”“化解海上风险”等），当地百姓修庙祭拜，妈祖成为“地方的神”，其主要神职是助人危难、保佑百姓出航平安，妈祖成为海洋地区重要的“地方海神”之一。交通是重要的传播媒介和渠道，南宋时期，随着福建海洋事业的拓展，妈祖“海神”形象从福建地区传播到广东、江浙、山东、天津等沿线地区。妈祖庇佑海运的功能得到了强化和扩大。随着妈祖信众的增多，其生平事迹影响的增大，妈祖信仰从而进入官方的视野。北宋宣和五年朝廷赐“顺济”匾额于当时的“通贤灵女庙”，妈祖“地方海神”得到了国家官方的认可。妈祖成为全国的“海洋守护神”。从“夫人”到“灵慧助顺妃”神格提升的同时，[①] 也扩展了其神职，除了民间传闻社会职能向“抗击海寇”的政治功能转化。

元朝到明清时期，妈祖褒封由“妃”到“天妃”，再到“天后”（民间叫作“天后圣母”“天上圣母”）。[②] 妈祖“海洋女神”的主要职责体现在海上护航、保护海运（漕运）、抗击侵略、统一中国、辅政护国的功能。同时在民间，随着古代中国海洋事业的开拓，妈祖文化通过远洋的商旅、闽籍官员升迁派遣、移民等人际传播渠道，不仅到达更多的沿海城市和国家，而且到达了中国内陆的很多省份，如湖南、贵州、四川、云南等地。妈祖文化所到之处与当地文化融合发展，实现了妈祖信仰的“变迁”。妈祖女神兼具其他神灵的多重功能。如：送子神、女神、商业保护神等，妈祖实现了从“海洋女神”向“全神”的转化，民间妈祖女神的形象最终确立。

纵观古代中国民间与官方的造神历程。我们可以发现，其一，无论是官方还是民间的造神过程，妈祖“海洋女神”，航海保护神的功能贯穿始终，从未缺失。妈祖信仰与海洋文化关系密切，妈祖信仰起源于海洋文化，同时也推动了海洋文化的发展，我国海洋事业发展促进妈祖女神形象的丰满。其二，妈祖信仰虽然起源于民间、传播于民间、兴盛于民间，但是官方的参与在妈祖女神的形象形成过程中起了主导作用。文化与政治统治的关系清晰可见，文化对社会的功用不容忽

---

① 转引于陈钧：《妈祖历代褒封考》，《神州》2006第1期。

② 苏亚红：《“妈祖”形象和名称演变的历史研究》，硕士学位论文，山东大学，2011年，第19—21页。

视。其三，妈祖女神形象塑造过程，包含了我国古代社会对女性的角色期待，折射出中国优秀的传统文化的光辉。

二、符号传播视角下妈祖女神形象的解析

符号论美学家卡西尔认为符号作为对象的指称形式，它的统摄功能具有生成人性和塑造人类文化的作用。因此他认为，人是符号化的人，人又通过符号创造文化。美国社会学家伦德伯格认为“传播可以定义为通过符号的中介而传达意义”。由此我们可以看出文化与符号的关系可以简单地概括为：人类通过符号要素来塑造文化，并且以符号为中介传递文化，文化即符号，符号即文化，二者具有统一对应的关系。著名的语言学家、思想家索绪尔认为，一个符号包括了两个不可分割的组成部分，能指（即语言的一套表述语音或一套印刷、书写记号）和所指（即作为符号含义的概念或观念）。按照卡西尔和索绪尔的符号观念，我们可以这样理解：“能指”是文化的内在表现形式，是“形”，“所指”是文化内在的丰富精神文化内涵，是“神”，符号是“形神一体”的文化统一体，是传递文化的媒介与载体。妈祖文化的传播无论是在以人际传播为主的古代中国，还是在以大众传播为主的今天，人们也同样是靠不同的符号系统来建构妈祖文化，同时也靠符号来传递其文化。现从视觉符号系统来解构妈祖女神形象。

（一）“能指”——视觉修辞中古代中国独特的传统女神形象

妈祖信仰传播在古代主要以人际传播为主，随着中国海洋事业的发展，在官方历次褒封的推动下，妈祖信仰通过福建船商、升迁官员调动、移民迁徙流动等多种途径从中国东南福建海域向广东、香港、台湾以及东部沿海城市、西部内陆省份传播。以视觉形象出现在庙宇、雕像、渔船或者家中神龛之上，各种版画之中。现在大众传播和新媒体以更加丰富的视觉形象传播妈祖文化，让妈祖女神活跃在影视、动漫、文创产品等立体化的空间。但无论哪种途径，妈祖总能给人多元一体的女神形象：或目光深远，庄严神圣；或仙风道骨，镇定自如；或刚强坚毅，又不乏慈祥仁和，周身散发母性光辉。妈祖视觉形象既有南海观世音的仁慈，又有西王母的母仪天下，统摄万物的气魄，是中国众多女神的完美结合，具有的“千面女神”的特征。

（二）“所指”——妈祖女神形象丰富的中华文化内涵

马林诺夫斯基说：“文化不是能用一个动作或一刻时间创造出来的东西。”[①] 一种文化或者一个文化传统的构建需要一个长期的发展过程。妈祖女神形象的构建离不开女神产生的地域环境和中国丰富的传统精神文化的支撑。

妈祖女神形象蕴涵中华儒释道文化的丰富精神内涵。妈祖精神是妈祖文化和妈祖信仰的核心和基础，是妈祖生平及传说中所表现出的高尚行为、高尚情感、高尚道德的集中体现，是被民众及历代官方所认可和推崇的一种道德体系。妈祖精神，作为妈祖文化的重要组成部分，千百年来得到民众的认同和膜拜，官方的认可和推崇，既包含中华儒释道文化的成分，又有“巫”文化的影子。即有民间信俗文化的因子，也融入了中华正统文化因子。[②]

首先，儒家文化思想体系的核心“仁”，是妈祖精神之基石。妈祖的慈悲和大爱形象正是儒家思想“仁”的表现。《论语》中孔子在“樊迟问仁”时，给出的答案是“爱人”。[③] 孟子曰：“仁，人心也”。[④] 孟子的人心，指的是人要有恻隐之心，仁爱之心。《敕封天后志》和《天妃显灵录》中记载的妈祖“祈雨救民”“凿泉疗疫”“化草救商”传说充分展现了妈祖普及天下的仁爱之心。在妈祖传说中，普世济民占有很重要的篇章。妈祖急民之所急，忧民之所忧，乐民之所乐，是民众心目中的“仁者”女神形象。正是在民众所需的“仁”的感召下，妈祖文化传颂千年。其次，中华多元文化推崇的“义”，是妈祖精神的核心。妈祖最令人敬佩的是她匡扶正义、扶正祛邪。“中华文化中被誉为照亮历史和人生的道德观念——‘义’，在妈祖精神中无疑处于核心地位。”[⑤] 儒家把“仁”“义”作为道德行为的最高准则。孟子说：“仁，人之安宅也；义，人之正路也。”[⑥] 孟子将“义”理解为正路，妄图通过说教约束帝王和百姓，社会达到亲和状态。墨家从“兼爱”出发，墨子认为：义，天下之良宝也。[⑦] 妈祖传说中记载了很多有关妈祖支持正义的传说，如“除妖驱邪”“收服二怪”“澎湖助战”“助温台破贼安民”“助郑成功收复台湾之战”“助施琅完成祖国统一大业之说”，从这些传说中我们看到了妈祖明辨是非，爱憎分明，充满正义感，体现了她的爱国、护国情操。

其次，“和”是妈祖精神的终极目标，也是中华文化价值的终极指向。妈祖精

① 马林诺夫斯基：《两性社会学》，李安宅译，北京：中国民间艺术出版社，1986年，第169页。
② 黄瑞国：《妈祖学概论》，北京：人民出版社，2013年，第285页。
③ 刘晓成、顾久幸主编：《中国传统道德丛书．仁》，南宁：广西人民出版社，1996年，第4页。
④ 刘晓成、顾久幸主编：《中国传统道德丛书．仁》，南宁：广西人民出版社，1996年，第5页。
⑤ 黄瑞国：《妈祖学概论》，北京：人民出版社，2013年，第286页。
⑥ 杨伯峻译注：《孟子译注》，北京：中华书局，2008年，第129页。
⑦ 墨翟：《墨子》，苏凤捷、程梅花注，开封：河南大学出版社，2008年，第353页。

神最富有特色之处在于她的宽容与和谐。“和”是妈祖区别于其他神祇的重要特征。“和”在中国传统的哲学体系中，在中国人的思想体系里占据重要地位，是中国人生生不息的永世追求。儒家主张“和”，提出“和为贵”“君子和而不同，小人同而不和”等，都突出了“和”的意义。道家强调“和”。《道德经》四十二章指出“道生一，一生二，二生三，三生万物。万物负阴而抱阳，冲气以为和”，[①]从本源的意义阐发“和”。“和”也是佛教的核心价值和主要精神。“六和”作为佛门的清规戒律，指导信徒和谐相处。中国文化“和”的观念根深蒂固，从治国、修身、治心的角度体现在人与人之间的和、人与社会的和、人与自然的和、人内心之和。这也是儒释道三家能够长期并存发展的最根本的原因，也是中国人永世生生不息的追求。妈祖传说中“演神咒法降二将”“高里鬼具体现形”“收服晏公”等，这些都讲述了妈祖不是将兴风作浪的妖怪打入十八层地狱，而是以德服之，以法服之，感化利用，体现了“和”。元代黄渊在《圣墩顺济祖庙新建蕃釐殿记》一文中对妈祖与其他神祇做过比较，他认为：“所谓神者，以死生祸福惊动人，唯妃生人、福人，未尝以死与祸恐人，故人人事妃，爱敬如生母。”[②]妈祖是一尊不以生死祸福威慑人，而是一位保佑人的神，也正是妈祖精神中这种特有的宽容、和谐内涵，使得妈祖女神绽放母爱之光，具有更多的亲和力。因此，人间尊称为“天上圣母”，世间称为“和平女神”。

最后，“勇”是妈祖精神发挥作用的内在动力。“勇”是中华民族的祖先在生存繁衍过程中与自然斗争中形成的一种可贵品质。它是中华民族生存繁衍的精神动力，也是中华民族传统文化的伦理范畴。儒家把“勇”作为施“仁”的条件之一，强调“勇”必须符合“仁、义、礼、智”。如“仁者必勇”“君子有勇而无义为乱，小人有勇而无义为盗”。[③]《道德经》第六十七章指出“慈故能勇，俭故能广”。[④]墨家认为“勇，志之所以敢也”。[⑤]妈祖传说中“勇救海难”“降服二神”“收服二怪”等故事都折射出妈祖不畏自然、不畏强权及邪恶势力的勇敢大无畏精神。“勇”成为妈祖实德行善普及苍生的内在精神动力。

从妈祖女神信仰的发展过程与精神文化内涵的分析我们可以看出，其多元文化色彩非常突出。妈祖精神以儒家精神为核心。元明以来，佛教和道家开始介入妈祖女神神格的塑造，妈祖救苦救难被赋予了佛道意味的神话色彩。佛家认为

---

① 《老子道德经》，王弼注，北京：中华书局，1985年，第41页。

② 黄鸿恩，黄国华：《莆阳黄氏通书》，莆田：福建省莆田市姓氏源流研究会编，2002年，第411页。

③ 杨伯峻：《论语译注》，北京：中华书局，2002年，第270页。

④ 《老子道德经》，王弼注，北京：中华书局，1985年，第65页。

⑤ 墨翟：《墨子》，苏凤捷、程梅花注，开封：河南大学出版社，2008年，第269页。

妈祖是观音的化身，因此普及苍生，慈悲为怀，将妈祖传说纳入观音神话体系，与佛家结缘，具有了更强的普度众生的意义。道家认为妈祖生前乃是“妙行玉女”“北天妙极星君之女玄真”下凡，将其塑造成道教的神仙，从而凸显妈祖信仰与道教的关系。儒道佛三家积极参与，成就了妈祖女神“完美女神”的形象。

三、妈祖女神形象传播有利21世纪海上丝绸之路目标实现

2013年10月国家主席习近平访问东盟国家印度尼西亚，发表演讲时称中国愿与东盟国家加强海上合作，共同建设“海上丝绸之路”。“21世纪海上丝绸之路”是我国在世界格局发生复杂变化的当前，主动创造合作、和平、和谐的对外合作环境的有力手段，为我国全面深化改革创造良好的机遇和外部环境。充分依靠中国与有关国家既有的双多边机制，借助既有的、行之有效的区域合作平台，旨在借用古代丝绸之路的历史符号，高举和平发展的旗帜，积极发展与沿线国家的经济合作伙伴关系，共同打造政治互信、经济融合、文化包容的利益共同体、命运共同体和责任共同体。建设21世纪海上丝绸之路，经济与文化要相伴而行，通过文化的交流，产生文化的认同与共鸣，形成文化包容的利益共同体，从而凝聚沿线国家同心同德，政治互信，加强经贸合作，达到经济融合，共建人类命运共同体。建设21世纪海上丝绸之路，妈祖女神是最佳的文化使者。它有利于丝绸之路沿线国家形成文化共识，促进命运共同体的形成。

（一）妈祖“海洋女神”形象符号，遍布海上丝绸之路，有利于丝路沿线国家民心相通

妈祖女神被称为“海洋女神”，与海洋密不可分，诞生于海洋，成就发展离不开海洋。妈祖文化具有典型的海洋文化的特征。987年，从妈祖仙逝，湄洲人立庙祭祀那刻起，妈祖——“海洋女神”就此诞生。带着福建莆田沿海地区民间对母亲（女性）的崇拜、肩负着对航海的庇佑，伴随着我国海洋事业的发展，妈祖信仰从我国东南福建沿海起，借助广州、泉州、宁波三大港口力量，随着中国的货物运往沿海各省乃至东南亚各国，妈祖信仰也从国内传播开来，在古代海上丝绸之路得到广泛传播。至清朝雍正年间，除了少数民族地区外，全国几乎所有的省会和许多郡县都建立了妈祖宫（庙）。妈祖信仰完成了国内的传播。1123年，给事中路允迪奉旨出使高丽国，途中遇险，认为得到妈祖显灵护航庇佑，回朝上奏朝廷，宋徽宗赐“顺济”庙额，至此妈祖得到官方的认可，并先后得到36次褒封。明清时期，为了加强对台湾统治，政府实行移民政策——闽人移居台湾，妈祖文化大规模地从内陆到达海峡两岸，并远扩到新加坡、马来西亚、泰国等东南亚国

家。随着海上丝绸之路的发展，东南亚各国妈祖庙（宫）相继建立，同时也极大推动海上丝绸之路的发展。妈祖文化得到世界性的传播。在妈祖文化世界传播过程中，郑和七下西洋功劳显著。他不仅带去了中国先进的科技和丰盛物品，更将妈祖文化带到了30多个国家地区。让妈祖“海洋女神”“和平女神”的符号形象遍布世界各地。从妈祖文化传播史看，先是民众自发，后是官民共同推动；先是从事海河活动的人群，后扩展到各个行业；先是华人华侨为主，后渐进扩展到其他民族或者国家；先是国内的沿海城市，后扩展到内陆各地；先是东南亚、新加坡等国，后世界各地，如美国、法国、加拿大、挪威等国家。[①] 由此可见，妈祖文化具有海洋文化的鲜明特征，由于丝路国家共同的海洋事业和文化，妈祖成为所有国家航海的守护神。妈祖精神和妈祖信仰给了人民战胜困难的希望、信心、勇气，激发人民战胜自然灾难的激情。这种文化的认同让民心相通，对于今天我们建立21世纪海上丝绸之路奠定了良好基础。

（二）妈祖“和平女神”形象符号深入人心，有利于丝路沿线国家形成文化共识、共融

妈祖“和平女神”形象符号体现了中国海洋文化的“和平”精神。妈祖文化根植于中华优秀传统文化的深厚土壤，以儒家“仁”为基础，奉行“仁者爱人”的理念，追求“万物和谐”，强调人与自然的和睦相处、“同生共荣”。妈祖“祷雨济民”“挂席泛搓”“驱除怪风”等传说反映了人与自然和睦相处的心愿；“收服二怪”“收服宴公”“降服二神”不是要主宰他人生死，践踏他者尊严，而是要发挥人、神、妖三界力量，服务于人间，宇宙万物“同生共荣”；“庇佑制胜”“护助剿寇”“托梦除奸”不是为了扩大势力、侵略称霸，而是明辨是非奸恶，维护和平正义和统一。妈祖“和平女神”的形象早在郑和数次下西洋途中，伴随着中国先进的技术，丰富的物产，在丝路沿线国家散播开来。郑和就是中国的和平使者，妈祖就是“和平女神”。郑和七下西洋的28年中，一直奉行“宣德化而柔远人”“共享太平盛世之福”的宗旨，[②] 推行亲仁善邻的理念，所到之处，大力宣扬妈祖精神，树立中国和平友好的形象。人类历史虽然历经千年，但追求和平，向往繁盛是人类生生不息的追求。中国文化“和而不同”“美美与共”的理念，妈祖精神“慈悲”“大爱”的核心精神内涵与21世纪海上丝路国家对和平、繁盛的向往不谋而合，有利于增强文化认同，加速文化共融，促进文化共同体的形成。正是鉴定于

① 任清华：《妈祖文化导论》，厦门：厦门大学出版社，2013年，第124页。

② 安震：《日月云烟》，长春：长春出版社，1997年，第92页。

对“和平共荣”的追求，中国人民愿与新丝路国家人民一起，平等与共，风雨同舟，同甘共苦，维护世界和平，共享盛世荣光。

（三）柔性情感传播，塑造妈祖“完美女神”形象，改变丝路国家对中国传统文化的惯性认知，加速中国文化与丝路国家文化世界同步发展的进程

妈祖“完美女神”形象的成功塑造虽然离不开官方的推动，但却不是在官方的强制下硬性传播的结果。妈祖“完美女神”的形象是民间通过对妈祖生前、死后升仙显灵的事迹传颂，触动受众心灵情感，使其自觉加入妈祖信仰的大军，主动参与传播妈祖文化，丰富生前、死后事迹，完成妈祖“完美女神”形象构建的柔性传播的结果。“柔性传播是与硬性传播相对应的一种传播方式，与公关的方式手段异曲同工，它更讲求以温和、友善、平等的态度，通过文字、声音、图片、卡通、动画、视频、电影等灵活多变表现形式，传播趣味化、生活化、个性化的丰富内容，注重受者的主动性和传播的双向性。因此，柔性传播多为民间组织、民众主导，结合本土文化特色，政治意味较少，宣传味道单薄，建立起传递和反馈的双向沟通渠道，适宜长期、持久地进行传播，以达到潜移默化的效果。”①当代妈祖柔性传播以妈祖生前、死后的事迹为原始的文化模板，采用口头传播与大众传播相结合的方式，以活态民俗祭祀、影视、图片、歌舞、动漫等多种创新形式，在民间文化活动层面拉近与受众之间的距离，更容易引起受众情感上的共鸣，增加丝路国家对妈祖文化和中国文化产生的认同，形成文化共识。

妈祖“完美女神”形象不仅仅体现在妈祖“聪慧、善良、勇敢、正义、慈悲、大爱”的神格和“航运保护女神”“和平统一女神”“正义女神”的神职上，更表现在她完美的性别角色期待上。提到中国文化里女性的性别角色，儒家文化“三纲五常”塑造的女性形象便会跃然纸上，中国传统社会里，女性是男性的附属，承担起生儿育女，延续后代的使命，坚守从父从夫从子准则，照顾家庭，尽显贤良淑德。让男人在家国天下中实现人生价值。但是妈祖女神却跳出中国传统女神的藩篱，一生未婚未育，匡扶正义、对抗邪恶，心系百姓，心怀天下，追求世界和谐。孝敬父母、爱护兄长，彰显了中国妇女的传统美德；抗击自然、庇佑国家，具有男子的英勇，施展了男儿的抱负；救民危难、送人子嗣、慈悲为怀、普度苍生，实现了完美的人生价值。妈祖完美的女神形象包含了中国官方与民间多重的角色期待。民间希望妈祖是孝女，是贤妻，是圣母，坚守圣洁，护神海洋，战胜

① 刘晶、刘世华：《新媒体语境下领导人形象的柔性传播》，求是网，2016年10月25日，http://www.qstheory.cn/laigao/2016—10/25/c_1119784643.htm，2017年10月25日。

凶险，呼风唤雨，避灾除患等无所不能。官方希望妈祖是“天妃、天后”，心怀天下、普济苍生、保护海运（漕运），佑国安民，统一疆土，实现道德教化，民心安抚、政治统一的目的。在官民的双重期待下，妈祖女神完成了“完美女神”的转化，坚守了传统的道德，承担起家国天下的使命，融汇中国传统社会中男性与女性的双重功能角色为一体，与男人一样站上了世界历史的舞台。虽然很多学者认为妈祖崇拜同样折射了中国传统社会男权主义的身影，但是笔者认为，妈祖崇拜是我国首次的“女性主义”运动。在女性主义的意义上，她冲破了社会历史和女性自身的局限，在一定程度上掌握了自我的命运，与男性一样发挥自己社会的功能，拥有同样的社会地位，实现有意义有价值的人生。妈祖“完美女神”的崇拜，迎合世界特别是丝路国家“女性主义”解放妇女，构建和谐性别关系的需求，有利于国际社会改变对中国性别文化的惯性认知，有利于中国和谐两性文化与世界的同步发展，从而达成文化共识和加强该领域的社会合作，服务于“一带一路”建设的目的。

（四）妈祖女神崇拜有利于增强海外华人的民族认同，促进两岸和平统一

21 世纪海上丝绸之路建设需要世界华人，特别是丝路沿线、海峡两岸华人凝神聚气，积极参与，为丝路建设贡献力量。“有海水的地方就有华人，有华人的地方就有妈祖。”妈祖女神不仅仅是中华民族的航海守护神，更是成为海外华人“民族认同”的精神力量。通过妈祖信仰，海外华人增强了中华民族炎黄子孙的凝聚力和向心力，提升了作为“龙的传人”的自豪感。旅居海外的华人，身处不同的地域、不同文化，造就不同的世界观和价值观，正是妈祖信仰促进了海外华人内部的团结和谐。随着时间的推移，海外华人将妈祖崇尚“善”和“爱”的精神阐释演绎，展现出妈祖文化传播“仁爱、正义、勇敢、和平”的精神。2016 年 11 月，首届“世界妈祖文化论坛”在湄洲岛召开后，不仅让湄洲岛这个小小的岛屿成了焦点，更让妈祖文化的影响力得到了空前的提升。2017 年 5 月湄洲妈祖首次分灵莫桑比克，截止到目前，全球有 40 多个国家和地区进入“妈祖版图”，凝聚了世界华人的力量。

妈祖信仰激发海外华侨的家乡情结，带动海外华人寻根问祖、回乡投资创业、回报家乡、报效母亲的热情。丝路起点城市纷纷利用妈祖举办文化交流、学术探讨、妈祖祭祀等相关活动，在吸引相关学者和信众的同时，搭建交流平台，打造中外交流合作的前沿平台，实现“文化搭台，经济唱戏”的局面，进一步完善投资环境，畅通海上运输，做强现代物流，实现投资便利化。在妈祖信仰的凝聚下，海外华人正日趋成为服务国家“一带一路”建设和中华民族复兴的新生力量。

21世纪海上丝绸之路建设中，我们同样面临着一个亟待解决的问题，那就是大陆与台湾关系的问题。台湾地区是建设21世纪海上丝绸之路的重要力量，是打造粤港澳大湾区的得力助手。没有两岸关系和谐、交流、互助，就没有21世纪海上丝绸之路目标的真正实现，没有两岸的和平统一，就没有中华民族的伟大复兴。海峡两岸，同根共祖，由于历史原因，两岸关系被海峡所阻断。妈祖女神成为沟通民间活动、促进政治协商的友谊桥梁。妈祖作为海神，在沿海民众和台湾民众心中地位崇高。在台湾，妈祖信仰成为民间的第一大信仰，信众达到台湾人口的三分之二。“官不通民通，民通以妈祖为先”，既是两岸关系的生动写照，更是妈祖女神在台湾人民心中的地位 。从1989年5月6日，两百余名台湾民众冲破台湾当局禁令，乘船抵达湄洲朝拜妈祖神庙，到1997年1月3日湄洲妈祖金身巡航台湾103天，接受万民崇拜。再到2017年10月2日，由台湾鹿港天后宫、莆田市涵江区妈祖文化交流协会等联合主办的为期2天的两岸妈祖绕境巡安活动圆满结束。妈祖女神勇敢冲破层层的政治藩篱，充当两岸和平友好使者，践行“和平女神”的光荣使命。妈祖精神成为维系两岸血肉亲情、传承中华文化的纽带和跨越两岸历史鸿沟的桥梁。在21世纪海上丝绸之路建设中，共同的妈祖信仰，必将带动民心的互动共融，文化的共识认同，从而带来文化、经济等领域的合作局面。随着时间的推移，妈祖精神也将在两岸的和平统一中凸显越来越大的作用。

此外，妈祖文化还成为我国21世纪海上丝绸之路起点城市的精神纽带，妈祖女神的包容和平精神成为这些城市整合、互利、合作共赢的基点。

提到世界女神，人们很自然地想起右手高举火把，左手夹着《独立宣言》，头戴王冠，衣服风裂，右手肌肉暴起，手指筋骨如虬，眼望青天，万物为空的西方的“自由女神”的形象。西方自由女神以个体价值为中心，反对暴政压迫，追求民主、自由和解放。她是美国自由文化的象征，见证了美利坚民族和美法人民友谊象征，表达美国人民争取民主、自由的崇高理想，更铭记了历史的残暴统治和斗争血腥。“妈祖女神”除了兼具自由女神的“自由、勇敢”，更多的是对世界的“仁爱、和平、包容”的温情。妈祖女神吸收华夏中原农耕文明的厚重仁德，兼容中国海洋文明的博大开放心胸，从古代中国的东南沿海，向太平洋沿途区域一路“扶危济困、普度苍生”，传递中国愿与世界“共享太平”的心愿。妈祖不仅是中国的“和平女神”，更是“世界和平女神”。沧海桑田，初衷不改。和平年代，在世界各国人民共同开发海洋文明的今天，妈祖女神将继续高举“和平、正义、包容、共荣”的旗帜，肩负着传播中华优秀传统文化的历史使命，用生平的故事向世界丝路沿线国家人民表达中国人民历来对和平、统一、共荣的向往，展示中国人民宽容、善良、包容的胸怀和情感，展现中国人民明辨是非、不畏强权、勇往直前、平等待人的品格。为世界的和平发展做出中国贡献。妈祖——“世界和平女神”，必将被世界人民认同。

综上，妈祖女神在建设 21 世纪海上丝绸之路作用巨大，传承中华文化，增强文化认同，促进两岸统一，带来世界和平共荣。

新传媒时代，我们要利用立体化的传播网络和平台，创新传播方法和途径，进一步传承妈祖文化、弘扬妈祖精神，展示我国海洋民俗风情，不断深化和沿线国家在经贸、旅游、文化、维护海洋和平等方面的交流与合作。以遍布全球的妈祖宫庙为平台，凝聚不同国家的妈祖信众，大力宣扬中华文化，开展妈祖祭典、朝圣等民间信俗交流活动，积极举办国际妈祖文化交流会，促进不同国家人员往来，推动中外文化交流融合，形成文化共识，带动文化交流合作项目，实现文化合作共赢的良好循环发展。从而实现文化共融、政治互信、经济合作的良好局面，实现 21 世纪海上丝绸之路建设目标。

传至异域的文化礼物

——妈祖文化生根“丝路”

吉　峰*

从妈祖文化在海上丝绸之路上传播发展的历史、现状、远景论述妈祖文化与海上丝绸之路的密切关系。从文化认同、文化符号的赋予及意指实践，再到对异域传播的言说策略三个维度进行梳理，重点突出了妈祖文化在海上丝绸之路上对于增进人民交流、促进民心相通、推动和谐共赢等方面的突出作用。

一、历史：“海丝”之路助推下的文化认同

所谓“海上丝绸之路”（以下简称“海丝之路”），是由法国汉学家于1903年在《西突厥史料》中率先提及的概念。主要是指海上的三条商品运输通道。主要包括：“北线沿着辽东半岛和朝鲜半岛的海岸线南下，然后经过对马海峡到达日本列岛的北部，或者横渡黄海、东海到达朝鲜和日本；中线是从中国的东部和南部海港经海路到达东南亚诸国；西线是从中国的沿海港口至南亚、阿拉伯和东非沿海诸国。”① 这个称谓，颇有争议。无论是陆地还是海上的“丝绸之路”，所运输的商品都不仅仅是丝绸。“当时通过海上丝绸之路往外输出的商品主要有丝绸、瓷器、茶叶和铜铁器四大宗，往国内运的主要是香料、花草及一些供宫廷赏玩的奇珍异宝，于是海上丝绸之路又有海上陶瓷之路、海上香药之路之称。”② 不过，笔者认同陈支平教授的说法：“关于‘中国海上丝绸之路’的名称问题，只能采取约定俗成的办法。既然社会各界约定俗成使用了‘海丝’一词，我们也就不妨喜闻

---

* 吉峰，1980年生，男，汉族，吉林人，博士，莆田学院文化与传播学院副教授，硕士研究生导师。研究方向：中国传统文化与文学传播研究、媒介与文化产业研究。

基金项目：2018年度福建省社科研究基地重大项目研究成果（FJ2018JDZ043）。

① 于光胜：《打造21世纪海上丝绸之路的障碍与路径》，《理论月刊》2017年第5期。

② 李文浩：《揭秘历史上的海上丝绸之路》，《智慧中国》2017年第7期。

乐见，一道使用‘海丝’这一称呼，免得别开生面产生出‘海瓷之路’、‘海茶之路’之类的称呼，弄得大家更加糊涂，更加争论不休。”[①]

聚集于海上丝绸之路上的有商业、政治、智慧与艺术，历史事件与人物显现出了多维的影响与意义。就像是陆地上的丝绸之路上，看似穷兵黩武的亚历山大大帝，在面对异质的宗教与文化时，恰恰选择了包容、仁和的策略。海上丝路所遇到的境况也是如此，作为中华优秀传统文化的一部分，妈祖文化得到了世界的认同，被越来越多的人熟知，成为全人类共同的精神财富。妈祖文化传播历久弥新，妈祖信仰从北宋初期到现在已经有千年的传播历史，不断出现新的传播特征。妈祖文化的传播地域也颇广，从福建莆田向南到达泉州、漳州及广东的潮汕地区，由国内民众向海外大众传播。从中国南端的北部湾到辽东半岛北端的丹东，都有历史悠久的妈祖信仰。目前，在世界各地有近五千座妈祖庙，遍布 20 多个国家和地区，信众也高达两亿人。“妈祖文化先天根基建立在民间妈祖宗教信仰的基础之上，后天又受儒、释、道三种文化的沁浸，逐渐形成一种具有普世性质的中国传统文化精髓的一部分。”[②] 恰如笔者在《闽台妈祖文化传播研究》一书中所言：“任何受众都可以基于自身特定的文化背景和个人理解层面，去感受妈祖文化的魅力，继而接受妈祖文化故事中某些有益的中国优秀的传统文化元素。”[③]

从南宋时期开始，妈祖文化在海丝之路的经济助推之下，将其文化的种子一路沿途撒播，实现了文化的穿行与交流，将妈祖文化思想生根丝路，向异域传递了一份文化的礼物。《莆田市外经贸志》中记载：“宋代兴化军与海外通商的国家和地区达 10 多个，主要阿拉伯半岛、大食（统指阿拉伯地区）、阁婆（印尼爪哇岛中部）、三佛齐（苏门答腊岛东部）和高丽（朝鲜）、日本、琉球和交趾（今越南北部）、占城（今越南南部）、真腊（今柬埔寨）和中南半岛，以及香港、台湾等。特别是泉州刺桐港对外贸易非常兴盛，通商的国家和地区达 30 多个，广大海商在开展对外贸易的同时，也将妈祖文化传播到古丝绸之路沿线的国家和地区。但由于历史久远，史料缺乏，东亚和东南亚各国有关妈祖传播历史文献记载并不多，只有港澳台地区的妈祖传播情况记载比较明确。据台湾《林氏族谱》记载：‘北宋初，北方流民入莆田湄洲沿岸，林默（即妈祖）造木排渡难民往澎湖定居求食。’”[④] 略举几例以展示海丝路上的诸多国家对于妈祖文化的认同，如下表所示：

---

① 陈支平：《陈支平关于“海丝”研究的若干问题》，《文史哲》2016 年第 6 期。

② 吉峰，张恩普：《妈祖文化如何传播与营造“媒体奇观”》，《传媒》2015 年第 1 期。

③ 吉峰：《闽台妈祖文化传播研究》，厦门：厦门大学出版社，2017 年，第 84 页。

④ 蔡天新：《古丝绸之路的妈祖文化传播及其现实意义》，《世界宗教文化》2015 年第 6 期。

表 1

“海丝”之路上的部分国家	妈祖文化认同情况
日本	建有妈祖庙一百多座。①
越南	仅胡志明市就建有多处妈祖庙并且香火旺盛。
泰国	将妈祖文化与当地宗教融合一处。
朝鲜	《朝鲜王朝实录》对妈祖文化有提及。
马来西亚	有 35 座天后宫②；马六甲拿督颜天禄。
菲律宾	建有 100 余家妈祖庙。③
新加坡	有 50 余座妈祖庙；新加坡的道教总会在 2015 年赴湄洲岛组团祭拜并交流。
印度尼西亚	有 40 余座妈祖庙。
西班牙	西班牙人在《大名的中国事物》《大中华帝国》中都有提及妈祖文化。④
加拿大	2006 年，加拿大卑诗省坎伯兰市长贝茨·弗雷德亲赴妈祖故乡湄洲恭请一尊妈祖神像到坎伯兰市。⑤

妈祖文化展示了我国的一种海洋文化气质，即：“变革图强思想、探索冒险精神、全面开放理念、吃苦耐劳品格。”⑥海丝之路上的异域人民在从事贸易的同时，也在彼此学习、借鉴着思想，在沟通中得到启发，在文化认同中得到生命的拓展。

二、现状：“圣域”功能的赋予及意指实践

中国传统文化的传播，应动员一切可供利用的文字或非文字性材料，也就是说要将视角放置于皮尔士（Charles S.Peirce）所理解的广义的文化符号范畴（或者叫泛符号系统），而绝非仅仅局限于文字形态的经典文本符号。精英圈层对妈祖信仰则主要是在理解的基础之上将其升华为文化形态，一部分学者长期坚持做一些妈祖文化文本的记录和整理工作，这些文本包括经书、碑文、志传等。书写形态标志着文明时代下的文化刻录，大量有关妈祖文化的意识被文字记载下来。从

① 童家洲：《日本、东南亚华侨华人的妈祖信仰》，2013 年 12 月 30 日，http://www. chinamazu.cn/rw/gd20131230/21915.Html，2015 年 6 月 10 日。

② 李天锡：《越南华侨华人妈祖信仰初探》，《莆田学院学报》2011 年第 1 期。

③ 林明太：《妈祖文化在海上丝绸之路沿线国家的传播与发展》，《集美大学学报》2015 年第 4 期。

④ 周金琰：《妈祖文化——在新的海上丝绸之路中传承》，《中国海洋报》2017 年 2 月 15 日。

⑤ 王丽梅《妈祖文化与海上丝绸之路》，《五邑大学学报》2016 年第 1 期。

⑥ 叶世明：《“文化自觉”与中国现实海洋文化价值取向的思索》，《中国海洋大学学报》2008 年第 1 期。

此，文化思想的保存不再受时间和空间的限制，也摆脱了口传文化中记忆的偏差。不过作为一种分享、补充文化记忆的新形式，记录者在书写形态的传播中凸显了一定程度的灵活性，他们在对文化仪式、传说的复制、抄写的过程中，不可避免地掺入了自己的想法，对文化思想中的部分细节做了局部的增补，使得妈祖文化的内涵逐渐扩大。

时间和文化历史的种种仪式和关键概念被传播者和记录者重新表述。而作为普通民众鲜有去关心妈祖信仰之中蕴含哪些中国传统文化的精华，就像信奉佛教的普通信徒一般也不会有兴趣去研究佛教的“四谛”“八正道”“三十七品”等佛教文化精要。再如道教的普通民众信徒也不会在意道教全性葆真与顺其自然的哲学理念，而会将更多的关注点放在长生久视的层面，渴求能够通过修炼和其他的神异方式获得长生不老的目的。在普通民众的心中，无论是妈祖信仰也好，佛教、道教或其他宗教也罢，都是帮助他们解决现实生活中自身无力实现愿望的一种解决途径或者说是情感寄托渠道。用一句话概括：在民众自然的妈祖信仰世界里，信众对妈祖文化的仰慕带有明显的世俗性。那么，妈祖庙作为“圣域”传播功能便脱颖而出。

《福莆仙乡贤人物志》中有言：“明代，自永乐三年成祖派郑和下西洋以后，妈祖行宫从中国走向世界。琉球王国先后创建2座妈祖行宫，其中一座就在华裔聚居的久米村，称上天妃宫。另一座在琉球首邑那霸，名下天妃宫，琉球国王尚巴质所建，这是有年代可考的最早的一座外国妈祖行宫。这座行宫建在天使馆。延宝二年（1674）《重兴分紫山福济寺记》记载，（日）本朝正保年间（1644—1646），有道人缚茅以居，奉天妃圣母香火。’”①

妈祖庙是在政治与文化的双重力量的共同作用下催生而出的建筑，自然也隶属于妈祖文化传播的符号体系之中。作为海洋文化立体式传播下所催生而成的典型文化场域，妈祖庙形成了一个展示海洋文化气韵的“神圣空间”，是海洋文化的符号式呈现。而这个圣域由于历史、政治及社会的诸多因素推动下，愈发凸显了其文意指的表征功能。作为传播符号，这种独特的文化建筑通过被表征的方式包括并传播着特定的文化意蕴，这也极大地拓宽了妈祖文化思想传播的路径。

卡西尔（Ernst Cassirer）将人类的诸多文化样式，归于符号体系。人类秉承文化而创造了各种符号。同时，置身于自己创造的符号场域，又重新对于文化进行编码与译码。卡西尔指出：“人类的全部文化都是人自身以他自己的符号化活动所

① 印度尼西亚兴安同乡会编：《福莆仙乡贤人物志》，新加坡：福莆仙文化出版社，1990年，第37页。

创造出来的产品，而不是从被动接受在世界直接给予的事实而来。人的哲学就是文化哲学，人只有在创造文化的活动中才成为真正意义的人，也只有在文化活动中，人才能获得真正的自由。”① 妈祖庙不仅仅蕴含系统的海洋文化思想精髓，同时，作为一种实体化的建筑符号，它还被表征为可以寄托历代妈祖信众精神信仰的一个重要空间。妈祖庙为统治者提供了可供利用的文化工具，为精英圈信众们提供了心灵重心的落脚点，也为普通的信众提供了一个对于妈祖文化想象与膜拜的人文场域。“人类的信仰常常会表现在建筑上，都是一个信仰的空间。”② 这正是妈祖庙所起到的不同于相关文本典籍的重要作用。

文字符号在信息接受过程中存在一定“门坎”，特别是妈祖文化相关的经书、文学作品等典籍，普及程度不充分。作为非文字符号的妈祖庙，在妈祖文化思想传播方面具有比文字典籍更加具象化、立体化、神圣化、仪式化等优势而存在并延续。其文化认同性也在政治与文化的共同表征下被不断构建与强化，成为文献资料助益之元素。斯图尔特·霍尔甚至更进一步肯定了非语言文字符号的传播功用：“各物品常常被描述为来自过去时代的文献和证据，而且被看作文化本质的原始物质化身，可以超越时间、地点的变迁和历史的偶然性。它们的物质性提供了对稳定性和客观性的一种允诺；它暗示了一个稳定的不模糊的世界。”③ 人们对于妈祖文化的概念、观念和感情，通过妈祖庙这种符号承载和传播显得尤为直观。

民众对于妈祖文化思想的信仰，有时甚至可以直接抛开文本，直接在实体符号中得到感知。这种情况类似于一个笃定的佛教徒，在现实生活中很可能没有读过《金刚经》《心经》《大藏经》等佛学文本，而是仅仅通过在寺院烧香、膜拜，就实现了自己的信仰上的满足感。妈祖庙在中国，从诞生之日起，便承担了重要的“媒介域”之传播使命。在文化意指的运作之下，妈祖庙作为一种非文字传播符号，成为民众心中的彰显妈祖文化的“神圣空间”，并具有其传播文化的独特性。妈祖庙在海丝之路的历史长河中，发挥了独特的跨文化传播功用。

三、远景：妈祖文化对异域传播的言说策略

其一，技术言说策略。“新兴媒介”对文化传播表现形式的“可视化”塑造与表现内容的“微化”塑造，形塑着当前的妈祖文化传播领域。“互动性”也是新兴媒介的首要特性，以非常直观的方式影响着技术与文化的关系。这一特性与新兴

---

① 恩斯特·卡尔西：《人论》，甘阳译，上海：上海译文出版社，1997年，第6页。

② 蒋勋：《品味四讲》，桂林：广西师范大学出版社，2014年，第192—193页。

③ 斯图尔特·霍尔：《表征——文化表征与意指实践》，徐亮、陆兴华译，北京：商务印书馆，2013年，第235页。

媒介改变了信息的组织和获取方式，因为新兴媒介以一种“非线性的”方式生产内容，其用户也是以一种“非线性的”方式来获取内容，再创造、重新编辑等行为模式成为互动媒介时代的主要生产力。这不同于以往大众传媒，如书籍、报纸、杂志、音乐和电视中的内容都有非常清楚的开头和结尾，以“线性的”方式生产。新兴媒介确立了用户的主导地位，用户能够及时地、准确地在媒介中呈现自身创造力。

妈祖文化中体现出“互动性”的元素有很多，这与它作为民间信仰，需要与信众之间紧密联系有关，也有信众以妈祖为信仰，需要在祭祀活动、文化活动中传承妈祖精神、感受妈祖庇佑有关。新媒介中常见的“互动性”形态有留言评论、转发、分享、投票、定制等，音像播放过程中的快进快退、回放、跳过、点播等。路奇版电视连续剧《妈祖》播放期间，剧组便开通了《妈祖》官方博客和微博，观众纷纷通过这一平台与演员刘涛、林心如等留言交流。网络 BBS 空间如福建论坛、莆田小鱼网论坛等，可以通过设置妈祖文化的相关议题，让广大网民参与互动。尤其重要的是，此类互动使得妈祖信俗逐渐日常化，对妈祖形象“祛魅”、非神化与还原成“人”这一主格。

移动互联网络时代的到来，必然使妈祖文化传播呈现出“移动性”图景。台湾盛大的宗教盛事“妈祖绕境行”中便很好地运用了定位技术，完成了“移动性”的转型。这一文化与宗教盛事中突出的妈祖文化传播“移动性”图景，为活动主办方与信众之间的信息共享、互动提供了一个借鉴意义显著的路径。此外，妈祖文化传播于技术化时代背景下与“电话卡”这一传播媒介上有着关联。“电话卡”伴随电话的发展而兴起，不管是公共电话还是移动电话，妈祖文化主题的电话卡均构成了一道别致的风景，也成了“移动性”图景的注脚之一。据不完全统计，目前全世界以妈祖题材为内容的电话卡有 500 多枚（其中物我国大陆约 350 枚、台湾约 80 枚、香港特区约 5 枚、澳门特区约 35 枚，其他国家若干枚），[①] 旨在促进妈祖文化更广、更远的传播。

“妈祖文化传播信息平台”还展示出了“平台性”图景。这一由湄洲妈祖祖庙董事会与中国联通莆田分公司合作建立的传播平台，“它的短信互动功能可以实现平安信息包、短信祈福、短信求签、短信上香、短信点灯等；它的 WAP、GPRS 平台可以通过手机收看妈祖新闻、妈祖故事和旅游景区介绍，可以下载妈祖颂歌和妈祖图像，它的声讯系统可以收听妈祖故事和妈祖颂歌，通过联通妈祖卡可以

① 程元郎、洪志宝：《妈祖题材电话卡综论》，《莆田学院学报》2013 年第 4 期。

随时随地祁求妈祖护佑”，[①] 这一基于技术化背景下的妈祖文化传播平台的建立，反映了由妈祖文化传播机构主导的主动拥抱新兴媒介的愿景。

类似的妈祖文化平台在网络传播中尤为常见，相关组织建设了多个以“妈祖文化”为主题的网站，其中较为知名、访问量较高的有：由妈祖文化研究院、湄洲妈祖祖庙、台湾北港朝天宫、台湾鹿港天后宫、厦门博鼎智文联合主办的“妈祖文化交流传播第一门户”中华妈祖网（http://www.chinamazu.cn），其在中华妈祖文化交流协会指导下进行信息发布、开展活动；由湄洲妈祖祖庙董事会开办的湄洲妈祖祖庙网（http://www.mz-mazu.org.cn），于 2005 年之前开通；由中华妈祖文化交流协会与福建电子音像出版社联合主办的“天下妈祖网”（http://www.mazuworld.com），提出了“用妈祖文化弘扬妈祖精神、用妈祖精神传播妈祖文化”的传播宗旨。以上这些网络传播平台大都有开设一个栏目，提供给信众一个点亮心愿、祈福妈祖的平台。值得注意的是，这些平台借力于网络的超链接与海量存储，使关于妈祖文化传播的资料极其丰富，如中华妈祖网中的妈祖题材的电子音乐、电子书等，为信众创造了一个集多种传播形式于一体的妈祖文化传播媒介生态。

媒介聚合是当今新兴媒介发展的主流，它将新媒体内容的各种各样的类型合成一个新兴的、完全整合的和互动的媒介形式，而不是网络发展初期那种简单的复制传统大众传媒的等效对象，然后通过互联网、手机等传送内容。“聚合性”刺激了媒介内容生产和发行整体的一次重组，同时反过来又导致了大众传媒模式的一次彻底的重新设计。在这一视野中，可以以当前较为常见的“聚合性”新兴媒介为例来解读妈祖文化传播图景。

微信公众号“中华妈祖”（chinamazu），是“中华妈祖网”操作的公众平台，有妈祖之声、妈祖社区两大一级版块，推送与妈祖信俗、活动、旅游、互动服务等信息，大致是每天推送一次消息，符合微信订阅用户的阅读习惯，其聚合了网络平台的精华信息，并加以适合移动传播的版面设计，借助于微信公众平台完成了一次初级的“聚合性”。若论更为高级的“聚合性”，则应是“客户端”这一形式，以独立 APP 为独立传播平台，能更为精准地定位、传播信息。实际上，在移动互联时代，以手机、平板电脑等移动终端屏幕为传播载体，是传播信息与传播渠道的双重聚合所在，因此，妈祖文化传播应结合新兴媒介趋势，主动利用新媒体、适应新媒体，在大众传媒之外，开辟更为广阔的传播渠道。以“关键视像”

① 侨乡时报：《妈祖文化传播信息平台开通 传播史上大飞跃》，2007 年 1 月 23 日，http://www.fjsen.com/taiwan/2007—01/23/content_441132.htm，2015 年 5 月 14 日。

为呈现原则，优化妈祖文化传播媒介生态，积极建构妈祖文化传播媒介伦理，创造出技术化社会中妈祖文化传播图景的“新兴”特性与未来。

其二，娱乐言说策略。在妈祖文化传承的传统活动之中，出游、阵头等祭祀活动本身就包含大量娱乐表演的成分。在特定的环境下，妈祖文化娱乐式信息就像西多尼·罗杰森的信息魔弹一样，由于妈祖文化的感召，陌生人之间形成了一条无形的纽带，人与人之间的关照和帮助，也反映出妈祖文化对国民素质以及社会文明水平的提升大有裨益。在世界各地妈祖文化活动的现场，人们为之狂欢、激动、流泪——这些表现固然有着宗教神话色彩的笼罩，但是娱乐元素对民众的吸引力也绝不能轻易忽视。

无法回避的一个问题是，参与并观看这些活动的群众不见得都对妈祖信仰有多么笃定。就是说，魔弹效果论在妈祖文化娱乐式传播中也不是百试百灵。因为参与活动的很多民众更多的是被娱乐化的气氛所感染的，无意识地把妈祖文化活动当作节庆日一般去感受欢乐。对于他们而言，更多的关注是娱乐本身，而对妈祖文化的接受是微弱的。不过，娱乐式传播仍不失为一种积极的传播方式，毕竟那些连对妈祖信仰坚信不疑的大量信众，也会通过亲身体验大量主题娱乐活动，会强化原有的意识，感到幸福和愉悦。“只有世俗活动能驱散宗教里的疑虑，给人带来恩宠的确定性。”[①] 从这个角度而言，妈祖文化的娱乐化倾向也是一种必然发生的情况。

其三，产品言说策略。“现代经济增长是与文化变迁不可分割的，这种文化变迁通过道德和信念的传播而得以实现。”[②] 任何一类文化商品，无论是精神文化层面、物质文化层面抑或其他社会消费对象层面，都在思考着如何能扩大自己的传播路径，改善传播和营销机制，更加有效地促进商品的销售。恰如 IBM 当年的广告词所写的那样：“我们如何能够在更多的地方向更多的人们出售更多的产品呢？”妈祖文化想要进入市场，就要积极分析市场上的文化产品需求，努力设计并生产出符合消费者需求的文化产品。

在整体的产品营销观念上，提升妈祖文化产品的实用性和艺术性。改善服务，增强消费者的购买欲望和信心，为文化产品打开市场。在艺术性方面，妈祖文化产品在唯美的理想上，要传达出鲜明的海洋文化特色，表现出一种不可替代形式之美。唯美与消费呈现了一条平行关系。唯美主义最早是由一些文学史上的

---

① 于海：《西方社会思想史》，上海：复旦大学出版社，2004 年，第 82 页。

② 冯·哈耶克：《哈耶克论文集》，邓正来译，北京：首都经济贸易大学出版社，2001 年，第 67 页。

英国艺术家和批评家们最先关注并予以实践的。譬如诗人欧内斯特·道生、阿尔杰农·查尔斯·斯温伯恩、克里斯蒂·罗塞蒂，文学家王尔德、马克斯·比尔博姆，艺术家詹姆斯·麦克尼尔·惠斯勒、威廉·莫里斯等。文化产品被审美艺术所浸染，消费者的感官会被周边各种商品的感官洪流和景观印象所过度刺激。如今的妈祖文化与商品美学的联姻也是势在必行，在消费文化盛行的时代，妈祖文化的市场化传播需要极力展现出独特的神韵，以弘扬主流的传统文化为主导。颂扬妈祖文化中的大爱精神，崇尚和平的信念，不能在市场消费主义的浪潮中迷失。注重妈祖文化商品的包装，参照当地的自然状况、风俗习惯以及消费水平，做到合理、适度地包装。

在服务方面，提倡人际热情式商业服务。让·波德里亚曾认为人们消费的日常性，正在被一整套人性化的交流网络所侵入。在消费服务中凸显人际交流所珍视的因素，如人际关系、热情、真诚、关切的服务模式等。在笔者看来，这至少不是坏事。文化商品更重在文化层面和心灵层面的沟通，看似亲密的人性化服务，能够有效拉近和消费者之间的心理距离。情感的符号成了文化商品及其营销服务的延伸，被管理阶层日益关注和干预，操纵这种情感符号成为商家形象象征符号体系的序列，并将其职业化、市场化、标准化。很多文化商品在营销的时候，都注意这种热情式服务。妈祖文化商品的推广，单靠信众对妈祖的民间信仰元素支撑是远远不够的。需要考量的服务层面还有很多，将服务态度在情感层面做到标准化和平等化。消费者不能容忍自己在消费环节感受到被怠慢、嘲笑或其他不友好的情况存在。譬如景区的服务态度是否让前来旅游的消费者有宾至如归的感觉？本地的景区导游及景区观光车是否有拉客、宰客的现象？为消费者提供的购物环境是否宽松，有没有强买强卖的情况存在？景区相关的妈祖文化商品或是餐饮住宿的提供，是否存在漫天要价的情况？这些潜在消费因素都会直接导致消费者的消费行为以及自身的文化口碑。这些问题不解决，很难做到发挥妈祖文化最大的市场价值。

在妈祖文化营销传播时注意考虑分销渠道的成本、投资方面的资金要求、市场覆盖、自身商品和企业的特征以及分销渠道系统建立的连续性等方面问题。合理的价位是文化商品顺利销售的保障。作为国际营销组合的核心要素之一，合理的价位是妈祖文化商品进入国际市场的关键。在价位制定方面，可以根据实际情况按照国际通用的“撇脂定价法”或是“渗透定价法”，即要么把价位定很高，以确保快速收回投资，抑或将价位定得偏低，吸引消费者。待到销路打开以后，再适当见机提升价位。妈祖文化产品的消费价格应合理定位，并有层次划分。价格是制约消费的重要因素，消费者会依照自己的物质或精神层面的得失，去衡量消费价格与其商品的价值是否匹配。也就是所谓的划算不划算。文化类商品虽然附加了文化层面的价值，但在商品价格方面也不是没有上限的。物美价廉自然会对消费者形成吸引力，反之，则会降低消费者心中对该文化商品的满意度。当然，现代消费越来越趋向精致和高级，不少文化商品在质地做工、技术构成以及文化象征等层面都有着极为丰富的展现。商家按照文化商品的质地、设计、技术含量、文化内涵等层面，将消费品分为高档、中档、低档，便于不同购物能力的消费者自由选购，是积极的销售做法。

在妈祖文化商品的促销方面，通过广告、人员的推销和公共关系开展等路径，积极拓展文化产品，并且不断塑造良好的妈祖文化产品的品质和文化形象。充分利用各种媒介资源，扩大妈祖文化商品的品牌知名度，对相关的营销人员进行培训，提高他们的服务水平。在公共关系的层面，充分把握每一次妈祖文化国际交流和妈祖文化博览会的契机，开展商业交易活动。

结语：

随着2015年3月28日，国家发展改革委、外交部、商务部联合发布了《推动共建丝绸之路经济带和21世纪海上丝绸之路的愿景与行动》，“一带一路”的概念开始广泛普及。2017年5月14日至15日，“一带一路”国际合作高峰论坛在北京举行，习近平主席出席高峰论坛开幕式，并主持领导人圆桌峰会，使得“一带一路”的重要地位更加凸显出来。用《丝绸之路：一部全新的世界史》作者彼得·弗兰科潘（Peter Frankopan）的话来说：“重视历史与现今的关系，对于未来发展会有极大帮助——这就是为什么中国政府要以维护共同贸易和文化遗产的名义，重金投资将自己与西方绑到一起的丝绸之路的原因。”[①] 友善与文明，是人类营造共同福祉的基础。文化在交流中彼此理解，与他国建立友好的关系，而非用战争和威胁，如此，才能维系自身的发展，保持合作与共生。葛剑雄称：“今天的‘一带一路’不是历史再现，而是一种创新。”力图打造共通、共存、共融的新局面。

① 彼得· 弗兰科潘：《丝绸之路：一部全新的世界史》，杭州：浙江大学出版社，2016年，第444页。

妈祖文化记忆与虚实整合的文化观光旅游：以某乌鱼子观光工厂为例

陈俊湘　林义添*

本研究介绍分析高雄某一家历史悠久的乌鱼子工厂，转变成观光工厂的发想与规划，并且利用乌鱼子产品的妈祖历史记忆与文化叙事，结合互动媒体的文化价值及教育传播效能，整合成一个具备美食产品与虚拟、实体整合的食、游、学乐园。文中探讨了海峡黑潮区域捕食乌鱼的文化以及与海峡妈祖文化之历史记忆；并且从台湾文化产业发展中文化观光发展的角度，论述观光与文创产业、数位内容产业的关系；此种扣连文化与历史记忆的观光产业形态，将成为连接海峡两岸文化记忆的重要一环。

一、研究目的：传统农渔产业的文化意涵与蜕变

台湾的产业发展由于一向极度依赖代工以及出口为导向，故虽能在几项重点扶植产业上纳入全球分工体系，但具备鲜明文化与区域特色的农渔产品，能大量营销全球并广为人知者，则是寥寥无几。今日世界各地无不积极推广象征性的国家与地区品牌，如法国红酒、新西兰奇异果、日本帝王蟹与富士苹果、墨西哥车轮牌鲍鱼、伊朗与俄罗斯鱼籽酱、美国西北樱桃、韩国的高丽参及泡菜、中国阳澄湖大闸蟹等。而目前可代表台湾的渔产品除了台湾鲷外应属乌鱼子莫属。在台湾，渔民捕乌鱼做乌鱼子的历史自先民从大陆迁台以来已超过400年，乌鱼有信鱼之称，因为每年冬至前后必定会结伴来到台湾，是渔民重要渔获，并俗称“乌金”，台湾乌鱼子是喜宴餐肴及逢年过节伴手礼最佳首选。

本文分析高雄某一家历史悠久的乌鱼子工厂，如何转变成观光工厂的发想与

---

* 陈俊湘，1967年生，男，汉族，延安大学公共管理学院助理教授、社会工作师。台湾师大博士，研究方向为社会工作、社区营造、创新创业、非营利组织、文创产业等。林义添，男，互得惠企业有限公司总经理。

建构历程。成立乌鱼子观光工厂，不仅有助于既有产品上能持续改进研发，且将乌鱼子产业制作过程开放观光，能以新营运模式开拓传统产业转型之商机，另从历史文化面而言，传承台湾乌鱼文化上尤有相当重要意义。本文也将分析此个案如何利用乌鱼子产品的历史记忆与文化叙事，结合现代互动媒体的文化加值及教育传播效能，尝试整合成一个具备美食产品与虚拟／实体整合的食／游乐园。

二、文献探讨

（一）乌鱼、乌鱼子产业与乌鱼文化

乌鱼应是台湾渔业文化传统中感情最深厚的鱼类。乌鱼有信鱼之称，因为每年冬至前后必定会结伴来到台湾，是渔民重要渔获，俗称“乌金”。近年来野生乌鱼捕获量逐渐减少，过度捕捞、海域污染及地球暖化使得乌鱼最终将失信于民。为了这一独特的台湾海峡渔业文化能够永续经营，除了去进一步做好保育的工作，不以非法方式滥捕，并应教育人民努力做好海洋资源环境维护，才能使得上天赐予台湾独特的海洋资源生生不息。

乌鱼子的加工制作，已经有数百年的历史，清康熙五十六年（1717 年）陈梦林编撰诸罗县志：“渔师燎而网之，一罟以百计。肾状似荆蕉。极白。雌者子两片，似通印子而大，薄腌晒干，明于琥珀，肫圆如小锭。鲜食脆甚，干而析之，似鲦鱼。”周玺撰彰化县志：“台海各港，冬来俱有乌鱼，至前到，味甘嫩。至后散子回头，则瘦而味劣。子成片下盐，以石压之，晒干可焙为酒品。”概略述明制作乌鱼子的方法。几个世纪以来，乌鱼子制作一直以盐腌为主，没有太多变化。1908 年，台湾曾经聘请日本长崎的乌鱼子加工制作专家来台传授技术，高雄县茄萣乡居民有一半都是从事乌鱼子加工，也在高雄、鹿港等地设立过乌鱼子加工制造工厂，这些都拜当时之“乌金热”所赐。事实上，台湾目前乌鱼子加工技术，在业者们长期研究改进之下，可说是青出于蓝，技术早已凌驾日本。

乌鱼子加工虽普遍，技术门槛低，但确深具独特台湾文化产品内涵与渔业文化历史。近年来在官方大力推行之下，渔业文化也逐渐受到重视，但事实上大多数业者在营销方面还是面临单打独斗的窘境，零散不集中、欠缺对外完整规划仍时有所见，业者观念仍停留在消费水产品的商业利益阶段。正如前文所揭，各国和地区对于农渔业文化保护与营销推广，进而成为象征性的品牌已行之有年。台湾海洋自然及人文资源丰富，对于渔业文化不管是业者或是消费者都必须调整为人与文化间互动，从参访与体验中获得身心之享受，并学习知识，渔业文化也会在参与者的回馈中更加充实推展。

（二）台湾文创产业视角下的休闲观光旅游产业

1. 文创产业兴起与台湾文创产业政策与推动

联合国教科文组织（United Nations Educational, Scientific and Cultural Organization, UNESCO）指出文化产业（cultural industries）有创意产业（creative industries）、未来的明星产业（sunrise or future oriented industries），或内容产业（content industries）等不同的名词，但所指都是将内容结合创作、生产和商品化三者的产业。文化产业的概念，一般包括印刷，出版及多媒体，视听，唱片和电影制作，以及工艺和设计。UNESCO 同时也指出，由于文创产业兼具经济与文化的特性，因此不仅对原有内容加值，并且对个人与社会生成价值，而同时这个概念对于一些国家也包含了建筑，视觉和表演艺术，体育，乐器制造，广告及文化旅游等[①]。

UNESCO 指出文创产业包括文化旅游项目，台湾文创产业推动的分工与本个案的定位，也同时涵盖了类似的概念。台湾最早的"文化产业"概念，是"文建会"在 1995 年提出的"文化产业化、产业文化化"[②]。落实在政策上，文创产业成为官方重点政策并推动之，则始于 2002 年正式将"文化创意产业"列为"挑战 2008：台湾重点发展计划"，为其中十大重点投资计划之第二项[③]。台湾官方对文化创意产业的定义为："源自创意或文化积累，透过智慧财产的形成与运用，具有创造财富与就业机会潜力，并促进整体生活环境提升的行业。"[④]2009 年台湾更将文化创意产业列为六大新兴重点产业之一，所涉内容方面，文创产业的范围，也从最早的 10 个范畴扩展至 14 项范畴。其中，与本研究相关者主要为：

（1）数字休闲娱乐产业（凡从事数字休闲娱乐设备、环境生态休闲服务及社会生活休闲服务等行业均属之）项下之：

a. 环境生态休闲服务：数字多媒体主题园区、动画电影场景主题园区、博物展览馆等。

b. 社会生活休闲服务：商场数字娱乐中心、小区数字娱乐中心、数字休闲事业、亲子娱乐学习中心、安亲班／学校等。

---

① UNESCO: 25 questions on culture, trade and globalization, 2011 年 04 月 30 日，http://portal.unesco.org/culture/en/ev.php—URL_ID=18668&URL_DO=DO_TOPIC&URL_SECTION=201.html

② 吴密察：《文化创意产业之规划与推动》，《研考双月刊》2003 年第 4 期。

③ 台北"行政院"："挑战 2008 国家发展重点计划：文建会创意产业发展计划"，2003 年，http://cci.cca.gov.tw/page/pub/plan1.doc。

④ "行政院文化建设委员会"："2004 年文化白皮书挑战"，台北："行政院文化建设委员会"，2004 年。

（2）创意生活产业。此项产业乃从事符合下列定义之行业均属之：

a. 源自创意或文化积累，以创新的经营方式提供食、衣、住、行、育、乐各领域有用的商品或服务。

b. 运用复合式经营，具创意再生能力并提供学习体验活动。

晚近，台湾“国发会（National Development Commission；NDC）”将2018年称为“地方创生元年”，此乃参考日本相关政策后所推动的重要计划[①②]。地方创生（regional revitalization or local revitalization）旨在”振兴地方经济"[③]，其概念核心如下图1所示，是就“地、产及人”资源优势，以及针对地方特有的独特性与核心价值，积极进行整合与融合。所谓“创生”系指创意、创新和创业三位一体之事业发展，就事业之发展在创意方面应以提升“设计力”（design capacity）为核心价值，而事业创新乃在于提升生产力（productive capacity），在创业方面则需要强化“营销力”（marketing capacity），始能达至既定的地方创生目标。就产业定位，系以一、二、三级产业定位，如有跨域整合，即在于发展地方产业。在地方创生的“产业定位”方面，明定二级产业为文创加值，三级产业则为观光营销。而本个案实则在方案推出前即已进行两者的融合了。

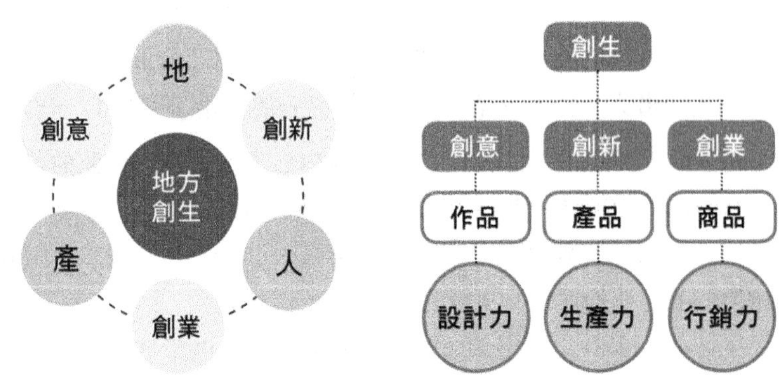

图1　地方创生推动概念核心图

数据源：“国发会”(2017)，页45。

① “国家发展委员会”：《“设计翻转 地方创生”计划规划作业指引》，台北：“国发会”，2017年，第4页。

② 纪俊臣，陈俊湘，许忆琳：《“离岛”发展与地方创生：马祖生态之构想》，《中国地方自治》，2018年第11期。

③ 陈美伶：《“设计翻转 地方创生”：台湾地方创生的起步——“离岛”发展与地方创生》，《国土及公共治理》，2018年第6卷第2期。

（三）文化旅游：认同、怀旧与体验

1. 文化旅游的意义与价值

如上所揭，各国均重视文化产业的发展，同时也不忽略文化旅游在新一波文创产业中的重要性。在 David Throsby 所论的文化观光业，乃观光业和文化产业合二为一且占有特定市场，相对于以往国民旅游之高流量、低成本、提供套装的商品组合。“文化观光”则为低流量、高成本并依个人需求而精心打造其服务[①]。传统上，旅游业即被视为“无烟囱工业”，当本地的文化遗产或特色文化能吸引外地旅客前来消费时，不仅能以极小的投入而产出极大的经济效益，更可带来文化传播与认同的无形效果。

2. 文化认同、怀旧与体验

文创产业对各地方的文化认同与形象塑造有极大的帮助。基于关注旅游者的微观层次，则对这些文化（或知识）追求的旅游者而言，旅游过程中的认同、怀旧与体验等乃是吸引旅人前来的重要因素。再从文化旅游的角度来看，当游客前往世界最大的国外游客接待国法国旅游时，吸引他们的物质文化，可能是丰富的遗产文化，也可能是精彩迷人的人类物质文化，前者以建筑的表现以及博物收藏为代表，后者如法国歌舞、红酒与美食等。因此，观光在文化层面上是个双向交流的过程，不同文化背景的游客与在地文化间产生互动与经验感受上的对话。

文化不仅具有共通性，地方文化的独特性与历史传承，也常以怀旧的元素吸引造访者。近年来随着社会文化的变迁，消费者对“怀旧符号消费”之需求的提升，使得具有历史情感的或是特殊性的地方文化产业，得以提升消费者的体验价值。现代有关怀旧之研究以探索人性为出发点，使得怀旧在许多学科中开始被重视，怀旧与过去生活经验与记忆的重建有关，可唤起对过去的历史回忆；与情感有关，是情感联结的一种复杂的心理状态，且是带有悲喜参半的情绪感受；怀旧并与渴望过去时光有关，渴望对过去追忆，成为心灵上的乌托邦景象[②]。怀旧应用于地方文化产业之行销观点，更是将怀旧观点之运用更加广泛延伸。

另外，Pine II & Gilmore (2003) 提出体验经济（experience economy），他们从社会变迁的过程，指出经济价值的演进与产业形态的发展是一致的。首先是农业社会经济，此时的生产行为以原料生产为主，消费行为则仅以自给自足为原则。接着是工业社会的经济，在生产上以商品制造为主，消费行为则强调功能性与效率。到了以服务业为主的经济形态，在生产上强调分工及产品功能，消费行为以

---

① Throsby, David：《文化经济学》，张维伦等译，台北：典藏艺术家庭出版社，2005 年。

② 蔡明达，许立群：《以怀旧观点应用于地方文化产业行销之探索性研究：以台湾地方老街为例》，《运动与游憩研究》2018 年第 3 期。

服务为导向。是故体验经济即在创造一种“身历其境的感官体验”的经验历程，强调提供个人服务，满足个人需求，并且，强调增加感性（sensitive）或个性化（personal nature）的经验服务，且休闲服务的提供已超越单纯的娱乐。此类以体验为强调的经济形态，在生产上以提升服务为首，并以商品为道具；消费行为则追求感性与情境之塑造，创造值得消费者回忆之活动，并注重与商品之互动。企业以服务为重心，以商品为素材，并从生活与情境出发，塑造感官体验及思维认同，借以抓住消费者之注意力、改变消费行为，为消费者创造出值得回忆的感受，并为产品找到新的生存利基与空间[①]。

上面从文化与旅游者的文化认同、怀旧与体验等角度，讨论当代文化旅游纳入文化产业的途径。当代休闲游乐形态的多样性，加以网络与资通迅科技渗透生活各层面，在实体休闲游乐之外也出现庞大的网络互动与游戏社群。以下则将从互动学习与寓教于乐的角度，讨论此类游乐休闲的意义。

（四）妈祖文化与乌鱼的联结：象征、故事传播与游戏

妈祖从一个神话故事发展成为妈祖文化，是两岸情感沟通的重要媒介。在其中蕴含着慈善、救苦救难的道德情感以及保佑中华民族同胞的民族情感。妈祖文化通过神话故事传说和仪式活动以及其他媒介载体进行传播[②]。从本研究的角度而论，乌鱼子观光工厂透过深植在台湾民众集体文化记忆中的妈祖信仰与妈祖文化为媒介，在民众到场食／游的同时，更能在深层次赋予旅游活动以文化意涵。

妈祖为本观光工厂的重要象征抑或“图腾”，不论是展场还是明信片和印章，都有经设计后卡通化之妈祖图案（见图2）。原因其实是妈祖和乌鱼是有民间故事之关联。相传有一个民间故事发生在高雄旗津，因为渔民大肆的滥捕滥抓，导致乌鱼无法繁衍后代，生气的乌鱼变成了乌鱼精，在半夜爬到了岸上把人类小孩的灵魂抓走了，为的就是要让人类尝尝失去乌鱼子的痛苦。于是渔民找上了妈祖，请妈祖帮忙，最后订了一个规矩“只要过了冬至的第十五天，就不再抓乌鱼”。之后每到冬至的时候都会看到乌鱼向着妈祖庙的方向在海面上跳跃，好像在感谢妈祖，因此就有了“乌鱼拜妈祖”的传说故事[③]。因此，妈祖除了等同为本观光工厂

---

① Pine II, B. Joseph & Gilmore, James H.:《体验经济时代》，夏业良、鲁炜译，台北：经济新潮社，2003年。

② 谢清果，林凯：《妈祖文化：两岸情感沟通的媒介》，《妈祖文化研究》2018年第3期。

③ Uncle Fat:《胖叔叔说“邮票故事”啰：妈祖出巡：乌鱼拜妈祖》，2012年4月22日，http://blog.udn.com/abi803/6368225?fbclid=IwAR1—bhj7cDA—ABpzcZUpN6Ax4Ixqmycc-CQSZ5Q4t4090kS3ED3OIhLSCRkY, 2019年5月4日。

的“企业识别标志”（CIS）而存在于各类产品外，展场的设计也将乌鱼拜妈祖的民间故事，以重要的位置置于展场的文化区中（图 3）。

图 2　本个案之识别符号

图 3　展场中的妈祖意象

台湾庙宇到处林立，最为普遍的有六十甲子与一百首签诗。六十甲子的诗较为浅显易懂，而一百首签诗字意较深，且大多是文言文。六十甲子签诗，主要常见于妈祖庙，也有天公庙（玉皇上帝庙）采用此组签诗，文字虽简单，却也难懂。因为六十甲子签诗，系由历代古圣先贤编纂，是由古代名人故事典故编著而成，诗文皆是一般的文字，其文字与典故的意义，含蓄玄虚奥妙[①]。

至于说妈祖庙采用文字较简单之六十甲子签之缘故，民俗专家推测乃因几百年前先民离开家乡冒险横渡黑水沟，同时也把故乡的民间信仰（尤其是保佑渔民船夫的妈祖），一起带到了新家园以为心灵慰藉。而签诗就在信徒为求天人相通，能获得妈祖指点迷津，妈祖的签诗就应运而生。又因为当时大多数的百姓多无法接受知识且识字，推想在当时有热衷推广民间信仰的人士，用此种亲民的方式来推广信仰，因此借用民间流传的历史或戏剧故事编辑而成，后来再经由文人配以七言绝句的诗文，形成今日流传于各庙宇的签诗[②]。在后续的建置中，本个案也将六十甲子签以趣味、卡通的方式让游客获得文化旅游的新体验。

（五）休闲学习、寓教于乐与互动科技

1. 休闲中的互动与学习

Kelly, J. R. 分析主要的休闲研究，认为主要有社会隐喻（Social Metaphor）以

---

① 林虹余：《易经六十甲子签解探究》，台北：大展出版社，2009 年。

② 施胜台：《妈祖灵签起源与演进》，育德妈祖同修会网站，http://www.ma—tsu.com.tw/lot_go.asp?anum=64, 2019 年 5 月 4 日。

及存在隐喻（The Existential Metaphor）两大理论取向，也就是社会学理论的结构取向与行动取向。社会隐喻（或结构隐喻）试图解释集体的行为，并强调决定如何休闲的力量来自个人于社会中的位置。相对的，存在隐喻以个人为本，对休闲行为的解释也基于个人行动的结果，这类的取向也在 20 世纪 70 年代后有更多的研究，也就是更多的研究开始考察“参与休闲”对个人的意义；若回到社会学韦伯式（Weberist）的框架，则此类解释性方法强调行为主体的价值观及其行为取向。“休闲”行为者是基于自己的历史和个人角色来进行有意义的选择，而非依据结构的决定性要素进行选择[①]。

因此以存在隐喻或是行动取向探究休闲旅游活动，则参与者的社会互动以及其中的社会化过程，就成了分析人们为何参与休闲的重要原因之一。若以休闲教育的角度来探讨休闲活动的功能时，可以发现休闲参与的学习过程比一时的享受或乐趣来得重要。儿童在游戏的过程中，不仅仅是为了乐趣，也包含了从游戏中获得成就感与自我肯定，成人对于休闲活动的参与和决策，一个重要的关键是在参与过程中是否得到成长与成就，决定这项休闲活动是否能够持续的重要因素，因此学习就变成了一个重要的关键，而学习的内容则包括了知识、技能、态度与体验[②]。也就是说若透过体验与亲身动手以吸引参与者的兴趣，并且由游客的各类互动过程中，达到互动乐趣、知识获取以及成就感。例如，对于感兴趣事物的在场体验、与其他游客的互动、与文化历史进行跨越时空的对话，或是寓教于乐的参访活动等。

这种提高参与者兴趣的活动不仅应用在学习上，更可应用在文化旅游上。另外，在数字化博物馆浪潮兴起后，文化旅游的重镇——博物馆，不仅试图以网络拉近与游客／学习者间的距离，更尝试利用各类互动学习科技打造虚拟／真实整合的环境。再以 2010 年上海世界博览会以及 2011 年台北国际花卉博览会为例，主题展示馆以及受瞩目的各国展馆，也都采用大量的互动科技并成功达成旅游的吸引力。

三、执行：观光工厂建立与创意发想

基于前述讨论之文创产业发展趋势、官方政策以及相关理论，本个案进行相关的环境建构与观光工厂打造。以下将分别介绍个案建立观光工厂的过程、目标

① Kelly, J. R., *Freedom to be: A New Sociology of Leisure*, NY: Macmillan Publishing Company, 1990.

② 苏维杉：《当代休闲生活形态的社会学研究趋势》，《社教双月刊》2002 年第 110 期。

客群的分析、展示空间的创意发想与多媒体互动科技的引入。

（一）从观光工厂到美食游憩园

1. 传承与创新发想

本研究个案之公司成立于 1998 年，家族同时从事乌鱼子加工也已逾 50 余年，并开设小规模经营之食品行。今第三代负责人鉴于父母亲年龄渐长，为继续传承父母亲所制乌鱼子令人回味无穷之好味道，所以决定将食品行业加入公司之整体营运项目，成为多角化营运策略之重要一环。

传统乌鱼子的产期恰逢农历新年，因此在饮食意义中与欢乐团聚和高贵馈赠礼勾起联结，而高雄地区为渔业重镇，捕捉乌鱼的历史不仅上溯至清朝，更以其周期性而年年带来丰富文化意涵的信鱼传说。如何使此一传统渔产及文化以新面貌传承？则建置一个能带领食客进入并可做、可游的观光工厂，无疑是重要的一步。然观光工厂建置后，除商品产制与游客互动体验外，又如何以更丰富的历史文化元素以及数字化科技增添体验的多样性，并且达成寓教于乐的效果？上述的文创产业理论提供了本个案许多参考。

2. 理论与实践

台湾观光工厂的推动与多元形态的出现，体现了以产品带动另一形态的观光休闲，并同时由观光休闲带动产品拓销的互抬作用。然而产品的特色以及消费上的诱因，仍居于关键性的角色，故本个案在迈向观光工厂整备的同时，对产品的创新与制程的改良仍未掉以轻心。因此，也积极改善产品制程以及通过相关食品安全认证。

建立观光工厂方面，先申请工厂观光化辅导通过，在规划初期，团队参访并学习各观光工厂的经验、特色及问题调研，从而在 2009 年底将所有厂区空间规划与硬件皆进行设计及施工改善，包括：整体空间布局规划、生产制程呈现风格空间设计、简报及 DIY 场所规划、贩卖区美食区硬件风格规划、创意包装设计等。有了产品、硬件与空间的改善，并分析相关客群特性，且累积相关展场与实际接待经验后，个案主进一步投入展场的软件设计以及规划应用多媒体的新导览模式。

（二）展场空间新导览模式的创新发想

海峡乌鱼文化有其 400 年之悠久历史、文化背景和令人动容之情感，民众从参观乌鱼子观光工厂中体验对空间、时间和事物的感动，可彻底改变人们对乌鱼子粗略之感觉，此种文化观光形态将提供民众一种新的有趣的旅游模式。透过乌鱼子制程的呈现以及文化历史互动活动的设计，包含各式 DIY 以及虚拟现实数字游戏的整体氛围，人们将本个案产制的乌鱼子和乌鱼文化历史产生了一个联结，进而改变对传统乌鱼子加工业的刻板印象。

因此，展场布置上，以历史文化知识、怀旧与体验为出发，借由乌鱼历史文化故事、乌鱼生态特性及传统制程找出值得典藏与体验的元素，进而创造一种情境式的体验方式，产生身临其境的临场效果。游客能将产制品与乌鱼文化联结的元素主要有两方面：

1. 历史文化叙事。包括：

（1）乌鱼拜妈祖

（2）台湾的领航者

（3）乌鱼向谢府王公祖祝寿

（4）94 支乌鱼旗的历史与保育

（5）乌鱼故乡：红毛港

（6）妈祖六十甲子签：讨乌签解释

2. 发生于台湾海峡独特的乌鱼生态特性。表现在以下几个方面：

（1）生物特性

（2）世界洄游路径

（3）产卵分布区域

（4）信鱼未来信箱

（5）文物典藏

导览行程上，则将针对上述目标客群之不同游客，设计出专属各客群的参观导览解说及 DIY 亲手做服务。一般而言，参观制程及 DIY 体验活动前，本工厂将先提供十分钟之简报，内容包含乌鱼子制程简介、工厂理念及殊荣，目的在于让游客于活动开始前先对本工厂有初步认识，并有助于之后活动更顺利进行。随后则将安排一系列之乌鱼子相关活动，如历史故事讲解、制程参观、DIY、互动多媒体体验等以提供游客。另外，针对学校团体将特别设计符合教学需求之活动，如乌鱼子制程拼图流程比赛等，透过寓教于乐的方式提升学生学习兴趣。

四、结果：虚／实传媒应用的执行与分析

有了上述的创意构想，本个案经由实体／虚拟结合的方式，利用产品制作学习、实体展示、多媒体呈现、学习科技互动游戏与开发周边商品等，创造出乌鱼文化结合观光工厂空间与互动多媒体应用的新导览模式。结合历史文化与游戏互动的方式，不仅希望在休闲旅游体验时，能兼具食－游－玩－学，且创造之多元外围商品，把使用商品的情境变成故事情节，脑海中就会浮现故事的场景。执行开发项目包括：

1. 拍摄符合国际 ISO22000 与 HACCP 食品安全管理系统的乌鱼子工厂制程影带。

2. 典藏红毛港历史文化中有关乌鱼文化部分应用于文化导览。

3. 以乌鱼文化为主开发互动多媒体游戏应用于体验导览。如：乌鱼拜妈祖、乌鱼旗的历史。

4. 以讨乌宗教习俗开发互动多媒体游戏应用于体验导览。如：妈祖六十甲子签——讨乌签解释。

5. 说故事卖商品：将历史民间故事收集成册并做成人物公仔。如人物徐阿华、观光工厂吉祥物等等。

6. 多媒体技术与周边商品开发。包括地投影、多点触控互动、体验游戏、AR 扩增实境技术等多媒体技术。

五、结论

本研究从文化创新的角度分析属传统产业的个案，如何根植于历史文化的创意构想，建造更具商业观光以及富有教育文化意义之双重价值的观光工厂。它将使得国内外观光客，一方面有机会亲身体验乌鱼子的制造过程，并享受美食体验旅游；另一方面则透过多媒体互动导览与学习科技的寓教于乐，也能共同了解台湾乌鱼子的历史及文化。未来在观光工厂之硬件及软件更建构完备，并导入互动多媒体应用之新导览模式与更多文化历史素材后，将可以使观光工厂－美食游憩园呈现出多元及具创意之风格及氛围，突破一般民众对传统乌鱼子的印象，并呈现出创新的、专业的、文化的乌鱼子新风潮。并期能以虚拟／实体的文化观光吸引国外观光客，以将台湾乌鱼子营销全世界，并成为代表台湾的渔产品。

本案之建立与执行，除了在经济方面的价值外，具备之历史文化与教育价值主要有：

1. 本个案结合了历史文化意涵，传统的历史文化透过实体展示与动手体验，不仅丰富休闲旅游的文化性，在体验的过程中也增进了学习与文化传承的效果。

2. 互动游戏的导览系统建立，不仅可提高游客的旅游乐趣、学童“做中学”的交互式悦趣化学习效果、成人知识性游客的终身学习目的，透过网站更可强化营销效果以及达成无远弗届之体验—学习—文化传承的功能。

另外，本观光工厂与创新导览模式之开发，并应用于观光工厂导览市场，将可以对相关文化产业有下列帮助：

1. 使乌鱼子加工产业转型观光化产业，得以提升文化可以深根，进而迈向国际化，创造产业能量成为台湾独特的乌鱼文化创意产业新市场。

2. 导览多媒体技术商品化后，将可运用于日后各大小展场文化内容的展出，并取代目前制式化的展场广告牌。

3. 促进工厂观光服务业之兴起，使台湾多元文化重新省思能否以数字创意做成老文化创造新流行。

4. 协助提供员工在地就业机会和工作，融入文化认同度并培育年轻一代成为拥有文化素养和产品专业的导览人才。

妈祖形象及演变特点：以三则南宋碑记为中心

陈 瑶 谢清果[*]

本文选取南宋廖鹏飞《圣墩祖庙重修顺济庙记》、丁伯桂《顺济圣妃庙记》、刘克庄《风亭新建顺济庙记》[①]碑记中关于妈祖形象的相关记载，对文献进行解读与整理，归纳总结妈祖的形象及其演变的特点：形象具体化、神力巨大化、神格高贵化、信仰全国化。

当前学术界对妈祖的研究不在少数，研究热点主要集中于：妈祖身世传说、信仰源流及其传播、祭祀与民俗、旅游经济开发、两岸交流、文物考古及史料考证、各地宫庙研究、祭祀仪式、祭典、出巡、绕境等。例如：李丰懋的《妈祖传说的原始及其演变》、谢重光的《妈祖世谱考论》、蒋维锬的《关于妈祖的世系问题》。李露露在《妈祖信仰》就叙述了有关妈祖的起源与传说，妈祖作为海上保护神及她祈雨、祈晴、祈子、驱疫等方面的功能和与此相关的风俗留存，还介绍了妈祖信仰向海外、日本及台湾的传播；此外，有些学者还运用人类学、社会学、宗教学、心理学等角度探究其内涵和意义，或将妈祖信仰放在文化现象的角度加以研究。如周金琰的《妈祖传说与民俗关系》、郑明忠的《妈祖神话传说对于社会习俗的影响》探讨妈祖传说对于社会文化、民俗的影响问题；郭志超的《妈祖与渔民社会以及疍民群体的关系》《妈祖林氏是古代少数民族》等从人类学角度考察妈祖传说。

因人们长久聚焦于妈祖身世传说、信仰源流及其传播、祭祀、民宿等方面，对相关文人和妈祖信仰的研究相对薄弱。故而笔者选取现存妈祖相关碑记中最早的三篇，以文人、地方官绅和民众等社会阶层对妈祖形象演变中的推动作用为背

* 陈瑶，厦门大学人文学院本科生，谢清果，男，厦门大学新闻传播学院教授，博士生导师。

① 以上三篇均选自蒋维锬、郑丽航:《妈祖文献史料汇编第 1 辑碑记卷》，北京：中国档案出版社，2007 年，第 1.2.4 篇，1—8 页。以下注释，均选于此书，不再赘述。

景，试图归纳总结南宋时期妈祖的形象及其演变的特点：形象具体化、神力巨大化、神格高贵化、信仰全国化。

一、形象具体化

妈祖的形象具体化主要表现在由“里中巫女”到“龙王之女”的角色转变。

最初妈祖的形象只为普通寻常的里中巫女。如廖鹏飞《庙记》中记载：“姓林氏，湄洲屿人。初，以巫祝为事，能预知人祸福；既殁，众为立庙于本屿。”①以及丁伯桂《庙记》中“神莆阳湄洲林氏女，少能言人祸福。殁，庙祀之，号通贤神女。”②其两者的记载大体相同，均反映了妈祖来源于福建莆田湄洲屿，为里中巫祝。在其去世后仍能得到里中众人立庙而祭祀，足能反映其神力及形象已被莆田地方群众广而接受以及获得了自己独有的封号，廖鹏飞记其为“通天神女”；而丁伯桂记为“通贤神女”，称谓大致相同，都反映了其非同寻常的通天能力。在之后，妈祖的形象得到了提升与完善，经过一系列的神灵显迹的现象，其形象被广泛的神话故事形塑成龙王之女。如丁伯桂记载坊间传闻“或曰：龙女也”③，并且以实际的例子具体刻画她的龙女形象：“戊子之夏，后殿雷震，电掣龙爪，西楹而翔，莆、白湖祠亦告斯瑞，且同其时。又一夕，鼓作雷声，森森而鸣，岂非先兆欤？”④其中所提及的雷电、龙爪、天翔等特点，与东海海神龙王的形象近似。在刘克庄的记载中所提及的“乘云气、御飞龙而游于四海之外”⑤也与前者记载类似。里中叟称妈祖“绰约若处子”⑥，则完善了其作为处女的女性形象。同时经过种种敕封而得之的“妃”形象，还出现了对其父母的相关形象记载：“又封妃父曰某侯，母曰某夫人。”⑦将其放入具体的家庭背景之中，勾勒出整个家庭形象的大致轮廓。

综上所述，就此三篇碑记提供的信息而言，妈祖的形象由里中巫女的形象完成到龙王之女的形象进行转变，由人格向神格进行升级，并且经由民间传说与官方敕封结合的方式，其父母形象的出现，则将其置入具体的家庭背景之中。上述内容所反映的趋势是妈祖形象具体化的过程。民间信仰在长时期的演变过程中受官方与民间的双重影响，体现了神的形象层层叠加，最终趋于完备化、具体化。

---

① （宋）廖鹏飞《圣墩祖庙重建顺济庙记》。

② （宋）丁伯桂《顺济圣妃庙记》。

③ （宋）丁伯桂《顺济圣妃庙记》。

④ （宋）丁伯桂《顺济圣妃庙记》。

⑤ （宋）刘克庄《风亭新建妃庙记》。

⑥ （宋）刘克庄《风亭新建妃庙记》。

⑦ （宋）刘克庄《风亭新建妃庙记》。

二、神力扩大化

要理解一个民间信仰神，其关键在于神力。神力包括神灵的功能与神灵显迹的具体方式。

神灵的形象是经过后人的层层叠加而逐渐丰富的过程，而神灵的功能也是由地方的保境安民发展国家层面上的保家卫国，呈现逐渐扩大化的趋势。

（一）神灵的功能

关于妈祖的功能，前期是以保障地方的地方神为主；而经过一段时间的发展，随着神明形象的升格，信仰圈的扩大，其功能扩展到保家卫国的层面。以下分而述之：

保障地方的功能，主要包括以下几个方面：消弭水旱灾害、清除疠疫疾病、清海寇保安定、指方向护航海、现预警防灾害。消弭水旱灾害，廖鹏飞记为“岁水旱则祷之”[①]，丁伯桂记载了淳熙年间祈祷消弭旱灾的情景：“淳熙甲辰民灾，葛侯郛祷之。丁未旱，朱侯端学祷之。庚戌夏旱，赵侯彦励祷之。”不仅能应对旱灾，还能缓解水灾，如“瓯闽列郡苦雨，莆三邑有请于神，获开霁，岁事以丰”。[②]瓯闽列郡的水灾通过来莆邑请于妈祖，反映妈祖信仰的扩大化。刘克庄《庙记》中提及“其神凝，使物无疵疠而年谷熟”，保障五谷丰收。“二陂蓄泄，无大水旱，非疵疠息而年谷熟欤？”[③]则提及水利系统“陂”的蓄水排水等对抗水旱灾害的功能。自古以来，东南沿海水旱灾害频发，各个地方志的大事记中均有一定数量的记载。这是由于东南地区季风强弱不定，同时受台风的直接影响有关。妈祖消弭地方水旱灾害，保障生产，也是中国传统社会中重视农业生产观念的一大体现。

清除疠疫疾病，廖鹏飞记之为“疠疫祟则祷之”。丁伯桂也有具体的记载：“时疫，神降且曰：‘去潮丈许，脉有甘泉，我为郡民续命于天，饮斯泉者立痊。’掘泥坎，甘泉涌出，请者络绎，朝饮夕愈，甃为井，号圣泉。”神明显灵，指出甘泉，消灾避邪，清除疾病。

清海寇保安定，廖鹏飞记“海寇盘亘则祷之，其应如响。”刘克庄、丁伯柱同样也记载了妈祖通过改变海上雾气四起的天气助官军歼灭海贼的场景。莆田、兴化地区位于沿海，受宋时发达的海外贸易影响，其间多有海商出洋贸易获利，因而兴起的海寇群体是海商群体的潜在威胁。保境安民作为妈祖的宗旨，实为响应

① （宋）廖鹏飞《圣墩祖庙重建顺济庙记》。
② （宋）丁伯桂《顺济圣妃庙记》。
③ （宋）刘克庄《风亭新建妃庙记》。

海商的群体诉求的体现。[①]

指方向护航海，宋时长距离海外贸易的兴起，茫茫大海中辨明方向极为重要。因而廖鹏飞记之“故商舶尤借以指南，得吉卜而济，虽怒涛汹涌，舟亦无恙。”同时宁江人洪伯通，朝廷出访高丽的使者路允迪均在海上遇风浪，同行的船只将要或已然覆没，但由于妈祖的庇佑因而获得平安。为什么妈祖会有此方面的神力呢？那势必也与福建地区出洋贸易的传统有关了。

现预警防灾害，记载仅有一处：“祠临江浒，前有石桥，经久摧剥。一日，里人取凉于桥，坐者满地，忽有白马自庙突而出，人悉骇散，桥随圮，无一陷者，人知神之为也。”[②]

妈祖保障地方的神力功能，不仅与保障人民的生命财产、生产生活等息息相关，更是基于东南沿海出洋贸易的传统，在社会中发展形成的神力。在关于保家卫国的功能方面，反映了妈祖从地方神明上升到了关乎国家安危的神祇。如丁伯桂《庙记》中记载“开禧丙寅，金寇淮甸，郡遣戍兵，载神香火以行，一战花黡镇，再战紫金山，三战解合肥之围，神以身现云中着旗帜，军士勇张，凯奏以还。”化身旗帜参与抗金作战，使得宋朝官军大胜。勤王忾敌的作用正是体现了妈祖由地方神明上升为国家神祇的过程。

事实上，不论是从地方上保境安民的功能还是国家层面上保家卫国的作用来看，南宋的妈祖信仰中早已蕴含着忠君爱国观念，如：保护海运、清除海寇等；甚至其祷雨济民、圣泉救疫等仁爱精神也被赋予了儒家道德伦理成分和政治教化色彩。另一方面，上述观念不仅仅表现在碑记中，也展示在改造、编写妈祖故事传说、诗歌文章、匾联、妈祖经文等载体中。

（二）神灵的显迹

关于妈祖的神灵显迹，主要表现在如下几个方面：神灵托梦、神异天象、显现本尊、凭依物体。

神灵托梦是最为普遍的体现形式。如廖鹏飞记载的枯槎托梦：“有渔者就视，乃枯槎，置其家，翌日自还故处。当夕遍梦墩旁之民曰：‘我湄洲神女，其枯槎实所凭，宜馆我于墩上。’”[③] 刘克庄记载的漂炉托梦：“元符初，水漂一炉，遡沿而至，夜有人感梦，曰湄州之神也……”；神异天象的显现也是神灵显迹的体现方式

① （宋）丁伯桂《顺济圣妃庙记》：“平大奚寇，神着厥灵，雾瘴四塞，我明彼晦，一扫而灭。”

② （宋）丁伯桂《顺济圣妃庙记》。

③ （宋）廖鹏飞《圣墩祖庙重建顺济庙记》。

之一，如“墩上常有光气夜现，乡人莫知为何祥”[①]以及“元祐丙寅（1086），夜现光气”[②]，神异天象往往象征着灾异或是祥瑞的征兆，但在这独特的环境中，是妈祖借以托梦显迹的自然征兆；在信徒遇见生死攸关的紧急情况，神灵还会显现本尊，如路允迪出使高丽时遇狂风暴雨，八舟沉七之时，只见“女神登樯竿，为旋舞状，俄获安济”[③]以及神祇还会以凭依物体的形式加以显现。如前文所提及的枯槎、漂炉，兹不赘述。多次提及的象征物还有旗帜。如廖鹏飞在《庙记》中的迎神歌词中提及的“鹤驾骧兮云旗举”“旗摇摇兮睇莫睹”[④]以及前文提及的在抗金战役中所化身为指挥三军的旗帜，均是妈祖的凭依物体。

此外，神灵的庇佑并不是随叫随到，呼之必答的。一般来说只是出现在生死攸关的危急时刻，信徒发自内心的求助才会灵验。求助的方式包括呼号、默祷、祈祷等。例如出海航行的周伯通“呼号”而使得神灵显迹，改变了天气，获得安定[⑤]；又如刘克庄提及的默祷显灵：“命悬漏刻，心芗默祷，往往见神于云烟岛屿之间，莫不获安稳趣。”[⑥]在遇地区的水旱灾害时候进行的一系列祈祷的过程[⑦]，均是请求神灵赐福庇佑、向神灵求助的种种方式。

三、神格高贵化

关于神格的高贵化，直接的体现即是妈祖由陪祀地位上升到主祀地位，但背后反映的实质则是信众之中的地方精英主导的祀神地位的变迁，原因在于信众中的地方精英力量的壮大。地方精英通过奉祀神明、用自己的解释模式提升神明的地位、修造维护祠庙等手段得到神明庇佑，这些神灵故事的书写体现的是神祇与信众的互动关系。此外，这亦是乡村内在秩序和民众内心祈望的重要表达。

在妈祖发迹之前，它只是一个默默无闻居于圣墩祠上的一个陪祀之神：“墩上之神，有尊而严者曰王，有皙而少者曰郎，不知始自何代；独为女神人，壮者尤灵，世传通天神女也。”[⑧]而具体的神祇奉祀位置，之于信众的视角而言，为

---

① （宋）廖鹏飞《圣墩祖庙重建顺济庙记》。

② （宋）丁伯桂《顺济圣妃庙记》。

③ （宋）廖鹏飞《圣墩祖庙重建顺济庙记》。

④ （宋）廖鹏飞《圣墩祖庙重建顺济庙记》。

⑤ （宋）廖鹏飞《圣墩祖庙重建顺济庙记》。

⑥ （宋）刘克庄《风亭新建妃庙记》。

⑦ 相关事例繁多，如廖鹏飞：“岁水旱则祷之，疠疫祟则祷之，海寇盘亘则祷之，其应如响。”丁伯桂“淳熙甲辰民灾，葛侯郛祷之。丁未旱，朱侯端学祷之。庚戌夏旱，赵侯彦励祷之。”兹不赘述。

⑧ （宋）廖鹏飞《圣墩祖庙重建顺济庙记》。

"郎—王—神女"。但经过妈祖的一系列显灵而发迹，得到诸多敕封的称号之后，妈祖的神格得以提升，超过了"旧尊"王的地位。因此众信众对此进行了摆放位置的调整，右者左之，左者右之，新的摆放位置则为"郎—神女—王"。[①]不但反映了妈祖的神格提高，地位上升，超越旧尊。更重要的是体现了随着妈祖神祇地位的提升，其信众们有着自己关于奉祀神明地位尊卑的解释权："神女生于湄洲，至显灵迹，实自此墩始；其后赐额，载诸祀典，亦自此墩始，安于正殿宜矣。昔泰伯庙在苏台西，延陵季子像设东面，识者以为乖典礼，遂命改之。"[②]信众们有能力主导主祀陪祀神地位的变迁，并且为所有的信众所普遍接受。

那么，这个地方的人为什么要奉祀神祇呢？换言之，奉祀神祇会给他们带来什么好处呢？信仰从来不是单方面给予你回报的，信仰的核心即是在于神祇与信众的互动。信众若是尽了奉祀神明的义务，神明自然可以给信众带来一系列的庇佑权利。因此才会有一系列的信众实行一系列的措施来兴修、重修祀庙，以获得神明的庇佑，如妈祖托梦本地人立庙奉祀，本地人在遇到水旱灾害、疾病疠疫、海寇盘亘的时候则向妈祖有求必应。白塘李氏家族中的李振向朝廷禀告神祇之力，使神获赐"顺济"匾额；堂兄弟承信郎李富作为地方精英而施行一系列措施修缮祠庙，"承信郎李富，居常好善，首建其义，捐钱七万，移前而后，增卑而高，戒功于中秋，逾年月告毕"，最终使得其宗族得以庇佑，香火不断，人才杰出。[③]除此之外，在神祇出现化险为夷之时，受其帮助者更会在之后建祠立庙以报答神祇救助之恩。[④]因而神祇与信众之间的关系是权利与义务的关系。信众履行义务，神祇予以赐福；神祇赐福，信众还愿，体现了两者双向互动的过程。

四、信仰全国化

这三个碑刻文献资料，不仅反映了妈祖的形象由安澜护航的地方小神扩展为无所不能的"万能神"，其信众群体及信仰圈也由莆田湄洲地区而及全闽而九州，呈现出全国化趋势，同时也反映了妈祖信仰的官方化、祀典化进程。此外，莆田

---

① （宋）廖鹏飞《圣墩祖庙重建顺济庙记》中："旧尊圣墩者居中，皙而少者居左，神女则西偏也。新庙或迁于正殿中，右者左之，左者右之。"

② （宋）廖鹏飞《圣墩祖庙重建顺济庙记》。

③ （宋）廖鹏飞《圣墩祖庙重建顺济庙记》。关于其宗族之后发展的记载，可见《白塘李氏族谱》以及《白塘李氏重修先祠碑》《永思堂记》，收自郑振满、［美］丁荷生编《福建宗教碑铭汇编》（兴化府分册），福州：福建人民出版社，1995 年。分别为第一〇三号（116—118 页）、一三一号（153—154 页）。

④ （宋）廖鹏飞《圣墩祖庙重建顺济庙记》："（洪伯通）既还其家，高大其像，则筑一灵于旧庙西以妥之。"

籍作者的撰写碑记等宣传、塑造行为也是妈祖信仰扩展至全国的重要原因。

（一）信众群体及其信仰圈的扩大

关于妈祖信仰的群体，正如材料中体现的那样，所提及的群体是以莆田沿海的渔民与参与海外贸易的商人为主，如廖鹏飞《庙记》中的"有渔者就视……"以及给予路允迪解释神迹的里"时同事者保义郎李振，素奉圣墩之神，具道其详"。[①] 通过查阅《白塘李氏族谱》[②]，李振以及前文所提及的捐资助修祠庙的李富，同为莆阳白塘李氏的十八世堂兄弟。曾提及的承信郎李富捐钱七万，就捐资七万而言，体现了此人应有殷实的家境，在莆田平原从事农业生产的一般民众是难以获得如此多的财富的。因此李振、李富等人极有可能从事海外贸易，经常致富。同时他又作为素奉圣墩之神的忠实信徒，代表的则是广泛参与海外贸易的海商群体。可以发现最初的信众群体与海洋有着密切的联系，这与其地缘传统不谋而合。

在之后体现的是信仰圈的扩大，妈祖的神祇形象从地方神明到全国推广。如刘克庄《庙记》中提及："妃以一女子，与建隆真人同时奋兴，去而为神，香火布天下，与国家祚运相为无穷，吁，盛矣哉。"妈祖的形象从地方神祇升格成与国家祚运紧密相关的神明。其扩展的范围也从莆田沿海向全国其他省份进行扩展，如"非但莆人敬事，余北游边，南使粤，见承、楚、番禺之人祀妃尤谨，而都人亦然"。[③] 扩展到广东、湖北地区；"神虽莆神，所福遍宇内，故凡潮迎汐送，以神为心，回南簸北，以神为信……神之祠不独盛于莆，闽、广、江、浙、淮甸皆祠也"。[④] 妈祖的祠庙也扩展到全国其他的省区。

（二）妈祖信仰的官方化、祀典化。

妈祖从地方神祇到官方认可的神明，实则体现了官方通过敕封的手段以收编"淫祠"，将民间信仰拉进官方的祀典系统中，兹以三篇碑文中的相关史料，编纂年表[⑤] 如下：

---

① （宋）廖鹏飞《圣墩祖庙重建顺济庙记》："（洪伯通）既还其家，高大其像，则筑一灵于旧庙西以妥之。"

② 福建省莆田市涵江区白塘李氏族谱修编理事会编纂：《白塘李氏族谱》，2002 年，第 84 页。

③ （宋）丁伯桂《顺济圣妃庙记》。

④ （宋）丁伯桂《顺济圣妃庙记》。

⑤ 此表依据（宋）廖鹏飞《圣墩祖庙重建顺济庙记》与（宋）丁伯桂《顺济圣妃庙记》编制而成，其中因朝廷在事件发生之后的追赠，因此 1198、1208、1217 三个年份的记载为之前提及的三个事件一一对应。

表 1：妈祖称号及其受敕封年表

时间	得称原因	封号 / 称号
1086	枯槎托梦立祠	（自称）湄洲神女
1122	救助洪伯通	（无称号）筑像筑庙
1123	为路允迪保驾护航	赐“顺济”匾额
1156	原因不明	郊典封“灵惠夫人”
1157	原因不明	（无称号）江口立祠堂
1159	击溃海盗，保境安民	加封“昭应”
1159	指泉治疫	加封“崇福”
1178	捕捉海寇之舟	加封“善利”
淳熙年间	调节水旱灾害	加封“灵惠”
1198	助军抗金	加封“助顺”
1208	助海商调整风向	加封“显卫”
1217	助擒获海寇	加封“英烈”

通过上表，我们不难发现神祇以各种形式的“显灵”之后，官方及民间会分别采用不同的形式对神祇进行嘉奖。民间采取的方式一般为信徒设庙立祠或捐资重修祠庙为主；而由于地方神祇曾经对朝中大臣、地方社会给予积极的救助，因而国家在统一社会信仰、捣毁淫祠的进程中，通过敕封称号的手段将地方神明予以收编，纳入国家正统的信仰体系，从而实现妈祖由局限于莆田湾的地方神明进入国家秩序中的祀典神的转变，这不仅体现了妈祖信仰的官方化、祀典化，也体现了在妈祖信仰传播壮大过程中国家与地方社会之间的互动。

正如邵培仁所言，“当受众把传播者或信息来源确定在高权威性、高可靠性的位置上时，这种认定就会转变为对信息内容的相信”。[①] 论文《政治教化视域下的妈祖文化传播》中也提及：“从效果上看，只要能让民众安于现状，不论是儒家、道家或佛家思想，均可成为统治者施行政治教化的工具，并通过妈祖传达、宣扬到社会民众之中，这也是政治教化的目的。”[②] 中国古代统治者正是借助封建皇权的权威性，通过敕封妈祖、将妈祖纳入天帝信仰体系、举行国家祭祀典礼等方式，构建并强化妈祖信仰合法性地位。同时也加强国家与地方社会的互动，并借以传播儒家政治观念和道德伦理规范。除此之外，此举还在某种程度上让民众获得精神和灵魂的归属，并对政治教化产生认同，对调解社会矛盾、保持社会稳定发展

① 邵培仁：《传播学》，北京：高等教育出版社，2004 年，第 212 页。

② 张宁宁：《政治教化视域下的妈祖文化传播》，《闽南师范大学学报》（哲学社会科学版），2018 年第 2 期，7—13 页。

起到了积极作用。

（三）关于碑记的作者

回到碑记本身，碑记本身是何以得到生产的？撰写碑记的作者本身及其撰写动机与文献本身有何具体的联系呢？

关于廖鹏飞的身份，从《圣墩祖庙重修顺济庙记》中可以得到答案："李侯以鹏飞久游门下，遂命记之，义不容辞。"廖鹏飞是莆田仙游人，久居于李富的门下，用现在的理解，可以说是承信郎李富的门客或门生，自然会通过撰写碑记以夸扬作为信众的李富修缮祠庙的行为，这就是在勒石立碑的同时即以碑文的形态促进了神明信仰的传播。而本文提及的另外两篇庙记的作者丁伯桂、刘克庄，均是莆田本地人。此二人通过撰写碑文，将地方神的形象以文字记录。作为莆田同乡的知识分子，妈祖信仰在他们充分认可的情况下勒石作碑加以保存。因而能促进妈祖信仰的传播与发展。在撰写的过程中，也反映了其主观判断和个人主张。

总体而言，文人士子通过对传说故事、诗歌文章、碑记匾联等选择性吸纳、改造和编写，成功塑造了一个符合儒教政治教化的妈祖形象。并在妈祖传说广泛传播过程中，促进妈祖信仰的传播和发展，从而使社会民众或潜移默化，或直接地接受儒家政治观念和伦理道德规范的教育，从而达到统治者推行政治教化的目的。这实质上是官方信仰与地方神祇双向互动的表现，也是妈祖信仰官方化的必由之路。

五、结论

综上所述，通过资料的整理和分类汇总，我们可以得出如下结论。

从神祇形象来看，妈祖的形象从"里中巫女"转变成为"龙王之女"，通过后人心中的神祇形象层层叠加实现妈祖形象的具体化；从神灵力量来看，无论从神灵拥有着多种面向的社会功能还是神灵显迹的具体范围从地区扩展到全国，由保境安民到保家卫国，无不反映了神灵力量巨大化的趋势；从神格地位来看，妈祖由偏居一隅的陪祀神上升到居于正殿的主祀神，地位的上升反映了妈祖神格高贵化，但背后实质反映的是信众之中力量壮大的地方精英通过主导的祀神地位的变迁，通过奉祀神明、用自己的解释模式提升神明的地位、修造维护祠庙等手段得到神明庇佑，体现了神祇与信众的互动关系；从信仰范围来看，妈祖信众群体、信仰圈的扩大，呈现出全国化趋势，这也进一步展现出妈祖信仰的官方化、祀典化进程。莆田籍作者通过撰写碑记也实现了信仰的传播。文化与政治密切相关，

"文化传播活动不可能不反映政治、表达政治、服务政治和参与政治"[①]。某种意义上，南宋统治者将妈祖作为一个传播符号，他们不仅通过敕封妈祖、以国家祭祀形式强化其合法性地位；还对妈祖形象进行改造，并在相关故事、传说等植入统治者的价值判断与利益诉求体系，或潜移默化，或直接对民众灌输儒家政治观念和伦理道德规范，从而实现政治教化信息传递的目的。

因此，总的来说，在妈祖信仰得以传播弘扬的过程中，体现的是神祇与信众、官方信仰与地方神祇之间双向互动的社会过程。

① 庄晓东:《文化传播：历史、理论与现实网》，北京：人民出版社，2003 年，第 47 页。

中篇：闽台文化记忆研究

进入与再生：文化传播视域下的台湾闽南语民谣

施沛琳*

从文化传播的过程看台湾文化的形成，是中华文化由中原向南延伸进入福建，再跨海东移进入台湾，主要依靠的是迁移扩散的传播方式。就文化传播角度而言，移民社会其实包含了“进入”与“再生”两个层次；伴随着移民的迁徙而带来的文化，在另一个空间上进行了迁移与扩散，并同时遇到该空间不同的自然环境和人文环境的影响，而可能发生新的互相适应、利用和改造的过程，因而产生流变的可能。以闽南语方言传唱之台湾闽南语民谣中，于时代变迁下经过岁月淬炼，仍留下不少经典且脍炙人口的歌曲。这些在台湾受人民喜爱的歌曲事实上源自闽南，并于20世纪又回传到原乡。本文选择12首歌曲为个案，尝试从文化传播角度探讨其与原生态闽南语歌曲的关系，从歌曲传唱内容印证闽南与台湾“犹为琴瑟，隔岸和鸣”的文化脐带关系。

一、闽南文化的历史渊源与特点

闽南文化是从晋到五代播传入闽的中原文化基础上产生的；历史上，中原人民或因战乱，或因朝廷南迁、开发治闽，前后四次大量移民迁徙至福建，其间有不少名士南下，或闽人北游，也使得挟着经济、政治与军事的强势中原汉文化，在闽南扎下根基。① 此历史过程显示：不同阶段的移民不同程度地带来了中原的先进文化，加快了福建的开发和进步。

除中原文化的传入、宗教文化的传播、邻域文化的渗透等源流之外，闽南文化的形成尚有两项重要的面相，② 其一是海外文化的冲击；具有全中国五分之一

---

* 施沛琳，1956年生，女，台湾台南市人，厦门大学历史学博士，闽南师范大学闽南文化研究院教授，兼任福建师范大学闽台区域研究中心特聘研究员，研究方向：文化传播与文化管理。

基金项目：国家社会科学基金一般课题：“台湾少数民族文化遗产保护与传承研究”（15BMZ037)。

① 陈耕：《闽南民系与文化》，厦门：鹭江出版社，2009年，第10页。

② 何绵山：《闽文化概论》，北京：北京大学出版社，1996年，第7—9页。

海岸线的福建，尤其是闽南地区，自古约在南朝时代就与海外有联系，通过国际贸易、外商定居闽地、闽南人越洋后归里等途径，而汇融了形态各异的海外文化。另一项是与台湾文化的交融；闽台一水相连，地缘相近，血缘相亲，习俗相同，语言相通，基本上闽台文化属同一个文化区。而台湾经历了荷兰、西班牙、日本等外来殖民文化影响，形成了具独特性，且与福建原乡有所差异的台湾文化，也对闽南文化产生影响。

综上种种特殊的形成因素，闽南文化的定义范围并非地域性的；其一千多年的发展过程，是经历了孕育、形成与成熟、灾难、播迁与转型等五个不同阶段。狭义地说，原指生活在福建南部的泉州、漳州、厦门地区闽南人创造出来的文化。自明朝中叶以来，大批闽南人下南洋、过台湾，闽南文化随之播迁，并吸收、融合当地的文化，而有了新的发展，也使得闽南文化区域扩展为闽南、台湾和东南亚闽南华侨华裔聚居地这一更广阔的区域，闽南文化是全球所有闽南人共同拥有的文化，也就是“闽南民系文化”。① 换句话说，“闽南民系”是中国历史上多次移民运动的产物，闽南文化作为闽南民系独特的文化，也是由于移民运动而形成和发展起来的。②

文化传播是人类特有各种文化要素的传递扩散和迁移继传现象，是各种文化资源和文化信息在时间和空间中的流变、共享、互动和重组，是人类生存符号化和社会化的过程。③ 文化传播有多种管道，其中，战争与移民是形成闽南文化的管道；闽南文化的形成与曾经因饱受战乱之苦的中原人民向福建大批迁徙有关，大量移民扎根闽南后，在中原文化的根基下孕育茁壮起来。

因此，移民是闽南文化的主体，长期的大规模移民运动正是闽南文化赖以生成的历史契机和基本途径。从文化传播角度而言，移民为文化传播的途径之一，此亦为文化变异与创新的重要途径。不论闽南或宝岛，闽南人民风豪爽，且具有拼搏冒险与开拓进取精神，正符合了闽南区域移民文化性格特征。

地区方言是各地区人民最直接、最简单的认同，隋唐中原河洛地区所使用的语言，随着汉族移民来到了闽南。在时间积累下，不同族群之间文化的相互撞击，中原河洛官话被带到福建后，由于迁入移民的规模强大，在语言上掌握了主导性，因而形成一股通用的方言。这些由闽南方言、方言艺术、口传文学、民俗、民间信仰、民间技艺、物质生活文化等构成的闽南文化总体格局至宋代基本定型，并

① 陈耕：《闽南文化在台湾的发展变迁与影响》，厦门市闽南文化学术研究会编：《闽南文化论坛论文集》，北京：中国文史出版社，2008 年，第 84—90 页。

② 王予霞：《文化传承》，福州：海风出版社，2004 年，第 24 页。

③ 庄晓东主编：《文化传播：历史、理论与现实》，北京：人民出版社，2003 年，第 6 页。

得到充分发展。可以说，闽南方言的形成，对闽南方言艺术和口传文学的形成和发展，起着决定性作用；同时，也对闽南文化的各个方面产生了极其重要的作用。

二、闽台文化圈的形成与建立

众所周知，福建地区和台湾地区的文化都源自中华传统文化；不可讳言地，闽台之间的"五缘"关系形成了闽台"共同文化区"。[①]

接续大量中原汉族人口向南迁徙，进而通过福建沿海向台湾移民，从而形成台湾社会人口的主体部分。在福建移民进入宝岛的过程中，相对如影随形的是闽南文化的延伸。闽台关系正是在移民的历史过程中逐渐形成的，是闽台文化关系形成的最重要因素。闽台文化亦在漫长的交融过程中，逐步形成许多共同的文化特征，但又有若干差异的地域性文化。[②]

其中包括：清朝时台湾人赴闽任职带来了台湾的本土风俗；返闽探亲之台湾人于闽台之间经贸往来，而带进了宝岛的风俗民情、生活习惯与生意经等。又如：宝岛歌仔戏源自闽南锦歌，后融入平原地区少数民族文化等在地元素，予以加工与提升而成为大戏，又再回传输入福建，形就了福建五大剧种之一的芗剧；其发生、发展和演变过程，亦充分体现闽台两地文化的交流与融合。

闽南文化向台湾地区延伸成为宝岛文化的主流，亦即台湾文化的根在闽南。当然，台湾文化也影响到闽南文化的发展，在闽台文化的交融过程中，闽南文化是主要的影响源，不论闽南语方言或风俗人情等，都是闽南文化移植的结果。

由于闽台交融关系的紧密，近年来，海峡两岸学界亦有共同文化圈或文化区的探讨。[③]文化区的形成是文化传播的结果，这是一个或几个文化要素，在历史发展过程中空间扩散的现实体现。从文化传播的过程看，中华文化由中原向南延伸进入福建，再由福建跨海东移进入台湾，主要依靠的就是迁移扩散的传播方式。就文化传播角度而言，移民社会其实包含了"进入"与"再生"两个层次；"进入"是指文化伴随着移民的迁徙而带来的文化在空间上的迁移扩散。然而，某种文化由一个地区扩散到另一个地区，便同时会遇到新区不同的自然环境和人文环境的

---

① 刘登翰：《中华文化与闽台社会：闽台文化关论纲》，福州：福建人民出版社，2002年，第111—117页；杨华基：《闽台文化与中国现代化》，厦门市闽南文化学术研究会编：《闽南文化论坛论文集》，北京：中国文史出版社，2008年，第3—8页。

② 林仁川、黄俊凌：《闽台文化交融的历史过程与特征》，厦门市闽南文化学术研究会编：《闽南文化论坛论文集》，北京：中国文史出版社，2008年，第11—18页。

③ 刘登翰：《中华文化与闽台社会：闽台文化关论纲》，福州：福建人民出版社，2002年，第118—119页；陈世雄、曾永义：《传承与变异——论闽南戏剧文化圈》，福州：福建人民出版社，2009年。

影响，而可能发生新的互相适应、利用和改造的过程，因而产生流变的可能。

文化区域的形成与发展必然有一漫长的历史过程，在相似的自然生态环境和族群基础上，历史区划的沿革不断强化其认同感。文化区是地理上相互毗连的部族群体，这些群体拥有许多共同的文化特质，并以此与其他群体相区别。①据此，台湾文化的源头与基础在闽南，闽南文化自闽南地区向外播迁到了台湾，虽经历时间的淬炼与异族元素的汇融，但与闽南文化仍脐带相连，更甚地亦形成了一个有别于中原文化的闽南文化区域。

三、闽南原生态闽南语民谣向台湾播迁的轨迹

文化传播的轨迹中，闽南先民赴宝岛开垦的同时，所带入的民歌、戏曲、歌舞、说唱、乐器和宗教音乐，都在岛内生根开花，繁衍传承，经过几百年的吸收融合，有的仍保持原貌，有的已发展成具有本岛特色的民间艺术，成为中华民族音乐宝库中的一枝独秀之花。在台的福佬文化和福建原生态之闽南文化形成一对姐妹花，“犹为琴瑟，隔岸和鸣”。

从民间艺术角度观之，自闽南传入台湾的有歌、舞、戏、曲、乐等全方位多形式的状态。其中，闽南地区重要的说唱曲艺——锦歌，很早就盛行于漳州一带的民间小调，是以七字或五字组成的句联。由于是用方言唱出，极其通俗，普遍流行于城市及农村，成为一般人民经常喜闻爱唱的歌调。伴奏的乐器是手鼓与月琴，同时受到泉州南曲影响，又采用了三弦、二弦、琵琶、洞箫与夹板等，演唱均用男人之嗓调。②

锦歌流传到台湾的历史有三百多年了，明末（1624）李自成起义，清兵进入福建，一阵忠贞爱国志士纷纷迁移台湾，锦歌就在此时传入岛内。③如：《四字仔》《七字仔》在发展成为歌仔戏唱腔曲牌【四字调】【七字调】之前，以清唱形式演唱，亦属闽南语民谣的范畴。不过，亦有学者认为台湾歌仔所承袭的并非锦歌，应是漳州歌仔，也就是半念半唱的“念歌”；去掉了“念”的成分，加强抒咏性，而成了“歌仔”。④无论如何，一般统称之闽南歌仔不仅包括了锦歌、歌仔等，随着闽南人迁台，这些同时也传播到了台湾，

本文主题以“闽南语民谣”为探讨，主要包括了：歌与曲，“歌”即民间歌曲，由闽南传入台湾的民间歌曲有五大歌种三十多首。其中，山歌有安溪《采茶相褒》、

---

① 王东：《客家学导论》，上海：上海人民出版社，1996年，第22—23页。

② 刘春曙：《闽台乐海钩沈录》，福州：海峡文艺出版社，2008年，第10页。

③ 吕诉上：《台湾电影戏剧史》，台北：银华出版社，1961年，第233页。

④ 蓝雪霏：《闽台闽南语民歌研究》，福州：福建人民出版社，2003年，第207页。

漳州《大溪出有溪边沙》《老鼠过溪》等；小调有《送歌调》《草蜢歌》《病子歌》等；儿歌有《天乌乌》《鸡角仔》《打铁哥》《一放鸡，二放鸭》；吟诵调有《春日偶成》《枫桥夜曲》等；乐器曲填词有《百家春》《安溪调》《对面答》等。此外尚有宗教音乐、佛曲、道曲和巫歌等。“曲”即曲艺，或称说唱音乐，有锦歌、盲人说唱等牌子曲，以及答嘴鼓（或称四句联仔）、摇钱树等吟诵类。

以下针对小调儿歌与器乐曲等类别，分举数首歌曲为例，探讨由闽南传入台湾的轨迹：①

（一）小调

闽南地区的小调又称“里巷之曲”，除民歌之外，在一些歌舞小戏中也有小调，由于小调有相对的稳定性，传入台湾后，与闽南原乡的同名小调差别不大。

当初自闽南入岛垦殖之先祖移民中，并不被允许携家带眷，台湾史上有“只有唐山公，无唐山嬷”之说。在众多单身男性移民之中，一些涉及男女情爱或逗趣的歌曲，更容易满足离乡背井之苦闷，发挥心理补偿作用。同时，这些小调歌曲中亦不乏呈现移垦先民生活写照的方方面面。

1.《五更鼓调》与《五更思君》

在台湾流行的《五更思君》“一更更鼓月照山，牵娘的手摸心肝。我君问娘欲安怎，随在阿君你主盘……”，源自“五更鼓调”，其在中国歌谣史上由来已久，《乐府诗集》及敦煌典籍中都有记载。台湾的《五更思君》原为歌舞小戏吸收之后再改编，其节奏缓慢，曲风哀凄，借以抒发男女之情或少妇闺怨、相思。通过移民传入后，曾风行一时，许多长篇故事歌谣皆以此调插入，如：《英台留学歌》就有一段。台湾的《五更思君》与泉州、惠安《五更鼓调》的曲调与歌词完全相同；均为“江南时调”《孟姜女》的翻版。1925年，日蓄（Niponohon）唱片公司从日本聘请了录音技术者来台灌制闽南语曲盘（唱片），受聘者均为当时一流的艺妲，其中，由“匏仔桂”所唱之《五更思君》被列入“流行歌”之林，而传唱至今。

2.《番客歌》与《雪梅思君》

由日蓄唱片所录制之曲盘中另有一首“幼良”唱的小曲《雪梅思君》：“正月算来春酒香，家家户户门联红，红男绿女满街跑，迎新正心轻松，只有雪梅心沈

① 词曲源自两岸音乐学者之采集如下：蓝雪霏：《闽台闽南语民歌研究》，福州：福建人民出版社，2003年；刘春曙：《闽台乐海钩沈录》，福州：海峡文艺出版社，2008年；许常惠：《台湾福佬系民歌》，台北：百科文化出版社（中国民俗艺术丛书1），1982年；许常惠：《现阶段台湾民谣研究》，台北：乐韵出版社，1992年；简上仁：《台湾福佬系民歌的渊源及发展》，台北：自立晚报，1991年；简上仁：《台湾民谣》，台北：众文出版社，1992年；庄永明、孙德铭合编：《台湾歌谣乡土情》，台北：孙德铭（个人）。

重，牺牲青春好花丛，为君立誓不嫁尪，甘愿来守节一世人……”当时又称“厦门调”；《雪梅思君》主要承袭自晋江县石狮之《番客歌》，当时泉州、晋江一带有不少男性为生活出洋到东南亚打拼，因而拆散了一些夫妻或情爱男女，《番客歌》唱出了留在家乡女性的心声。

3.《父母主意嫁番客》与《红莺之鸣》

闽南地区尤其是泉州、晋江一带传唱的民歌《父母主意嫁番客》：“父母主意嫁番客，番客没来采，一年一年大，在家中受拖磨，无时通快活。兄弟一大拖，轻重总是我。但得无兜划，抽签共卜卦，下神托佛保庇我君，你着紧来采……”“海上丝绸之路”的泉州、晋江一带，一些早些年渡南洋谋生之华侨（番客），辛苦打拼，拥有不错的经济基础后衣锦荣归乡里，也让故乡人羡慕那些番客，纷纷希望自家女儿嫁给番客。不料1937年，卢沟桥事变，抗日战争全面爆发，在多年的抗日战争中，南洋交通断绝，音讯杳然，那些于早年嫁给番客的侨妇，或者等待嫁番客的女孩，在家乡等了一年又一年，丈夫或情郎远在大洋彼岸，生活无着落，日日守着空房，闺怨相思尽上心头，歌曲道出了闽南地区起着家庭伦理变化的心声。

《父母主意嫁番客》由古曲《苏武牧羊调》改编，该古曲亦作为上海黎锦晖所编儿童歌剧《麻雀与小孩》中，采为雀母诉悲和小孩慰问的对唱曲；上海卖唱者多用此曲填词唱出。[①] 传入宝岛之后，由蔡德音依曲调改编作词，写了一首《红莺之鸣》并出版唱片，亦称“国庆调”：“日落西，爱人还不来，忧闷在心内，可恨这现代，现世间，不应该，迫阮对还来，我要出头天呀！ 何时也不知，我的爱人呀……”，该曲写出当时正处于半开放社会女性对爱情向往之心声，挺受欢迎。

4.《送哥调》与《台南调》

在闽南十分流行的《送哥调》曾被锦歌、戏曲和歌舞所吸收，最早用在竹马戏《管甫送》，送爱人返乡之《送哥调》：“一步（来）送兄喂到床（的）边啰，双手（来）牵兄（啰）落泪啼，兄你来坚心（啰）要返（哪）去啰，误妹的青春啊少年时啰，哪哎哟，管甫啊喂！少年的时啰。”

《送哥调》传唱至台湾，变成了《台南调》，后又衍化成《牛犁歌》（或称《驶犁歌》），三首歌之曲调基本相同，但歌词有别，《台南调》唱词如下：“一送梁哥（嗳）欲起身，千言万语（喂）说不尽，保重身体上要紧，不通为阮费（来）心神，哪嗳哟伊都梁歌喂！不通费心神……”以男女诉情为主。《牛犁歌》或《驶犁歌》

① 陈君玉：《“台语”流行歌运动》《汉乐改良运动》，《台北市志——卷十杂录丛录篇》，台北：台北市文献会，1962年，第24页。

则唱出先民在嘉南平原农事忙碌之写照："头戴竹笠喂，遮日头啊喂，手牵着犁兄喂，行到水田头，奈嗳唷犁兄喂，日曝汗愈流，大家合力啊，来打拼嗳唷喂，奈嗳唷里都犁兄唉，日曝汗愈流，大家来打拼，嗳唷喂……"就曲调而言，《台南调》或《驶犁歌》堪称台湾福佬系民歌承袭闽南民歌曲调的实例。

5.《病子歌》与《长工歌》

台湾传唱的《病子歌》（又称病囝歌）与泉州民间流行、梨园戏中的《病子歌》可说完全相同。漳浦、华安竹马戏的《病子歌》曲调亦同，唯内容是诉说长工苦情者，称《长工歌》。

泉州《病子歌》："正月思想（啰）桃花开，娘今病子（伊都）无人知，我今问娘（啰）爱吃什么？爱吃山东（伊都）香水梨，爱吃我去买。"华安《长工歌》："正月思想（啊）人迎尪，正手添饭倒手捧，人人生囝养父母，母母卖我来做长工，做长工……。"传到了台湾，《病子歌》唱词有一段是这样唱的："正月算来（啰）桃花开，娘今病子无知，君今问娘（啰），卜食什么？卜食山东香水梨。卜吃我去买……"就叙述怀孕妇女害口的《病子歌》而言，不论词或曲，泉州与台湾所唱均无二致。

6.《锦歌蚱蜢调》与《草螟弄鸡公》

以蚱蜢为主题的草蜢歌在闽台两地均有流传，在厦门锦歌中有一首《锦歌蚱蜢调》（又称《十二工场歌》）："第一来工场在打铁啊，手拿铁锤打铁枝。打得汗流湿与滴啊，身体没洗黏滴滴。（心肝喂着喂啊）阁旦一个来，会打阮不爱，一个二百五，四个走一块。（咿啊咿）"，

蚱蜢调主要写出基层工人心声，流传到台湾后，摇身一变为嘉南地区传唱的一首男女逗趣的《草螟弄鸡公》："人生六十像古树，无疑食老（啊是）逾建丢，看着小娘面肉幼，害我学人老风流，哪嗳唷哟老风流，草螟弄鸡公，鸡公劈咆跳。……"两首草蜢歌曲调基本相同，仅尾音稍有差别；另，《锦歌蚱蜢调》为七声音阶，《草螟弄鸡公》为五声音阶。

7.《走唱调》与《卜卦调》

流行于龙溪、海澄一带的闽南锦歌《走唱调》，传入台湾嘉南地区后称《卜卦调》（又名《乞食歌》）。就音乐论，二者主旋律基本相同，混合拍子、音列均同；唯《走唱调》有前奏及尾奏，且两首的结束音不同。在歌仔戏《陈三五娘》中的唱词如下："清早起来天渐光，找五娘来梳妆（伊），找无陈三扫厅堂（啊），（伊伊）找无益春煎茶汤。（伊）安人找无嘴开开，员外找无叫受亏（伊），可恨陈三贼奴婢（啊），（伊伊）害子一身无所归（伊）"。

而台湾《卜卦调》唱词："手摇签筒有三支，要卜新娘入门喜，现在有身三月

日，包领会生莫嫌迟伊。头支五娘陈三兄，甘愿为娘来扫厅，婚姻虽然能成事，一心欢喜一心惊伊。三支关公扶刘备，要问仙祖做生意，你若添油二百四，明年包领大赚钱伊。”两首唱词均与《陈三五娘》故事有关。《卜卦调》曲调于台湾电视公司“群星会”节目时代，曾改编为华语歌曲《傻瓜与野丫头》。

8.《土地公杂嘴》与《歹歹翁吃抹空》

《土地公杂嘴》属漳州锦歌的杂嘴调，唱词内容是祈求土地公保庇嫁个好丈夫：“保庇阮嫁着打铁尫，手举铁锤叮当当，呣通给阮嫁着赌博尫，皮箱，衣裳，簪仔，头插，共阮当空空，保庇给我嫁着种田尫，戽水犁田心头松。”

这首锦歌传到台湾，变成了《歹歹翁吃抹空》，曲式、旋律结构及词格基本相同，口传后经由电音配乐，由邓丽君唱红，其歌词中的一段：“嫁着读书的翁，（咯）床头困，床尾香，三日若无食（咯）会（啊）轻松。嫁着做田翁（咯），每日无闲（来）梳（啊）头鬃。嫁着总铺翁，身躯油油看着未（啊）轻松。”两首相比，《土地公杂嘴》音调平稳、流畅，比较口语化，而《歹歹翁吃抹空》有切分音和后八分、十六分音符，曲调跳跃诙谐。

（二）儿歌

《天乌乌》与《鸡角仔，早早啼》，是闽南儿歌传入台湾后，编成流行歌曲并配以电音乐队，在海峡两岸广为传播且风靡大江南北的经典例子。

1.《天乌乌》与《天黑黑》

《天乌乌》这首儿歌在两岸流行歌曲重要传唱者邓丽君，于1968年刚出道时，曾由宇宙唱片发行一张“邓丽君台湾民谣——丢丢铜”专辑，其中收录着这首又名《天黑黑》的闽南儿歌①：“天乌乌，要落雨，阿公仔举锄头要掘芋，掘啊掘，掘啊掘，掘着一尾旋鰡鼓，真正趣味……”全曲前半部唱阿公挖了泥鳅回来，全家高兴；后半部唱二老争吵，把锅给打破了。

而原生态的闽南儿歌《天乌乌》以念诵为主，歌词为：“天乌乌，卜落雨，阿公子举锄头，巡水路，巡着鲤角伫娶某，龟吹箫，鳖拍鼓，田蛉举旗喝艰苦……”20世纪20年代由谢云声所辑录的《闽歌甲集》第39载，有流行厦门与泉州一带的《天乌乌》3首，在台湾流行的亦为3首，就其内容而言，厦泉一带的歌谣较短，台湾的较冗长。在旋律看，走向大体一样，但台湾的《天乌乌》与漳

① 宇宙唱片发行：“邓丽君台湾民谣——丢丢铜”专辑，http://webcache.googleusercontent.com/search?q=cache:TmOza9t9xfwJ:www.youtube.com/watch%3Fv%3DVPR5Bii_H4g+%E9%84%A7%E9%BA%97%E5%90%9B+%E9%96%A9%E5%8D%97%E8%AA%9E%E6%AD%8C%E6%9B%B2&cd=1&hl=zh—TW&ct=clnk&gl=tw，2010年8月18日。

州的较接近。泉州的《天乌乌》唱词则为：“天乌乌，欲落乎，老引妈，去洗裤，老引公，去掘某，掘着一尾柴鱼巴，称了二斤半，引公说要刣，引妈说要补月内；引公食一嘴烟，引妈生干晡孙。”[①]不论原生态儿歌或电音配唱之流行民谣，大多一字一音，口语与唱出之旋律相近，语言朴实自然，语调诙谐生动，音化形象朴实无华，极富闽南农村生活气息。

2.《鸡角仔，早早啼》与《祖母的话》

另一首诵念儿歌《鸡角仔，早早啼》，原词如下：“鸡角仔，早早啼。做人厝媳妇，早早起。入房内，绣针业。入厅内，流桌椅。人灶脚，洗碗碟，烦恼鸡无糠，烦恼鸭无卵，烦恼灶前无水缸，烦恼灶后无粗糠，烦恼小叔要娶无眠床，烦恼小姑要嫁无嫁妆。呵咾兄，呵咾弟；呵咾亲家亲姆爻教示，教阮一双脚一寸二。”

《鸡角仔，早早啼》传入台湾后，经由作词家游国谦以及有“民谣歌王”之称的宝岛歌手刘福助作曲，改编为《祖母的话》（又称《做人的媳妇》），其词如下：“做人的新妇着知道理，晚晚去困着早早起，又搁烦恼天未光，又搁烦恼鸭无卵，烦恼小姑欲嫁无嫁妆，烦恼小叔欲娶无眠床……”两首虽然曲名不同，闽南原生态儿歌这首《鸡角仔，早早啼》将为人媳妇者比喻早啼之鸡角仔，而与《祖母的话》内容相同之处，均在叙述为人媳妇者在传统家庭中的角色定位。

（三）器乐曲

在台湾传唱较受欢迎的是两首南音与北管器乐曲：《百家春》与《相思灯》。

在南音与北管古曲中常被演奏的《百家春》，经刘福助改编并录制唱片而传唱，在一些歌仔戏中也常被使用：“当春芳草地，万物皆献媚，为着什么事抛了妻，游远地长别离，忆昔别离时，二八少年期，到如今霜华两须垂，叹一声青春不再来，夜来床上坐，两眼泪哀哀，君你设使亡异乡，也当做梦来，存亡不可知，将琴弹别调，又恐坏名节……”歌词内容尤指明清时期渡“黑水沟”到宝岛打拼的移民，可能在渡海途中身遇不测，其家人之心声，正印证古人所云：“劝君切莫来台湾，台湾恰似鬼门关，千个人去无人转，知生知死谁都难，凄凉古曲百家春，哀怨歌声托绝垠，东渡夫君无下落，深闺泪滴叹幽宸。”

另一首南管器乐古曲《相思引》，被台湾布袋戏大师黄俊雄改编成布袋戏歌曲《相思灯》：“自古红颜多薄命，红颜多薄命，红颜薄命，阮也薄命，好梦由来最易醒，好梦由来最易醒，好梦易醒，独有阮梦未醒……”

南管曲调常被歌仔戏吸收，成为歌仔戏常听到的曲调，例如：【慢头】、【倍思】、

---

① 沈栖亚：《泉中歌谣集》，上海：泰东图书局印行，1929年。

【紧迭仔】（又称【走路调】）、【将水】、【五开花】、【四腔仔】……有些南管曲调也是布袋戏里旦角出场时常唱的曲调。而这首《相思灯》为1974年台湾电视布袋戏《大儒侠史艳文》插曲，西卿主唱，原录于《台视布袋剧大儒侠——史艳文全部插曲第一集》，通过大众电子传媒与唱片的传唱，而成为脍炙人口的经典歌曲。

台湾闽南语系居民多来自漳、泉、厦三地，从更为宏阔的视野看，则是中原民族文化的延续。随着岁月推移，随着新迁居地的各种自然与社会环境的逐渐适应，闽南人的原乡文化得到保存，同时又与移民所在地区之文化进行汇融与交流。台湾歌谣的来源之一是承袭大陆家乡词调及发展，从文化角度看，台湾闽南歌谣与歌仔无不根源于大陆闽南文化，根源于中华文化。闽南人迁徙至台湾后，以其聪明才智无时无刻不在承继中创造新的文化；而这些在台湾的闽南人新创造的文化，又无不包含在整个闽南文化之中。中国传统民谣一直提供最廉价的娱乐和安慰，滋润贫苦大众的心灵。随着闽粤移民，这些故乡的民谣或歌仔也渡过海峡，继续发挥其使命。

四、结论

本文主要在文化传播视域下，从闽南原乡之闽南语原生态歌曲形态，在随着先民移垦台湾并传唱歌曲后的变化。

从历史记载得知，闽南人于福建南部的汇集来自长期大规模移民运动，闽南人正是闽南文化赖以生成的历史契机与基本途径。从文化传播角度而言，更印证了移民不仅为文化传播的途径之一，此亦为文化变异与创新的重要途径。

闽南文化不仅来自中原文化，更具海洋文化特点，闽南地区是中国东南沿海向外移民的重镇，闽南文化播散至台湾及东南亚均从闽南出发。由于台湾人有超过七成以上的人口来自闽南，其文化渊源与闽南地区同源自中原文化，闽台之间的“五缘”关系形成了闽台“共同文化区”，闽台文化圈的形成与建立成为受瞩目的议题。

多数台湾人原乡、祖籍地之闽南地区，虽然在20世纪缺乏结合现代电音的流行歌曲，不过，闽南所在的福建省，依山傍海，江河纵横，山文化、水文化与海洋文化于省内交织，人民群众口头代代相传的民歌散发着浓郁的泥土芬芳，有着“歌乡”之称。山歌、渔歌、劳动号子、小调、儿歌等民歌，再加上锦歌、俚歌、芗曲说唱等曲艺音乐，丰富了闽乡的歌曲风貌，因此闽南语民歌与歌仔也获得了充分的发展。

除了在闽南本地，先民也将原乡民歌、戏曲、歌舞、说唱、乐器和宗教音乐带入台湾，这些都在岛内生根开花，繁衍传承，经过几百年的吸收融合，有的仍保持原貌，有的已发展成具有本岛特色的民间艺术，成为中华民族音乐宝库中的一枝独秀之花，从原生态各类型以闽南方言所唱出之歌曲向台湾播迁的轨迹更印证出：福佬文化和闽南文化形成一对姐妹花，“犹为琴瑟，隔岸和鸣”。

福建古村落文化意象的影像建构

綦　鹏*

传播学视域中的福建古村落文化呈现出多元丰富而又复杂的特点，面对各文化结构中的文化载体日趋消亡的现状，古村落文化系统的整体性构成遭遇困境，跳出现有的古村落与文化保护模式，以影像作为文化载体，通过诠释生成意象表达的符号基础、身体的影像呈现表达文化的精神内涵和社会规则以及注重影像生成意象的逻辑等途径建构原生态的特色文化意象，达到保存与传承古村落文化，并提高人们保护意识的目的。

在全国范围重视保护特色文化和非物质文化遗产为背景的新社会语境中，众多学者纷纷从自身学科的视角提出特色文化的保护措施，对传统文化本体的多层面保护提供了有益的借鉴，但在多维开放的信息环境的现今，增进各领域与传播学科的融合发展是植根于实践的内在要求，在传播学的视域下，福建古村落的文化现状与特点如何以及如何用传播的理论与方法唤起人们对于古村落文化的保护与传承意识，是我们面临的新课题。

一、福建古村落现状与承载媒介的变迁

（一）福建省古村落分布与文化特点

国家住建部等部门从2012年起，已公布了四批传统村落名录，这其中被列入名录的福建传统村落数量共有230个（分别是第一批48个，第二批25个，第三批52个，第四批105个）。福建省因其自然环境与历史原因，这些古村落分别

---

* 綦鹏，1982年生，男，山东高密人，龙岩学院传播与设计学院副教授，研究方向：新媒体应用、媒介与社会、技术与教育。

基金项目：本文系福建省社会科学规划项目“福建客家古村落文化影像传播与古民居保护研究”（项目编号：FJ2015C248）阶段性成果。

散落在福建文化差异明显的各地，如南平地区的传统村落承载着闽北程朱理学历史文化，闽南侨乡的“古大厝”是其侨乡文化的缩影，闽东畲族古村落保存有独特的畲族古建、深厚的畲族特色文化以及丰富的畲族非物质文化遗产，闽西古村落是客家文化的充分体现。这些传统村落都是古人根据自然环境和历史沿革建造而成，分布范围广、多元化、文化积淀深厚、特色差异明显是福建古村落的鲜明特点。

在传播学视域下，各古村落维持族群边界的具象符号和文化呈现，如方言、民俗、神话传说、建筑、信仰、思维方式和社会规则等都显示出村落的边界标识与认同功能，构筑出了有别于其他村落的文化标志，也借由多元化的标记赋予和巩固着有别于其他村落的文化群体的共同心理。

（二）传播学视域下的古村落保护困局

传播载体的逐渐消亡影响到特色文化的物质载体。我国学者大多将文化分为精神文化、制度文化和物质文化三个方面，美国跨文化传播研究知名学者萨默瓦和波特在《跨文化传播》一书中将文化定义为：文化是人类群体在代代相传的过程中通过个体和集体努力而获得的知识、经验、信仰、价值观、态度、意义、社会等级、宗教、时间概念、角色、空间关系、宇宙观以及实物和物质财富等所有一切的积淀。[①]综合以上这些视角，我们从传播载体的角度将古村落文化分为精神、物质和社会规则三个层面，其载体分别涉及古建筑、文物古迹、艺术作品、风俗习惯、戏曲、传统手工艺及古村落原住民等诸多方面。在历史上，这些载体作为构成古村落文化系统的因素，相互耦合共同支撑与传承着当地特色文化。然而近些年来，这些载体在城镇化建设、旅游景点开发及经济发展的人口流动中逐渐地减少甚至趋于消亡，虽然国家及省市各级政府部门纷纷采取措施加以保护，但载体尤其是精神和社会规则承载者人的流动却无法避免。有机论认为任何有机整体的组成部分都不是可有可无的存在，都不可能被删除而不损其完整意义，随着古村落文化载体的逐渐消亡，特色文化的完整保存与呈现势必受到影响。

古村落在文化上正面临着基因变化危机。随着现今传媒手段与传播方式的不断丰富，信息呈现加速流动的态势，信息的输入让部分古村落原住民产生了对自身文化的不自信，作为文化传承基础的特色文化的认同感受到挑战。研究者们认识到了文化的认同感对于特色文化的保护和传承的重要作用，有学者通过研究发

---

① 拉里·A. 萨默瓦，理查德·E. 波特：《跨文化传播》，闵惠泉等译，北京：中国人民大学出版社，2004 年，第 65—67 页。

现大众传播造成了民众思想价值观与主流价值观的逐步趋同、民间文艺与民族习俗的逐步变化、行为规范与行为方式的逐步改变，大众传播的文化移入造成了传统文化的消解。[①] 同时，原有的历史环境以及所承载的文化内涵在开发中也面临被盲目置换的危机。

现有对福建古村落文化保护的研究囿于学者自身学科的窠臼，同时也呈现出浅层综合化和同质化特点。虽然文化学者及古村落保护者们纷纷在传播生态框架内探讨各种措施、推出各种文化产品试图加强对古村落文化的传承与保护，但仍跳不出特色文化本体研究、资金投入、宣传与监管、旅游开发与保护等的主题论域。如有研究者从建筑学领域探讨了闽西北古村落的“保护策略、总体保护、街区保护、建筑整治、非物质文化保护”保护模式，还有研究者从风景园林学角度提出闽西长汀县三洲古村落保护“必须依靠政府相关部门的引导，发挥村民保护村落的积极性，传承村落景观空间的传统文化”等，研究涉及多个学科，但总体上都是从不同学科各自的视角进入古村落文化的保护中，呈现出措施碎片化、视野局限化、方式同质化和表面化的特点。

从现实来看，大量的各类福建特色文化纪录片产生了，但除却质量的参差不齐外，这类纪录片还存在独特性与同质性并存的特点，而且去语境化阐释现象严重。如有学者研究了客家地区的影视人类学，发现其叙述模式和文化内涵在广大的客家地区广泛适用，所生成的客家意象趋向于单一化，客家文化的复杂性和争议性不能在客家题材纪录片中显现，这相反真正影响了对客家研究的深入。[②] 而且反映福建差异较大的文化类纪录片并没有注意到不同群体的文化适应状况，传媒界工作者们也力图以传统媒体结合现代媒体的宣传方式唤起人们的自觉，但大都具有片段化、片面化及表面化的特点。

二、传播视域中的保护意识唤起

需要从功能发挥的角度跳出已有研究框架，打破学科壁垒，寻找古村落文化保护与传承研究的全新视角，以期破解内源性不足的传统载体困局。从传播学的视角来看，文化三个层面载体的逐渐消亡已不可逆转，应跨出文化的本体保护路径选择，以交叉学科的视角来关照现状，充分寻求和利用外源性载体来弥补本体的不足。在现代媒体高度发达的今天，许多人类文化学者非常重视传播的重要作用，认为特色文化的传播将在全国范围的非物质文化遗产抢救与保护的实践中起到重要作用，不仅能够唤起人们对文化的抢救和保护意识，更重要的在于唤起人

① 李勤：《大众传播对少数民族文化的影响》，《当代传播》（汉文版）2005 年第 5 期。

② 张凤英：《影视人类学影响下的客家题材纪录片创作》，《龙岩学院学报》2016 年第 3 期。

们的文化生态意识，从而进一步促进人类文化生态建设，为重建和守护人类的精神乐土而奠定历史之基。民俗学者陶立璠认为，民俗研究需要与图像配合，以便于了解民俗事象本身，[①] 在传统村落的文化和民间生活样本遭城镇化侵蚀的当下，对即将消亡或被遗忘的传统文化事象的抢救式拍摄和采撷，更是传播学者的历史使命和人文担当。[②] 特色文化的传播一旦被广泛应用，它可能会创造出新的社会环境，而社会环境重新塑造行为的方式可能会超越所传送的具体内容。[③]

在现代传媒手段异常丰富的今天，应积极利用影视传播的理论方法来提升特色文化的传承与保护意识，结合福建省古村落的文化特点，构建古村落的文化意象。在大众传播进入视觉化的时代，从传播手段的特点和被接受程度和范围来考虑，影像可当作现有古村落特色文化载体之外的另一重要替代性载体，其构建的古村落文化意象，可在解释现存文化符号的基础上达到对特色文化的理解，可在索引古村落文化的基础上唤起人们对于特色文化的认同感，进而增强保护意识。

笔者在“中国知网”（CNKI）的高级搜索中使用主题检索，将关键词设定为“影像 + 文化”并含“意象”，年限设定为“2000—2018”，来源期刊不指定以扩大搜索范围，共搜索到文献五千余篇，再将关键词设定为“影像 * 意象 * 建构”后，共搜索到 8 篇文献，而将主题关键词设定为“古村落”并含“影像”后，检索到 7 篇文献，通过对三次搜索的文献进行梳理，发现文化意象的建构研究停留在文学作品方面较多，有的学者尝试对某些文学作品的意象进行解析，还有学者对部分影像的意象进行分析，而试图用影像对文化意象进行建构的理论与实践探讨并不多，还需要站在传播学与文学交叉融合的高度探讨文学意象的建构。那么在建构古村落特色文化意象的过程中，影像可以在哪些方面发挥作用以及如何建构是接下来探讨的内容。

三、影像对特色文化意象建构的支撑

文化意象是象征着某个社会群体所共有的文化认知方式和取向的思维符号，体现着其智慧和文化传统，是特有的民族文化内涵。它包括外延和内涵两个部分，外延可认为是可被感知的具体形象，是文化的载体与媒介，内涵是主观延伸，是联想意义。影像传播，主要指视听信息的传播，或信息传播的视觉化，本研究中

① 王金柱：《非物质文化遗产与文化生态建设》，《内蒙古师范大学学报》(哲社版)2007 年第 1 期。

② 赵凤兰：《用影像抢救和保护即将消失的民俗》，《工人日报》，2015-12-21（A2）。

③ 约书亚·梅罗维巧：《消失的地域：电子媒介对社会行为的影响》，肖志军译，北京：清华大学出版社，2002 年，第 201 页。

的影像特指音视频手段。

影像意义的文化意象建构包括意象的外延（具体形象）、内涵以及表现符号三个方面。文化意象的文字呈现要经过表象、语意两个阶段才能形成，笔者认为影像中文化意象的建构是在呈现表象、叙事表意的基础上通过与其关联的现存文化印记符号来实现的，意象通过符号的索引达到了人们对文化的理解。

从影像的本质来看，影像是对文化历史的选择与再现，突破了现存文化载体的时间限制，影像可真实性或虚拟性地再现特色文化意象构建的历时与共时性符号和语境，再现意象生成的表象这一基础色块；影像实现了对文化具象与抽象的平衡，意象本身的固有性质存在于该意象同它代表的具象之间的关系中，影像既能够补充因概念和抽象表达而带来的意象形成缺憾，又展示了特色文化的能指与所指，契合了传播对象的心理需求；影像的视听统合创设的与现实接近的文化情境、与实物接近的特色文化符号，生成构筑了信息、观念和情感等的传递平台；此外，影像传播有着吸引视听觉原始天赋的霸权力量，促使古村落文化传播效果的最大化。

四、影像对古村落文化意象的建构

文化意象的建构根植于差异较大的多元样式的古村落社会结构中，文化意象的外延与内涵是在各古村落的特定历史语境中，借由符号意义、社会互动生成的。影像在全面呈现表象、阐释特色文化内涵的同时，借由福建各地差异明显的古村落文化而形成的“一村一品”，打破现有主流、受者中心与共同话语叙事的逻辑，从文化的物质、精神和社会规则三个层面，构建丰富而又复杂的个性和差异性明显的文化意象叙事场。

（一）原生态文化差异性特征的深入探寻

福建的古村落文化一般都具有明显的识别性，这是其在演进过程中逐渐形成的，影像意象的叙事场应首先寻找其差异化的原生态文化特征。费孝通曾提出，实现对古村落的持续保护，必须按照原真性的原则。古村落影像意象的构建就是展现古村落最有价值的所在，即原真性的建筑风貌、风俗习俗、社会规则以及最终由此形成的鲜活文化灵魂。同时，一个古村落内生活的原住民一般都有大致相同的方言、文化记忆和相同的文化理念，而且村落内的成员之间通过形成的乡约构建起了一个井然有序、自行维持而又相对独立的文化共同体，这点在福建各古村落内表现异常明显，其意象的构建须深入挖掘有别于其他村落共同体的个性，依此作为影像意象建构的基础。摒弃现有古村落文化传播中为追求经济利益而迎合观众、特征同质化、虚假宣传、过于娱乐化叙事等传播行为。

（二）特色文化的影像意象建构途径

在古村落的差异化文化特征挖掘与提取后，沿文化特征主线，意象的影像构建按照文化的载体与内在而展开，以此与文化载体和文化内涵相对应。

1. 意象建构的基础：现存符号时空内涵的影像诠释

古村落文化意象的生成首先表现为对特有文化符号的理解与解读，它是一个村落特有文化的抽象体现，影像建构意象的叙事中应注重对特有符号的诠释。影像呈现表象以构筑文化意象的基础，影像通过符号内涵上的延伸组成多元复合的文化意象。影像跨越时空诠释建构不在场的历史语境与符号意义。在不同历史场域中，由于人们所处的环境，思想积淀与生活形态的不同，符号承载的意义也有所差异，对符号的意蕴表达也不尽相同。符号在一定的情境中才能确切表达含义，也只有在一定的语境中才真正理解其意义，根据影像叙事需要，可发挥其跨越时空呈现的优势，可将文化符号的能指与所指对应关系的历时性和共时性阐释出来。能指与所指是基于特定的社会背景的，在某个相对平稳的历史时期语境中，人们所处的社会中的各平行因素，如文化、政治、经济环境相互作用共同造就了这一时期人们对于这一符号的理解。[①] 福建分布于各地的古村落，大多有着几百年的历史，在历史的各个阶段，特色文化都呈现出不同的表征，文化符号随着历史的发展有些已不存在，有些符号的所指也发生了改变或不断进行重构，对这种历时性的演变的重现正是影像的本质优势体现。具体来说应该是古村落现有文化组成的建筑、楹联、艺术作品、风俗、传说等外在的符号表现，在形成、演变及现时含义的来龙去脉，建构特色文化不同历史阶段的文化意象。

2. 差异文化的精神与社会规则影像意象建构：身体的表达

历史条件与自然条件限制下形成的社会关系、制度、信仰等，是内化于身体这一媒介而呈现出来的文化的精神和规则层面。布尔迪厄认为从习惯、社会习性、场域和实践等概念中所呈现的身体表现，是与历史契合的内化知识，意义诞生于社会互动，身体的行为阐释了文化中的人们再现世界与认知世界的架构。客家的耕读传家、闽南的侨乡文化、闽北的“一地一俗”文化格局、闽东的畲族文化等都可以从社会化了的身体实践中寻找到逻辑。影像语言表达手段的开放性、多面性，能够较为自由地构建文化的时空语境。

古村落场域提供了身体展现的限制性结构化空间，要建构福建差异明显的古

① 贾志媛：《“鼎”符号历时性与共时性的分析》，《现代装饰》（理论）2016 年第 9 期。

村落文化意象，就必须潜心于当地人的生活世界中探析，避免去情景化的再现。某一意象特色文化的影像构建，须深入到该文化语境中，通过创设情境或真实记录解释当地文化意象的自行生成，摒弃传播者对文本的自我价值判断，将话语权力交还给文化中的原住民，构筑平等交流的平台，还原古村落生活的本来面目。后期制作中，充分尊重文化的原貌，选取有利于意象建构的影像组成进行叙事，同时考量传播效果与范围，加入利于传播接受的附加属性的共同文化阐释，破解地域性的方言与身体呈现的理解难题。

3. 影像生成意象的逻辑

古村落文化意象是经过受传者独特的情感活动而创造出来的一种形象，物象的简单影像再现并不能产生文化意象，而是以物象为载体的精神之物的艺术化再现。这就要求影像叙事要具有完整和谐与统一性，深入剖析影像的结构，保证叙事的逻辑；在各村落群体文化的真实展现与虚拟呈现，以不破坏语境为原则，建构文化存在的真实场域，对现存符号须真实呈现，对历史上出现过的符号，也依原态模拟，包括虚拟场景中的场所、人物服饰以及有声语言和无声语言等。

五、结语

打破现有研究的固有模式，从传播学视域中考量特色文化传承与保护的途径，影像手段成为解决现有原生性特色文化载体困境的有效替代性方案，而这种载体的转化并不是浅层次的，影像呈现的表象和在纵面上阐释文化的历时性与共时性内涵，为文化意象的生成提供了基础，影像创建的情境也为理解多元文化提供了支撑，影像在多元复杂的古村落文化场域中建构的文化意象，除保存原貌的价值外，亦能唤起人们保护特色文化的意识。

讲好闽南故事：海峡两岸闽南文化“叙事共同体”的建构

王　强*

共同体由叙事建构，叙事和认同相互生成。讲好闽南故事，能够有效促进两岸同胞的文化认同，推动海峡两岸闽南文化“叙事共同体”的建构。闽南文化“叙事共同体”共享的叙事应当从自发走向自觉、从传统走向现代、从民间走向经典。要塑造闽台“共同叙事场”，大力推动“闽南文化叙事工程”，利用现代媒介科技对闽南故事进行创意讲述，实现闽南文化叙事资源的活化、转化和产业化。

在推动两岸关系和平发展、推进祖国和平统一进程中，促进两岸同胞的“心灵契合”至关重要。作为一种“情感政治”（emotional politics），讲好闽南故事，提升闽南文化的叙事竞争力，能够有效促进两岸同胞的文化认同，推动海峡两岸闽南文化“叙事共同体”（Narrative community）的建构，以共享的叙事生成闽台人民共同的集体记忆和民族认同，促进闽台深度融合。

一、“叙事共同体”：理论构想与实践价值

20世纪80年代以来，叙事学领域发生了一次从结构主义叙事学到后现代叙事学的范式转换，“多样化、解构主义、政治化”成为当代叙事学转折的典型特征。叙事学溢出了原先的形式分析领地，从关注形式结构转变为更加重视形式结构与意识形态的关联。

晚近以来，“叙事转向”（Narrative Turn）的风潮席卷人文社科领域，叙事的作用不断得到验证，甚至形成了某种路径依赖。“叙事认同”（narrative identity）

---

* 王强，1979年生，男，汉族，山西大同人，文学博士，新闻传播学博士后，闽南师范大学新闻传播学院副教授，硕士生导师，台湾大学访问学者，研究方向：叙事学与传播学。

基金项目：本文系国家社科基金项目“台湾认同政治的公共叙事与舆论引导策略研究”（项目编号：18XXW003）阶段性成果。

理论将叙事、认同与行动联系起来，认为叙事在个体自我建构、社群关系、社会秩序、族群认同与政治进程中扮演着独特而重要的作用。共同体由叙事建构，叙事和认同相互生成。“叙事认同”的基本模式建立在二元化结构基础之上，在叙事中确认自我与他者的差异。政治哲学家阿拉斯戴尔·麦金太尔（Alasdair MacIntyre）最早提出“叙事认同”（narrative selfhood）的概念，他认为统整的（unitary）个人认同是建立在统整的自传性故事之上，而统整故事的一大特质，是个体在社群传统约束下彰显出整体的美德。保罗·利科（Paul Ricoeur）在此基础上对“叙事认同”加以界定：“由叙事整体透过内在动力所创造的主体性（subjectivity），这种主体性既非由不连贯的事件也非由恒定的本质所构成。”[①] 由此表明了叙事对于主体性认同的重要作用：故事创造了供接受者建构自我认同的角色。

在“叙事”与“民族认同”研究方面，霍米·巴巴（Homi K. Bhabha）在其所编的文集《民族与叙事》（Nation and Narration，1990）中提出，民族本身就是一种叙事，因而充满了不稳定和不确定性。巴巴对民族叙事进行后殖民解构，反对本质主义的民族观。这种看法与本尼迪克特·安德森（Benedict Anderson）将民族视为“想象共同体”（imaged community）的看法非常类似。在巴巴看来，“想象”就是一种关于“我是什么”的叙事建构。“民族”“民族性”需要通过叙事及其传播才得以有效地建构与表现出来。当然，巴巴的研究更注重对于民族认同叙事的“后殖民协商、置换和解构”，揭示民族叙事中广泛存在的混杂、矛盾以及颠覆性的因素。杜赞奇（Prasenjit Duara）在《从民族国家拯救历史》（*Rescuing History from the Nation: Questioning Narratives of Modern China, 1997*）一书中提出了“民族叙述”（narratives of the nation）以及“共同体表述”（representations of community）等概念，主张民族建构是一个在叙述和表征中相互斗争和协商的过程。劳丽·布兰德（Laurie Brand）在《官方故事：埃及和阿尔及利亚的政治和国家叙事》（*Official Stories: Politics and National Narratives in Egypt and Algeria, 2014*）指出，“国家叙事”（national narrative）致力于界定政治共同体的界限，“官方叙述”最基本的任务是建立一个统一的民族共同体的身份标记。芭芭拉·约翰斯顿（Barbara Johnstone）将“故事”“共同体”和“地方”这三个关键词交织在一起，论述故事在社会构造和变革中的重要作用，并着重探讨了“共同体故事”（community story）这一概念：“‘共同体故事’是属于一个群体而不是一个人的故事。……共享共同体故事的知识，是一个群体中创造共同体感觉的一部分。地

---

① Paul Ricoeur. *Life in Quest of Narrative. Edited by David Wood. On Paul Ricoeur:Narrative and Interpretation* .Routledge, 1991, p.32.

方的集体知识，唤起界定群体的集体记忆。个人与群体的关系通过共享记忆来调节，而记忆则围绕地方以及属于地方的故事来组织。”① 希拉·沃森（Sheila Watson）认为民族国家是一种“情感共同体”（emotional communities），依赖对历史叙述的重新组织和建构，以便引导和管理公众情绪，建立共享的集体记忆：“要使这种记忆统一起来，就必须有一种公认的共享情感反应。如果这一点不存在，或者存在争议，民族国家就缺乏一种具有凝聚力的民族叙事，政治和社会稳定也会受到削弱。”② 共享的民族叙事与历史记忆是“情感共同体”确立的重要途径，所以“情感共同体”实质上就是一种“叙事共同体”。哈伊姆·诺伊（Chaim Noy）的《叙事共同体：以色列背包客的声音》（*A Narrative Community: Voices of Israeli Backpackers*，2006）一书则明确提出“叙事共同体”（Narrative Community）这一概念，并以45次深入的叙述性访谈作为基础，收集以色列背包客的文字和故事，探索和研究旅行者的故事讲述在创造一个具有共同知识、价值观、等级和美学的共同体过程中发挥的关键作用。

“叙事”与“认同”关联研究的另一维度是叙事心理学，代表性论著包括雅诺什·拉斯洛（János László）的《历史故事与民族认同：叙事社会心理学导论》（*Historical Tales and National Identity: An introduction to narrative social psychology*，2013）和Julia Vassilieva的《叙事心理学：认同、转型与伦理》（*Narrative Psychology: Identity, Transformation and Ethics*，2016），这些论述透过叙事心理学视野，探讨认同发生与转变的心理机制，深化了“叙事认同”理论研究。

“叙事共同体”由政治、经济、历史和文化等诸多因素共同塑造，它的疆界变动不居，既可能借由强势文化输出而跨越国界，也可能是基于国家意识形态统合而成，同时也可以限缩于特定地域和文化社群加以考察。人类学家埃德蒙·利奇（Edmund Leach）指出：“‘地方’不仅仅只是提醒我们它和故事相联系，在某些方面，地方得以存在是因为它们拥有与之相联系的故事。”③“地方”是承载族群认同和确立文化身份的重要基础。“地方”实质上就是一种“叙事”，它凝聚的是一个又一个独具个性的“叙事共同体”。作为“地方”的闽南，因闽南文化叙事而存在于世。闽台作为一个以闽南文化为基底的相互沟通的历史文化区域，可以建构一个具有地方特质的“叙事共同体”。

① Barbara Johnstone. *Stories, Community and Place: Narratives from Middle America*. Indiana university press, 1990, p.119—121.

② Watson, Sheila. *The legacy of communism: difficult histories, emotions and contested narratives*. International Journal of Heritage Studies, 2017, p.1—14.

③ Barbara Johnstone. *Stories, Community, and Place: Narratives from Middle America*. Bloomington: Indiana University Press.1990, p.120.

“地方叙事”既是美学的，也是政治的；是想象的，也是实存的。“地方”得以构造，体现出身处其间的个体与社群的历史叙事的自觉性。将“地方”视为一种叙事，彰显出人与地方的密切关联。这种联结是一种情感的依附感，段义孚（Yi-Fu Tuan）将之命名为“恋地情结”（Topophilia）。在全球化的强势侵袭之下，“地方”正面临个性被抹杀的危机，由此造成人们的认同焦虑难以有效缓解，保卫“地方”成为重要而迫切的现实议题。作为“地方”的“闽南”，具有自己独特的精神气质和文化传承，其个性深藏于广泛流传的“公共叙事”当中。在文学艺术、历史文献和政治宣传等各种文本当中，都可以探寻到关于“闽南”的叙事与实践。不论何种叙述，都在试图建构一种关于“闽南”的想象与认同。

关于“地方”的支配性叙述构成了理解和想象“地方”的现实语境。按照罗伯特·F. 伯克霍福（Robert F. Berkhofer, Jr.）的论述，这种主导性的叙述语境建构了一种“伟大故事”（the Great Story）：“伟大故事这个观念代表着对于部分或者全部过去的或大或小部分的叙述，因为它代表着局部以及全部历史的‘大语境’。所以，伟大故事可以简略地构想一个生命的传记，一个具体地点或区域的历史，或者一年、一个时代的记录背后的大语境。”[①] 一个地方会有何种“伟大故事”？谁是这一“伟大故事”的讲述者？谁是这一“伟大故事”的主角？这些都是“地方”叙事政治的关键议题。

海峡两岸“叙事共同体”的建构，旨在激活两岸共享的闽南故事资源，展现闽台地域共同传承和发扬中华文化的历史进程，讲述两岸作为同根同源、休戚与共的“命运共同体”的“伟大故事”，抵制“台独”分裂势力割断两岸之间中华文化精神纽带的图谋，批判“台独史观”歪曲的历史叙述，消弭两岸之间的政治对立与分歧，促进两岸的融合与统一。

二、经典与流行：“叙事共同体”共享故事的生成与传播

“叙事共同体”是由自觉的地方叙事和族群叙事反复累积生成的，这种叙事往往围绕地方或族群的神圣历史人物而展开。苗族的蚩尤、彝族的阿诗玛、羌族的大禹、瑶族的盘王、壮族的刘三姐，以及影响范围更广的海神妈祖等等，都是某些特定地方或区域历史叙述的主要角色。“一个民族总是通过讲述自己及他者的故事来界定自己，或者说，民族的构建总是通过叙事来完成的，民族整体是在差异

① ［美］罗伯特·F. 伯克霍福：《超越伟大故事：作为文本和话语的历史》，邢立军译，北京：北京师范大学出版社，2008 年，第 67 页。

中构建起来的。”[①]借由这些广泛流布的、各具特色的故事，不同的地方或族群得以相互区隔，保持自身独特的风俗和信仰，一个个“叙事共同体”得以建构起来。

地方或族群的历史叙事往往以神话传说的形态得以流传，并在不同的政治和历史语境中不断增删变异，呈现出不同面目。在历史学和人类学等学科中，不少学者以细致的考据对这类叙事的真实性提出质疑，但与此同时，也有学者主张换个角度看待此类叙事的真实与虚构的关系问题。著名历史学家顾颉刚主张用“故事的眼光”考量中国古史，透过“传说”和“故事”的变动考察“历史”变迁：“我对于古史的主要观点，不在它的真相而在它的变化。我以为一件故事的真相究竟如何，当世的人也未必能知道真确，何况我们这些晚辈；但是我们要看它的变化的情状，把所有的材料依着时代的次序分了先后，按部就班地看它在第一时期如何，在第二时期如何……”[②]古代历史是“层累地造成”的，“叙事共同体”共享的故事同样如此。事实上，族群创世神话的真实性往往并不可考，后人出于身份识别与认同等考量往往会添枝加叶、虚构附会，不断重塑共享历史故事的面目。这些真伪杂糅、虚实难辨的叙事，折射出特定地方或族群在历史变迁中的文化心理，在“叙事共同体”的建构和维系过程中发挥着重要作用。

广泛流传的神话传说和历史故事凝聚着地方或族群。有的传说和故事植根于民间文化土壤，主要由历代百姓自发创造并口耳相传，符合民间道德观念和审美趣味。由于缺乏自觉的叙事意识，流传于民间的传说和故事往往零碎散乱，无法形成统整连贯的文本，其传播和影响势必受到限制，有些传说和故事最终甚至会流于湮灭。基于有效建构“叙事共同体”、促进政治和文化认同的需要，地方或族群共享的叙事应当从自发走向自觉、从传统走向现代、从民间走向经典。以刘三姐叙事为例，有文字可考的刘三姐传说至今已有一千多年的历史，主要依靠口耳相传的刘三姐故事散播于粤、桂、湘和闽等地，为壮、汉、苗、瑶、侗和毛南等民族所传颂。刘三姐叙事的经典性转变发生在自觉的“刘三姐文化运动”之后。“广西的‘刘三姐文化运动’源自民国时期的‘歌谣运动’，20 世纪 50 年代掀起全国性的高潮。自此，经过近百年各种事项的积聚，已经形成辐射全区、重点突出的‘刘三姐文化格局’。”[③]20 世纪五六十年代，广西壮族自治区政府主导推出的彩调剧、歌舞剧和电影《刘三姐》造成了极大的声势，使得“刘三姐”声名大噪，

① ［爱尔兰］理查德·卡尼：《故事离真实有多远》，王广州译，桂林：广西师范大学出版社，2007 年，第 182 页。

② 顾颉刚：《答李玄伯先生》，《现代评论》1925 年第 10 期。

③ 梁昭：《“老传统”与“新叙事”——以蓝靛“刘三姐”叙事为例论“传说”与“历史”的分野》，《西南民族大学学报（人文社科版）》2008 年第 3 期。

家喻户晓。及至21世纪，借助文化旅游推广的潮流，大型山水实景演出《印象·刘三姐》重新演绎刘三姐故事，产生了广泛而持久的影响。有论者指出，刘三姐叙事的经典性提升应当归功于广西“建构族群文化身份”的考量：“建国后，地处南疆边陲的广西，在经济文化开发较晚，正统‘雅’文化远落后于中原地区的况景下，基于建构族群文化身份之必要，地方政府及区内学者结合广西地区的文化特点，发挥地方文化、民间文化的比较优势，对民间文学与地方歌谣的收集更为积极主动。这显然为《刘三姐》经典文本的传播创造了条件。”① 刘三姐叙事从民间走向经典，原本流传于广东、广西“岭蛮”之地的刘三姐传说，逐步演化为广西独享的文化符号。经典和流行的刘三姐故事虽然在内容、主题和人物形象方面发生了明显改变，但却擦亮了“刘三姐文化品牌”，成功建构了广西壮族这一“叙事共同体”，有效促进了广西文化旅游业的发展。

对照岭南故事的主角刘三姐，在闽台地域被尊奉为“海神”的妈祖，可以作为海峡两岸“叙事共同体”共享故事的主角。2009年，妈祖信俗被联合国教科文组织列入《人类非物质文化遗产代表作名录》，成为中国唯一的信俗类世界遗产。这对于妈祖叙事的繁荣起到了积极的推动作用。近年来，一些以现代媒介重新演绎妈祖故事的作品——电视剧和电影版《妈祖》、纪录片《天下妈祖》以及动漫《海之传说：妈祖》《海上女神妈祖》等新媒体文本相继问世。而根据周濯街的同名小说改编的电视剧《妈祖》作为央视2013年开年大戏，更是获得了巨大成功和广泛好评。在分析这部作品的成功之道时，有论者指出：“《妈祖》尽管属于明显地域性的民间神话传说，但它在口承—文字—影像叙事转换中，越来越符合通俗大众化的神话传说叙事模式，具有‘神魔斗法的二元结构’、通过‘点化与普度’推动叙事发展，最终落实到‘俗世关怀’上面。”② 虽然妈祖文化叙事的重建已经取得了一定实绩，但与刘三姐叙事的经典与流行状况相比，妈祖叙事仍有较大的改进和提升空间。首先，妈祖的宗教与神格化色彩更加显著，妈祖故事的接受者需要从虔诚信众进一步转化为普通大众。其次，妈祖文化叙事的自觉意识需要增强，妈祖故事文本的经典化程度尚待提升。再次，妈祖故事的现代媒介再现与创意传播实践有待深化。总而言之，重建妈祖叙事，要塑造一个更接地气、可亲可敬的妈祖形象，并由此生成一个“被发明的传统”，使经典化的妈祖故事成为诠释闽南文化、促进闽台文化沟通的重要载体。

讲好闽南故事当然不局限于民间传说和宗教神话等题材，妈祖只是海峡两岸

① 区茵：《经典文本“刘三姐”生成的文化动因》，《青海师范大学学报（哲学社会科学版）》2012年第6期。

② 刘淑华：《文化与传播：〈妈祖〉影像叙事模式的建构与反思》，《新闻传播》2017年第23期。

“叙事共同体”共享叙事资源的典型代表，有待激活的闽南文化叙事资源仍然大量存在。在重建和刷新闽南文化叙事的进程中，政治、经济和文化的力量必然会介入其中，让两岸民众更加主动和自觉地投入到建构“叙事共同体”的实践当中，使更多的闽南文化故事成为经典和流行的文本。

三、闽南文化“叙事共同体”建构与舆论引导策略

1. 构建闽南文化“元叙事”传播战略，塑造闽台“共同叙事场”。

建构“叙事共同体”的初衷是消除对立，化解敌意。两岸“叙事共同体”的建构有一个循序渐进的过程。在两岸政治对立并未有效解除的情况下，可以先从促进民族和文化认同的“低政治敏感性”（Low political sensitivity）的文化叙事着手：借重两岸共享的中华文化传统与道德伦理，形成认同叙述的“偏好阅读”（preferred reading），形塑“两岸一家亲”的社会秩序想象。闽南文化叙事就是这种基于文化认同的“低政治敏感性”的叙事资源，可以在闽台深度融合中发挥独特的作用。

要讲好闽南文化故事，提升闽南文化叙事的影响力，整合多样化的故事资源，形成“跨舆论场”共振效应，建构两岸基于文化认同的“共同叙事场”。伴随着两岸之间信息流通日益频密，大陆传媒的“台湾叙事”也加入两岸认同政治的叙述竞争当中。这些不同意识形态的政治叙事，共同建构了一个众声喧哗的公共叙事空间和共同舆论场。在叙事竞争的场域中，故事的竞争力是不同的。一些公共叙事因其“能见度”高而具有广泛影响力。闽南文化叙事就是这种具备广泛影响力和辐射力的公共叙事资源。在“共同叙事场”中，要展开“闽南故事”的“元叙事”（Meta-narrative）传播战略，选取能够体现闽台地域灵动机变、开放兼容的海洋文化精神和尚义豪爽、敢为人先的移民拓殖性格的“元故事”，利用大众媒介形成深入人心的公共叙事，将历时性、多样化的“闽南故事”资源转化为共时性的、可进行叙事交流的元话语。比如在闽台地域共享的开漳圣王信仰，就可以作为凝聚闽台民心的“元故事”素材，用心讲述陈元光奉命讨贼、拓荒建城的故事，弘扬闽台先民“筚路蓝缕，以启山林”的开创精神，将“开漳圣王”的神祇式符号转化成生动鲜活的闽南文化故事。以闽南文化“元叙事”为依托，建构闽南文化的“故事世界”，塑造闽南族群敢拼会赢的文化性格、尊宗敬祖的文化精神，满足闽台同胞共同的心理需求。

要深入发掘闽南民俗文化、宗教文化、建筑文化、戏剧文化等传统文化中的典范故事，讲述两岸共享闽南文化价值观的历史故事，讲述海神妈祖、保生大帝等鲜活生动的闽南民间信仰的故事，利用南音、歌仔戏和布袋戏等闽南文化特有

的文学艺术形式加以表达，展现闽台传承闽南文化传统的深厚情缘，促进台湾同胞的民族和文化认同，化解因政治对立导致的恩怨和隔阂，促进两岸人民的“心灵契合”。

2. 大力推动“闽南文化叙事工程”，激活闽南文化叙事资源

（1）大力推动“闽南文化叙事工程”

要利用国家《关于促进两岸经济文化交流合作的若干措施》的有利条件，出台相关配套和奖助措施，启动“闽南文化叙事工程”，并作为“中华经典诵读工程”“非物质文化遗产传承发展工程”等中华优秀传统文化传承发展工程的重要组成部分。政府和各级文化部门应当成为组织和推动“闽南文化叙事工程”的主体。比如，韩国政府近年来相继设立“大韩民国神话创造项目”“创造故事支持中心”等项目和机构，推动韩国文化叙事的发扬光大，以达成其“文化立国”的目的。我们在着力推进讲好中国故事的时候，也要加强顶层设计，将之作为一项重大工程加以推动。

要利用福建省社会科学基金等设立科研专项资助“闽南文化品牌研究”“两岸命运共同体研究”等课题，鼓励本土艺术工作者和闽南文化艺术研究者积极申报国家艺术基金项目和国家社会科学基金艺术学项目，深化海峡两岸闽南文化叙事的推广与研究。邀请台湾戏剧影视业、文化艺术界团体和人士参与“闽南文化叙事工程”，参加“中华文化走出去”计划。支持符合条件的“闽南文化叙事工程”申报国家艺术基金项目、纳入海外中国文化中心项目资源库，参与“福建文创奖”等政府评奖活动。

（2）闽南文化叙事资源的活化、转化、产业化

新媒体的崛起，两岸“数字公共领域”的形成，为“叙事共同体”的建构提供了新的传播环境。讲好“闽南故事”，既要传承，又要传播；既要保护，又要创新。要按照叙事资源的知识产权（IP）化、全媒体产品化的策略，实现一次创意、多种生产、多次传播，在闽南文化叙事资源的活化、转化、产业化上下功夫。利用文学艺术、影视产业、文化创意和旅游观光等多种业态，对在闽台地域具有文化影响和传播价值的故事资源进行综合开发。要与时俱进地调整叙事策略，通过新鲜的创意激活歌仔戏、布袋戏等闽南地方叙事资源，按照顶层统筹立项、统一研发制作、共享资源素材、协同推广营销的方式推进闽南文化叙事的全媒体生产，呈现闽南文化叙事的多重媒介化展现形式，产生一批在海峡两岸具有广泛影响力的闽南文化新媒体叙事经典作品。

（3）利用现代媒介科技，实现闽南文化叙事的全新呈现

要利用大数据、可视化、虚拟现实、增强现实、人工智能等现代媒介科技，

探索闽南文化的交互叙事（interactive narrative）、沉浸叙事（immersive narrative）等创意叙述方式，在内容、形式以及营销等方面导入创意设计，实现叙事设计的场景化、社交化和个性化，从精神内涵、外在形象等方面进行富有时代感的全新呈现，实现闽南文化的创造性转化和创新性发展，推进产品化、产业化。比如，利用增强现实技术对重要的闽南文化景观遗迹进行数字化重建，只要观光者经过相关地点，就能自动接收相关的视音频作品，虚实相生，产生“沉浸体验”，让使用者倾听闽南历史故事，激活闽南文化记忆。可以借鉴“我的旅游”（mTrip）和“旅行狼”（TripWolf）等 App 的设计，将增强现实技术嵌入 App，将手机摄像头对准建筑和景观就能得到与其相关的历史信息和故事。国内有些旅游城市已经在此方面做出有益探索，比如桂林电子科技大学艺术与设计学院宋扬蔡青等设计的“基于增强现实技术的桂林文化创意旅游及服务系统”，让游客可以看到已成为历史遗迹的桂林古城原貌，亲身体验古时的桂林人文风情，并与桂林名人旧事产生实时交流和交互的全新旅游体验。[①]

（4）推动“闽南文化叙事”的年轻化，实现可持续发展

要在线上线下加大宣传推介力度，利用微电影、短视频以及电子游戏等新的叙事载体，在微博、微信和客户端等新媒体平台上讲好闽南文化故事，增强青年用户的黏性。比如，可以与电子游戏设计与开发公司合作，将陈元光、郑成功等闽南文化历史名人的故事作为电子游戏的基本情节架构，并利用增强现实技术设计数码游戏，让年轻玩家在游历闽台著名历史文化景观时将现实空间转化为游戏场域，或射击敌手，或攻城拔寨，或探寻宝藏，使实现闽南文化叙事创意的年轻化。

政府推动和支持举办海峡两岸闽南文化叙事的微电影、文化创意等赛事，并借助“海峡两岸青少年新媒体文创论坛”“两岸青年文创集市”等交流活动，推动“闽南文化叙事”成为相关创作的重要元素，让两岸同胞尤其是年青一代都自觉成为闽南文化“叙事共同体”的积极参与者、推动者和受益者，实现闽南文化叙事的可持续发展。

① 黄鸣奋：《位置叙事学：移动互联时代的艺术创意》，北京：中国文联出版社，2017年，第820—826页。

闽台文化的保存与创新：以宜兰传统艺术中心为例

陈建安

文化是一种生活方式，其中有人类普世性共通的经验，也有属于在地脉络的特殊发展。文化内容，更是文化的重要载体，这个载体包含该文化的精神内涵以及过去的文化记忆。文化内容不仅可以让文化本身和附加创意有价，更能成为文化流通和转译的载体，深植于庶民生活的产业和服务，让民众对所拥有之文化底蕴深具信心，对于生活幸福更为有感。文化与经济两者，一直以来是人类社会中最受关心的两件事，却像井水不犯河水般互不相通。若从文化价值与经济价值的概念出发，可以把两者整合起来。并且把文化产生的环境与产生的文化内容，还有进行文化活动的所有人事物，全部纳入考虑，或许可找出文化与经济确切的依存关系。本文将描述闽南文化如何不受到地理环境影响，远渡至台湾地区宜兰县生根发展，从兰阳平原垦荒，到发展成台湾地区深具知名度的文化县市；及宜兰县民与当地政府用何种途径与方式，成功地保存与创新闽台文化，进而去说明原属台湾地区“文化部”的“传统艺术中心”，如何转变成保存闽台文化的重要基地之一。透过本个案的归纳与演绎，期待可为闽南文化的保存，提出一个较新的视野。

一、文化保存的重要性：

新的制度，往往沿着旧的建构而来，文化的沉淀与积累亦然。法国艺术成为世界之最，文化让人称道，绝对不是一朝一夕，也非一个人就可以达到的成就，必须有远见的政策、长期培育人才以及提供发展环境，才能有所成就[①]。目前，闽南文化的保存，在福建省闽南师范大学闽南文化研究院与闽南文化研究会的大力推动下，在长期培育人才上，似乎有长足的进步。国家层面，相对地也大力支持闽南文化的发展与保存，但，为何总是感觉少了临门一脚呢？

文化，就是一切生活的总称。因文化具高度被动性，必须刻意且有目的性地

① 黄光男：《文化政策运作举隅：再访法国》，《博物馆季刊》（台北）2003年第17期。

去推动与保存，才能持续发展与成长。不同地区有不同的特殊文化，结合先贤的智慧与当地的自然资源，产生出不同于其他地方的建筑、风俗、语言与习惯，这就是地方文化，更是乡土文化。每个区域的地方文化，均必须刻意去维护与保存，方可向下扎根、往上发展；在现今社会，不同地区的地方文化，透过传播工具，更进入了人们的日常生活中，再加上文化扩散、信息科技，例如网络的发展、文化的保存，就形成一种全球性的社会关系与文化现象。

1997 年费孝通老师提出通过“文化自觉”达至“各美其美，美人之美，美美与共，天下大同”的理想图景，希望通过对中国传统文化重新认识，在传统文化中寻找新的资源并让其成为新文化的发展基础，以使中国迎接全球化的挑战。透过“文化自觉”融入国际社会，达到自主转型的目标，为世界的文明共存及人类文化自觉的发展开辟新路。不过，文化具有高度的被动性，必须透过政府与相关策略，才有办法引起文化自觉。今天社会已进入以文化论输赢的新时代，文化发展将成为经济社会发展的着力点，文化也已深深融入经济、社会、人文各个领域，各个层面之中，成为发展的轴心。所以，闽南文化的保存，不单仅是地方文化传承与维系，更是协助中国迈向已开发国以及与世界各国文明接轨的重要目标。

文化是一种生活方式，其中有人类普世性共通的经验，也有属于在地脉络的特殊发展。文化内容，更是文化的重要载体，这个载体包含该文化的精神内涵以及过去的文化记忆。文化内容不仅可以让文化本身和附加创意有价，更能成为文化流通和转译的载体，深植于庶民生活的产业和服务，让民众对所拥有之文化底蕴深具信心，对于生活幸福更为有感。因此，如何将文化价值产值化，建构具丰富文化及创意内涵之社会环境，带动国家美学经济，已成为全世界各个国家发展之重要课题。①

文化与经济两者，一直以来是人类社会中最受关心的两件事，却像井水不犯河水般互不相通。若从文化价值与经济价值的概念出发，可以把两者整合起来。并且把文化产生的环境与产生的文化内容，还有进行文化活动的所有人事物，全部纳入考虑，或许可找出文化与经济确切的依存关系。②其中，文化创意，就是文化保存的重要手段之一，更是现今创意产业经济的主轴之一。文化创意，一方面利用新的思维全力保存地方文化，一方面采取创意手段，吸引新一代的民众参与体验。透过创新、创意的加值，让传统文化增添新一层的意涵，将文化内涵及贴

① 王韵涵：《新北市文化创意产业促进地方发展策略初探》，《淡江史学》（新北）2017 年第 29 期。

② 郑纶、李瑞元：《古迹经济：历史建筑与经济发展的关联》，《文化创意产业研究学报》（台北）2016 年第 6—3 期。

近人心的感动，透过营销包装成商业化的新产物，让传统文化、经济产业与服务价值的跨业融合，使文化内容更具价值。[①]

本文将描述闽南文化如何不受到地理环境影响，远渡至台湾地区宜兰县生根发展，从兰阳平原垦荒，到发展成台湾地区深具知名度的文化县市；及宜兰县民与当地政府用何种途径与方式，成功地保存与创新闽台文化，进而去说明原属台湾地区“文化部”的“传统艺术中心”，如何转变成保存闽台文化的重要基地之一。透过本个案的归纳与演绎，期待可为闽南文化的保存，提出一个较新的视野。

二、宜兰：闽台文化的传承者

宜兰，位处于台湾岛的东北角，早期本身因台湾岛地形影响，与台北以及西部平原间，有座高耸的雪山山脉阻隔，交通相当不便。但因为三面环山、一面朝海，加上宜兰县内的兰阳溪水的滋润，反倒孕育出物产丰饶的兰阳平原，也让交通不便的宜兰，自给自足，似乎不受交通不便影响。清朝时期，往来兰阳平原的交通，仅能透过海上航运到乌石港（现今的宜兰县头城镇），或者经由官方所设置的“淡兰古道”。淡兰古道是指“淡水厅”到“噶玛兰厅”之间往来的道路。淡水厅的成立，是清朝雍正初年（1723 元）设置，厅治设于竹堑（新竹市）。疆域大约涵盖了今日北台湾的新北市、基隆市及桃园县、新竹县市、苗栗县的沿海地区。但因为汉人陆续涌进蛤仔难（宜兰旧称）开辟荒亩，规模日渐扩大，移民之间以及汉人、当地少数民族的冲突渐多，于是垦民吁请台湾府将蛤仔难收归版图，设官治理。嘉庆十五年（1810 年），清廷奏准于蛤仔难设厅，并将蛤仔难改名为“噶玛兰”，纳入大清帝国的版图。嘉庆十七年（1812 年），噶玛兰厅正式设立[②]。

噶玛兰当时治安并不安定，有移民间的族群冲突（如漳、泉械斗），有海盗的劫掠骚扰，成为噶玛兰治安一大困扰。因此，淡兰之间须保持交通畅顺，万一噶玛兰有事，淡水厅的兵力可迅速前往支持平乱。根据《噶玛兰厅志》的记载，厅治设立之初，当时评估条有三条淡兰路线，而这三条民间走出来的淡兰古道，分别通过漳州人、泉州人及广东客籍移民主要的拓垦区域。其中绕经台湾东北角的这条为正路，正是漳州漳浦县人吴沙入垦噶玛兰所走的路线。吴沙当时率领三籍移民入兰开垦，大部分是漳州人，因此今日宜兰人祖籍以福建漳州占大多数。

嘉庆元年（1796 年），吴沙率领三籍（漳、泉、粤）流民入垦蛤仔难，在头围（宜兰县头城镇）建立据点，为汉人正式拓垦宜兰的开始。此后，汉人陆续涌入蛤

① 蒋政卫、刘经纬：《文化创意设计方案框架评估：对于文化创意产业贡献之研究》，《文化创意产业研究学报》（台北）2016 年第 62 期。

② 《噶玛兰厅志》，台北：台湾省文献委员会，1993 年。

仔难开垦，淡兰之间的交通路线亦逐渐形成，而闽南文化也陆续在兰阳平原生根。其中，伴随早期先人渡过黑水沟来台的，最明显的是闽南地区宗教信仰的与语言腔调。宜兰腔在现今闽南语方言里，有别于台湾西部平原的彰化、云林或嘉义腔调，是闽南语里面最具古漳州腔。而闽南地区的各种宗教信仰，包含祖籍神明，几乎在宜兰地区都可以看见，包含：妈祖、王爷公、关圣帝君、保生大帝与清水祖师、三山国王等等。文化，在地域与人文历史环境变迁后，随着时间影响，闽南文化产生部分形式上的演化，例如：歌仔戏起源自闽南文化的“歌仔”的演变，从闽南到台湾后，被加以发扬光大，改称为“歌仔戏”。这种正向的文化改变，为区隔不同区域产生的文化内容，于是就形成“闽台文化”。

宜兰，可说是闽南文化最忠实的拥护者。早期不但没有因为交通不便导致宜兰成为文化沙漠，更因为地理阻隔与丰富的自然资源，造就许多宜兰的知名人士。其中原因，部分归因于清朝时期台湾知府杨廷理于嘉庆年间，在噶玛兰厅设置仰山书院供兰阳居民读书，文风大胜，人才辈出。虽然因交通不便被戏称台湾“后山”的宜兰，却有进士杨士芳，举人黄赞绪、李春华等登科中举，贡生、廪生、秀才更是不胜枚举①。尔后，清朝海防钦差大臣沈葆桢开山抚蕃时，途经淡兰古道时更是赞誉说：“淡兰文风，蔚为全台。”②《噶玛兰厅志》里更是写道：在如此深厚的文化底蕴下，孕育出更多知名的闽南移民后代，以及闽南传统文化与技艺③。宜兰文化，透过一代传过一代，诚如宜兰作家黄春明说过：“阿妈就是宜兰大地，没有阿妈就没有我。”④在宜兰中山公园里面的阿公阿妈，就是闽台文化传承不可或缺的力量，宜兰小孩自幼就由阿公阿妈牵着去看歌仔戏，在农忙时候，就讲祖先流传下来的故事给孙辈听，用口传的乡土文化滋润下一代。宜兰，在这些人有意识或者无意识的传承中，已经成为台湾重要闽台文化保存重镇。

宜兰，又号称戏剧之乡。在宜兰，戏剧和生活契合在一起，是宜兰人生活的重心。宜兰农民不但爱看戏，自己也演戏，子弟戏就这样流行起来。宜兰戏剧以北管、歌仔戏及四平戏为主。早期宜兰北管戏所向披靡，且派系林立，拼斗得很厉害；另外，宜兰更是歌仔戏发源地，在迎神赛会、婚丧喜庆，或者农余闲暇时，就会有戏班来演戏。除上述子弟戏、北管、歌仔戏与四平戏之外，宜兰仍保有同属于闽南文化传承的布袋戏、南音、傀儡戏。加上宜兰当地特殊且浓厚的漳州腔闽南语发音，例如：下昏（晚上）、开门、吃饭等语句的尾音（ui 尾音多），即可

① 刘宁颜：《重修台湾省通志》，台北：台湾省文献委员会，1994 年。

② 苏同炳：《沈葆桢传》，台北：台湾省文献委员会，1995 年。

③ 《噶玛兰厅志》，台北：台湾省文献委员会，1993 年。

④ 萧富元：《兰阳雨文化风》，《远见杂志》（台北）1992 年。

知道其祖先来自漳州。[①]另外，宜兰人特殊的饮食习惯，例如：煎萝卜糕（粿）、肉羹面（鲁面）等，多处均反映宜兰传承大陆闽南文化之深与广，实在不可言喻。

不过，随着时间演变，宜兰人引以为傲的戏剧与闽台文化，却面临逐渐凋零、式微。传统戏剧与闽台文化，无法打动年轻人的心。为了救亡图存，早在1992年开始，宜兰文人与宜兰县政府开始推动一系列的薪传计划，不仅在学校文化薪传工作上扎根，更透过宜兰学，把传统文化注入生活里。民俗专家邱坤良认为，"宜兰文化可以有很前卫的,也可以很生活"[②]。透过传承,这种文化融入宜兰人的生活中，可以激荡出新的宜兰文化。其中，歌仔戏剧的人才培养与观众的养成，宜兰学落实在教育课程中，坐落于冬山河畔的闽台传统艺术中心，都可说是宜兰这文化城市，努力致力于发展与传承闽南文化的创新做法，也让闽台文化在宜兰变得更家喻户晓。

乡土文化是一个特定地域内发端流行并长期积淀发酵，带有浓厚地方色彩的物质文明、精神文明及生态文明的总和。换言之，就是涵盖该地区有别于其他地区的文学、艺术、语言、音乐歌谣与建筑等的总称。对乡土文化的保存与传承，各区方式不一。乡土文化的传承，需要有方法，不应只透过政府政策，或者对家乡的热情去维护、维持。[③]文化的保存、营运与推广工作以及文化设施设置与经营，是地方认同、文化保存与文化产业的根源，可谓文化施政重要基础工作，也是凝聚居民参与地方公共事务的重要管道，对于城市认同与荣誉感建立，居于重要地位。[④]文化，不能只是纸上谈兵，必须透过方法，转变成生活一部分，成为每一个人自然而然的态度，但这绝非一蹴可及。从上文可知，宜兰保存的闽台文化，同样面临青黄不接、无法传承问题。但宜兰究竟透过何种方式、步骤，把文化传承的口号，落实在生活当中呢？如何在这20年的时间，重新打造并恢复闽台传统文化过去的荣景呢？

三、方法：用生活保存幸福

文化创意的成功，至少具备三个主要因素，就是"如何保存并恢复优质文化内容""政府政策倾向并打造可发展环境"以及"让民众融入生活，一起参与体验"，这就是文化创意CCP模式（Content、Policy、Participate）。文化，固然等

① 戴宝村：《台湾移民史的考察》，《台湾月刊》（台湾）2007年第8期。

② 萧富元：《兰阳雨文化风》，《远见杂志》（台北）1992年。

③ 陈建安：《如何透过青年参与振兴台湾乡土文化？以文史导览员为例》，《中华大学行政学报》（台北）2017年第21期。

④ 董俊仁：《地方文化的展现——谈新北市文化政策与地方文化馆园经营》，《新北市民间文化会议》（台湾）,2016年。

于生活，但若谈起文化保存会让人却步，因为“文化”议题似乎太大、太远，并非一般百姓能够操控。可是，若把文化透过创新的管理、创意的想法与创造的价值，也就是将文化结合创意，把枯燥严肃的文化保存变得有趣，让大家可以轻松触摸接触，让大家不得不去注意；换言之，透过文化传播的方式，把严肃的话题转移，例如：环保等于绿色博览会，以游乐代替宣教，让参与的每个人习惯之后，就自然而然就去遵守。同理可证，文化保存与传承，同样可以透过文化传播的精神与方法去进行。

文化传播，更像一种潜移默化的过程，让普罗大众于不知不觉中被同化或者被麻醉；若用更精准的表述，文化传播就是遇到某种现象、思维或者文化需要被保存、宣扬时，如何透过各种媒介与方法，去建立共识的一种手段。它传播影响的范围可能是针对某群体、某聚落，也可能是全人类。传播，本来就具备动态本质，没有正确与否？只有适用与好用的标准。正因为文化传播没有固定的模式与步骤，若想透过文化传播成功建立共识，其所耗费的时间与方式，可能远超过于一般的传播形式。以宜兰县打造“幸福城市”为例，也是历经 20 多年，才在这座已经拥有优质闽台文化内容的宜兰县，一步一步地达成目标。

“幸福城市”的打造，无法一蹴可几。文化传播需要用简单的方式，或者透过信仰（威权）去慢慢建立。宜兰则是透过“幸福”这两个字，去建构这种文化保存的信仰与威权，并推广到宜兰县各地。这种传播方式必须从小处建立，例如：免费观光巴士的提供以及宜兰县各文化景点，宜兰县民可免费进入的这种小确幸，把原本那种近乎麻醉的宣传方式，升华到生活与道德，进而让每个人都愿意帮您。透过多种人、多种管道，从一个人到各种活动，让每个人自愿接受，这样的文化保存就会比较容易。文化传播一开始会比较困难，但是一旦故事开始了，就停不下来；“幸福”，当每个人都感受到了，每个人就会帮忙说下去。宜兰本身过去在文化旅游上有着丰富而多元经验，例如：重视小区营造以及本土教学。所以，宜兰县在推广文化保存的政策理念时，一开始就是在提升县内居民的生活质量，发展出兼具人文内涵及自然美景的旅游环境，在知性休闲里熏陶文化气息，在共同参与下分享经济利益，这样就可以把文化保存的工作落实下来，这也正是宜兰经验的成功模式之一。[①]

因宜兰文风鼎盛，历数十年不变，也孕育出许多知名作家、民俗学者与戏曲名人，其中包括：作家黄春明、吴静吉、李潼、吴淡如，民俗学家邱坤良、邱水

① 许英卉：《北宜高通车对苏澳观光冲击之探讨》，硕士学位论文，公立台北教育大学社会科教育学系，2007 年。

金、陈进传、周家安以及杨丽花、司马玉娇、廖琼枝与陈旺欉等人。当地方文化保存遇到瓶颈时，宜兰地区政府愿意听从地方人士意见，大力推动文化政策，发展传统文化保存，这也正是宜兰经验成功模式之二。其中，1990 年成立的“宜兰县史馆”及“财团法人仰山文化基金会”二单位，更是在推动宜兰地方文化保存过程中，扮演重要角色。“宜兰戏剧馆”，从 1986 年开始筹备，1990 年正式成立，馆内的保存与推广以歌仔戏为主，傀儡戏、北管戏曲与木偶戏等为辅。仰山文化基金会，更是承袭清朝杨廷理知府所办的仰山书院精神，透过人才培育，逐步推动宜兰“闽台”文化的保存与创新。

宜兰是以人才培育为优先，逐步打造一个适合“闽台”文化发展的整体环境，最后再适时寻求政策支持，这种文化政策的实践方式，首先体现在传统戏曲的保护上，也正是宜兰经验成功的模式之三。1992 年“兰阳戏剧团”在宜兰县政府支持下正式成立，也是台湾地区唯一具公立属性的歌仔戏剧团。该戏剧团成立至今，主要目标在传承北管戏、本地歌仔、传统歌仔戏及创新歌仔戏。兰阳戏剧团秉持保存传统、研究创新的理念，亦从形式上寻找突破，从内容上契合现代潮流去努力，争取知识分子的肯定和年轻的观众。具体来说，在剧本上注重情节深刻呈现，讲究整体的艺术表现，注重创作，但不离传统[①]。经过十几年的人才培养，宜兰县政府除安排许多县内各区演出机会外，也正式向台湾地区“文化部”申请重要传统戏曲保护。其中，以“重要传统艺术保存者（团体）接班人传习演出计划”为例，1986 年成立的罗东“汉阳北管剧团”，透过该计划，成功于 2010 年培养出可结业的艺生；而壮围乡歌仔戏团“壮三新凉乐团”，透过该计划的推动，也顺利在 2012 年被台湾指定为重要传统表演艺术。

另外，宜兰特有的“宜兰县博物馆家族协会”（简称兰博），也是从民间做起。兰博协会是 2001 年 10 月成立，在成立过程中，全部是由民间发起，由民间负责维运。“兰阳就是一座大博物馆”，兰博组成的成员，主要是共计超过 60 个地方博物馆结盟而成的民间组织，其中包括：校园馆、历史馆、自然馆、戏剧馆、休闲农场、观光工厂等。而兰博成立目标是发展宜兰的整体文化环境，并有别于“为博物馆而博物馆”的理念，而是“为生活而博物馆”。兰博的宗旨认为，使博物馆不仅是典藏、展示、教育、研究的场所，更是一个活生生的生活与学习空间；以“人”体验为主，而非单纯的“物品”展示，透过小区博物馆打造宜兰，凸显地方

① 宜兰县文化局：《兰阳戏剧团简介》，2017 年 1 月 2 日，https://www.ilccb.gov.tw/cp.aspx?n=836A736BF70F644B

特色，就是宜兰县博物馆家族的最终目标。[①]宜兰县博物馆家族协会成功地在每年10月期间，透过成员把宜兰打造成极富文化氛围的大生活博物馆。而这点，与宜兰县政府以培养人才为起点有极大关系。这也正是宜兰经验成功的模式之四。

2013年，由宜兰高中老师们因本身对宜兰文化的热情与期待，在既定的课程设计中，提出了“宜兰学”概念，引起许多回响。透过课程带领宜兰县内的高中学生们，沿着兰阳溪（宜兰河）出发，认识宜兰这块土地上的自然环境、人文历史与区域发展的轨迹与特色。“宜兰学”的课程设计理念，是为帮助宜兰在地学子认识家乡这块土地以及早年先人的开垦过程，透过文化踏查认识宜兰。“宜兰学”的课程内容，以在地关怀为主轴，边走边学，让学生不应该对自己家乡的认识和一般观光客差不多，而是应该基于对家乡土地环境的特殊情感，更而深入了解这块土地。[②]“没亲自走过农田，怎能说了解这片土地；没有亲自探访水源，怎能说自己饮水思源。就如我们没有仔细深入宜兰，怎么可以骄傲地说自己是地道的宜兰人呢？”这是上过宜兰学的高中学子写下的心得。宜兰学，就是希望从小做起，从生活学起。宜兰没有特别的老街，整个宜兰就是个文化，这也是宜兰经验成功模式之五。

把文化融入生活的理念，在宜兰县被实践得相当彻底，从人才培育的“兰阳戏剧团”，到打造文化环境的宜兰县博物馆家族协会，最后又透过教育方式的“宜兰学”，彻底把宜兰人的文化自信建立起来。这种文化自信绝对不是短期的态度情绪反应，而是种发自内心的生活信仰，每个人都是宜兰闽台文化的推广者与保存者。加上地方政府刻意地营造环境，“文化宜兰”已深刻烙印台湾每个民众心中。宜兰县每年的“国际童玩节”“绿色博览会”的举办，几乎都涌进大批旅客；几米公园、大象溜滑梯、乌石港赏鲸豚、罗东观光夜市、三星葱推广，以免费的七条观光旅游巴士等，让每位旅客停留在宜兰的时光中，不仅包含着大量的文化飨宴，更在食衣住行等方面，都全面被宜兰文化所涵盖。当然，这些措施或文化景点，也主动回馈宜兰，为这块土地说故事，例如：透过几米作品《星空》和《忘记亲一下》的授权图像所打造的两辆免费巴士：“星空号”与“奇迹号”，从2016年9月开始营运后，更主动加入为宜兰文化说故事的行列，让人流连宜兰而忘返，这正是宜兰经验成功模式之六。

上述各种成功模式的塑造，间接地把宜兰文化保存工作，推向等同于打造“幸

---

① 罗欣怡：《新时代地方博物馆运动：从兰阳博物馆与宜兰博物馆家族谈起》，《博物馆季刊》（台湾）2002年第1期。

② 游婉琪：《宜兰学·跟着一条宜兰河认识在地故事》，2017年2月2日，http://teachersblog.edu.tw/20/1135。

福城市”的最终目标，让每个宜兰人在轻松愉快心情下，愿意付出心力保护宜兰文化。这种“由下而上”的政策执行模式，成功地让台湾“文化部”将传统艺术中心不得不选址于宜兰五结乡冬山河旁，也成功为宜兰闽台传统文化，找到了一个更大的实践与创新的舞台，奠定了宜兰经验的成功模式之七。透过官方支持，让文化可以落实在生活，让传统找到生存的新模式。当然，不仅单纯归功宜兰县政府的努力，也正因宜兰本身拥有许多闽台传统艺术，包括戏曲、音乐、舞蹈、建筑工艺、手工艺与民俗技艺等，加上最为人知的歌仔戏发源地便在宜兰，这些都导致传统艺术中心园区为何选址在冬山河畔的理由之一。再加上保持原有木构件的宜兰举人黄缵绪故居与广孝堂（原郑氏家庙）两座古迹的迁移，传统艺术中心园区的落成，里里外外都可说是为宜兰保存“闽台文化”所量身打造。

“一庙、二馆、三街”，加上由四位台湾建筑师以富传统风格的建筑形式，呈现出旧式闽南街坊生活圈景象，这就是传统艺术中心的外观。一庙为“文昌庙”，主祀文昌五圣君、配祀戏曲及工艺等祖师爷，庙外设有台湾庶民文化中十分重要的“野台”作为露天剧场。二馆则为“戏剧馆”与“曲艺馆”，馆内除常设展、特展外，也有室内表演厅，供戏剧、音乐演出，也是“重要传统艺术保存者（团体）接班人传习演出”的重点场馆。三街则为进驻30多家民俗工艺店铺的民俗街坊，包括：木屐、白糖葱、毛笔、陀螺、捏面人、蓝染和霹雳布袋戏偶等，供游客亲身体验雕刻、手工艺、童玩、民俗小吃制作等活动；街道上也有不定时的民俗踩街或特定主题的表演，例如《西游记》或者十二生肖等。

宜兰传统艺术中心为积极推动戏曲人才培育，首先以歌仔戏为先行示范剧种，自2013年起，每年推动戏曲新苗培育计划，选拔具潜力的青年艺生透过“以演代训”的方式，进行歌仔戏新秀人才培育计划。这计划还特别委托宜兰在地公立剧团“兰阳戏剧团”执行，除了加强与在地歌仔戏团的合作关系，也希望以资源共享的概念，提升在地文化能量。相对地，兰阳戏剧团自2013年起，也在宜兰传统艺术中心园区累积逾1500场次的演出。此外，因为“重要传统艺术保存者（团体）接班人传习演出计划”的执行，该园区也陆续让北管、南管、布袋戏、牛犁车鼓、太平歌等，定期与不定期在传统艺术中心登台演出，获得许多不错的回响。承揽传统艺术中心营运的团队表示，于园区的定位，就是打造一个梦想可以实现的文化场域，怀着对土地的谦卑与疼惜的心，保存深深感动我们的传统艺术，共同创造更多动人的文化风景。台湾传统艺术是民间生活之精华宝藏，扎根于生活，也流传于生活，而传统艺术真正价值就在“人”。所以，传统艺术中心特别凸显“人”的价值，扩大台湾传统艺术文化输出，以传薪创艺达到立地扎根，用文化服务达到无远弗届，串联薪传台湾艺术人才，透过精彩表演让所有人都能成为传统艺术与善美价值的种子。

从宜兰县政府2018年县政统计通报数据发现，2017年共计超过1000万1912人次的旅客来宜兰旅游。其中第一名、第二名的旅游景点分别是传统艺术中心与兰阳博物馆，旅客人数分别为113万、87万。2017年到传统艺术中心的旅游人口相较于2016年，成长幅度超过26.57%。“休闲活动的价值并非仅由参与次数来显现，而应是决定于参与者的态度及心态。”[①]若依研究数据分析，许多前来传统艺术中心的旅客，经过问卷调查发现，休闲动机最高为“增进人文素养”，其次为“认识丰富的传艺文化”“增进对宜兰传统艺术文化的认识”，这三者的均值都超过总平均值。由此可知，历史文化是游客前来传统艺术中心的主要因素，而传统艺术中心因增加了历史古迹说明、历史由来与各种历史文物用途介绍等，加上游客本身对传统艺术与闽南文化风格非常感兴趣，于是成就了宜兰传统艺术中心每年均为宜兰县带来超过旅客总数1/10以上的游客数量。[②]

地方依附感又称为地方依恋、场所依赖等，是指当个体在经历了一个地方（包括居住地和游憩地），对这个地方可以满足自己的某种或某些需求而产生了依赖感，以及在情感的层面对这个地方产生的认同感、归属感和其他层面的表现[③]。台湾学者曾秉希研究结果强调，地方依附感所指的是个人对地方的记忆以及与环境之间的积极情感联系。[④]

宜兰传统艺术中心园区为宜兰每年吸引超过100万名以上的游客来宜兰，从这些游客来传统艺术中心的休闲动机可知，主要是想多吸收传统艺术文化的知识，加上对闽南文化风格的感兴趣。但，这些动机是基于传统艺术中心园区本身的特点，还是整个宜兰县文化风格的展现呢？另，游客是喜欢传统艺术园区内的各种传统艺术展演呢？还是因喜欢徜徉在兰阳这种闽台文化的记忆中，进一步地爱屋及乌呢？这点，似乎无法准确区隔。换言之，当宜兰县打造成一座深具闽台文化的整体氛围场域时，不仅让游客喜欢，并满足游客对文化孺慕那种不可替代的需求；这种需求，正因有传统艺术中心园区的完整体验平台，满足了游客的需求，进而产生了对闽台文化的强烈认同。这种三角关系，似乎已经无法准确厘清因果，

① 黄世明、傅建三、傅嘉辉：《私立美术馆观众休闲动机与休闲满意度之研究——以朱铭与鸿禧美术馆为例》，《艺术学报》（台湾）2009年第80期。

② 俞柏宏、詹凯祥、陈胜丰：《传统艺术中心游客休闲动机、体验价值与重游意愿之研究：以宜兰园区为例》，2018年3月26日，http://shs.edu.tw/works/essay/2018/03/26/13301715。

③ 赵宗金、董丽丽、王小芳：《地方依附感与环境行为的关系研究》，《社会学评论》2013年第3期。

④ 曾秉希：《地方居民对台中市梅川亲水公园依附感之研究》，《朝阳科技大学学报》（台中）2003年。

更非单纯用地方依附感理论就可解决。但肯定的是，闽台文化在宜兰县用心经营与保存下，不仅传统戏剧人才被延续，文化资产被保护，更透过传统艺术中心园区的平台向外推广，让闽台文化无限制地衍生，这对文化保存来说，的确是一种成功且已被实践的“宜兰模式”。

四、未来：文化自信心的建立

“从传统中创新，从创新中复振”，就是一种传统与创新间磨合的最终目标。透过以文化里的居民为主体，以生活内容为文本，体现并创新乡土文化价值，正是文化保存最高宗旨。宜兰经验的成功模式，明确地指出文化保存与创新的困难之处以及目标的遥不可及。但，由下往上的政策执行模式，证明了文化保存不需要太多烦琐政策与行政指导的，它只需要向在地的居民说明，“地方文化”，其实就是过去生活的精华，更是让现今进步的动力。透过简单的信仰力量建立，辅以将文化内容的主动创造，例如：文化观光旅游，让人民在自然而然中对自我的地方文化产生信心，产生优越感，这样就足够。

用地方特色文化发展文化创意，无疑就是一种产业的加值，关键因素在如何有效运用当地特有文化、素材及自然资源等，创造新的经济模式，赋予更高层次的文化价值。首先，地方政府必须先了解且清楚自身内在核心资源并有效地整合，针对不足之处设法填补，才能掌握关键成功因素，保有竞争优势[①]。这点，宜兰县政府做得很好。宜兰县政府并没有一开始就汲汲营营争取上面的政策支持，而是从最根本的如何延续地方特色文化以及培育地方特色文化人才着手。因为，文化具高度被动性，即便是地方特色文化均具备历史独特性、地域独特性，且与风土民情、生活息息相关，但如何积极传承并融入创意，且导向文化艺术发展，似乎比争取政策来得重要。一旦地方特色文化内容消失后，丧失独特性的地方文化，就等于失去文化内涵与价值。

此外，又该如何把人民过去生活的共同记忆、历史文化传承的场所，进行有计划地延续与凝聚社群共识，这是宜兰县政府努力的第二步。这第二步的目标，就是建立宜兰地区居民的文化自信、文化优越感。文化自信是一个国家和民族长远稳步发展的基础，能够促进社会民众思想和精神上的进步，同时也是一个国家能够 立足国际舞台的精神支柱[②]。对宜兰地区而言，就是利用兰阳平原既有的各种

① 陈唯珍、李虹伶、徐秀如：《资源理论分析蓝染文化创意产业之关键成功因素研究：以三义卓也为例》，《纺织综合研究期刊》（台湾）2016 年第 264 期。

② 丁惠：《文化自信视域下的传统戏曲跨文化传播》，《齐齐哈尔大学学报（哲学社会科学版）》2018 年第 2 期。

自然资源、地理环境、文化古迹与历史传承等，透过观光旅游、休闲娱乐的方式，把文化保存的共识，转变成为打造“幸福城市”的目标。让宜兰县的每个人、每件事情、每栋建筑、每个景点与每次活动，都能主动地为宜兰这个闽台文化的传承者说故事。有自信地把传统的历史记忆，转换成每位来宜兰游玩旅客身上的笑容。这是种每位待在宜兰县的居民共识，更是一种宜兰县居民的文化自信。这不是被强迫的，而是种不得不的使命感。

宜兰传统艺术中心可说是在两种文化自信心底下成长。一种是已经被培养成熟的宜兰县居民。根据研究数据指出，宜兰县的民众也喜欢在假日时，主动前去传统艺术中心园区里，欣赏那些已经开始由年轻一代演出的传统戏曲[①]。另一种文化自信心则是来自这些传统艺术的表演者、传承者。传统艺术中心园区用文化创意来说文化、让人感受文化并感动人心，让更多人认识并乐于接近与学习，并提供传统艺术家及传统技艺人才一个梦想可实现的展现空间及舞台。当这些原本担心传统文化没有表现与演出空间的“传艺者”，在宜兰县这个深具文化自信的氛围下，透过大量民众涌入园区，并支持传统艺术的表现与演出，让这些传艺者，慢慢也培养出属于传统艺术家与传统技艺人才的文化自信。透过这种文化自信的培养，更能主动地去创新传统文化，找出更多方法让传统与时俱进。

诚如台湾公益CEO协会与台湾私立南华大学艺术文化研究中心在2018年一张“文化观光的策略与文化自信的建立：用观光认识云林，以文化找回自信”文化论坛的宣传单上写着：“文化资产保存的意义在于倾全世界的力量保护全人类的瑰宝。延伸观光价值，建立在地认同与自信，形塑文化意象，正是所谓的愈在地、愈国际。”这个文化论坛主要宗旨就是透过文化找回自信。“你的日常生活就是我不远千里而来的意义”，强调文化就是生活，以文化底蕴吸引游客，梳理出云林常民的文化价值，找出属于云林人本身值得骄傲的文化自信[②]。从上文来看，文化自信之于文化保存来说，已经是不可或缺的动力来源，更是创新文化价值的重要推手。

---

① 俞柏宏、詹凯祥、陈胜丰：《传统艺术中心游客休闲动机、体验价值与重游意愿之研究：以宜兰园区为例》，2018年3月26日，http://shs.edu.tw/works/essay/2018/03/26/13301715。

② 廖淑玲：《云林价值是什么？文化论坛：以文化找回自信》，2018年9月30日，http://m.ltn.com.tw/news/life/breakingnews/2566372。

“一片福州三坊七巷，半部中国近代史”集体认知的建构

李海文*

三坊七巷是福州最为著名一张名片，涌现出了诸多社会名人，深刻影响了中国近代史的进程。源于史实的“一片福州三坊七巷，半部中国近代史”这一名句符号，从编码到集体认知的成形并非由来已久，自然生成，而是近十年由个人、政府、媒体等不断作用，经大众传播塑造成为当地社会各界的一种共识。研究发现，这一集体认知的建构，来源于坚实的客观史实，初始于社会名流的论说，推广于政府的保护开发，传播和认同于媒体的大众传播。

在福州的城市中心，坐落着一片占地约 40 公顷的历史文化街区。它由三个坊、七条巷和一条中轴街组成，自古就被称为“三坊七巷”。论历史地位与文化遗产，其格局发轫于晋，形成于唐末，一直处于福州城的中心位置。在宋元时期进一步发展，完善定型，至明清达到鼎盛，成为缙绅官宦、文人墨客和巨商富贾地标性的聚居区。跨越 1700 年之久，坊巷内迄今保存的 200 余座古建筑，大部分是士人阶层的宅院居所。三坊七巷呈“非”字形，由西面三个坊、东面七条巷和一条中轴街肆组成，分别是衣锦坊、文儒坊、光禄坊以及杨桥巷、郎官巷、塔巷、黄巷、安民巷、宫巷、吉庇巷和南后街。

三坊七巷是福州最为著名的一张名片，其名人文化比其建筑文化、民俗文化、商业文化等更为耀眼。三坊七巷涌现出的诸多历史名人，深刻影响了中国近代史的进程，人称“一片福州三坊七巷，半部中国近代史”（以下简称“一半”）。

* 李海文，1985 年生，男，福建武平人，福建农林大学金山学院讲师，主要研究方向：中国近现代史、文化传播史论。

基金项目：本文系福建省科技计划项目“一带一路”倡议下福建文化记忆重构与传播话语体系建构研究（2018R0092）的阶段性成果之一。

如今三坊七巷已被开发成文化旅游景区，人来客往，游人如织。当地人提及三坊七巷，介绍其历史文化时，"一半"说法不绝于耳，甚至许多普通人也概有此说。"一半"意指三坊七巷与中国近代史关系密切，坊巷里的名人事迹代表了半部近代史。目前学术界普遍认为，中国近代史始于1840年的鸦片战争，结束于1949年的新中国成立。新中国成立70周年，人们对于三坊七巷与近代史关系的认知，在很长一段时期处于"遗忘空白"，现在才成为共识。通过调研发现，就在10年之前，当地人们鲜有耳闻"一半"之说，顶多是一小部分人了解两者关系较为密切，这是纵向来看。横向来看，其实类似的说法也不少，有"一座咸宁汀泗桥，半部中国近代史""一个旅顺口，半部中国近代史""一条海河观光带，半部中国近代史""一个广州城，半部中国近代史"等等。三坊七巷代表半部中国近代史，这"一半"的符号是怎样产生的？是如何被选择凸显出来，受到群体认可，成为一种集体观念？从符号到观念，从个人认知到集体认知，形成的因素有哪些？又是如何建构的呢？集体认知与集体记忆有相通之处，借鉴法国历史学家、社会学家哈布瓦赫（M.Halbwachs）的集体记忆理论，"集体记忆是由社会建构，是一个特定社会群体成员共享往事的过程和结果[①]"，可见"一半"集体认知的建构，也是一种社会集体行为，是成员共享往事，形成判断的结果。"一半"作为一种认知文化，涉及历史事实、大众传播以及社会认知等诸多方面。回答以上种种疑问，笔者将从以下四大方面论述。

一、客观史实是编码的前提与基础

"一半"对于三坊七巷实体而言，是一种标签，是一种符号。按照瑞士语言学家索绪尔（Ferdinand de Saussure）的观点，符号是形意结合体，分为两种层面，一是能指即意符，表现为声音或图像；二是所指，即意符所指代或表述的对象。能指具有任意性，所指具有指向性[②]。作为能指而言，"一半"属于七言诗句，对仗工整，朗朗上口，便于记忆，具有较强的表达张力。作为所指而言，符号依存于所指事物，要是脱离了事物就成了无源之水、无本之木，本身不再具备实际意义。"一半"符号虽为主观创造，但意义有所指，名副其实，言之有物。自1840年鸦片战争以来，三坊七巷涌现了一大批历史名人，如林则徐、沈葆桢、严复、林纾等达一百多人[③]，他们与中国近代史上发生的重大事件密切相关，甚至成为其中的领导人物，如表1。除个别外来官员或社会贤达，绝大部分还是土生土长的本地

---

① 高萍：《社会记忆理论研究综述》，《西北民族大学学报》（哲学社会科学版）2011年第3期。

② 陈力丹，陈俊妮：《传播学纲要（第二版）》，北京：中国人民大学出版社，2014年，第12页。

③ 数据源自《三坊七巷志》。

人，主要社会活动正好发生在1840—1949年期间。他们的所作所为，影响重大，扮演时代推手的角色，构成了中国近代史的主要进程。

表1：中国近代史大事与三坊七巷名人

近代史大事	领导人物	曾居坊巷名人
鸦片战争	道光皇帝、林则徐、关天培	林则徐（钦差大臣）
洋务运动	曾国藩、左宗棠、李鸿章、张之洞	左宗棠（闽浙总督） 沈葆桢（福建船政大臣）
甲午战争	李鸿章、丁汝昌	叶祖珪（靖远舰管带） 萨镇冰（康济练习舰管带）
维新运动	康有为、梁启超、严复	严复（创办《国闻报》，宣传变法） 林旭（“戊戌六君子”）
清末新政	光绪皇帝、载沣等	陈宝琛（兴办新式学堂，礼学馆总裁）
黄花岗起义	孙中山、黄兴、胡汉民等	“三林”：林觉民、林尹民、林文（烈士）
五四运动	陈独秀、胡适、林长民、蔡元培	林长民（国民外交协会理事）
伪满洲国	溥仪、郑孝胥、张景惠	郑孝胥（国务总理兼陆军大臣和文教部总长）
一二·九运动	彭涛、周小舟、谷景生、姚依林等	陈矩孙（学联干部）
七七事变	宋哲元、佟麟阁	王冷斋（河北省第三区行政督察专员兼宛平县县长）
江阴海战	陈绍宽、陈季良	陈季良（海军次长、海军第一舰队司令）
解放战争	毛泽东、朱德、林彪、粟裕等	郭化若（华东野战军第6纵队副司令员等）

众所周知，抗日战争是中国近代史上一件极为重要的事件，表1虽然只列了江阴海战，其实跟抗战有关事件颇多，例如安民巷53号曾是新四军驻福州办事处，长达一年零四个月组织开展抗日救亡运动；时任中山舰舰长萨师俊（叔祖父为萨镇冰）在武汉会战中，英勇抗敌，壮烈牺牲，成为抗战中阵亡军衔最高的国民党海军军官；寄居作家郁达夫以笔为枪号召民众抗战，出任福州文化界救亡协会常务理事长；生于文儒坊的叶在增担任审判日本战犯军事法庭法官，亲审“南京大屠杀”主犯等。如果说表1中的人物只是代表政治史方面，缺乏足够说服力的话，那么林纾、林徽因等文教名人则是社会文化史的代表，如表2，进一步提供证据支撑，完形历史。难能可贵的是，这些文教名人还有多名女性代表，即所说的福州才女，冲击了封建社会对女性的束缚，体现了中国女性在近代崛起的历史。

表 2：中国近代社会文化史与三坊七巷名人

曾居坊巷名人		中国近现代史上的角色
1	林纾	近代文学家、翻译家。翻译了《茶花女》《迦因小传》等 40 余种世界名著，创办福建工程学院前身苍霞精舍。
2	陈衍	近代文学家，"同光体"诗派代表人物。编修《福建通志》，与章炳麟、金天翮共倡办国学会。
3	林振岱	"同光体"诗派闽派的领军人物。辛亥革命后在福州主纂《西湖志》兼《福建通志》。
4	董执宜	曾出任盐官、咨议局议员。修订、刊行了《闽都别记》。
5	林白水	近代著名报人、新闻工作者。创办《社会日报》等。
6	薛绍徽	近代著名文人、中国第一位女翻译家。
7	林徽因	近现代著名女建筑师、诗人、作家。
8	庐隐	近代著名女作家。
9	冰心	近现代中国女诗人、作家、翻译家、社会活动家、散文家。
10	郁达夫	近代作家。在闽时，任福建省参议兼公报室主任。
11	郑毅奏	近代闽剧大师。
12	陈岱孙	近现代经济学家、教育家。
13	邓拓	近现代新闻工作者、政论家、历史学家、诗人、杂文家和书画收藏家。

除了政治、军事和文教名人之外，还有一些工商人士，如"电光刘"（刘齐衔后人）、欧阳滨等人，对近代工商实业影响重大。刘齐衔是林则徐的长女婿，官至布政使。其孙辈创办了福州电气公司，成为当时清朝邮传部立案的十一家电气公司之一。1912 年末，刘家又接手了官办电话，成立了福建电话股份有限公司。刘家生意兴旺，财源广进，成为当时福州的首富。欧阳滨出身贫寒，白手起家，创办了福州第一家西药房"屈臣氏"，经营多家商行，在衣锦坊购置深宅大院，成为花厅主人。其他商业大亨，还有尤氏等[①]，不再一一细说。总之，三坊七巷有着深厚的历史文化底蕴，所居人物对近代中国影响举足轻重。

正所谓论从史出，持之有故，"一半"的认知源于史实的总结，这是这一符号广为流传，成为共享概念的前提与基础。若上升到哲学层面而言，"一半"属于认识论，现实符合真实，是其本体的比较客观的反映。"一半"并非地方或个人偏见，也非后生文化，更非海市蜃楼，它有着坚实的事实基础。

二、创新者编码，名人开展人际传播

"一半"符号源于真实，那谁对其进行符号化，成为编码者？查找历史文献，

① 林爱平：《三坊七巷旅游形象设计研究》，《海峡科学》2013 年第 12 期。

有关三坊七巷的名人论说，可谓不少。“三坊七巷”的名称最早见于清嘉庆、道光年间，进士刘心香将“三坊七巷”入诗：“七巷三坊记旧游，晚凉声唱买花柔。”道光年间的林枫《榕城考古略》“卷中·坊巷第二”记载：“俗有三坊七巷之名”。[①]清末广州举人王国瑞客寓福州城，游逛三坊七巷由感吟唱：“正阳门外琉璃厂，衣锦坊前南后街。客里抽闲书市去，见多未见足开怀。”王国瑞把南后街与琉璃厂相媲美，足见其厚重，扩大了知名度。民国初年，著名诗人陈衍的名句“谁知五柳孤松客，却住三坊七巷间”，更使得“三坊七巷”脍炙人口。

那三坊七巷被广为人知后，又怎样与中国近代史勾连起来？晚清时人有言：晚清风流数侯官[②]或晚清风流出侯官[③]。近代梁启超曾言：近代风流出侯官[④]。侯官乃福州旧称，侯官的中心地段之一便是三坊七巷。而中国近代史涵盖晚清史与民国史，三坊七巷也就代表了晚清史，即半部历史了。那么这“一半”的认知萌芽，是怎样破土而出的呢？查找相关文献，有详细记载的要数文化高干兼专家的单霁翔先生。2009 年 6 月首批“中国十大历史文化名街区”开展评选，三坊七巷以高票入选。在揭牌仪式上，时任国家文物局局长单霁翔评价说：“一部三坊七巷史，是半部中国近代史。”[⑤]一年之后，第十二届中国科协年会在福州举行。单氏在《保护文化遗产建设创新型国家》报告中说：“像福州的三坊七巷，一座三坊七巷半部近代史，作为我们国家的一座社区博物馆进行设计和研究。”[⑥]单氏对纷繁复杂的坊巷历史素材总结提炼，结晶出“一半”的符号。就此符号本身而言，运用诗句形式，工整对仗，读起来朗朗上口，传播力高于普通句子。单氏通过口语和文本形式呈现“一半”符号，再加上其权威的地位以及符号自身的表达张力，迅速成为他人引用的经典名句。单氏不仅是作为编码的传播者，也是一大传播渠道，其关于“一半”的个人认知，犹如一颗火星，点燃了集体认知的大草原。

如果说单霁翔是中央点火主将的话，那么王岗峰、吴可文等福州本土文化学者是地方点火和添柴的大员了。福建师范大学的王岗峰教授长期致力于三坊七巷历史与文化的研究与开掘，不断提炼和传播坊巷名人文化。他在福建师范大学附中（2010.3）、福州市妇联（2013.9）、凯风访谈（2013.12）、林则徐纪念馆“左海

---

① 福州市地方志编纂委员会：《三坊七巷志》，福州：海潮摄影艺术出版社，2009 年，第 35 页。

② 何绵山：《八闽文化》，沈阳：辽宁教育出版社，1998 年，第 11 页。

③ 张胜璋，张翼：《闽海波起出怪杰——闽文化与林纾》，《闽南师范大学学报》（哲学社会科学版）2015 年第 2 期。

④ 王宜椿：《“三坊七巷”歌谣》，《福州日报》，2012-12-28（16）。

⑤ 陈章汉：《〈三坊七巷赋〉注释出炉，邀您共赏坊巷人文奇观》，2018 年 5 月 25 日，http://news.fznews.com.cn/dsxw/20170710/5963267fb7fbb.shtml。

⑥ 单霁翔：《保护文化遗产建设创新型国家》，2018 年 5 月 25 日，http://scitech.people.com.cn/GB/59405/13101948.html。

讲坛”（2014.5）以及央视摄制组在福州摄制节目等多个场合，叙述“一半”的故事。王氏多次引用单氏“一半”名句，阐释其观念，理论与实践上运用、推广“一半”认知。尤其是在校园里，其不断研究和传授坊巷文化，一茬又一茬地带领本科生和研究生做调查、写论文，不断扩大“一半”的群体认知。

福州外语外贸学院的吴可文副教授也长期研究三坊七巷文化，曾在福州多地开办讲座，传播坊巷文化，不断扩大认知群体。近年来，他曾在三坊七巷（2016.7）、福州外语外贸学院图书馆（2016.9）、福建农林大学李常盛图书馆（2016.10）、长乐市图书馆（2017.2）等地，举办了主题同为“一片三坊七巷地，半部中国近代史”的国学讲座。每场讲座达百人以上，听众涉及海内外人士，逐渐扩大了认知群体。其中，2016 年 7 月福建省教育厅主办了“海峡两岸暨港澳大学生中华文化研习营”文化活动，来自台湾大学、台湾师范大学、高雄师范大学、澳门大学、澳门科技大学等两岸高校 250 多名师生参与，听了吴氏在三坊七巷开设的这一讲座①。美国传播学者约翰·彼得斯（J.D.Peters）曾说，“亲临现场恐怕是最接近跨越人与人鸿沟的保证②”。吴氏在三坊七巷实体空间开设讲座，面对面交流，传播效果应是比较可观的。

根据美国传播学家埃弗雷特·罗杰斯（E.M.Rogers）的创新扩散理论，诸如单霁翔具有“创新者”角色，见多识广，创造和敢于采用这一认知。他们把“一半”认知从私人领域引向公共领域，通过传播让其他人参与进来。除了他们，还有学术群体如闽都文化研究会（成立于 2011 年 4 月），围绕三坊七巷的主题召开或参加学术会议，发表文献，时不时论说“一半”。例如，2011 年 12 月召开的“三坊七巷与台湾”文化研讨会，出席开幕式约有 200 人③。与会专家学者一道参观三坊七巷，主持研讨会的福建师范大学国学研究中心主任汪征鲁教授说：“……历史上有句话叫‘晚清风流在侯官’，综合这次研讨会大家的意见，三坊七巷可以配得上这样一句话——‘侯官风流在三坊七巷’④。”从汪氏之语可见，三坊七巷可以代表晚清史，也就是半部近代史了。2014 年 12 月召开的福建省社科界 2014 年学术年会“三坊七巷名人与中国文化的现代转型”分论坛，有 105 位专家学者参加会议⑤。这些群体成员属于学术精英，可谓“早期采用者”，在传播系统中发挥着意见

① 肖榕：《国学讲座走进三坊七巷》，《福建日报》，2016-07-07（12）。

② ［美］彼得斯：《交流的无奈——传播思想史》，何道宽译，北京：华夏出版社，2003 年，第 255 页。

③ 陈薪宇：《“三坊七巷与台湾”文化研讨会举行》，《中国文化报》，2011-12-14（6）。

④ 刘琳：《历史：晚清风流在侯官；今日：侯官风流在三坊七巷》，《福州日报》，2011-12-12（4）。

⑤ 郑海婷：《“三坊七巷名人与中国文化的现代转型”分论坛会议综述》，2018 年 5 月 26 日，http://www.fjskl.org.cn/contents/481/4824.html。

领袖的作用。一部三坊七巷史承载了半部中国近代史，已成为学术界广泛的共识。[①]在传播无所不至的现代社会，学术界关于“一半”的精英共识转变成大众的集体认知已没有什么不可逾越的鸿沟了。

三、政府打造虚实空间，开展组织传播

如果说名人论说属于人际传播的话，那么政府推动便属于组织传播了。政府出于城市发展的需要，精心保护三坊七巷，深挖发掘坊巷文化，从软硬件两大方面有力推动了“一半”认知及其集体记忆的建构。组织传播具有制度性，属于社会中观层面的传播，上承人际传播，下启大众传播，政府不可谓不是幕后强大推手。政府是政治权力主体之一，引导、推动集体认知的建构。

涉及三坊七巷管理的政府主要是鼓楼区政府、福州市政府、福建省政府和国家文化部，其中起主要推动力的首推福州市政府。从 20 世纪 20 年代开始，三坊七巷逐渐衰败，很长一段时期里遭到忽视。改革开放以来，旧城改造，城市发展，三坊七巷也像许多老街区一样，面临被拆危机。1989 年，福州市批准一家房地产开发公司拆除林觉民故居部分建筑，准备建设商品房。幸运的是，1990 年习近平担任福州市委书记后，情况得到改善，三坊七巷得到一定保护和修缮。1997 年 1 月，福建省人大批准《福州市历史文化名城保护条例》，明文保护“三坊七巷”和朱紫坊的传统坊巷格局和典型明清民居。2005 年 12 月，经过多年谈判，福州市政府与福建闽长置业有限公司终于终止了“三坊七巷”保护改造项目合同（曾在 1993 年 5 月签订），收回了土地使用权。从 2006 年至 2009 年，福州市政府筹措 30 多亿元巨资进行三坊七巷的修复保护工程。2008 年 11 月，福州市成立三坊七巷管理委员会及其福州市三坊七巷保护开发有限公司，统筹开展三坊七巷保护管理。实体介入，公司运作，标志着三坊七巷的保护与开发进入专门化、职业化阶段。2010 年上半年开始筹建福州三坊七巷社区博物馆，到了 2011 年 8 月正式成立，成为全国首座社区博物馆。2015 年 7 月，福建省政府批准了福州市所报的《三坊七巷历史文化街区保护规划（修编）》。三坊七巷的保护与开发为认知主体即福州市民唤起有关历史记忆，建构集体认知，提供了有形的城市公共空间。

福州市政府实行文物“动态保护”，以三招发力[②]。第一招是恢复坊巷格局，重现历史风貌。所做的努力，保存了三坊七巷的历史遗迹，为“一半”认知提供了可接触的物理实体。如果说第一招是属于毛坯房建设的话，第二招就是室内装修了。保护与传承非物质文化遗产，如民俗活动、民间曲艺、民间工艺、风味饮食

① 吴晖：《修复百年建筑，留住千年文脉》，《福州日报》，2011-11-09（1）。

② 钟自炜：《闹市中的“里坊化石”》，《人民日报》，2015-10-06（6）。

等，为三坊七巷充实内容，为“一半”认知提供了可感受的文化实体。第三招是充分挖掘文化产业资源，政府把三坊七巷开发成旅游景点，经济与文化联合搭台唱戏，吸引海量游客。在景区讲解词中含有“一半”话语，不断扩大“一半”认知群体。福州市政府的“三招”塑造建筑与人文景观，为“一半”集体认知的建构提供了感官刺激的互动媒介。

改革开放以来，尤其是21世纪以来，我国文化旅游业得到大力发展。地方政府为了促进旅游业的发展，大力开发和保护本地历史文化资源。作为“里坊制度的活化石”，三坊七巷被当地政府格外看重，申请各种荣誉称号。2009年6月10日，三坊七巷历史文化街区获得文化部、国家文物局批准的“中国十大历史文化名街”荣誉称号。2012年进入世界文化遗产名录后备名单。2015年，三坊七巷被国家旅游局评为国家5A级景区，是为福州首个5A级景区。同年，它荣膺2015年联合国教科文组织亚太文化遗产保护奖。大奖之所以获得在于背后当地政府坚持不懈的努力。在坊巷多个景点，如南后街南端头、三坊七巷保护修复成果展览馆等，介绍语中常出现“一半”的字样。这些大奖的连续获得，又在逐渐提升三坊七巷的知名度，推动其名人文化的传播。2012年12月福州市委宣传部与市邮政局联手推出一套“印象三坊七巷”明信片和邮票，该明信片前言中便写道“是可谓：一片三坊七巷，半部中国近代史”。总之，在各项评选、推介等活动，福州市政府有关部门在软件方面宣传坊巷文化，讲述坊巷故事，不断向大众塑造“一半”认知，推动集体认知的形成。

四、大众传播多渠道长时段塑造共识

一种说法要广为人知，形成一种集体意识，需要大众的认可和接受。毫无疑问，比起人际传播、组织传播等，大众传播的受众最多，最具规模化的传播效果。大众传播媒介广泛而深刻地影响着社会生活的方方面面。对于现代人而言，信息除了日常自身经验所得，很大程度上来自形形色色的大众传播媒介。“一半”集体认知的建构，大众传播不可谓不是建构主力。大众传播从社会角落中收集闲散零碎认知，通过关于历史解释的公共与个人讨论，完成集体认知的建构。

传播“一半”的相关话语，涉及的大众传播媒介丰富多样，既有传统纸媒图书、报纸、期刊，也有光电传媒广播电视，还有网络以及新媒体“两微一端”等。新闻媒体级别从中央到地方省市县不等，跨越海内外。这些媒介主要从2009年开始，面向海内外尤其是在福州的读者、观众、听众或者用户，把三坊七巷与中国近代史联系起来，批量生产与重复传播“一半”，整合受众认知，不断使“一半”成为一种集体共识。

1. 图书方面，重要的有《三坊七巷志》《三坊七巷名人家风家训》《三坊七巷名人与中国文化的现代转型》等以及福建耕读书院出品的《三坊七巷文化丛书》系列，里头或多或少有论述“一半”的话语。其中，2009 年 6 月出版的《三坊七巷志》阐述近代人物事迹最为集中。2016 年 7 月出版的《三坊七巷名人家风家训》，在封面上赫然印上“一片三坊七巷，半部中国近现代史”介绍语。从“近代”到“近现代”，可能是出于历史断代分期的不同，也可能是它把坊巷影响看得更重，认为其波及现代。

在所有纸质媒介中，图书历史最为悠久，内容丰富，保存性强，适合 N 次传播。上述图书首版印数千，有的甚至多次印刷，对“一半”的传播具有较大的促进作用。

2. 报纸方面，笔者通过登陆国家图书馆网站，检索清华同方知网、龙源电子期刊、万方数据、方正阿帕比等数据库，发现从全国性的《人民日报》《中国文化报》等到地方性的报纸《福建日报》等再到行业性的报纸《科技日报》等，直接相关文章不完全统计有一百多篇（截止时间为 2019 年 3 月 1 日，见表 3）。所刊文章有新闻、散文、软文、广告等，都明文出现了“一半”的描述，只是个别字眼稍有变动，意义皆相通。其中软文与广告，大多出自房地产公司泰禾集团，因其打造“院子”产品，借用三坊七巷做推介。地方媒体如“福”字系报刊《福建日报》《福州日报》《福州晚报》和都市报力挺地方社会文化发展，所刊文章最多，建构“一半”认知最为卖力。地方报纸着重面向当地读者，当地读者又有地方自重心理，乐于接受和推广。外来游客进入福州地域，尤其是三坊七巷，难免受到当地人所传播价值观的影响。另外，2016 年 9 月全国百名晚报总编与记者进行了五天四晚的“清新福建”采访，采访首站便在三坊七巷。这些全国各地的总编与记者是媒体的把关人，又是意见领袖，影响着“一半”认知的省外传播。正如《成都晚报》常务副总编张光焰所说：“三坊七巷很有文化底蕴，游过了这里，就对福州传统文化有了非常深的认识。果真是一个三坊七巷，半部中国近代史。”[①]《北京晚报》的官方网站“北晚新视觉”刊载了《国庆出游不纠结，福建是个好地方：笨游福建 APP 帮指明路》一文，其中说：“在福州提起三坊七巷……有‘一片福州三坊七巷，半部中国近代历史’的说法”[②]，向在京读者述说了“一半”。

报纸时效性快，发行量大，又适合传阅，面向读者甚广，而且为网络、手机等新媒体提供了大量的专业内容。表 3 所列报纸文章，始于 2010 年，其中 2015

① 《淘古淘金淘气淘新鲜》，《湛江晚报》，2016–09–14（15）。

② 《国庆出游不纠结，福建是个好地方：笨游福建 APP 帮指明路》，2018–05–26，http://www.takefoto.cn/viewnews—916067.html。

年出现全国性刊载的小高峰，持续九年不断述说“一半”，扩大认知群体，重复历史勾勒，功不可没。

表 3：出现“一半”话语的报纸文章

<table>
<tr><th>类别</th><th>报纸</th><th>篇数</th><th>发表年份</th><th>相关原文</th></tr>
<tr><td rowspan="6">全国</td><td>《人民日报》[①]</td><td>3</td><td>2011-2015</td><td rowspan="17">一片福州三坊七巷，半部中国近现代史。
一个三坊七巷，半个中国近代史。
……令人感受“一片三坊七巷、半部中国近现代史”的含义。
……素有“一片三坊七巷，半部中国近现代史”的赞誉。
一片福州三坊七巷，半部中国近代史。
一座三坊七巷，半部近代史诗。
……概括这里为“一片三坊七巷，半部中国近现代史”。
一座三坊七巷，半部中国近代史。
“一部中国近代史”福州三坊七巷和“海军摇篮”马尾。
……福州三坊七巷拥有很多名人，可以说是半部清代史……
一个小小的三坊七巷，改写中国半部近代史。
游客可至三坊七巷看“中国半部近代史”
一条街、几座坊巷……几乎浓缩了半部中国近代史。
从一片三坊七巷中，读懂半部中国近代史
一部三坊七巷史承载了半部中国近代史。
历经千年风霜的三坊七巷，走出了半部中国近代史。
折射半部中国近代史的三坊七巷。
游览三坊七巷，体验半部中国近代史。
一边是有“半部中国近代史”之称的三坊七巷。
福州的一座三坊七巷勾勒出半部近代史。
泰禾院子系灵感源自承载了中国半部近现代史的福州三坊七巷。
……而作为半部中国近现代史记忆中很重要的物质遗存</td></tr>
<tr><td>《光明日报》</td><td>3</td><td>2012-2018</td></tr>
<tr><td>《中国文化报》</td><td>6</td><td>2012-2016</td></tr>
<tr><td>《中国旅游报》</td><td>4</td><td>2011-2015</td></tr>
<tr><td>《人民政协报》</td><td>1</td><td>2011</td></tr>
<tr><td>《中国艺术报》《科技日报》《文汇报》</td><td>3
（各 1）</td><td>2015</td></tr>
<tr><td rowspan="7">省内</td><td>《福建日报》</td><td>18</td><td>2011-2018</td></tr>
<tr><td>《福州日报》</td><td>32</td><td>2011-2019</td></tr>
<tr><td>《福州晚报》[②]</td><td>23</td><td>2010-2018</td></tr>
<tr><td>《海峡都市报》</td><td>13</td><td>2012-2018</td></tr>
<tr><td>《东南快报》</td><td>4</td><td>2012-2017</td></tr>
<tr><td>《泉州晚报》</td><td>2</td><td>2012</td></tr>
<tr><td>《厦门晚报》</td><td>1</td><td>2016</td></tr>
<tr><td rowspan="4">外省</td><td>《太原日报》</td><td>1</td><td>2011</td></tr>
<tr><td>《吴忠日报》</td><td>1</td><td>2013</td></tr>
<tr><td>《无锡日报》《芜湖日报》《上饶日报》《江南都市报》《发展导报》《青年报》</td><td>6
（各 1）</td><td>2015</td></tr>
<tr><td>《湛江晚报》
《长沙晚报》</td><td>2
（各 1）</td><td>2016</td></tr>
</table>

① 本文对《人民日报》所发文章数的统计，包括其海外版。

② 本文对《福州晚报》所发文章数的统计，包括其海外版。

3. 期刊方面以学术期刊为主，亦有时政、大众、教辅等杂志，如表 4（截至 2019 年 3 月 1 日），所发文章有的是专门针对三坊七巷文化，论述它与中国近现代史的关系；有的虽是提及三坊七巷，但都自觉不自觉地把“一半”作为标签性的话语。值得一提的是，闽都文化研究会与研究院主办的《闽都文化》双月刊，创刊于 2008 年，经常刊登研究三坊七巷的文章，时不时直接或间接地提及“一半”的故事。作为偏向文学性的刊物，它跟其他非学术期刊，常用“讲故事”形式向大众传播坊巷文化，传播力较强，读者喜闻乐见。

另外，也有一定的硕士论文涉及“一半”，例如《三坊七巷中家族联姻现象及其影响探究》（福建师范大学，2011 年）、《福州三坊七巷旅游节庆品牌化研究》（福建师范大学，2012 年）、《三坊七巷非物质文化遗产传承群体生存环境研究》（福州大学，2016 年）、《基于行为意向的城市公园智慧解说系统使用机制研究》（福建农林大学，2018 年）等，明文引入“一半”。学术论文作为小众媒介，虽然面向的是相对同质化的小众群体，但水平层次较高，属于意见领袖，很有可能在写作中转引。小众传播有利于 N 次传播“一半”的认知，效果也可观。

表 4：出现“一半”话语的期刊文章

<table>
<tr><th>类别</th><th>期刊</th><th>篇数</th><th>发表年份</th><th>相关原文</th></tr>
<tr><td rowspan="8">学术</td><td>《海峡科学》</td><td>2</td><td>2013.2017</td><td rowspan="8">一片福州三坊七巷，半部中国近代史。
一片三坊七巷，半部中国近代史。
通过一座三坊七巷，可以阅览半部中国近代史。
一条三坊七巷，半部中国近代史。
一片福州三坊七巷，半部中国近现代史。
走过三坊七巷，犹如经历半部中国近现代史。
一座三坊七巷，半部中国近代史。
几乎承包了近代史的半壁江山。
一片三坊七巷，半部中国近现代史。
……被称为“中国半部近现代史”的沉重画卷……参观者从中读出“中国半部近现代史”呢？
堪称“一个三坊七巷，半部中国近代史”。</td></tr>
<tr><td>《福州党校学报》</td><td>2</td><td>2013.2018</td></tr>
<tr><td>《中国文物科学研究》</td><td>1</td><td>2011</td></tr>
<tr><td>《中国档案》《黑龙江史志》</td><td>2
（各 1）</td><td>2013</td></tr>
<tr><td>《华侨大学学报（哲社版）》《学术评论》</td><td>2
（各 1）</td><td>2014</td></tr>
<tr><td>《东南学术》《闽江学院学报》《福建文博》《艺术科技》《特区经济》</td><td>5
（各 1）</td><td>2015</td></tr>
<tr><td>《贵州社会科学》、《史志学刊》、《三峡大学学报》（人文社科版）、《博物馆研究》、《发展研究》</td><td>5
（各 1）</td><td>2017</td></tr>
<tr><td>《建筑创作》《三明学院学报》《福建商学院学报》《福建广播电视大学学报》《建筑学报》</td><td>5
（各 1）</td><td>2018</td></tr>
</table>

续表

类别	期刊	篇数	发表年份	相关原文
时政	《政协天地》	4	2013—2018	一条南后街半部近代史。 三坊七巷折射中国半部近代史。 一个三坊七巷，半个中国近代史。 一条街，浓缩了半部中国近代史。 延续当地被誉为"半部中国近现代史"的"三坊七巷"历史文化街区。 有"一个三坊七巷半个中国近代史"之称。 ……书写着半部中国近代史。
	《领导文萃》	1	2013	
	《瞭望东方周刊》	1	2015	
	《中国消防》	1	2016	
	《中国人大》	1	2018	
大众	《世界遗产》	1	2012	
	《走向世界》	1	2014	
	《海峡摄影时报》	1	2015	
	《城乡建设》	1	2018	
教辅	《求学·文科版》、《新高考（语文备考）》、《作文评点报·中考版》	3	2017	

4. 广电方面是"一半"实现大众传播的主力军，其中中央广播电视总台是骨干。作为光电媒介，广播电视并不要求听众或观众的识字率，因此面向受众更多更广。首先，广播方面从中央到省市，重要的有中央人民广播电台的第一套节目"中国之声"，如2014年10月推出《城市传奇》讲述坊巷故事，谈及了"一半"；中国国际广播电台的华语频道，如2012年5月推出《孔子学堂·三坊七巷——坊巷的记忆》节目，述说了"一半"。还有新媒体广播如"喜马拉雅FM"，其个人频道《旅见旅闻》曾在2017年4月推出《一个个"闽都名人"的地盘——三坊七巷》，节目说道："这里是一大批对近代中国历史进程有重要影响的杰出人物的出生地和寓居地，发生于此的风云往事，书写着半部中国近代史。"不管是新旧广播，节目成本都较低，传播范围广，具有较强的穿透力。

其次，涉及"一半"报道的电视媒体有中央电视台、福建广电系统媒体以及港澳台的一些媒体等。从2010年以来，三坊七巷长年举办各种民俗活动、歌舞表演、艺术展览等文化交流活动，引起各级媒体的关注与报道。2013年初央视新闻联播春节两次聚焦三坊七巷[①]，2017年初央视五次聚焦三坊七巷[②]，展现福州民俗文化风情。最具传播影响力的中央电视台，从综合频道到国际、综艺、新闻、纪录等频道，近年制播了不少节目，一次又一次述说着"一半"的话语。例如，2015

① 吕路阳：《央视新闻联播春节两次聚焦三坊七巷》，《福州日报》，2013-02-15（1）。

② 吴晖：《今年春节央视已5次聚焦三坊七巷，向海内外观众展现福州民俗风情》，《福州日报》，2017-02-01（1）。

年10月4日，CCTV–1《焦点访谈》栏目播出《穿越时空的城市名片——三坊七巷》，其中主持人提道："去过三坊七巷的人都听说过一句话：一片福州三坊七巷，半部中国近代史。"2017年11月20日，CCTV–1《我有传家宝》播出《三坊七巷故园情》，其中说道："三坊七巷因地灵而人杰，这里一直是'闽都名人的聚居地'，林则徐、沈葆桢、严复、陈宝琛、林觉民、林旭、冰心、林纾等大量对当时社会乃至中国近现代进程有着重要影响的人物皆出自于此。"虽未直接表述"一半"，但也间接叙述了"一半"。2018年1月4日，CCTV–3《文化十分》栏目播出《新年文化之旅福州：三坊七巷——开风气之先，谋天下永福》，其中主持人提道："人称：一片福州三坊七巷，半部中国近代史。"2019年2月7日，CCTV–4《记住乡愁》栏目播出了《福州三坊七巷——把天下扛在肩上》，其中说道"老街也就有了'一座三坊七巷，半部中国近现代史'的美誉。"在福州摄制本期节目时编导王晓宇表示，之前就听说过"一座三坊七巷，半部中国近现代史"[①]。在华人圈颇有影响的香港凤凰卫视，其《凤眼睇中华》栏目在2012年10月17日播出《讲述福州三坊七巷的故事》，其中说道："这些名人的故事，把它串起来就是中国近代的半部史。"电视报道视听相结合，纪实性、现场感较强，传播影响面也较大。

5. 网络方面是诸多大众媒介中信息最为丰富、活跃的一块。网络被称为第四媒体，其内容大部分源自传统媒体，所以网络上几乎同步出现了"一半"的话语。随着互联网的升级换代，用户生产内容（UGC）越来越多，网民也时不时引用或阐释"一半"认知。诸如门户网站新浪、网易等，新闻媒体凤凰网、光明网、新华网等，论坛网站百度贴吧、简书等，旅游博客网站乐途旅游、马蜂窝等，文档型网站360个人图书馆、豆丁网等，都有许多"一半"系列话语。通过百度输入"一片福州三坊七巷，半部中国近代史"为关键词进行搜索（2019年3月5日），约共有5530条内容。这些丰富的内容，不断显现"一半"话语，冲击着网民的视觉，扩大和加深网民的认知。

其中两大典型事例值得一提。第一，福州三坊七巷官网大力推介。该官网是由三坊七巷保护开发有限公司运作，专门展示坊巷文化，提供信息交流的平台。其首页上方动态画面赫然使用"一半"当作介绍语，并且以加粗、大号字体凸显。第二，娱乐人士的演播展示。福州本土著名音乐人赖董芳2014年创作了福州方言歌曲《三坊七巷竞风流》，歌词中说"一条南后街啊，半部近代史"。这首歌被人广为传唱，甚至进入福州KTV曲库[②]，音视频节目在网上甚多。2015年10月福州

---

① 吴晖：《央视专题片聚焦三坊七巷》，《福州日报》，2019-02-08（002）。

② 顾伟：《30首福州语歌曲陆续进入KTV曲库》，《福州晚报》，2014-05-02（A16）。

市福州语歌曲协会主办的“重阳节唱‘福’歌”公益活动，20多位榕城喜娘合唱团成员表演了《三坊七巷竞风流》。2017年11月，中国首部坊巷文化影音秀《三坊七巷》亮相于安民巷的中瑞剧坊，成为全年驻演文化剧目。歌谣韵律和谐，抒情叙事，意境优美，在线上线下都便于传播。

6. 新媒体方面，主要是“两微一端”（微博、微信及客户端）。2011年4月新浪微博“三坊七巷官博”开通，所发文章少不了有关“一半”的话语。2017年7月微信公众号“三坊七巷官微”开通，关注欢迎词便是“一片三坊七巷，半部中国近现代史。这里是……”其他机构如新华社的客户端等，或者个人的微博或微信公众号，自己撰写或转发有关“一半”话语的图文，共同推动新媒体方面的“一半”认知。

2017年5月，一位名叫林庆辉的业余诗词爱好者，发表了《三坊七巷赋》，在福州人的微信朋友圈热转[①]，由此引发了一股“三坊七巷赋”热。一个月之后，福建省作家协会副主席陈章汉的《三坊七巷赋》出炉，其中明文说道：“一片三坊七巷，半部中国近代史焉。”该赋历经三年酝酿，发表之后又推动了当地文化界的热议。在此之前已有数篇同名赋发表，争相歌咏三坊七巷[②]，其中浙江乐清中学高级教师李新华在2013年1月所发的赋也提到“一片三坊七巷地，半部中国近代史”了。2017年6—7月，由东南网、“新福建”客户端、海峡网联合主办《三坊七巷赋》文化大赛，主要面向福州市中学生，征集了300多篇有效作品。各种版本的《三坊七巷赋》掀起了一股认知坊巷文化的潮流，或多或少又推进了“一半”集体认知的建构。

不难发现，大众传播媒介所发内容，大多出自福州本地人士或受其影响。当地人们之所以通过各种途径去建构这“一半”的集体认知，不乏有种共同的心理情感，即尊重、认可这一事实，甚至以此为豪，热爱推广这一认知。当地人既是传播者，也是受传者。正如美国社会心理学家雷蒙德·鲍尔（R.A. Bauer）所说：“在可以获得的大量（传播）内容中，受传者的每个成员特别注意选择那些与己兴趣相关，与己立场一致、与己信仰相吻合且支持其价值观的信息；他对这些信息的反应会受到其心理构成的制约。”[③]共同的集体认知框架，使得受传双方选择性接触、选择性认知和选择性理解“一半”。大众传播不断重复提及“一半”，长达十

① 《你可能看不懂的〈三坊七巷赋〉凭什么刷爆福州人朋友圈？》，2018–05–28，http://www.cnr.cn/fj/jr/20170523/t20170523_523768761.shtml。

② 曾群峰：《〈三坊七巷赋〉五赋争鸣，为何争相歌咏之》，2018年5月28日，http://fjnews.fjsen.com/2017–06–21/content_19691500_all.htm#content_2。

③ 李茂华，欧阳宏生：《接受主体的认知传播机制考察》，《现代传播》，2017年第11期。

年之久，不断扩大认知群体，加深其在大众头脑中的印象，满足了集体认知的扩大性和延续性。大众传播强大的媒介传播功能把个人认知扩大为群体认知，从精英层面走向大众层面，日渐家喻户晓，路人皆知。

五、结语

“一片福州三坊七巷，半部中国近代史”，这一符号源自福州三坊七巷的深厚历史文化，以坚实的客观史实为前提和基础。正所谓“文化即传播”，文化赋予了这一符号让人认同、共享的意义，使得个人认知成为集体认知成为可能。“一半”编码来自社会名人，名人论说犹如星星之火，点燃了集体认知的大草原。作为背后强大推手的当地政府、开发实体和虚拟的公共空间，软硬件并举，使得“一半”的传播如获东风，集体认知的大草原火势更加旺盛。作为建构主力的大众传播，采用丰富多样媒介，通过新闻报道、广告、评论、散文、歌赋等形式，整合推广处于社会各个角落的闲散“一半”认知，产生和建构人们社会生活的意义，诚如“传播即文化”，使得“一半”的集体认知最终建构。

闽南优秀民俗文化的思想政治教育价值

——以闽南端午节民俗嗦啰嗹为例

黄艳红　马家群　李光考[*]

闽南优秀民俗文化作为闽南文化的重要组成部分和表现形式，以潜移默化、寓教于乐的形式展示着闽南人民的精神追求，表达了人们对智慧与道德的向往。聚焦闽南优秀民俗表现形式之一——端午节及嗦啰嗹民俗活动，论文利用团队优势考察中小学及中高职学生层面闽南优秀民俗文化的了解及思政教育现状，接着从端午节的文化寓意、艺术表现及民俗民风活动出发梳理闽南特色民俗嗦啰嗹及端午节的文化内涵及思想政治层面爱国教育的文化价值，最后对于闽南优秀民俗的思想政治教育价值的实施提出建设性的意见和建议。

"思想政治教育是教育者根据一定的社会思想品德要求和受教育者思想品德形成发展的规律，对受教育者施加有目的、有计划、有组织的教育影响，促使受教育者产生内在的思想矛盾运动，以形成一定社会所期望的思想品德的过程。"[①]这个内涵可以分两个层面来理解，第一层面来自受教育者，内在的思想矛盾运动实质是一个内化的过程，关键在于有效地实现受教育者自我教育；第二层面来自教育者，教育者组织教育内容，利用合适的教育手段，正确引导受教育者树立正确的思想观念和选择正确的行为，实现思想政治教育。目前中华传统文化中优秀道德资源在不断地挖掘与开发，传统节日及传统文化进校园，校本课程、特色课程

* 黄艳红，1978年生，女，福建南安人，黎明职业大学副教授，研究方向文化、文学、信息化教育；马家群，1971年生，男，河南信阳人，黎明职业大学副教授，研究方向社会学；李光考，1989年生，男，福建德化人，黎明职业大学讲师，研究方向社会学。

基金项目：2018年度黎明职业大学委托课题（市情研究）：影视动漫里的聚宝城南足迹——助力古城申遗（编号：LSQ201802）。

① 张耀灿、郑永廷、刘书林等：《现代思想政治教育学》，北京：人民出版社，2001年，第277页。

开发等，社会各界也日益重视，从2009年9月30日，中国首个入选世界非遗的节日——端午节正式进入世界非物质文化遗产名录，之后全国传统文化品牌意识逐渐加强，但目前考察重点放在区域闽南优秀民俗文化资源的思政教育现状又是怎样的呢？

一、闽南优秀民俗文化思政教育现状

笔者利用团队优势考察泉州及厦门中小学及中高职学生层面闽南优秀民俗文化的了解及思政教育现状，特别以闽南民俗嗦啰嗹及端午节、妈祖民俗及重阳节为重点内容进行调研考察，具体调研总结如下：

内涵挖掘不够深。泉州作为东亚文化之都、海上丝绸之路起点城市，近年来以泉州区域文化为主体的闽南文化宣传已日益增强，但部分优秀闽南民俗文化资源开发的观念还不够，与新形势下思想政治教育的发展需要和人们思想变化还不相适合。广大青少年对于闽南优秀民俗资源的认识和把握不足，学校层面关于闽南优秀民俗文化的内涵挖掘不够，导致闽南优秀民俗资源效供给不足。

开发与利用主体不够广。闽南优秀民俗资源似乎只存在部分群体的民俗活动和从事民俗研究的研究者中，每到节日，以这些民俗资源为核心的民俗活动才得以在民间展示，而学校教育层面的挖掘和利用也止于表面的教育，让思政教育流于辅助、附属低位，大有消防员角色意味。

挖掘与利用形式枯燥。与洋节日相比，中国的传统节日似乎稍显冷清，虽然从2008年以来传统节日被列为节假日，但大部分人们对于传统节日意味的把握似乎也只是能在这几天的节假日里休息、游玩或者和亲人团聚，但真正从传统节日的内涵和精神内核上去感受其魅力的还不多。而传统节日里的民俗资源的传统的宣传教育、说教等形式未免流于枯燥无味，无法吸引广大青少年的眼光。

综上所述，挖掘民俗资源的内涵和精神内核，提高宣传范围，提升开发与利用主体的角色定位，同时在挖掘与利用的形式上创新，这是解决目前闽南优秀民俗资源思政教育问题的途径。

二、端午节的文化内涵

春节、清明节、端午节、中秋节自从2008年被正式列为法定节假日以来，人们节假日过节意味就更加浓厚了。但一如往年，大部分人会认为端午节不过就是插艾叶、戴香囊、吃粽子、赛龙舟等。但当要求你认认真真地回答端午节的文化内涵时，又有多少人能答得上来？ 随着文化及信息大爆炸时代的到来，世界文化——洋节日也逐渐涌入中国，进入年轻人的视野，而中国传统节日的来源及文化本质却被他们渐渐遗忘。是吃吃喝喝过节，简单的“祭”的仪式来过端午节，还是通过传播主体（教育者、民俗研究者、家长等）教育宣传，进行文化内涵的传承呢？且看一下分析。

（一）端午文化寓意。

纪念我国爱国诗人屈原，这是被大部分人们认可的一种来源说。据《史记》记载，春秋时期大臣屈原提倡选贤举能，要富国强兵，因为曾得到楚怀王重用，还提议联齐抗秦，但遭楚国贵族嫉恨，他们在楚怀王面前诽谤屈原，屈原遭谗去职而后被流放到沅、湘流域。公元前278年，秦军攻破了楚国都城，屈原看在眼里急在心里，于五月初五写下了绝笔作《怀沙》后，抱石投汨罗江身死，人们为了纪念这一爱国诗人，将五月五日定为端午节。[①]

纪念吴国的一名忠臣——伍子胥。相传春秋时期伍子胥，他提前识破了越王勾践的阴谋，报告给吴王夫差却遭吴国太宰嚭陷害，衷心的伍子胥因此而被轻信谗言的夫差赐死，随后在五月五日这天被投入大江。因此，五月初五这天人们就用来纪念伍子胥。当然还有其他说法，例如曹娥说、夏至说、恶日说等，但从人们今天的民俗纪念活动来看，端午纪念爱国诗人屈原这一说法应用范围比较广。

（二）端午节的艺术表现以及相关民风民俗活动。端午节各地民风民俗有很多种，艺术表现形式及活动内容也不尽相同。

1.“龙舟竞渡”——战国时代早已有的民俗活动。这是一种竞渡游戏，划着龙行独木舟竞赛，是祭仪中兼具宗教性和娱乐性，用以娱乐神与人的节目。它是端午节的最主要的民俗活动，传说屈原要投江殉国，楚国人依依不舍便竞相追逐拯救。他们争先恐后，追至洞庭湖时不见踪迹。因此，这个竞相追逐的拯救活动就传到后代。在每年五月五日用以纪念屈原，同时也用划船来驱散鱼群，保护屈原遗体，这样的民俗活动盛行于吴、越、楚。而后来人们赛龙舟除了纪念屈原之外，还附上了地方特色艺术表现，带有区域特色。而江浙地区的划龙舟习俗则兼具地域色彩——纪念秋瑾（近代女民主革命家）。云南傣族、贵州苗族、湖南岳阳、宝岛台湾，甚至邻国日本、越南等都有极具地方色彩的龙舟竞赛活动。

2.端午食粽——春秋时期早已有的民俗表现。粽子包括“筒粽”（用竹筒装米密封烤熟）；“角黍”（用菰叶就是茭白叶包黍米成牛角）；广东“碱水粽”（东汉

① 司马迁：《史记卷八十四·屈原贾生列传第二十四》，北京：中华书局，1982年，第2481—2504页。

末年以用含碱的草木灰水浸泡的黍米做成的四角形粽子)。端午食粽也和龙舟竞渡一样具有区域色彩，粽子品种也是丰富多彩。千百年来端午食粽在中国盛行不衰，且传入日本、朝鲜等东南亚国家。

3. 悬艾叶、菖蒲，佩香囊。民谚说："清明插柳，端午插艾。"端午节每户人家多要大扫除，将菖蒲、艾条插在门楣，悬挂在厅堂中；妇人佩戴用菖蒲、艾叶、榴花、蒜头、龙船花等做成的艾人、艾虎、花环、佩饰用以驱瘴；小孩佩带内含雄黄、香药、朱砂的香囊，用以避邪驱瘟之意。古时候有端午节上山采药的习俗，其实插菖蒲和艾叶能起到防病的效果，因此端午节也是古人"卫生节"。

三、闽南优秀民俗嗦啰嗹及端午节的文化及思想政治教育价值

端午节在闽南地区，也有极具地方特色的一些民俗表现形式和民风民俗活动，而蕴含在这些民俗活动里的文化价值又是什么呢？

（一）泉州端午节驱五毒与辟邪卫生信仰。

在闽南端午节杀毒、驱虫、避邪，同全国各地一样有很多祈福消灾习俗，如小孩胸佩香袋、泡雄黄酒、炒午时盐、用兰草水洗浴、采草药作午时茶。清·乾隆《泉州府志·卷二十·风俗》记载："端阳……悬蒲艾及桃枝于门，贴符及门帖。"泉州还有给小孩佩戴续命缕和香袋之习俗，用以驱毒辟邪。取五色丝线拧成一股，系于小孩手臂上，自五月五日系起，一直至七月七日"七娘妈"生日，才解下来连同金楮焚烧。据清·乾隆《泉州府志》记载，这项习俗自汉代开始，至今已经传承2000多年。而梳理出其文化价值及文化意义则是浓厚的辟邪卫生信仰。

端午正是五月初五，意味着上半年和下半年分界，民间自古就有"阴阳分、死生争"，菖蒲形似宝剑，象征辟邪之物，因此悬挂菖蒲自然而然就有辟邪之意。因此人们通过悬挂菖蒲来辟邪。

端午正是春末夏伊始，毒虫出没使人易生病。因此佩香囊是一种民间智慧——驱虫，这是古人对自然的了解和敬畏。端午节蕴含了源远流长的中医药文化也就是"全国卫生日"。

（二）闽南端午吃粽子与煎堆民俗信仰。

春节、清明节、端午节以及中秋节，都离不开吃，春节团聚的节日有很多特色闽南小吃，清明节有清明果，端午节有粽子，而中秋节就是月饼，在这一系列"吃吃吃"的行为民俗中，传承下来的是节日文化在百姓衣食住行中的渗透，所以这一系列的吃的载体——清明果、粽子、月饼则带有强烈的物质文化的符号意义。

其一团圆信仰——闽南烧肉粽，馅料有红烧肉、香菇、卤蛋、花生、板栗、干贝、莲子、虾干等烧肉粽，是泉州美食的代表，最具汉族特色的闽南风味小吃。端午节时游历在外的游子能回家自己包肉粽才是真正的团圆信仰，端午这天泉州家家户户备肉粽供奉神明先祖。其二，吃煎堆，类似烙饼，这个堆即饼用麦粉（或米粉，地瓜粉）以及其他配料调成糊状粉团，下油锅烙成圆形饼，咸（配料用绿豆芽、韭菜和小白虾或海蠔煎）甜（配料用红糖）皆可根据个人口味喜好。《泉州府志・卷二十・风俗》记载："端阳……以米粉或面和物于油内煎之，谓之堆。"关于煎堆，还有补天一说法：传说是远古女娲补天时遗漏了一条缝，天空"漏了"所致，应设法予以弥补。因此，到了"五月节"这天，泉州人家家户户煎堆，用以敬奉神灵，目的是为了堵住裂缝的天。这反映了人们害怕久雨成灾，期盼农作物过夏有个好收成的信仰心理。[①]

（三）赛龙舟、嗦啰嗹、泼水节兼具中原文化与海洋文化民俗信仰。

泉州特色的端午节活动还有赛龙舟、嗦啰嗹、泼水节三大活动，兼有中原文化、海洋文化和宗教文化的特点。

赛龙舟。以泉港沙格龙舟赛闻名，这里是世界上最早开展端午赛龙舟习俗的乡村之一。沙格村位于湄洲湾南岸，对面就是湄洲岛妈祖祖庙。沙格龙舟赛经融合演化，成为妈祖文化的一部分，同时纪念清官王忠孝与郑成功收复台湾。端午赛龙舟在后来慢慢演进中，包含着用最快速度驱船驱逐不幸和疾病，同时在驱逐过程中体现人们团结协作、顽强拼搏的进取态度，体现了中华儿女的文化价值。

端午陆上看采莲——嗦啰嗹。闽南过端午节，除了逛庙会、攻炮城，还可以陆上看采莲，水上看捉鸭。这个陆上看采莲就是指闽南民俗活动——嗦啰嗹，意为消灾纳福的佛教梵语"嗦啰嗹"在采莲习俗中反复吟唱，"采莲"活动就被称为"嗦啰嗹"。"端午节（安海嗦啰嗹习俗）"于2008年列入首批国家级非物质文化遗产扩展项目名录。此习俗是中原地区的古民俗，是泉州、福建乃至全国独具特色的古民俗遗存，为两晋时期随一大批士民避乱南迁带来的中原民俗文化，反映了中原文化与闽越文化、海洋文化、宗教文化的相融。民间传说着关于"嗦啰嗹"的历史由来：古时候，中原大地每年四月正逢梅雨季节，人们苦于淫雨为患，寄希望于龙神的搭救。相传每年农历五月初五是龙王的诞辰，民间便虔诚地将供奉龙神塑像抬出，敲锣打鼓、挥采莲旗等挨家挨户拂扫，以借龙王神威驱走淫雨

① （清）怀荫布修，黄任，郭赓武纂：清・乾隆，《泉州府志・卷二十・风俗》《万历泉州府志》（二十四卷全）、《乾隆泉州府志》（七十六卷全）（复印本）。

等邪气，祈求平安、温饱，这也就形成每年的常态化民俗活动。每年端午节那天，安海以致后来泉州市区街道都有采莲活动，男男女女打扮一新，一路举缚着“榕枝艾草”采莲旗，一路抬着“嗦啰嗹”龙王头，踏舞和唱“嗦啰嗹”，穿街串巷为人们祝福。而他们反复吟唱的“嗦啰嗹啊伊嘟啊啊咧”据考证与我国古代佛教、道教驱邪镇恶用的平安咒语系同出一源，曲调热烈、简单易学，其舞蹈动作来源于日常生活，是中国端午民俗文化的另一种类型。

端午海上泼水节——水上看捉鸭。石狮蚶江海上泼水节也同样入选了第三批国家级非遗名录，流传于闽南一带，这个民俗活动的参加者必须捉鸭，具体流程：捉鸭者赤脚挑一根长长的竹竿，再打开悬挂于竿顶端的装鸭子的笼子放出鸭子，再到水里擒鸭，传说来自郑成功在福建晋江安海港操练水师的史俗演变，一到端午各地群众汇集于此，上百艘船扬帆出海，一起在海上演绎激情水战，极具挑战性和趣味性。

拨开端午辟邪尚巫的迷雾，以上闽南端午三项端午特色民俗活动也充分体现了人和自然、人和人的和谐关系，人们能够亲近自然，在互动环节和竞技场上人和人互帮互助的和谐社会风气感召下，民族凝聚力能增强，端午节在这方面具有重要的文化价值。

（四）端午和屈原的爱国精神价值。

全盘考察端午节的历史渊源，虽然有众多版本，屈原说是人们较多认可的，也是认可了屈原身上和端午节本身所蕴含着的丰富的民族精神即爱国的精神价值。“路漫漫其修远兮，吾将上下而求索”，屈原用他的一生践行着“爱国”，用他悲壮而美丽的诗篇唤醒了历代中国人爱国爱民的高尚情怀。人们在端午节所进行的一系列纪念活动，充分反映了人们对爱国主义思想的推崇，这也正是把握了正确的人生观、道德观和价值观。因此端午节爱国精神已经和我国各民族紧紧融合，传承端午节文化的同时，也是进行思想政治教育的重要契机。

四、践行闽南优秀民俗思想政治教育的举措

从针对泉州、厦门两地中小学及中高职的闽南优秀民俗的思想政治教育的问卷调查结果分析，目前很多中小学生只知道端午节这个名词，有的甚至连内涵都不甚清楚，更不用说嗦啰嗹这个民俗活动了，而中高职的学生也是对闽南优秀民俗知之甚少，真正从内涵上把握端午和嗦啰嗹民俗的并不多。因此，在从中小学到中高职的课堂教学上进行闽南优秀民俗的思想政治教育也迫在眉睫。

（一）挖掘与整合闽南优秀民俗资源形成课程资源库。

挖掘闽南优秀民俗资源，仅以闽南端午民俗以及嗦啰嗹民俗活动为例就有丰富的民俗资源内容可以挖掘与整合，可以以教案为主文本方式介绍端午节的历史渊源及文化内涵、屈原的历史故事及爱国精神价值、闽南端午民俗民风活动的文化内涵、文化价值和文化意义；以PPT及微课形式将闽南优秀民俗嗦啰嗹及端午资源的表现形式凸显出来看，以生动的民风民俗活动图片及音频、视频资源来强化民俗资源的动态资源，以达到生动地进行思政教育的目的。同时利用精品在线课程，集中整合所梳理的闽南优秀民俗的课程资源，形成系统化教学平台，引导区域内各个层次的学生登录教学平台进行交流学习，并进行师生平台互动教育。

（二）合理引导受教育者学习吸收闽南优秀民俗资源完成内化。

利用所梳理整合的民俗课程资源库通过学校教育平台来实现课堂教育、讲座教育及实践教育，教育者通过课堂及讲座教育来进行闽南优秀的思想政治教育，将屈原的爱国精神教育和社会主义核心价值观以及两岸共有的中华传统文化进行契合教育；聘请晋江安海嗦啰嗹的民俗继承人来区域内各学校开展巡回讲座，将嗦啰嗹的民俗内容及文化、思想政治教育价值体现出来。各层次的学生对于闽南优秀民俗资源的文化蕴含和德育思想资源要有一个科学、完整和深层次的认识和确认，不能仅仅只是单纯地去认知信仰文化、祭祀文化，须通过课堂思政教育及讲座思政教育的引导进一步理解、透视和感悟闽南优秀民俗文化的思想政治教育的总体意蕴，这样才能真正把握爱国精神资源的真谛。实践教育平台主要从文化交流层面开展体验式和情景式教育，开展端午节爱国主义主题教育活动以及区域内院校师生共同参与民俗文化交流活动，共同体验、感悟，深入挖掘爱国精神，以共同研习、小组讨论、交流座谈、民俗活动实地考察、端午包粽子友谊赛等达到德育教育的内化，使优秀民俗资源的道德精神成为加强区域院校交流沟通联系的桥梁，增强文化认同感和民族凝聚力。合理引导受教育者去注意和掌握的不仅仅是其中的仁和爱以及真善美，更重要的是掌握各种教育活动所创造的精神及思想政治教育核心价值。

（三）受教育者参与优秀民俗活动思政教育资源外化。

利用新媒体优势，将各区域各层次师生参与的闽南优秀民俗的思政教育活动进行记录，将小学层次的民俗嗦啰嗹、屈原爱国精神价值手抄报记录、中学层次的端午爱国感悟征文文字记录、中高职学生闽南民俗端午节体验活动的视频记录以及各区域学校参与端午民俗体验活动视频记录，这些记录资源进行外化，进行资源的二次开发与利用，形成平台的教育资源记录。同时可以利用部分学校新媒体专业的优势进行端午民俗及屈原爱国精神图书、影视及动画的二次创造，通过文化创意创新传播，凸显闽南优秀民俗的文化内涵和爱国价值，达到生动地感染以及身临其境地审美交互效果。例如通过《屈原》的影视创作来展现其爱国精神，通过师生共同的二次创造，能强化和拓展其对屈原爱国精神的确立和理解，达到具体形象和潜移默化的教育效果。且通过开发端午嗦啰嗹及屈原爱国精神展示的文创产品，将其道德精神价值注入开发与利用活动中，可以加深闽南优秀民俗文化的道德精神体验，提升闽南优秀民俗文化的自觉、自信。通过受教育者德育资源的外化活动，道德精神不断得到实践，精神的实践本性和生命存在才能不断提升和升华。这样进行闽南优秀民俗资源的开发与利用才能真正从传统节日的内涵和精神内核上去感受其魅力，且吸引广大青少年的眼光。

通过闽南优秀民俗资源的整合，利用资源库平台形成课堂教育、学术讲座及实践教育体系，达到受教育者内化，并将课程资源活动的记录和文化创意产品外化开发，完成课程资源库的开发与利用，这样形成一个完整的教育系统，达到闽南优秀民俗资源的思政教育价值的实现。

南瓜在中国东南沿海的引种推广及其影响

李昕升　王思明*

根据方志记载，原产美洲的南瓜在16世纪上半叶就被引种到中国东南沿海，之后迅速在东南沿海推广。明代南瓜栽培区域主要集中在沿海府县，清代已经覆盖了东南沿海的大部分地区，基本形成了南瓜连片栽培的主产区，而民国时期则更加繁盛。南瓜推广的动因分为自然原因和社会原因。南瓜推广的影响包括缓解人地矛盾，发挥救荒作用；增加人民收入，获得经济效益；促进中医发展；丰富作物文化。

南瓜，学名 *Cucurbita moschata,Duch.*，原产美洲，嘉靖年间被引种到中国，别名有倭瓜、番瓜、金瓜、饭瓜等。南瓜是我国重要的菜粮兼用作物，全国各地均有栽培，常作为救荒作物。中国东南沿海是南瓜最早传入的地区，东南沿海指位于我国东南部的广大区域，包括广东、福建、浙江、江苏、台湾、海南以及上海、香港、澳门，地形以山地丘陵为主（除了江苏地处平原），以武夷山为界，以北是浙闽丘陵，以南是两广丘陵。

中国是当今世界上最大的南瓜种植国和消费国，但南瓜史的研究很少。赵传集认为南瓜的起源和产地是多源性的，中国是南瓜原产地之一；[①] 张箭阐述了南瓜的定义与起源、印第安人对南瓜的栽培、南瓜传入欧洲、南瓜传入中国。[②] 学术界对南瓜在中国内地的引种推广尚无专门研究，东南沿海作为南瓜最初传入地，更具有研究价值。本文从历史地理学角度，以明清民国时期东南沿海的方志、笔记等为基础，研究南瓜在中国东南沿海的引种推广过程，并对南瓜在东南沿海推

* 李昕升，1986年生，男，河北秦皇岛人，博士，南京农业大学中华农业文明研究院副教授，南京农业大学经济管理学院出站博士后，研究方向为农业史。王思明，196年生，男，湖南株洲人，南京农业大学中华农业文明研究院院长、教授、博士生导师，研究方向为农业史。

基金项目：国家社会科学基金青年项目“明清以来美洲粮食作物经济地理研究”（18CZS072）。

① 赵传集：《南瓜产地小考》，《农业考古》1987年第2期。

② 张箭：《南瓜发展传播史初探》，《烟台大学学报》（哲学社会科学版）2010年第1期。

广的动因、影响做出分析。

一、南瓜在东南沿海引种的时间和路径

我国南瓜的最早记载见于元末明初贾铭所著的《饮食须知》，但一般认为南瓜是在1492年哥伦布发现美洲之后，才从美洲向世界范围传播，南瓜经葡萄牙人之手引种到东南亚、南亚，进而传入中国。因此《饮食须知》（包括明初兰茂《滇南本草》）中关于南瓜的记载可能是后人假托作者之名增补之。[①]

南瓜在东南沿海乃至全国可信的最早记载是嘉靖十七年（1538年）《福宁州志》："瓜，其种有冬瓜、黄瓜、西瓜、甜瓜、金瓜、丝瓜"[②]，这里的"金瓜"实际上就是南瓜，"金瓜"是南瓜的常用别称之一，有时也指甜瓜，在今天有时也指西葫芦的变种红南瓜（观赏南瓜，又称看瓜）或西葫芦的变种搅丝瓜（金丝瓜）或笋瓜的变种香炉瓜（鼎足瓜），但是《福宁州志》所载确为南瓜。崇祯十年（1637年）成书的《寿宁待志》载："瓜有丝瓜、黄瓜，惟南瓜最多，一名金瓜，亦名胡瓜，有赤黄两色。"[③]寿宁县就位于福宁州（府）内北部，而且以后历朝历代的《福宁府志》，均未载"南瓜"，仅有"金瓜"，南瓜已经引种到当地却未记载是不可能的。再者乾隆《福宁府志》载："金瓜，味甘，老则色红，形种不一"[④]，虽然没有出现"南瓜"，但根据性状描写"金瓜"确实是南瓜，在福建南瓜主要被称为"金瓜"，"江南人呼金瓜为南瓜"[⑤]。考虑到作物记载时间一般都晚于其实际栽培时间，南瓜应该在16世纪初叶就首先引种到了福建。

东南沿海的广东同样较早引种南瓜，民国《广东通志》认为，"其传入我国料先到于广东也"[⑥]。广州府的新宁县[⑦]、新会县[⑧]分别在嘉靖二十四年（1545年）、万历二十七年（1609年）就见"金瓜"记载，"金瓜"一名一直沿用至清末，并未出现"南瓜"一名，而与两地接壤的香山县"金瓜，俗名番瓜，色黄"[⑨]，也说明广州府这一带的"金瓜"即为南瓜，因为番瓜是南瓜的主要别称之一，此称谓最早见于隆庆六年（1572年）成书的《留青日札》："今有五色红瓜，尚名曰番瓜，但

---

① 李昕升、王思明、丁晓蕾：《南瓜传入中国时间考》，《中国社会经济史研究》2013年第3期。
② 嘉靖十七年（1538年）《福宁州志》卷三《土产》
③ （明）冯梦龙：《寿宁待志》卷上《物产》，福州：福建人民出版社，1983年，第45页。
④ 乾隆二十七年（1762年）《福宁府志》卷十二《物产》
⑤ 民国十一年（1922年）《福建通纪》卷八十三《物产志》
⑥ 民国二十四年（1935年）《广东通志》不分卷《物产二》
⑦ 嘉靖二十四年（1545年）《新宁县志》卷五《物产》
⑧ 万历二十七年（1609年）《新会县志》卷二《物产》
⑨ 乾隆十五年（1750年）《香山县志》卷三《物产》

可烹食，非西瓜种也。”[①] 明清时期从国外引入的作物多冠以“番”字，如番薯、番椒、番茄等。紧靠广州府的肇庆府也在南瓜最早传入广东的主要范围中，崇祯《肇庆府志》载：“南瓜如冬瓜不甚大，肉甚坚实，产于南中”[②]。所谓“产于南中”，笔者推测比广东更南或是引种于南洋，乾隆《肇庆府志》又载：“南瓜，又名金瓜”[③]，都证明“金瓜”在广东是南瓜的主要别称，事实上今天在广东南瓜也多被称为“金瓜”。

在浙江，嘉靖《山阴县志》载：“述异志曰吴桓王时越有五色瓜”[④]，不久后康熙《山阴县志》载：“南瓜，种自吴中来，一名饭瓜，言食之易饱也，《述异志》曰越有五色瓜”[⑤]，也就是认为“五色瓜”就是南瓜；“五色瓜即南瓜”[⑥] 这种观点，诸如康熙《武义县志》、雍正《浙江通志》、民国《象山县志》等均持此说。《述异记》成书年代约在中唐以后、北宋以前，南瓜不可能早在宋代就引入我国，而甜瓜颜色多样，也可视为“五色瓜”，因此把《述异记》中所述“五色瓜”作为南瓜的说法欠妥。[⑦] 但南瓜因种而异，瓜皮颜色确实多种多样，常见颜色有黄红绿黑青等，瓜皮常显杂色或间色而斑驳多变，《留青日札》中载南瓜的特征也是“五色红瓜”。既然《山阴县志》等出现了这样的混淆，能够说明在明清时期的山阴县因南瓜有五色的特征而被称为“五色瓜”，就是说《山阴县志》中的“五色瓜”可以视为南瓜。嘉靖四十三年（1564 年）《余姚县志》记载南瓜的时间仅稍晚于同在绍兴府的山阴县，且记载为“南瓜”[⑧]，或可成为山阴县志最早引种南瓜的佐证。因此浙北平原一带是南瓜的最早传入浙江的地区，并且引种于南洋，“南瓜，自南中来”[⑨]。

江苏南瓜的最早记载见于隆庆《丹阳县志》[⑩]，其次是万历《宿迁县志》[⑪]。宿迁地处苏北，远离黄海，但却与丹阳一样位于京杭运河沿岸，说明是经运河从浙江引种。同时还有一条路线是从海路引种，乾隆《如皋县志》载：“南瓜，其种来自

---

① （明）田艺蘅：《留青日札》卷三十三《瓜宜七夕》，上海：上海古籍出版社，1992 年，第 626 页。

② 崇祯六年（1633 年）《肇庆府志》卷十《土产》

③ 乾隆二十五年（1760 年）《肇庆府志》卷二十二《物产》

④ 嘉靖三十年（1551 年）《山阴县志》卷三《物产志》

⑤ 康熙十年（1671 年）《山阴县志》卷七《物产志》

⑥ 乾隆三十八年（1773 年）《诸暨县志》卷八《物产》

⑦ 李昕升、丁晓蕾、王思明：《南瓜名称考释》，《山东农业大学学报》（社会科学版）2013 年第 2 期。

⑧ 嘉靖四十三年（1564 年）《临山卫志》卷四《物产》

⑨ 崇祯十一年（1638 年）《乌程县志》卷四《土产》

⑩ 隆庆三年（1569 年）《丹阳县志》卷二《土产》

⑪ 万历五年（1577 年）《宿迁县志》卷四《土产》

南粤故名。”[①]光绪《海门厅图志》载：“南瓜，种出交广故名，俗名番瓜。”[②]民国《崇明县志》同持此观点，说明只有长三角一带南瓜引种广东。

台湾[③]、海南[④]在康熙年间始有南瓜记载，或是清初由大陆移民传入；另一种情况是由于台湾、海南明代方志“缺失”，虽早已从欧洲或大陆引种，但未见书面记载。

南瓜在地理大发现时期被哥伦布及后来的欧洲探险者发现并首先引种到欧洲。1498年葡萄牙人到达印度，1511年征服马六甲，开始在东南亚建立殖民地，南瓜由此开始传入东南亚、南亚。葡萄牙人从16世纪开始便多次展开对华贸易，往往能交易的物品都用来交易，以攫取高额利润，南瓜可长时间贮存，适合远洋航行，所以南瓜可能最先由葡萄牙人传入中国东南沿海。另外，中国与马六甲的交流在当时也很频繁，也可能由侨商直接从东南亚引种到东南沿海。葡萄牙在1513年（正德八年）5月组织了一个以阿尔瓦雷斯（Alvares）为首的所谓的“官方旅行团”，乘中国商船前来中国，一个月后到达广东珠江口外的屯门，即伶仃岛。[⑤]这次访问是葡萄牙人对中国最初的访问，“虽然这些冒险家此次未获准登陆，但他们却卖掉了货物，获利甚丰”[⑥]。1517年葡萄牙远征队在安德拉德（Andrade）的率领下到达广州[⑦]，“船上满载胡椒……抵广东后……葡人所载货物，皆转运上陆，妥为贮藏……总督又遣马斯卡伦阿斯（Mascarenhaso）率领数艘抵达福建”[⑧]。可见葡萄牙人几乎同时对东南沿海的广东和福建发起最早的交易访问。事实上，广东中南部的广州府与福建东北部的福宁府，最早记载南瓜的时间仅仅相差七年，新作物南瓜的普及速度不可能如此迅速，否则福建邻近的其他内陆省份不应该记载时间滞后很多。总之，福建和广东是南瓜最早传入东南沿海乃至全国的地区，几乎同时引种。浙江虽无欧洲人直接造访的记载，但考虑到《本草纲目》载：“南瓜种出南番，转入闽、浙，今燕京诸处亦有之矣。”[⑨]再结合崇祯《乌程县志》等方志记载，浙江也可能是南瓜的最早传入地之一。

---

① 乾隆十五年（1750年）《如皋县志》卷十七《食货志上》

② 光绪二十五年（1899年）《海门厅图志》卷十《物志》

③ 康熙五十六年（1717年）《诸罗县志》卷十《物产志》

④ 康熙二十九年（1690年）《定安县志》卷一《物产》

⑤ 严中平：《老殖民主义史话选》，北京：北京出版社，1984年，第501页。

⑥ ［英］裕尔，考迪埃修订：《东域纪程录丛 古代中国闻见录》，北京：中华书局，2008年，第141页。

⑦ ［英］裕尔，考迪埃修订：《东域纪程录丛 古代中国闻见录》，北京：中华书局，2008年，第141页。

⑧ 张星烺：《中西交通史料汇编 第一册》，北京：中华书局，1977年，第354—355页。

⑨ （明）李时珍：《本草纲目》卷二十八《菜部》，沈阳：辽海出版社，2001年，第1029页。

二、南瓜在东南沿海的推广

南瓜在东南沿海的引种推广，可以分为两个时期。明代是南瓜在东南沿海的引种时期，因东南沿海在全国引种较早，南瓜栽培区域除了主要集中在沿海府县，而沿海省份中相对内陆的部分府县也已见栽培，有了初步推广的趋势；入清以来，南瓜推广更加迅速，清初的南瓜栽培区域已经覆盖了东南沿海的大部分地区，基本形成了南瓜连片栽培的主产区（可见表1）。

表1：不同时期东南沿海方志记载南瓜的次数

年代 省份	嘉靖—崇祯 1521—1644	顺治、康熙 1644—1722	雍正、乾隆 1723—1795	嘉庆—同治 1796—1874	光绪、宣统 1875—1911	民国 1912—1949
江苏	16	34	46	36	42	45
浙江	21	49	39	48	42	39
福建	10	25	40	36	15	41
广东	11	43	43	54	30	31
台湾	—	5	5	3	7	1
海南	—	7	5	6	8	5

注：上海包含在江苏省内。根据本表按照时间长度进行划分的方法，光绪、宣统与民国应该算作一个时期，但为了将民国和清代区分开来，划分成两个时间段。因此并不是光宣、民国时期南瓜记载有所减少，反而是记载次数、频率越来越高的趋势。

南瓜在嘉靖年间引种到福建之后首先在沿海地区栽培，明代南瓜栽培主要集中在闽东北的福宁府和福州府，经过了一个世纪的发展，在崇祯年间已经取代本土瓜类成为沿海地区的瓜类大宗，“瓜有丝瓜、黄瓜，惟南瓜最多”①。万历年间闽西北的建阳县始有南瓜记载②，到了崇祯年间，南瓜已经推广到了中部的尤溪县③以及与江西、广东的交界的汀州府④。但在明代，南瓜食用价值尚未充分发挥，以南部漳州府为例，“圆而有瓣漳人取以供佛，不登食品”⑤，汀州府亦是如此。康熙年间南瓜始载入《福建通志》，通志中汀州府、漳州府、台湾府有载，以后通志均有记载，乾隆《福建通志》增加到十府，道光《福建通志》达到十二府。康熙年间中北部的建宁府、延平府，南部的漳州府，西部的汀州府在明代南瓜引种完成的

① （明）冯梦龙：《寿宁待志》卷上《物产》，福州：福建人民出版社，1983年，第45页。
② 万历二十九年（1601年）《建阳县志》卷三《籍产志》
③ 崇祯九年（1652年）《尤溪县志》卷四《物产志》
④ 崇祯十年（1637年）《汀州府志·物产》
⑤ 崇祯五年（1632年）《海澄县志》卷十一《物产》

前提下基本上“处处有之”[①]；明代未见记载的泉州府在清初也已经遍种南瓜，龙岩州始见栽培，清初南瓜已经在各府均有分布。乾隆年间福清出现了南瓜的新品种“一握青”[②]；延平府还栽培出了早产南瓜，“色黄白绿不一，蔓生春种秋实，南平水南出者最早，不甚大”[③]。乾隆《海澄县志》提到了南瓜品种多样及在福建以“金瓜”命名的原因：“金瓜，种类极多，大可拱小可把，肉可疗火伤，味甘色黄，故以金名，又有色朱者堪供玩。”[④]龙岩州、邵武府、永春州的密集记载标志着南瓜在乾隆年间已经在福建推广完毕。嘉庆以来各地的南瓜记载是引种后持续栽培的一种反映。清代南瓜在福建主要是作为一种多用性的蔬菜，但在漳州府直到清末依然是“取以供佛”[⑤]。清末民国时期除了闽中南的部分地区（三明市、永安市、漳平市、安溪县、华安县、南靖县、平和县）未见南瓜记载，已经无县不种。

明代广东的广州府、肇庆府是南瓜的主要栽培区域，天启年间就已经推广到肇庆府最北与广西交界的封川县[⑥]，南瓜在高州府和雷州府的府志中作为主要瓜类被介绍。“南瓜如冬瓜不甚大肉甚坚实产于南中……经久不败”[⑦]，从明代起就作为常见的食品，比福建的重要性更突出、推广更迅速。入清后，南瓜迅速在粤西和粤南推广，连片栽培，虽然粤东北部分县城尚未普及，但总体栽培面积很广。屈大均在《广东新语》中专门加以论述，在高山上亦是为栽培大宗，如在罗浮山位列瓜属第一，“南瓜西瓜……其类不一，山产与山下无别”[⑧]；根据栽培经验还指出了南瓜的生长期：“南瓜，一名金瓜，三月生至九月”[⑨]；在雍正年间已经“处处有之”[⑩]。粤东北并未栽培南瓜的县城在乾隆以来也均有所记载，如惠州府的海丰、陆丰、河源、归善，潮州府的普宁、丰顺、海阳，尤其潮州府康熙年间少见记载，但到乾隆年间已经“俗所谓南瓜潮产亦多”[⑪]。南瓜的救荒价值在道光以来开始体现，在多地用于救荒备荒，“番瓜，属内所产比他处恒大，有重十余斤者，可以充饥”[⑫]，番禺县尤其能够反映这种变化，康熙年间载“南瓜，俗名番瓜，滞气不宜作食”[⑬]，

---

① 康熙二十二年（1683年）《宁化县志》卷二《土产》
② 乾隆三十三年（1768年）《福建续志》卷九《物产一·福州府》
③ 乾隆三十年（1765年）《延平府志》卷四十五《物产》
④ 乾隆二十七年（1762年）《海澄县志》卷十五《物产》
⑤ 光绪三年（1877年）《漳州府志》卷三十九《物产》
⑥ 天启二年（1622年）《封川县志》卷二《物产》
⑦ 崇祯六年（1633年）《肇庆府志》卷十《土产》
⑧ 康熙五十五年（1716年）《罗浮山志会编》卷七《品物志》
⑨ 康熙二十六年（1687年）《阳春县志》卷十四《物产》
⑩ 雍正九年（1731年）《揭阳县志》卷四《物产》
⑪ 乾隆二十七年（1762年）《潮州府志》卷三十九《物产》
⑫ 道光二十三年（1843年）《英德县志》卷十六《物产略》
⑬ 康熙二十五年（1686年）《番禺县志·物产》

同治年间已经“沙茭诸乡多种之”①。到清末民国广东已经无县不种，甚至“乡人每种于山田中”②。南瓜种形各异，民国《广东通志》将其按形状分为“皱皮南瓜、靓皮南瓜、牛髀瓜、瓠状南瓜”③，因此易与其他瓜类混淆，“冬瓜有二种，长而肉白者曰猪子冬瓜，扁而肉黄者曰番冬瓜”④，番冬瓜其实就是南瓜的别称之一。在广东总体还是以“金瓜”“番瓜”的称呼最为普遍，“俗名金瓜”，而“番瓜，外省名南瓜”⑤。

台湾、海南有关南瓜的记载均最早见于康熙年间，清初台湾南瓜栽培集中在西南平原，海南则是在北部平原，两处均是两岛最早开发的地区和大陆移民最先进入的地区，移民加速了平原地区的开发力度。清初台湾的南瓜主要作为蔬菜，“有圆而大且长者，重至数斤，老则色黄可充蔬菜，泉人呼为番冬瓜”⑥。《澎湖纪略》还记载了南瓜的栽培技术：“澎湖之番瓜，开花时带子之花，谓之公花；土人取公花之心插在母花心之中，方能结瓜。盖瓜亦有雌雄。此澎地之所独异也。”⑦台湾道光年间中部的彰化始有南瓜记载，同治年间推广到西北部淡水（今新竹），咸丰年间推广到东北部噶玛兰厅（今宜兰），推广顺序是从南部到西部再到西北、东北的环形顺序，总体而言南瓜分布在台湾西部平原，东部山地栽培颇少。而海南北部平原在清初南瓜推广完毕后，基本上局限在此处，向南推广缓慢，乾隆年间东部会同（今琼海）、陵水始有记载，而后直到清末才推广到最南部崖州，民国进一步推广到感恩县。海南南部季节变化最不明显，南瓜四季均可栽培，因此“四季产者名四季瓜”⑧，基本是沿北部—东部—南部—西部的顺序推广南瓜。民国《海南岛志》载：“南瓜……各属亦有之，惟出产不多，尚无输出”⑨，可见虽然南瓜经推广在海南已经成为常见蔬菜，但只是作为一般蔬菜用来自给自足而已。

在明代的文献中，浙江地区出现南瓜的记载近21次之多。在东南沿海各省中推广速度最快，就全国而言仅次于山东。明代南瓜在浙江的主要栽培区是浙北平原（杭嘉湖平原和宁绍平原）、浙南山地沿海一带、金衢盆地及向浙西山地的延伸。浙北平原一带记载颇多；浙南山地沿海温州府、台州府很有可能引种于闽北的福宁府。沿海引种随后向内陆推广，天启年间浙江与江西、安徽交界的江山县已见

---

① 同治十年（1871年）《番禺县志》卷七《物产》
② 光绪三十四年（1908年）《新会乡土志辑稿》卷十四《物产》
③ 民国二十四年（1935年）《广东通志》不分卷《物产二》
④ 光绪二十七年（1901年）《嘉应州志》卷六《物产》
⑤ 民国十九年（1930年）《龙山乡志》卷四《物产》
⑥ 康熙五十八年（1719年）《凤山县志》卷七《物产》
⑦ 乾隆三十一年（1766年）《澎湖纪略》卷八《土产纪》
⑧ 民国二十年（1931年）《感恩县志》卷三《物产》
⑨ 民国二十二年（1933年）《海南岛志》卷十三《农业》

南瓜记载[①]，崇祯年间开化县也见南瓜栽培[②]，在舟山岛南瓜都已经被列入瓜属[③]。在传入之初“五色红瓜，尚名曰番瓜，但可烹食”[④]，但仍有地区认为“南瓜，自南中来，不堪食”[⑤]。清代南瓜在浙江推广速度很快，“郡县旧志俱不载今邑中园野所在皆是故补入”[⑥]，只有浙西山地、浙南山地部分地区没有物产南瓜的记载。康熙《东阳县志》载：“明万历末应募诸士兵从边关遗种还，结实胜土瓜，一本可得十余颗，遂遍种之，山乡尤盛多者，荐食外以之饲猪，若切而干之如蒸菜法可久贮御荒。”[⑦]可见，浙西南瓜万历年间引种于边关，产量很高，并且很适合在多山的浙江栽培，可御荒可饲猪，保存时间很长；而且浙江人地矛盾更为突出，在清初就作为了菜粮兼用的作物，“南瓜，野人取以作饭，亦可和麦作饼”[⑧]。类似记载比比皆是，因此南瓜在浙江的通称“饭瓜”，有“代饭”之意。康熙《绍兴府志》载“南瓜种自吴中来，易繁大，如冬瓜而圆”[⑨]，按理说江苏南瓜引种时间晚于浙江，绍兴府是不可能从“吴中”引种南瓜的，很可能是吴中的南瓜品种在康熙年间二次引种至浙江。乾隆初年已经“家皆种此，夏月瓜棚阴翳村落间”[⑩]，清初未载之浙北的嘉善、奉化，浙西的遂安（今淳安）、浦江，浙南的平阳、庆元、瑞安在乾嘉年间已经见于记载。咸丰《新塍琐志》中可食用物产只记载了稻米和南瓜[⑪]，其重要性可见一斑，清末依然“四乡俱产……以上光绪新塍志”[⑫]。浙江开发较晚的岛屿如定海厅、玉环在清末也已经栽培南瓜。民国时期南瓜在浙江栽培品种更加丰富，用途更加广泛，朝深加工方向发展。

南瓜在浙江引种之后便通过京杭运河向北方的江苏推广，于是南瓜在明代江苏主要分布在京杭运河沿岸，丹阳、宿迁、宝应、江都、泰州、沛县、淮安府等先后从隆庆年间开始引种南瓜，沿运河分布十分明显呈自南向北的趋势（运河南部包括太湖流域、长江下游地区）。清初南瓜在江苏分布与明代相比变化不大，依然集中在运河沿岸（太湖流域、长江下游地区），只是栽培更加集中、连片分布。

---

① 天启三年（1623 年）《江山县志·物产》

② 崇祯四年（1631 年）《开化县志》卷三《物产》

③ 天启六年（1626 年）《舟山志》卷三《物产》

④ （明）田艺蘅：《留青日札》卷三十三《瓜宜七夕》，上海：上海古籍出版社，1992 年，第 626 页。

⑤ 崇祯十一年（1638 年）《乌程县志》卷四《土产》

⑥ 康熙二十六年（1687 年）《仁和县志》卷六《物产》

⑦ 康熙二十年（1681 年）《东阳县志》卷三《物产》

⑧ 康熙二十五年（1686 年）《杭州府志》卷六《物产》

⑨ 康熙五十八年（1719 年）《绍兴府志》卷十一《物产志》

⑩ 乾隆十五年（1750 年）《安吉州志》卷八《物产》

⑪ 咸丰《新塍琐志》卷二《物产》

⑫ 民国十二年（1923 年）《新塍镇志》卷三《物产》

可见江苏南瓜引种最晚，自然推广也更慢，在东南沿海各省同期栽培地区最少，苏北大部分地区依然未见南瓜栽培。南瓜因可代饭，在明末清初的《补农书》中就被称为"饭瓜"，后来成为南瓜在江苏的通称，疗饥作用十分明显。乾嘉时期南瓜向苏北进一步推广，盱眙、大丰、东台始见记载，在苏南（包括今上海）已经无县不种，尤其成为太仓州的重要商品，"番瓜，亦出塘岸，苏人大舸来贩之"①；道咸同年间连云港、兴化也见栽培，在常州府产生了优良品种，"产武进怀南乡陈渡桥者佳"②；清末民国时期，南瓜救荒地位更加重要，已经成为江苏共识："饭瓜，亦名北瓜，乡人煮以当饭"③，尤其在太湖流域、长江下游地区颇受青睐，"南瓜，此数种，几无家不种"④。民国《大中华江苏省地理志》在介绍川沙县、睢宁县、沭阳县时瓜类中只提到了南瓜，可见南瓜已经在瓜类中占据了绝对优势地位，即使在当时的全国政治经济中心南京，南瓜亦是"乡人以代粮，故一名饭瓜"⑤；并且依然作为商品为太仓州等地创造经济效益。比较特殊的是在江苏南瓜还有"北瓜"一称，在全国范围内"北瓜"可指西瓜、冬瓜以及南瓜属的不同栽培种，但在江苏主要指南瓜，如光绪《丹徒县志》载："南瓜……此瓜南北皆谓之北瓜"⑥，"北瓜，南瓜之变种"⑦等。

三、南瓜在东南沿海的推广动因

（一）自然原因

南瓜起源于墨西哥和中南美洲，很可能是科迪列拉山脉东坡。在这种复杂的自然环境下形成了南瓜耐粗放管理、抗逆力强的特征，尤其适合我国的丘陵、山地、高原地区，栽培优势比较明显。以福建、浙江为例，福建丘陵山地占全省面积的95%；浙江山地和丘陵占70.4%，向来有"七山一水两分田"之说。这对于南瓜这种土质选择不严、根系强大的作物，取得丰收不是问题，一般一公顷可产南瓜2000到3000千克，单产很高，"一瓜有重至二三十斤者，俗呼为王瓜，盖瓜中最大者"⑧。南瓜耐储藏，供应期长，"霜时耵置暖处至春不腐"⑨，采后可保存数月

---

① 乾隆十年（1745年）《镇洋县志》卷一《物产》
② 光绪五年（1879年）《武进阳湖县志》卷二《土产》
③ 光绪十一年（1885年）《丹阳县志》卷二十九《风土》
④ 民国七年（1918年）《章练小志》卷二《物产》
⑤ 民国二十四年（1935年）《首都志》卷十一《物产》
⑥ 光绪五年（1879年）《丹徒县志》卷十七《物产一》
⑦ 民国《泰县志稿》卷十八《物产志》
⑧ 民国三十二年（1943年）《丰顺县志》卷十二《物产一》
⑨ 乾隆三十年（1765年）《将乐县志》卷五《土产》

至次年。南瓜味甜适口，“番瓜种类颇多，瓤皆黄赤，味甜，核炒食佳”[①]。

（二）社会原因

1. 人地矛盾激化，粮食供应紧张

明清时期东南沿海人地矛盾突出，从“苏湖熟，天下足”转变为“湖广熟，天下足”。主要原因是人口迅速增长的压力（见表2），东南沿海人口密度均高于全国水平，尤以江浙为甚，高居全国首位，因此在清代，江浙地区粮食不足的问题尤为突出，嘉庆十七年（1812年）全国人均耕地为2.19亩，而江浙两省却只有1.90亩与1.77亩。[②]

表2：清代东南沿海的人口密度

单位：人/平方公里

省别	康熙二十四年	乾隆五十一至五十六年平均数	咸丰元年
全国	5.43	55.49	80.69
广东	4.76	69.34	121.69
福建	11.96	108.43	172.31
浙江	28.29	227.61	309.74
江苏	26.89	322.88	448.32

资料来源：梁方仲著《中国历代户口、田地、田赋统计》，上海：上海人民出版社，1980年，第272页。

加之东南沿海（主要是江浙）农作物种植结构进入转型期，从以粮食作物为主转向以经济作物为主，仅棉花一项，在明末就占上海县耕地的50%、太仓州的70%和嘉定县的90%。[③]清代苏南一带棉花平均占有的耕地面积已达60%—70%[④]，从而严重地排挤了水稻的种植，导致严重缺粮现象。虽然粮食“全赖湖广米粟”[⑤]，南瓜可以充分利用不适宜栽培作物的各种土地，南瓜的“代饭”价值在明末的江浙就凸显出来，在广东则是道光以后方才体现。

2. 经济利益的驱动

明清以来近城邑之地常存在园圃菜蔬与五谷争地的现象，无锡“不植五谷，

① 光绪九年（1883年）《江儒林乡志》卷三《物产》

② 梁方仲：《中国历代户口、田地、田赋统计》，上海：上海人民出版社，1980年，第400页。

③ （日）西嶋定生：《中国经济史研究》，北京：农业出版社，1984年，第541页。

④ 程厚思：《清代江浙地区米粮不足原因探析》，《中国农史》1990年第3期。

⑤ 《清圣祖圣训》卷二三，康熙三十八年六月戊戌

而植圃蔬，惟城中隙地及附郭居者为多，其冬菜一熟，可抵禾稼秋成之利”[①]。而瓜类获利尤多，“瓜之利厚于种稻，瓜熟一利也，摘瓜而即种菜二利也，半年之中两获厚利，故武山之佃田者多种瓜”[②]，其中南瓜早在乾隆年间就是太仓、上海等地的大宗交易商品，“番瓜，亦出塘岸，苏人大舸来贩之”[③]，直到民国时期依然如此。南瓜子也是重要商品，其作为重要零食在民间十分流行。南瓜还可作为饲料满足农村畜牧业的发展的需要，能够增加农民收入。经济利益的驱动，是南瓜在东南沿海推广重要原因之一。

四、南瓜在东南沿海的推广影响

（一）缓解人地矛盾，发挥救荒作用

南瓜全身无废物，嫩果、老果、嫩梢、花、叶柄、种子均可供人食用。“取子盐浸炒食松香适口，叶可作蔬，花和粉煎食极似炒蛋”[④]，尤其在荒年凶岁有救荒之奇效。

南瓜在明末浙江就已经充分发挥了救荒作用，“凶岁乡间无收，贫困或用以疗饥，是宜弗绝其种”[⑤]。成书康熙年间的《湖录》载：“番瓜相传自番中来，贫家以之代饭，俗名饭瓜”[⑥]，并被浙江多地的方志转引，反映了在浙江南瓜普遍代饭的情况，清初“饭瓜，即番瓜，相传自番中来，贫家以之代饭，故名。家皆种此，夏月瓜棚阴翳村落间”[⑦]，到民国末年依然“南瓜，亦曰饭瓜，嫩可充馔，老可代粮”[⑧]。南瓜在江苏同样发挥了明显的救荒作用，甚至在乾隆《真如里志》的瓜之属只记载了南瓜一种[⑨]：“去皮瓤瀹食，颇耐饥，亦备荒者所宜树也”[⑩]“饭瓜，原名南瓜……至冬不坏，煮熟味甜亦作蔬，乡间每以代饭故名，子亦可食”[⑪]“南瓜，即倭瓜，俗名番瓜，乡间每以代饭，又名饭瓜”[⑫]“番瓜，亦曰倭瓜，为乡人佐食之品种者，十

---

① （清）黄印：《锡金识小录》卷一《备参上》

② 乾隆十五年（1750年）《太湖备考》卷六《物产》

③ 乾隆十年（1745年）《镇洋县志》卷一《物产》

④ 民国二十八年（1939年）《上杭县志》卷九《物产志》

⑤ （明）涟川沈氏，张履祥辑补：《沈氏农书》下卷《补农书后》，北京：中华书局，1956年，第36页。

⑥ （清）郑元庆的《湖录》卷二

⑦ 乾隆十五年（1750年）《安吉州志》卷八《物产》

⑧ 1949年《杭县志稿》卷六《物产》

⑨ 乾隆三十六年（1771年）《真如里志》全一卷《物产》

⑩ 乾隆十五年（1750年）《如皋县志》卷十七《食货志上》

⑪ 同治十年（1871年）《上海县志》卷八《物产》

⑫ 光绪七年（1881年）《崇明县志》卷四《物产》

家而九”[①]，类似记载比比皆是。

广东道光以来南瓜体现了救荒作用，“属内所产比他处恒大，有重十余斤者，可以充饥”[②]，“无毒可充食料”[③]。尤其在清末，“味甜而富于小粉质，可以充饥，乡人每种于山田中”[④]，南瓜已经栽培到山田中，可见成了重要的食粮。南瓜“产量甚高，农人多种以充饥或供蔬用，产于沿河各乡”[⑤]，还可人为缩短南瓜生长期提前食用，“正月种四月可摘”[⑥]“金瓜，亦名南瓜，贫民于三四月煮以代粮”[⑦]。南瓜在福建主要作为一般性蔬菜“煮熟或晒干可以充蔬”[⑧]，在民国部分地区提到“可疗饥并治火毒”[⑨]。

（二）增加人民收入，获得经济效益

南瓜子“包裹种子甚多，烘熟颇香，可供亲宝小品”[⑩]，作为零食佳品“子可炒食运售亦广”[⑪]，在清代、民国时期已经颇为流行。在海南南瓜“可酿酒”[⑫]，南瓜酒作为一种嗜好饮料能够取得深加工的利润。在台湾南瓜还成了肥皂的原料，“近时之洋肥皂，其黄色者，即此瓜所制也”[⑬]。在浙江“嫩时色绿老则朱红，俗人晒干以制酱豉”[⑭]，均能增加人民收入。

在苏南太仓州从乾隆开始一直到民国的文献记载一直为：“南瓜，俗名番瓜，邑种最繁，苏人大艑贩载而去”[⑮]，上海亦是如此：“南瓜，俗名番瓜，邑种最繁，苏人大艑贩载而去”[⑯]，可见南瓜在当地是大宗出口商品。嘉定县“邑人多以饲豕，亦有销上海者”[⑰]，将南瓜用作猪饲料，节约了成本，促进了畜牧业的发展。

---

① 民国《淮阴志征访稿》卷二《物产五》
② 道光二十三年（1843 年）《英德县志》卷十六《物产略》
③ 民国三十二年（1943 年）《和平县志》卷十《物产》
④ 光绪三十四年（1908 年）《新会乡土志辑稿》卷十四《物产》
⑤ 民国三十五年（1946 年）《电白县新志稿》第五章 第七节《物产》
⑥ 民国二十七年（1938 年）《海康县续志》卷二《物产》
⑦ 光绪十七年（1891 年）《信宜县志》卷一《物产》
⑧ 民国八年（1919 年）《政和县志》卷十《物产志》
⑨ 民国二十三年（1934 年）《闽江金山志》卷十《物产》
⑩ 民国十五年（1926 年）《赤溪县志》卷二《物产》
⑪ 同治二年（1863 年）《郯志补》卷二十四《物产》
⑫ 咸丰七年（1857 年）《琼山县志》卷三《物产》
⑬ 光绪十八年（1892 年）《恒春县志》卷九《物产》
⑭ 民国十九年（1930 年）《遂安县志》卷三《物产》
⑮ 民国八年（1919 年）《太仓州志》卷三《物产》
⑯ 光绪十四年（1888 年）《月浦志》卷九《物产》
⑰ 民国十九年（1930 年）《嘉定县续志》卷五《物产》

（三）利于中医发展，丰富祖国医学

清代中晚期鸦片在东南沿海横行，南瓜“向不作药用，自鸦片流毒，有和白糖烧酒煮食之以治烟瘾”①，南瓜在解鸦片毒力方面颇有功效。李圭在《鸦片事略》中专门大篇幅地阐述了南瓜的具体应用，方志记载如同治《韶州府志》：“加糖煮食可断阿芙蓉瘾”②，以及道光《英德县志》、光绪《上虞县志校续》等均提到南瓜可解鸦片毒。民国《建阳县志》对南瓜的药用价值记载尤为详细：“南瓜……味甘温无毒，主补中益气，以老黄者佳……有一人通身浮肿乞钱医治仅乞得数十文，不敷延医购药自分俟死，见市中卖南瓜者买而食之，肿消病愈，盖浮肿症多因弱脾不能克水所致，南瓜味甘色黄为中土之药，故食之而效。叶茎水，治火伤及解阿片毒极效。”③

（四）赋予文化内涵，造就文化符号

民国《泰县志稿》载：“南瓜……邑人供玩赏不恒食”④，南瓜本身具有观赏价值。“经冬色红间翠斑甚佳亦名南瓜，只可供玩不可食，坚老亦可作器”⑤，除了作为玩品还可作为器物。“南瓜……周围有陷下之沟棱，未熟时以小刀刻其皮作书画，熟则凸起至老撷下供盆皿之陈设品”⑥，南瓜雕亦有较高的审美价值。

“饭瓜，有鹤颈合盘诸种，蓄至年冬和粉为糕团”⑦，“饭瓜乡人藏至冬杪和粉制糕名万年高”⑧，随着人们对南瓜认识的深入，南瓜糕被赋名“万年高”，具有步步升高的文化意向。“村人取夏南瓜之老者熟食之，或和米粉制饼名曰南瓜饼”⑨，在今天非常普遍的特色食品南瓜饼，可见在我国始于清末。

乾隆《元和县志》载：“南瓜，贫家用以代饭，元宋有诗西风茅屋卧寒瓜”⑩，虽然诗中描绘寒瓜并不是南瓜，是作者的误判，但却等于赋予了南瓜文化意义。“其瓜蒂正方形有柄甚似印尔，俗因称官印曰饭瓜蒂头”⑪，用南瓜蒂来形容官印，十分形象而生动。

---

① 民国二十三年（1934年）《阜宁县新志》卷十一《物产志》
② 同治十二年（1873年）《韶州府志》卷十一《物产》
③ 民国十八年（1929年）《建阳县志》卷四《物产志》
④ 民国《泰县志稿》卷十八《物产志》
⑤ 同治十年（1871年）《上海县志》卷八《物产》
⑥ 民国七年（1918年）《上海县续志》卷八《物产》
⑦ 民国二十五年（1936年）《上海县志》卷四《农产》
⑧ 同治《上海县志札记》全一卷《物产》
⑨ 宣统二年（1910年）《诸暨县志》卷十九《物产志一》
⑩ 乾隆二十六年（1761年）《元和县志》卷十六《物产》
⑪ 民国十三年（1924年）《定海县志》卷七《物产志》

"海上丝绸之路"文化城市品牌建设探究

——以福建省会福州为例

陈 昕*

自"一带一路"倡议提出以来，五年期间，丝绸之路沿线地区纷纷开展了一系列国与国、地区与地区之间的经济、文化交流等活动，而福州被选为中国"海上丝绸之路"永久会址城市。作为一座省会城市，在文化城市品牌建设方面应体现出"海上丝绸之路"核心区省会城市的特点，这正是本文写作的出发点以及研究的方向，由此发掘出省会城市在文化城市品牌建设方面的作用和意义。

一、"海上丝绸之路"倡议下的城市品牌建设概述

（一）关于"21世纪海上丝绸之路"文化

"海上丝绸之路"这一倡议是2013年习近平主席提出共建"一带一路"倡议的主要内容之一。实施该倡议的这六年期间，"一带一路"沿线国家在一系列务实合作中各施所能、各施所长，实现互利共赢、互利互惠，以此来惠及沿线更多的国家和人民。它是"一带一路"倡议中以沿海城市为主的一条经济贸易往来的路线简称，是沟通东西方经济和文化交流的重要桥梁，其中最为重要的组成部分当属东南亚地区。

古代中国与外国交通贸易和文化交往过程中海上通道主要以"海上丝绸之路"为主，因此，它也被称为"海上陶瓷之路"和"海上香料之路"，中国"海上丝绸之路"分为东海航线和南海航线两条线路，其中主要以贸易往来的南海线路为中

* 陈昕，1990年生，女，福建古田，福州外语外贸学院，讲师（硕士研究生），研究方向：品牌视觉设计与传播。

基金项目：本文系2017年福建省教育厅中青年教师科研项目《"海上丝绸之路"文化城市品牌建设研究——以福建省会福州为例》的研究成果（项目编号JAS170849）。

心。该条线路是以点带线、以线带面的方式，增进同沿边国家和地区的交往，并发展面向南海地区、太平洋地区和印度洋地区的合作经济带，以带动亚洲地区、欧洲地区、非洲地区经济贸易的一体化为长期发展目标，具有深远的历史意义和现代意义。

2015年起，福建省被中央赋予"21世纪海上丝绸之路核心区"的新重任、新定位，同时，肩负对接"一带一路"的具体实施方案，并已基本成形。福建省针对"21世纪海上丝绸之路核心区"发展中的具体要求，提出了更清晰的发展计划，主要以支持泉州市建设"海丝"先行区，支持福州市设立福州新区，加快平潭综合实验区等开放合作重点功能区建设的重要举措为主。2017年"一带一路"峰会召开，福州市被选为全国"海上丝绸之路"的永久会址，[①] 这也为福州市的城市文化、城市品牌的建设带来了新的契机。

（二）福州与"海上丝绸之路"的历史源流

位于福建省会福州的福州港是我国历史上主要对东南亚海上交通的门户之一，20世纪80年代，已有学者对此做过探讨。1981年，朱振声撰文阐述了福州在中琉海上交通史上的地位。文章指出，明代最初在泉州设"来远驿"接待琉球贡舶，15世纪中叶以后，琉球贡舶纷纷改由福州登岸，1474年，泉州来远驿移至福州，更名为"柔远驿"，自此，福州港成为中琉往来的枢纽。文章还介绍了福州市内的柔远驿、进贡厂、球商会馆、南郊琉球墓群以及长乐琉球蔡夫人墓、庙等涉琉遗迹。[②] 由此可见，福州港作为海上丝绸之路在对接东亚贸易往来的历史交流中发挥着重要的作用。该时期，有关"海上丝绸之路"中琉之间航路历史变迁的文章有杨国桢的《明代闽南通琉球航路史事钩沉》[③]。这篇文章中对明代闽南通琉球航路问题做了进一步探讨。文章依据明抄本《顺风相送》指出明代成化之前中琉官方封贡往来航路为："即自泉州出发，从北太武（在浯州屿，即大金门岛）发舶放洋，回城抵福州闽江口外之定海千户所。"同时指出，成化以后福建市舶司由泉州移往福州，这条官方贡道变为闽南民间通日本的航道，其枢纽虽然转为月港，但路线仍然大抵沿袭泉州出洋水道。

海上丝绸之路南海航线路段的福州港，在过去30年的时间里，有不少的学者对其进行了相关研究，认为唐代福州港虽不如广州重要，但也比较兴盛，从福州港出发，开辟了多条通往东南亚、南亚甚至阿拉伯的航线。进入21世纪后，对于

① 陈昕：《福州"海上丝绸之路"文化城市品牌建设研究》，《东南传播》2017年第8期。
② 朱振声：《从福州的几处古迹看古代中琉关系》，《海交史研究》1981年第3期。
③ 杨国桢：《明代闽南通琉球航路史事钩沉》，《海交史研究》1991年第2期。

福建沿海外贸港口的研究更加活跃，而省会城市福州，作为“21世纪海上丝绸之路核心区”中的重点城市，这些研究成果预示着，福建海外贸易港的研究将会更加兴盛。

（三）在“海上丝绸之路”影响下的中国段线路城市品牌建设案例

“海上丝绸之路”不仅是丝绸、陶瓷、茶叶等商贸物品的流通媒介，也为跨区域的文化传播、政治交往、人员移动等构筑起了路径和网络。作为一项时间持续2000多年、范围覆盖大半个地球的大规模人类历史活动以及联系东西方文化经济交流的重要载体的“海上丝绸之路”，它有着多起点、多航线的特点，并且还有不同历史年代的地位和作用。本文以中国段线路的城市进行分析，主要围绕广州、泉州、宁波这三大城市在海丝文化品牌建设方面进行阐述。

1. 广州在“海上丝绸之路”方面的城市建设

从3世纪30年代起，广州这座沿海城市已成为“海上丝绸之路”的主要港口，并且在唐宋时期成为中国对外贸易往来过程中的第一大港，是世界著名的东方港市。明清两代广州港是中国唯一的对外贸易大港，也是中国“海上丝绸之路”历史上最重要的港口，是世界海上交通史上唯一的2000多年长盛不衰的大港，可以称为“历久不衰的海上丝绸之路东方发祥地”。

拥有着众多美誉的广州在“海上丝绸之路”的城市建设方面主要围绕公共媒体开展，以公共环境中的文化形象宣传入手，最有海丝文化代表性的公共文化传播载体是广州地下轨道交通空间设计。如图所示，它融入了丰富的海洋元素，形象生动的大帆船和象征着海洋的蓝色在地铁站内十分夺目，市民在搭乘地铁过程中不仅能感受到“海上丝绸之路”文化内涵，还能领略“海上丝绸之路”文化所凝聚的新时代意义，借助大众媒介进行“海上丝绸之路”文化宣传，能够形成广而强的传播力。

图1 广州地下轨道交通“海上丝绸之路”主题空间设计

2. 泉州在“海上丝绸之路”方面的城市建设

泉州，西方称之外号“刺桐”(zaitun)。12—14世纪是“海上丝绸之路”对外贸易过程中的高峰期，也是古代中国在中外贸易中占主导地位的时期，泉州这座城市有重要的、独特的历史地位，它作为东西洋间国际贸易网的东方支撑点，是当时世界性的经济文化中心。古代泉州府的管辖范围包括如今的泉州、厦门、金门、钓鱼岛、澎湖及台湾。古泉州港有“四湾十六港”之称。“四湾”指的是：泉州湾、深沪湾、围头湾、湄洲湾，每个港湾中各有四个支港，从而组成了这个著名的海丝名港。

在“福建省建设21世纪海上丝绸之路核心区实施方案”中，泉州被赋予“21世纪海上丝绸之路先行区”的重任，由此可见，泉州在“海上丝绸之路”倡议中的重要地位。在2016年的春节，泉州以“海上丝绸之路”起点的城市形象亮相中央电视台春节联欢晚会，并且让全国乃至世界的观众认识了泉州这座独特的沿海港口城市。同时，在“海上丝绸之路”建设过程中，泉州以其独特的闽南文化，形成了海丝线路中极具地域特色的城市形象，并建成了海丝博物馆、“海上丝绸之路”门户网站，通过了《泉州市建设21世纪海上丝绸之路先行区行动方案》等，如图所示。

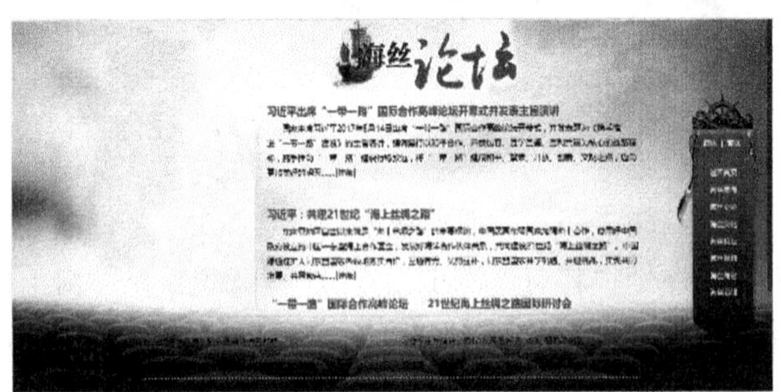

图2　泉州“海上丝绸之路”门户网站截图

由此可见，在“海上丝绸之路”城市建设中，泉州进行了详细的城市发展规划来完善海丝之城的城市品牌形象。泉州不仅从城市文化内涵方面开展了建设工作，在丰富城市公共文化方面也做出了努力，如“海上丝绸之路”博物馆在泉州的兴建，“闽南民俗文化”博物馆等公共设施，极大程度地促进了城市文化的形成，让这座“海上丝绸之路”起点城市形象更加鲜明。

3. 宁波在“海上丝绸之路”方面的城市建设

宋元时期，明州港是中国三大国际贸易港之一。北宋淳化二年（991）始设市舶司，成为中国通往日本、高丽的特定港，同时也始通东南亚诸国。明代海禁，宁波港衰落，但宁波港仍是中日官方勘合贸易的唯一登陆港，而宁波双屿港一度是浙江乃至江南最大的私商港。

宁波在“海上丝绸之路”城市建设中形成以文化创意产业为主的发展方向，例如这两年宁波开展的“海上丝绸之路”文化创意设计大赛，面向国内外的设计师、高校师生等群体，在宣传过程中便形成了围绕“海上丝绸之路”元素为主的城市形象，并且呼吁社会各类群体为其在文化创意方面的发展建言献策。在举办类似的文化创意设计大赛中，参赛选手针对宁波的城市文化进行深入挖掘，不断创造出新的设计方案，为宁波的“海丝文化”建设提供有力的帮助，以文化创意产业为主导的城市建设也不失为一种良好的城市文化品牌建设举措。

二、福州文化城市品牌建设的发展概况

（一）福州文化城市品牌建设的发展概况

福州自"一带一路"峰会后，被赋予永久会址城市的重要角色。至今，福州组织和承办了多项"海上丝绸之路"为主题的文化活动。近期在福州海峡会展中心举办的首届数字中国建设峰会，让全球关注到福州这座城市，同时也关注到数字"海上丝绸之路"的发展。乘着数字时代的风帆，"海上丝绸之路"在福建地区的发展目前取得了较为可喜的成果，在展会期间，向社会大众呈现了福州在"海上丝绸之路"城市建设方面的努力，如图 4 所示。

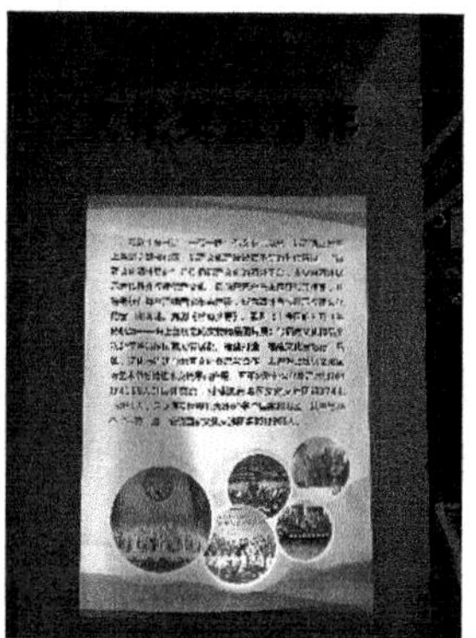

图 3　数字中国"海上数字丝绸之路"展厅部分照片

此次数字中国峰会的举办，福州成功地利用了融媒体资源优势，形成了全面覆盖式的传播。从峰会召开前利用各种媒介资源进行的峰会预告，到峰会举办期间的多媒介资源和媒体平台的报道，直至峰会结束的收尾工作，借助融媒体资源实现了强大的文化活动宣传影响力，并且在推广"e 福州"app 过程中，充分利用了微信公众号、公交媒体等资源进行普及性的广告宣传，吸引了大量的省内市民前往参观和体验。相较于 2015 年至 2017 年只进行局部区域的活动宣传而言，此次活动在宣传强度上实现了全面覆盖的影响力。由此可见，城市文化活动的宣传和建设需充分利用好融媒体资源，才能实现全方位的城市文化建设。

（二）福州在打造"海上丝绸之路"核心区开展的建设工作

据笔者了解，福建在 2015 年 3 月被国家正式确立为 21 世纪"海上丝绸之路"核心区，并且被赋予了一项重要的职能，即打造 21 世纪"海上丝绸之路"人文交流的重要纽带，将东南部沿海的对外交流重担交付于福建省。福州作为该核心区

的省会城市，是拥有全国最多海外华侨同胞基数的地区，在服务国家“一带一路”倡议中，竭尽全力，积极打造21世纪“海上丝绸之路”建设枢纽城市。

为深入贯彻落实习近平总书记的重要讲话精神，响应21世纪国家发展的重大举措，促进“海上丝绸之路”人文交流，展示美丽福州，2017年，福州开展了不同程度、不同形式的文化活动。如第三届“海上丝绸之路”（福州）国际旅游节、第四届丝绸之路国际电影节等极具影响力的文化活动，形成了以“海上丝绸之路”为主要元素的城市文化，吸引了五湖四海的游客前来，丰富了福州的城市文化，增强了福州市民的城市文化自信力。

在公共设施的配套建设方面，“海上福州”的重点项目——福州市“海上丝绸之路”展示馆陈列展览项目在2017年通过验收，正式对公众开放。福州市“海上丝绸之路”展示馆位于鼓楼区三坊七巷文儒坊17号尤氏民居，属于专题性博物馆。该展示馆利用科技手段，把福州海丝遗迹、沉船考古文物、出土丝织品等信息通过触摸屏展示给观众，达到了让文物“说话”的效果，增强了展品与观众的互动性、趣味性，让展品与观众实现更进一步的“接触”。同时，展示馆还采用多种动画特效技术，制作出了福州历代海上丝绸之路航线图、邢港码头的繁忙景象以及福州港作为驰名中外的“世界茶港”时的繁荣景象等场景复原，为广大市民呈现一个极具地域特色的展览。

在2017年，福州已出台了相关的办法以保护“海上丝绸之路”的文化遗产，如《“海上丝绸之路·福州史迹”文化遗产保护管理办法》，并在该年的4月正式施行。目前，福州市有7处“海上丝绸之路”文化遗产列入中国世界文化遗产预备名单，另有“海上丝绸之路”文化潜力点2处以及与此相关的非物质文化遗产5项。该办法的出台也显示出了福州在“海上丝绸之路”文化城市建设方面做出的努力，对于继承和弘扬福州市优秀的历史文化传统具有重要的意义。

（三）文化建设对城市品牌建设的重要性

城市品牌是对城市独特的要素禀赋（地理、人造自然等方面）、人文历史积淀、城市竞争力等差异化城市要素进行分析、提炼、整合后提出的城市形象概况。对于城市品牌的建设要以城市自身特点为出发点，结合中长期城市发展规划和国家发展战略导向，制定一个长效的建设目标和思路，才能逐步建立和完善一座城市的品牌形象和名片。如今的城市品牌建设价值已不仅仅是为城市创造良好的形象和名望，吸引民众的注意力，关键还在于要使城市品牌建设能够持续不断地创造新价值、新财富。

城市的品牌建设实质上是一种文化现象，它具有一定的文化属性。人文历史积淀是城市品牌的重要组成部分之一，其中文化建设是人文历史积淀的主要方式，文化建设是城市品牌建设的核心，通过长期有效的开展城市文化宣传和构建城市文化体系，可以逐步地将城市的人文历史积淀提高到新的社会认知程度，让市场对于城市形象和城市概念有着更加清晰的认识和记忆，有助于提高城市居民自信心和城市生活的幸福感，增强城市品牌的凝聚力。

三、"海上丝绸之路"文化交流助力福州文化城市品牌建设

在"海上丝绸之路"文化城市建设的过程中，福州仍存有巨大的提升空间，亟待完善，笔者基于前文的分析与研究，为福州在文化城市品牌建设方面提出一些见解，希望能为福州在文化城市品牌建设方面提供参考。

（一）加强与"海上丝绸之路"沿线城市和地区的人文交流，丰富城市建设内涵

在人文交流建设方面，福州应加强与"海上丝绸之路"沿线城市和地区的人文交流，积极开展与承办"海上丝绸之路"相关文化交流活动，促进地区之间的文化流通。根据学者邢丽菊在人文交流方面的研究显示，人文交流的基本内涵是以和平的方式，推动各国文明和文化之间的相互理解与共同繁荣，为深化双多边合作奠定坚实的民意基础和社会根基。[①] 尤其对于目前被赋予"海上丝绸之路"核心区的关键角色的福州，更应该加强与"海上丝绸之路"沿线城市和地区之间的人文交流，从交流中不断丰富城市建设内涵，从交流中增强城市综合能力，提升城市建设的整体水平。

从城市内涵而言，应深入挖掘福州开放包容的海洋文化遗产、历史文化遗产宝库等丰富的人文内涵和精神价值，发挥福州这座省会城市的"带头作用"，形成蕴含"海上丝绸之路"文化内涵的新时代"闽文化"，弘扬开拓进取的海洋精神和中华海洋文明，促进文化的互动交流和文明互鉴。这种"闽文化"立足于"海上丝绸之路"，立足于当前国家的形势政策，在当前局势下，顺应而生的独特"闽文化"，与传统意义上的"闽文化"有所区别，但又是基于传统文化基础之上形成的"海上丝绸之路""闽文化"，具有鲜明的时代意义。

（二）借助融媒体时代媒介资源，塑造"海上丝绸之路"文化城市形象

借助融媒体时代媒介资源的"资源通融、内容兼容、宣传互融、利益共融"

① 邢丽菊：《何以人文：中外人文交流的意义》，《世界知识》2017 年第 23 期。

的优势，充分利用和发挥媒介载体的优势，把电视、广播、报纸、杂志、互联网的资源优势进行全面整合，在人力、内容、宣传等方面，大力加强福州城市对外传播和推介，充分结合"海上丝绸之路"的海洋文化元素，着力开展福州"海上丝绸之路"文化城市形象推广工程，不仅是我国的权威主流媒体，还包括"海上丝绸之路"沿线国家和地区的主流媒体、融媒体的发展为"海上丝绸之路"沿线国家和地区之间的相互信任与合作搭建起各国民心相通的桥梁。目前，"海上丝绸之路"沿线国家和地区仍存在先进科技未普及的地方，我国已有相关的媒体机构致力于该方面的科技普及工作，将先进的媒体技术引入"海上丝绸之路"沿线国家和地区，造福更多的人民，为人们的生活提供更加便捷、高效的媒介资源。

福州作为"海上丝绸之路"核心区，应借助融媒体时代丰富的媒介资源，发挥融媒体优势，逐步消除国外对中国"海上丝绸之路"和"一带一路"倡议的误解，增强民与民、国与国之间的相互信任，提升国家良好的整体形象，发挥"海上丝绸之路"核心区的"带头作用"，为实现对外交流形成更有利的良性循环模式。

（三）加快"走出去"步伐，实施全球化发展战略

福州应乘着"海上丝绸之路"的风帆，加强与"海上丝绸之路"沿线城市建立友好、互利互惠的合作关系，与沿线国家重点城市，如东南亚、南亚、中东、非洲等国家的城市结成友城，共同探索和建立常态化的合作交流机制，由此促使福州在"海上丝绸之路"沿线国家和地区中的不断地扩大城市的影响力。同时，也能朝着"海上丝绸之路"的重要节点城市发展方向迈进，加快打造21世纪"海上丝绸之路"国际枢纽港，充分发挥福建"海上丝绸之路"核心区建设的重要力量。

"走出去"不仅是加强与沿线国家和地区的贸易往来，更是密切了各国之间的友好关系，推动沿线国家的多维交融和政治互信。"走出去"意味着福州可以以国家"海上丝绸之路"核心区的形象开展对外交流活动，在与"海上丝绸之路"沿线国家和地区的交往过程中发挥更重要的作用。加快实现"走出去"步伐，对福州城市经济、文化和政治建设都具有十分重要的意义，也增强了"海上丝绸之路"东南亚沿线的互利互惠、友好互助关系。

实现"走出去"的方式很多，如与沿线国家和地区之间的文化教育交流、华人华侨、专家智库的对外交流、青年交流与合作等。也可以实现旅游资源更加多样化，目前已有旅行社开通了"海上丝绸之路"旅游路线，用多样化、新颖的方式加深了与沿线国家和地区人民的友好关系，加快了"海上丝绸之路""走出去"步伐，更进一步实现了全球化发展的战略目标，是提升"海上丝绸之路"人文交

流的历史必然选择。正如学者孙存良在《“一带一路”人文交流：重大意义、实践路径和建构机制》一文中提到，要进一步建立文化教育部门相关领导定期会晤机制、高级别人文交流对话机制、中外思想库交流合作长效机制，加强人文交流高层磋商机制的建设，建立多层次、多渠道、全方位的旅游合作交流机制。

四、“海上丝绸之路”中的新时代“闽文化”

福州在“海上丝绸之路”倡议的影响下，城市的发展经历了从沿河到沿江再到沿海，从浅蓝到深蓝的发展历程。在城市品牌建设中，福州虽已经取得了较为可喜的成果，但仍需加强城市文化内涵方面的建设，深入发掘“海上丝绸之路”时代的“闽文化”。在“海上丝绸之路”核心区建设过程中深入挖掘海洋文化，从探索海洋到走向海洋，再到跨越海洋，世界融通，实现通过“海上丝绸之路”拥抱世界的目标。

“海上丝绸之路”的建设不只是福州这座城市的重要使命，更是作为“海上丝绸之路”核心区的福建省的重要使命。福建不仅要借助“海上丝绸之路”实现“闽文化”“走出去”，而且要在与沿线国家和地区交流过程中时刻牢记历史使命，加强对外人文交流、经济往来、先进技术的交流，在讲究互惠互利、互相信任的融媒体时代，形成与“海上丝绸之路”沿线国家和地区之间的良性互动、友好、密切的伙伴关系。

基于“海丝”文化的泉州市文创产品研发

王星河*

从地域文化的角度出发，阐述了泉州市的“海丝”文化特色，分析了泉州市文创产品的现状。在此基础上，阐释地域文化对文创产品的设计与开发有着重要的意义，并归纳总结为多样化的宗教文化、丰富多彩的曲艺特色、独特的人文与建筑景观等三种形式，旨在创造经济价值的同时把泉州独特的“海丝”文化传播到世界各地。

在国内外有关“文创产品”的研究中，既有关于文创产品的开发意义，提出文化文物单位开发文创产品具有重大意义，①②也有关于文创品牌的塑造，提出在“创意市集”模式下，陶瓷文创产品的出路，③更有学者提出传统器物文化是地域性文化的主要来源，其设计研究对各地发展文化产业、促进地域文化认同等方面具有重要意义。④关于“文创产品”的研究，学界已经积累了大量的研究成果。同时，现有关于泉州市“海丝”文化的研究也已取得众多成果，但多数侧重于“海丝”文化的传承与发展，特别是“非遗”的保护与传承。譬如，从保护角度上看，以世界遗产的视野对泉州市清净寺、伊斯兰教圣墓等遗存的伊斯兰建筑进行类相比较与遗产价值分析，提出泉州市伊斯兰建筑遗存保护规划的建议。⑤从文化交流

* 王星河，1985年生，男，讲师，主要从事工业设计、产品造型设计教学及设计等方面的研究。

基金项目：泉州市社会科学规划项目（2017E18）；泉州市高等学校中青年学科（专业）带头人培养计划。

① 徐耀新：《文化文物单位开发文创产品意义重大》，《新世纪图书馆》2016年第6期。

② 阮可：《破除“身份禁锢”推动文创产品开发》，《文化聚焦》2017年第2期。

③ 刘晴：《品牌的塑造：“创意市集”模式下景德镇陶瓷文创产品的出路》，《陶瓷学报》2016年第5期。

④ 赵得成、沙颖：《古器物的地域意象提取与产品地域性创新设计研究》，《包装工程》2017年第2期。

⑤ 吴宇翔、关瑞明：《泉州伊斯兰建筑遗存的遗产价值与保护规划》，《华侨大学学报》（自然科学版）2014年第4期。

上看，以“海上丝绸之路”与泉州市南音之间的关系，探寻其渊源及其传入路径，[①]指出泉州市“海丝”文化遗迹中的佛教乐舞是中世纪人类文明交流的历史结果，也是多元乐舞文化相互碰撞、交融的历史必然。[②]但这些研究较少将“海丝”文化与文创产品相结合。文创产品的设计应该是地域文化的体现，是创意与文化的结合，是对“原味”文化的保护与坚持。因此，如何把泉州“海丝”文化元素融入文化创意设计中，创造出具有浓郁“海丝”地域特色的产品是设计师亟须解决的难题。本文从宗教文化、曲艺特色、人文与建筑景观入手，分析其基本特征，提取其特色元素，提炼其设计与开发理念，以期对泉州市“海丝”文化创意产品的创新有所借鉴。

一、泉州市“海丝”文化特色

“地域文化是一种精神力量，代表一个民族的灵魂，一个地域的品位，一个城市的形象。”[③]城市文化特色在一定程度上是地域文化的体现。

泉州，融汇了闽越文化、中原文化、海洋文化的精华，是“海上丝绸之路”的起点、国务院首批历史文化名城，全国唯一一座拥有三大类联合国“非遗”项目的城市，历史文化底蕴深厚。泉州有着鲜明奇特的多元文化大观，佛教、道教、伊斯兰教、基督教等齐聚于此，百花齐放，留下了大量珍贵的宗教遗迹遗物。如开元寺东西塔，是中国现存最高的仿木结构楼阁式石塔；道教老君造像被列为全国重点保护文物；圣墓是我国现存最古老、最完好的伊斯兰教圣迹；清净寺是阿拉伯穆斯林在中国创建的现存最古老的伊斯兰教寺；摩尼草庵是我国唯一仅存的摩尼光佛、摩尼教寺庙等，因而泉州也被誉为“世界宗教博物馆”。同时泉州市有着丰富多彩的文化遗产，如有着音乐活化石之称的泉州南音、中国“古代四大名桥”之一的洛阳桥、“中华一绝”的提线木偶、“宋元南戏活化石”的梨园戏与传统高甲戏、富有地方特色的服饰而闻名海内外的“惠安女”“蟳埔女”等。这些具有浓郁“海丝”特色的文化资源是泉州市文创产品的重要组成部分，更是扩大泉州市文创产业影响力的关键所在。

二、泉州市“海丝”文创产品现状

国务院《关于推进文化创意和设计服务与相关产业融合发展的若干意见》（国

① 王耀华：《泉州南音“四大名谱”部分外来音乐因素溯源及其传入路径考》，《音乐研究》2015年第5期。

② 张媛：《泉州海丝文化遗迹中的佛教乐舞研究——以“飞天”为例》，《音乐研究》2015年第2期。

③ 王星河：《基于泉州市地域文化的旅游创意商品设计》，《黎明职业大学学报》2015年第2期。

发〔2014〕10号）和《关于推进文化创意和设计服务与相关产业融合发展八条措施的通知》（闽政〔2014〕54号），都明确提出文创产业在助推经济转型升级、提高人民群众生活品质和增强文化软实力等方面有着重要的作用。以泉州市为例，2016年全市文化产业增值269亿元，同比增长20%，高于同期GDP增长速度近5个百分点，GDP比重5.4%，占比持续提高，已成为泉州市的国民经济支柱性产业。近年来，泉州市委、市政府专门成立了文化改革发展工作领导小组及其办公室，市长亲任组长，并相继出台了一系列扶持文化产业发展的重要政策，为泉州文创产品的研发保驾护航。泉州市拥有各级文物保护单位802个，其中国家级31个，省级83个。各级非物质文化遗产601个，等级、数量居全国前三位，这些丰富的文化资源为文创产品的研发提供了广阔的空间。2013年，泉州市凭借丰富的人文历史底蕴当选中国首届“东亚文化之都”，2015年泉州市更是承办了第十四届亚洲艺术节及成为央视2015年春晚的“东方会场”，这都充分证明了泉州市的地域文化魅力逐渐为国人所认知、认同，夯实了泉州市文创产品研发的基础。

但目前泉州市的文创产品类型偏少，同质化现象严重，技术含量不高，相对缺乏创意，不能很好地将泉州市“海丝”地域特色展现出来，较大程度降低了消费者的购买欲望。

三、泉州市“海丝”文创产品的地域文化应用

（一）多样化的宗教文化

泉州市素有“宗教胜地”之称，佛教、道教、伊斯兰教、天主教、基督教等多种宗教齐聚泉州，和谐共处，并留下大量珍贵的宗教遗迹遗物，在中西文化史上蔚为奇观，因而泉州市也被称为“世界宗教博物馆”，并成为全球第一个联合国教科文组织“世界多元文化展示中心”定点进驻单位，典型代表有：老君岩、开元寺、清净寺、摩尼草庵等。鲜明奇特的多元宗教文化大观，使得文创产品的创意、形式、风格、色彩具备别具一格的潜力，具有较大吸引力。

以开元寺为例，作为福建省规模最大的佛教寺庙，始创于唐朝，是中国东南沿海重要的文物古迹，1982年更是被列为全国第二批重点文物保护单位。其中的东西两塔是中国现存最高的仿木结构楼阁式石塔，始建于唐代，历经风雨洗礼，迄今仍屹然挺立，代表着泉州石构建筑与雕刻艺术的杰出成就，是中国古代石构建筑的瑰宝，是泉州市一张亮丽的名片。“东西塔”书架（如图1）以东西塔为设计元素，提取其剪影，将东西两塔相互守护，屹立不倒的寓意注入书架当中。书架采用红棕色的木质材料制成，设计新颖且具有实用性，将原本枯燥的摆书行为

置于强烈的文化氛围之中，提升人与产品之间的互动，让情感这个纽带紧紧地将人与产品融合到一起，[①]给消费者留下难以磨灭的印象，以此加深对泉州这个城市的印象。

图 1 “东西塔”书架设计

以清净寺为例，清净寺是仿照叙利亚大马士革伊斯兰教礼拜堂的建筑形式建造的，是中国伊斯兰教四大古寺之一，也是我国唯一保留至今的宋代伊斯兰教寺，为国务院公布的第一批全国重点文物保护单位，是中国与阿拉伯国家的友好与文化交流的见证，是泉州海外交流的重要史迹之一。产品以清净寺门楼为原型，将U 盘作为设计载体（如图 2），将伊斯兰教崇尚圣洁清净注入产品设计中，给消费者带来一种眼观古今中外，耳需一时清静的感觉，颜色上以清静寺的青、白两色为主，伸缩式的操作方式，既保护了接口，又添加了美观，极具地域特色。

图 2 “清净寺”U 盘设计

① 刘晓宏：《福建客家土楼文化系列产品开发设计研究》，《包装工程》2012 年第 5 期。

（二）丰富多彩的曲艺特色

文化艺术形式百花齐放。有着丰富、深厚历史文化底蕴的泉州南音，是我国现存最古老的乐种之一，千百年来一直伴随着泉州百姓的日常生活，它是音乐文化的活化石，2009 年被联合国教科文组织列入人类非物质文化遗产代表作名录。被称为“宋元南戏活化石”的梨园戏与传统高甲戏，至今仍是泉州百姓的日常娱乐项目。同时被称为“中华一绝”的泉州提线木偶、独特的掌中木偶、拍胸舞等传统文化表演，妙趣横生、精湛绝伦，同样为人所津津乐道。丰富多彩的曲艺文化是文创产品的重要组成部分，具有鲜明的文化张力。

以南音为例，泉州南音又称“弦管”，起源于前秦，形成于宋，是中原音乐文化与当地民间音乐的融合，是中国现存历史最悠久的汉族古乐。[①] 它保留了唐代之前汉族古老的民族唱法，并采用泉州闽南语演唱，具有中原古乐遗韵的文化表现形式，极具特色。2006 年被国务院批准列入第一批国家级非物质文化遗产名录。2009 年，南音（泉州弦管）正式被联合国教科文组织列入人类非物质文化遗产代表作名录。“香音”化妆品（如图 3）以南音传统乐器为设计元素，提取其外形，将南音抒发乡人思亲、游子怀乡的真挚情怀融入化妆品当中。设计新颖具有实用性，化妆的趣味与人文的情怀紧密结合，充满故事寓意，如同置身于余音缭绕的南音之中，引起消费者全新的情感体验。

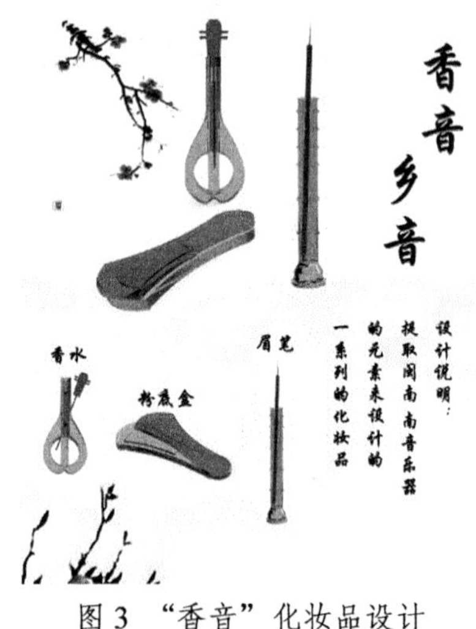

图 3　“香音”化妆品设计

以梨园戏为例，梨园戏又称“古南戏活化石”，发源于宋元时期的泉州，是一

① 王珊：《泉州南音》，福州：福建人民出版社，2009 年，第 60—62 页。

种古老的戏曲剧种，广泛传播于泉州、厦门、漳州等地，是第一批入选国家级非物质文化遗产名录。图 4 为“南戏”人偶闹钟设计，产品以梨园戏为题材设计，将梨园戏的人物 Q 版化，并将闹钟、充电、音响结合在一起，闹钟内设有内存卡，可自由选择喜欢的音乐。设计通过现代设计语言，将城市的记忆留存在文化创意礼品里，阐释城市美学，讲述城市故事，凸显泉州地域特色产品的独特性。

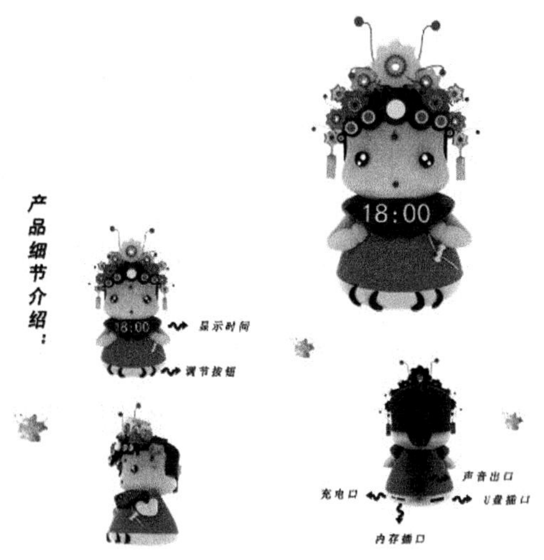

图 4　“南戏”人偶闹钟

（三）独特的人文与建筑景观

泉州市地处东南沿海，形成了独特的人文特色，如具有鲜明服饰特征的“封建头，民主肚，节约衫，浪费裤”的惠安女。同时其建筑既具有中国传统建筑的特征，又由于所处环境缘故，形成了自己别具一格的建筑风格，如“大厝”“骑楼”等，已成为文创产品的重要载体。

以惠安女为例，惠安女泛指泉州惠安县惠东半岛的女子。惠安县地处沿海地区，地少人多。因生活所迫，家中男子需长期出海打鱼或外出谋生，“惠安女”勇挑重担，敬公婆、教子女，不分粗活、重活、细活，事事能干、样样出色，同时因其富有地方特色的服饰特点，“封建头，民主肚，节约衫，浪费裤”而闻名海内外。惠女精神是泉州人“爱拼才会赢”精神的生动写照，已成为泉州市独特的人文特征。

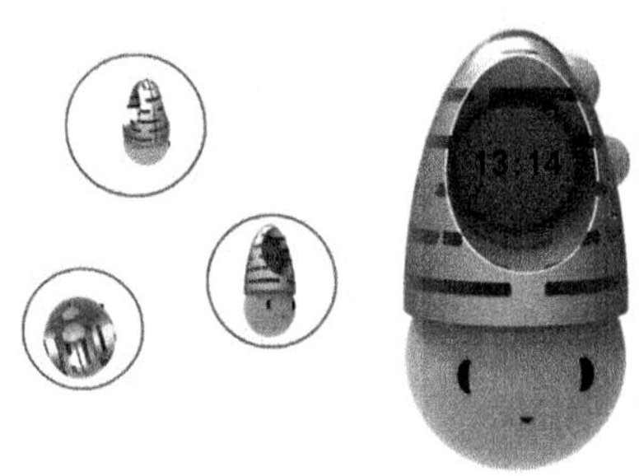

图 5　“惠女”不倒翁闹钟设计

“惠女”不倒翁闹钟设计（如图 5）以惠安女形象为基础，采用意象构成的方法提取其简洁、实用的特色，将惠安女服饰的“封建头，民主肚”的设计元素加以提炼，采用的不倒翁搭配方式，使闹钟兼具实用价值与地域特色，吸引更多的消费者购买。

建筑作为历史文化的载体，不仅展现了当地的民俗民风，更是体现了当地的艺术成就，深受当地文化的影响。泉州建筑既具有中国传统建筑的木构架屋顶、明确的中轴线左右对称等特征，又由于所处的东南沿海环境以及海外交通贸易港口的缘故，形成了自己别具一格的建筑风格。它汲取了中国传统文化、海洋文化和闽越文化的精华，已成为“海丝文化”的重要载体。与中国传统建筑以灰砖为主砌筑砖墙不同，闽南地区对红砖情有独钟，用来建造房屋，红砖民居更是成为闽南建筑的一大特色，以其造型优美、极富地方特色闻名于世，泉州红砖建筑更是“红砖区”文化的典型代表。以红砖厝例，“厝”在闽南的方言里代表着房子的意思，红砖厝就是用红砖盖的房子，它是闽南地区极具特色的传统民居，也是闽南最有代表意义的传统建筑，其精美的雕饰不仅展现了闽南成熟的雕塑艺术，更是从中可以感受到伊斯兰教、印度佛教及南洋文化和西方建筑艺术的影响，被誉为“闽南建筑大观园”。

图 6　“燕尾脊”书笔架设计

“燕尾脊”笔架设计（如图 6）主要参考泉州红砖建筑古大厝的燕尾脊造型，颜色上以红砖厝的红色为主，将红砖古厝文化中闽南人开朗、豁达、坚韧的性格以及对生活的美好祈愿融入书笔架的设计之中，将红砖文化深沉而独特的底蕴透过毛笔及笔架传达出来。

结语

文创产品是一种独特的商品，在满足产品使用功能的前提下，应具有丰富的文化内涵、鲜明的地域特色，能够满足消费者独特的情感体验，是消费者与特色地域文化交流的桥梁。因此，文创产品的研发应该是设计艺术与地域文化的有机结合，使其创意、造型、色彩别具一格，当消费者在使用文创产品时，能够加深对当地的文化传统、民俗风情的了解，从而达到情感的共鸣，二者相辅相成，互为促进。

身体与城市的相遇

——作为交往“媒介”的鼓浪屿“文化记忆”

张　丹　谢清果*

鼓浪屿是古老的，又是现代的，更是可以交往的。传统城市传播研究以物理空间的实体媒介为中心关注个人与城市的媒介交往，本文以鼓浪屿文化记忆为研究对象，考察文化记忆在“个人—城市”交往关系中发挥“虚拟媒介”的可能性。研究认为，鼓浪屿文化记忆在与实体媒介的联动中，形成了“个人—文化记忆—城市”的历史交往空间，为个体带来感官重塑与身体调度，为社会整体提供“共有之物”的感知、阐释框架与交往平台，进而支持、干预、引导、推动城市传播活动的演进。

2017年7月8日，“鼓浪屿：国际历史社区”（Kulangsu，a Historic International Settlement）被联合国教科文组织和世界遗产委员会列入世界遗产名录，成为中国第52项世界遗产项目。[①]鼓浪屿最显著的文化标识——“国际历史社区”——已经将这个仅有1.8839平方公里的小岛从地理空间意义中释放出某种“历史交往”与“生活社区”的传播学意蕴。近年来，“城市”（或“地方”）本身被视为一种可沟通媒介是目前传播学界的一个热门话题，例如以复旦大学孙玮教授为代表的学者，将上海外滩提供的交往空间视为一种“媒介”，它将带来以人为主体展开的多层面交往互动，这即是说当意义被镌刻在建筑物、公园、道路、广

* 张丹，1990年生，男，安徽宿州人，厦门大学新闻传播学院2016级博士研究生。研究方向：华夏传播研究；中国传播思想研究。谢清果（1975—），男，福建莆田人，厦门大学新闻传播学院教授、博士生导师，传播研究所所长。研究方向：文明传播；中国传播理论研究。

基金项目：2017年厦门大学研究生田野调查基金项目：“一带一路”倡议下的鼓浪屿文化记忆重构与传播话语建构的实证研究（项目编号：2017GF017）。厦门大学人文社会科学“校长基金·创新团队”项目“海峡两岸舆论：动力机制及其演化轨迹研究”（项目编号：20720171005）。

① 联合国教科文组织世界遗产中心：Kulangsu: a Historic International Settlement，http://whc.unesco.org/en/list/1541。

场上等城市“异质性”标识而嵌入与时代相遇的历史展演中，形成所谓“现代性交流的本质”，城市“既是东西方文化交流的一个结果，本身又作为一个媒介，构筑了人与人、人与社会的新型关系”。[①] 此研究取向将城市传播焦点锁至包含建筑物在内的实体空间，目的是“与大众媒介并置，作为一个整体对象，用以考察城市的私人领域和公共领域的交流状态。”[②] 诚然，“城市传播”让城市空间以及空间内的实体作为媒介的观念已越来越清晰，可问题在于由实体空间催发、引导与拓置出的虚拟“城市文化记忆”本身是否同样也会带来“类城市（物理空间）”交往媒介的可能性？或者发挥某种“媒介性”功能？当然，这种将地方 / 地域“文化记忆”（cultural memory）本身视作“媒介”是比较冒险的提法，因为它将打破传统媒介多为可感知、具象、实体的惯常认知。但是，与实体媒介相对的“虚拟媒介”存在本身却是毋庸置疑的，例如一部小说或电影中虚设“人物”其实就是传播事件的虚拟媒介，因此关键不在于虚拟媒介存在与否，更像是实存却“日用而不知”的虚拟媒介未被有意识“处理”，或者“虚拟媒介的发明者、生产者或用户也不会承认它是虚构出来的”，甚至“都不被其主人当作一种媒介”。[③] 对地方文化记忆而言亦是如此，更何况“地方”从来都不单指物理空间，也包含某种虚拟空间意义。如同美国地理学家约翰·阿格纽（John Agnew）在《地点与政治》（Place and Politics）中所倡，要根据个体性和相互依赖性去理解“地方”：地方（place），从事行为予以标识的指示物；位置（location），广义社会关系中的地点和与主观体验密不可分的地方感（sense of place）。[④] 这里所指的“地方感”，即是华裔地理学家段义孚（Yi-Fu Tuan）认为的人本主义理解地方的能力[⑤]，抑或传播学者邵培仁等人所言的“一个地方的特殊性质”，强调“由亲身经验、记忆与想象而发展出来的对于地方的深刻依附，并赋予地方浓厚的象征意义”。[⑥]

“文化记忆”意味着个人与过去历史交往关系的形成。自扬·阿斯曼（Jan Assmann）和阿莱达·阿斯曼（Aleida Assmann）在 20 世纪 70 年代末提出以来，

---

① 孙玮：《作为媒介的外滩：上海现代性的发生与成长》，《新闻大学》2011 年第 4 期。

② 孙玮：《作为媒介的城市：传播意义再阐释》，《新闻大学》2012 年第 2 期。

③ 埃里克·克塔滕贝格：《虚拟媒介的考古学》，载 .[美] 埃尔基·胡塔莫，[芬兰] 尤西·帕里卡编：《媒介考古学：方法 、路径与意涵》，上海：复旦大学出版社，唐海江主译，2018 年，第 52—53 页。

④ [英] 阿雷恩·鲍尔德温，布莱恩·朗赫斯特，斯考特·麦克拉肯，迈尔斯·奥格伯恩，葛瑞格·斯密斯：《文化研究导论》（修订版），陶东风等译，北京：高等教育出版社，2004 年，第 148 页。

⑤ [美] 段义孚：《空间与地方：经验的视角》，王志标译，北京：中国人民大学出版社，2017 年，第 4—5 页。

⑥ 邵培仁，杨丽萍：《媒介地理学：媒介作为文化图景的研究》，北京：中国传媒大学出版社，2010 年，第 101—102 页。

“文化记忆”便被看作作用于“传统的形成”“对过去的指涉”以及“政治认同或想象”框架的上位概念[①]，但它的理论主体——超越个人的“凝聚性结构”文化体系——一直都以两种方式存在：一是档案潜在性模式，档案所积累的文本、图像以及行为规范，扮演着总体视野作用；二是以现实性模式，根据当下情境与自身相关性，将客观化意义纳入自身理解维度中。其中，两种模式都凭借不同“文化形式”的“媒介”（文本、仪式、纪念碑等）以及“机构化的交流”（背诵、实践、观察）得以延续再现。[②] 概言之，“媒介”直接影响着“文化记忆”的形成。

此外，需注意的是，阿斯曼等人在考察形成文化记忆的媒介时，都是基于个人与“过去”整体历史交往背景下，相较于哈布瓦赫“同代共享的意义空间”的“集体记忆”（Collective Memory），文化记忆更关注对超代际绝对过去的建构，以及“当下”与“过去”的相互指涉，它的研究“不仅有赖于类似年鉴学派的长时段研究方法，而且还需要将记忆、文化与群体（社会）联系起来考察，去发现基于时间和结构双重维度中的历史变迁图景”。[③]

这其中给我们的教益是：一则，虚拟文化记忆离不开实体媒介的参与与驱动；二则，文化记忆研究需置于个人“历史交往”中。如此，从传播学与媒介学角度，个人将会被引至不同历史空间下，形成“个人—文化记忆—城市（地方）”交往（回忆、想象、创造）关系框架，这其中因城市 / 地域引发出不同面向的“文化记忆”可能会显现某种象征性或功能性媒介效力，例如“鼓浪屿文化记忆”弥散出的“建筑文化记忆”“音乐文化记忆”“宗教文化记忆”构建个人与地方再交往的中心，即便是有可能身体不在场的“跨时空”交往。倘若从文化记忆这一“虚拟媒介”出发，以“鼓浪屿文化记忆”为例，它作为一种“媒介”何以可能，它将在何种意义上发挥媒介性、中介性、连通性意义 / 关系？作为“媒介”的文化记忆的交往活动运作机制是什么，城市空间中“实体媒介”与文化记忆“虚拟媒介”间的逻辑关系又是什么，这些都需进一步考察。

一、可沟通的“文化记忆”媒介：鼓浪屿记忆的历史诉说

“鼓浪屿文化记忆”是历史积淀的结果。这座与厦门岛隔海相望，面积仅为 1.8 平方公里的小岛，要升级为具有不凡意义的“国际历史社区”文化中心是很困难的，即便它有着悠久历史，自宋代开始便有人在此定居，或是 1646 年郑成功屯兵

① ［德］扬·阿斯曼：《文化记忆：早期高级文化中的文字、回忆和政治》，金寿福译，北京：北京大学出版社，2015 年，第 15 页。

② Jan Assmann. Collective memory and cultural identity，*New German Critique*，Vol.65，1995.

③ 连连：《历史变迁中的文化记忆》，《江海学刊》2012 年第 4 期。

于此训练水师都未能改变这个传统聚落小岛的平凡。作为厦门岛的附属，起初的鼓浪屿并不具有的某种特殊意义。确切地说，真正打开与拓展独立意义空间一方面始于1840年鸦片战争，作为五口通商口岸之一的厦门正式开埠，成为贸易量仅次于广州的第二大港口和茶叶、陶瓷对外出口的最重要港口，另一方面经济繁荣带动人口流动、迁徙，东西方文化在鼓浪屿相遇、相融。大量西方人士选择鼓浪屿作为最初的生活工作基地与据点，其中确切原因与具体考量尚不能断言，如有学者所言是“景色优美”“环境清静”和某种偶然性因素的原因[①],不管何种原因都带来了传教、教育、医疗等活动与西方文化在此地得到深入传播与长足发展。当英国、美国、法国、奥地利等十几个国家先后在岛上设置领事馆或领事机构[②]，更平添鼓浪屿地域的特殊性。随着1894年甲午中日战争爆发，台湾被割让给日本后，一批台湾名门望族避居于此，一时间，这个小岛成为东西方共同关注的焦点，直至1903年工部局正式成立，则标志着“鼓浪屿建立起一个多国公治的多元文化聚集的公共社区”。[③]

细究起来，鼓浪屿被裹挟至近代纷乱历史变迁中，从来都是“身不由己”，本土文化积淀主导下的鼓浪屿，逐渐从厦门文化记忆中分离并建立起独享的文化空间，地方空间被嵌入与书写多重历史记忆，起到关键性变革力量的是近代西方势力的强势介入：两次战争后，英、美、西班牙率先被允许在鼓浪屿设置领事，在1895年前后扩展到12个国家；英、德联名拟定10条章程中虽“不言租界”，却谋求清政府设置“工务局”和组织“鼓浪屿道路、墓地基金委员会”（简称“道路委员会”）和《鼓浪屿行政事务改善计划》（1897），试图获取岛内行政权；1895年日本步英国后尘，以战胜国自居强迫清政府签订《马关条约》后的第二年，援引《公立文凭》要求在厦门设立“专管租界”，其中包括占领鼓浪屿近1/3的土地；1898年“戊戌变法”失败与1900年八国联军入京，西方势力进一步瓜分狂潮中，美国领事巴詹声一方面向各国表示“门户开放，利益均沾”，一方面向清政府“献策”称“如果把鼓浪屿作公共租界，既可杜绝日本独占的野心，又可以兼护厦门，一举两得。”因此，清政府与各国领事洽商“公共租界”事宜，1902年1月10日签署“土地章程草案”（《厦门鼓浪屿公共地界章程》），并在次年1月正式成立工部局，标志鼓浪屿进入“公共租界”时期。[④]自1903年至1941年太平洋战争爆发

---

① 李启宇：《厦门史料考据》，厦门：厦门大学出版社，2013年，第149页。

② 厦门市鼓浪屿—万石山风景名胜区管委会编：《中国世界遗产预备名录申报文本文化遗产·鼓浪屿》，厦门大学区域研究中心馆藏，2009年，第27页。

③ 同上。

④ 中国人民政治协商会议厦门市委员会文史资料研究委员会编：《厦门文史资料第十六辑：厦门的租界》，厦门：鹭江出版社，1990年，第5—18页。

之间，在除西方势力外，华侨、华商为主的华人精英群体的入驻并积极参与工部局时期的社会事务中，此时的小岛已经成为成熟的“国际社区”，它所承载的多样、包容而又厚重的历史文化记忆也逐渐形成。当传统积淀与包裹的地域文化空间豁口一旦被打开，“地方”也随着历史进程卷入多元文化碰撞的社会浪潮中，鼓浪屿文化记忆的多维面向也在此背景下得以滋生。除政治影响外，多元文化融合、碰撞多体现此时期建筑的百花齐放，出现外廊殖民地式、西方古典复兴式、早期现代式、传统闽南式等多种建造与装饰风格，仅以1903—1940年建造的代表性建筑就有：

工部局遗址、会审公堂旧址、原日本领事馆警察署及宿舍、原美国领事馆、天主堂（1916）、三一堂（1934）、原博爱医院（1934）、原毓德女子小学（1928）、安献堂、圣教书局（1908）、吴家祠堂、原万国俱乐部（1920s）、原延平戏院（1927）、原自来水公司设施（1927）、海关铁塔（1933）、原救世医院码头（1922）、原三丘田码头（1927）、卢赣章墓（1928）、延平公园（1927）、原美孚公司办公楼（1910s-1920s）、海关副税务司公馆（1923）、观海别墅（1915）、瞰青别墅（1918）、西林别墅（1927）、黄家花园（1920）、黄荣远堂（1920）、海天堂构（1920—1930）、八卦楼（1907—1913）、杨家园（1930）、番婆楼（1927）、菽庄花园（1913）、林氏府（1915）、金瓜楼（1922）、春草堂（1933）等等。[①]

其实，每一处建筑遗址不仅承载风格、样式等建筑自身记忆，同时关涉建筑背后的“历史感”，即多元历史文化记忆的附着，建筑形成了不同历史背景、事件进驻的记忆实体。但是，无论是对于个人还是社会机构而言，潜伏记忆中的景观如同摆放在阁楼上各种乱七八糟、被忽略、零零碎碎的物体，大部分时间处于被剔除悬置状态，既没有功能也没有目的而仅仅像破烂儿一样被存放在那里。[②]记忆的遗忘本性使客观真实与主观真实之间“摇摆”的回忆也显得并不可靠、转瞬即逝，倘若将记忆长时段留存，就需保证记忆历时性传播得以延续的“媒介”完整稳固，这类似于阿莱达·阿斯曼所强调的自古以来不同文化都需借助的各种回忆“稳定剂”，它包括记忆之外“实物和图像的记忆技术以及文字”，也包括记忆内部机制，即“能够抵御普遍存在的遗忘的趋势，并且使某些回忆与那些转瞬即逝的

① 此处统计参见厦门市鼓浪屿—万石山风景名胜区管委会编：《中国世界遗产预备名录申报文本文化遗产·鼓浪屿》，厦门大学区域研究中心馆藏，2009年，第31页。

② ［德］阿莱达·阿斯曼：《回忆空间：文化记忆的形式和变迁》，潘璐译，北京：北京大学出版社，2016年，第291—292页。

相比变得更加难以忘却”。[①] 这层意义上，不同建筑提供不同历史截面的记忆“景观”，就充当为历史记忆的“稳定剂”。需要说明的是阿斯曼将记忆稳定剂锚定于静态中，但笔者以为，当个人与建筑相遇时，建筑更会从静态存储模式上升到动态激活模式，调动个人进入与城市、历史交往中，进而在与不同维度“文化记忆”交互感知下成为彼此关系生成与确立中至关重要的媒介。换句话说，散落岛屿上的建筑本身不仅将是承载文化记忆的容器，也会作为历史 / 文化记忆附着的载体，更会打破个人单向度记忆线条，建筑 / 遗址将地方历史记忆散射成一条条漂浮在宏大地方历史文化记忆中的“方舟”，个体在观摩建筑的联想空间中，实现与文化记忆的多维结合，与其说鼓浪屿历史“诉说”，毋宁说是承载诸多面向的鼓浪屿文化记忆的建筑为个人提供进入地域文化记忆并与历史、城市交往契机，而文化记忆则成为个人与城市交往“选择”的媒介，至于选择何种面向的文化记忆则依不同交往目的、对象、情境而不同。

但是，当个人与城市交往关系确立后，建筑背后的文化记忆内涵便会转化、升级为传播学上所谓的“沉浸式媒介”[②] 功能，因为与“历史”结合的建筑弥散出的跨时空“沟通”环境，即文化记忆本身不仅意味着个人与城市（建筑）沟通场域的生成，也意味着历史情境下个人与城市交往能否持续推进，媒介本身映射出的文化记忆内涵与细节尤为关键，如同伫立历史中历经风霜的老人与老人脸上带有岁月印迹的皱纹同样至关紧要。例如，悬挂于浪屿近代建筑之外的“鼓浪屿公共议事会（图 1）”“鼓浪屿近代建筑群——鼓浪屿会审公堂旧址（图 2）”等诸如此类的建筑标识、纹理等细节，无不牵引着个人进入某种特定的历史空间，只有真正浸入特定的文化记忆情境中，才能真正“读懂”建筑并真切实现个人与城市（建筑）交往。

---

① ［德］阿莱达·阿斯曼：《回忆空间：文化记忆的形式和变迁》，第 283 页。

② “沉浸式媒介”（沉浸媒介），指具有沉浸传播特征的媒介形态的总称，具有以人为中心、无时不在、无处不在、无所不能的传播功能，传播者也是接受者，共同进入沉浸体验，是共创共享的泛众媒介。沉浸媒介中，人、媒介、环境互为彼此，互相交融。它具有四个特征：1. 泛众式——全体大数据连接之上，以每个个人为中心；2. 体验式——传播过程也是体验过程，没有体验就没有完整的传播；3. 共享式——媒介内容和形式为所有人共有，是共享经济的媒介形态；4. 共创式——媒介内容及传播形态，都由泛众共同创造。“沉浸媒介”的提出，是在 VR、人工智能等新技术冲击下的第三媒介时代下，传播学界对传统媒介形态的内涵与外延的重新思考。笔者以为，“文化记忆”在媒介内涵、形态与作用上都具有“沉浸媒介”的影子，或可对两者进行关联式思考。（参见李沁：《沉浸媒介：重新定义媒介概念的内涵和外延》，《国际新闻界》2017 年第 8 期。李沁：《媒介化生存：沉浸传播的理论与实践》，北京：中国人民大学出版社，2019 年，第 13—21 页。）

图 1

图 2

二、可定制的“文化记忆”媒介：鼓浪屿记忆框架制作的社会参与

哈布瓦赫的集体记忆打破记忆生理机制的限囿，将记忆生成、定型、流变置于社会系统结合互动的框架中考察，已具备赖特·米尔斯（Charles Wright Mills）

所谓的将个人生活、历史与所在社会结构交织的“社会学想象力”[①]。事实上，文化记忆制作、生产本身即是长时段社会改造实践，处于记忆中心的意象/符号总是随着时代变迁处动态流变：有的悄然退却，有的被重新置嵌，又有退场意象/符号的重新包装而再次“粉墨登场”。记忆承携的媒介就是“一个象征舞台或记忆的‘竞技场’”[②]，权力、资源、叙事能力与话语影响和决定了哪些“声音”能够进入公众视野、被大众传媒扩散和再生产。

前文已知，鼓浪屿的发展更像是近代中国屈辱历史的缩影，包含着某种无奈感，其中鼓浪屿文化记忆中最鲜明的部分当属“公共租界”记忆。在厦门近代文史资料的记忆中，“公共租界”的指涉内容大多伴随“沦为”“殖民”等语词，这些本就带有侵略、屈辱与压迫意味的字眼似乎有意调动、塑造受众对这段历史记忆的情感认知，提醒读者回忆起这段并非欢愉的过往。然而史籍制作的记忆，无论是个人记忆（访谈、传记等）还是城市记忆（地方志等）与个人现实交往总有一定隔阂，因为个人记忆很重要的一部分来自切身体验。当然，即便是身体参与，个人记忆与文化记忆也并非自然连通，例如对地方历史文化陌生的游客就很难自觉捕捉、进入文化记忆空间内，这时文化记忆制作者（社会机构、组织等）需为交往参与者打开可以连通个人与地方记忆的阀门——即记忆的“触发媒介”（或“触媒”）。这即是说，以鼓浪屿建筑遗址为代表的实体媒介将充当文化记忆的“触媒”，进而影响作为“沉浸式媒介”的文化记忆本身所提供的交往情境与内涵。这其中带来的影响是，文化记忆的制作或“个人—城市”交往关系的构建可以通过再造“触媒”，从而影响文化记忆的选择与“沉浸式媒介”中的诸多细节与实现文化记忆内核置换与架构重组。

笔者田野调查中发现，如今漫步鼓浪屿已经很难感知小岛昔日的无奈过往与稍显沉重的历史，这一转变，如同鼓浪屿申遗名称——“国际历史社区”对“公共租界”的置换一般，至于传统文化积淀的小岛如何升格为多元文化聚集地的历程似乎缺乏足够重视，新时期一些“不平等”的屈辱记忆有被削弱、抹杀的倾向，笔者以为个中原因大致有两方面：

其一，本应在浪屿历史文化记忆中发挥“触媒”作用的近代建筑，并未完全发挥相应作用，很多建筑荒置。例如，作为工部局附庸的会审公堂，曾经规定过“凡案涉洋人，无论小节的词讼，或有罪名之案，均由该领事自来或派员会同公堂

① [美]赖特·米尔斯：《社会学的想象力》，陈强，张永强译，北京：生活·读书·新知三联书店，2005年，第154页。

② 李红涛、黄铭顺：《记忆的纹理：媒介、创伤与南京大屠杀》，北京：中国人民大学出版社，2017年，第33—34页。

委员审问”，“凡案内人证有受洋人雇佣及住洋人寓所以内者，传拘票签”，要“先期送由该领事签字，方准奉往传拘”，将“领事裁判权”扩大到洋人代理人和雇员等，作为“当年的鼓浪屿是中国把主权让给洋人最彻底的地方”，60年代短暂改为干部休养所，后置为民居，如今已是“院内衰草萋萋，榕须垂挂，不见当年的喧闹”①。几经辗转，会审公堂的屈辱与不平等印迹、记忆已经式微。再如日本的总领事馆、警察署，1949年后曾被用作大学教工宿舍，现在也已搁置荒芜。几次实地考察中明显感知，相较于岛内其他景点游人如梭，此处游客稀少，且鲜有知晓此处原址，为此慕名而来的游客更是寥寥无几。萧索的建筑楼群外只剩门口石碑标识才能让人联想、回忆起近代日本侵华历史。

其二，则是现代性社会的冲击下，鼓浪屿上大多近代建筑几经风霜，已换“新颜”。新中国成立后的美国领事馆，经历了厦门市干部疗养所、福建省海洋研究所，再到如今已经成为外事部门开设的“华风山庄”②。“番婆楼”和“容谷（李清泉别墅）”现为铂爵婚纱等的摄影基地，原亚细亚火油公司的旧址现在外图书店在营业，四落大厝则成了饭馆，杨家园变成“杨家园度假酒店”，林氏府改造成“林氏府公馆酒店”等等。历史文化记忆言说之沉闷、厚重感在大量“小资”“文艺”气息的商店、民宿、娱乐场的入驻与包围中逐渐消解、弱化，如今鼓浪屿似乎总是习染浸润着某种异域格调的浪漫气息，正如笔者的随机访谈中显示，大量游客对“鼓浪屿”认知停留在“文艺”“现代”“建筑漂亮”“小资”“情侣必选旅游之地”“拍照圣地”等等充满现代味的感知中。可见“西式”建筑并未成为大多数来此游客缅怀、感知鼓浪屿历史沧桑的记忆媒介，反倒成为时尚与“欧范”生活名片，在此驻足、合影、沉思都是展示与过去此地居民“富贵”“现代”生活的跨时空连接、同构，即便是追忆过往，似乎也多是单纯对“怀旧感”美好的憧憬，而厚重“历史感”的感召。在如今“鼓屿西风”的渲染下，从重“历史诉说”到重“现代交流”的跨越，从“公共租界”到“国际历史社区”重心的变更，历史事件皴染挤压下的深深记忆纹理被现代化逐渐抹平，鼓浪屿的“创伤记忆”“殖民印记记忆”则被“人为”退散厚重的氤氲而显得清透明亮。

三、可感知的“文化记忆”媒介：鼓浪屿记忆的身体“调度”与城市“再交往”

其实，不管是何种面向的文化记忆，与之连接，发生关系与交往互动的主体始终是个人，即便是社会参与的文化记忆在生产、贮存、传播的出发点和最终归宿都是以“人”为中心的创造实践。以媒介学立场，若我们将“文化记忆”视为

① 龚洁：《鼓浪屿建筑》，厦门：鹭江出版社，2006年第43—44页。
② 龚洁：《鼓浪屿建筑》，厦门：鹭江出版社，2006年，第11页。

个人与城市交往的虚拟媒介，同样需关注“媒介”宏观层面之于个人身份认同、交往空间以及行动逻辑之间的塑造。美国传播学者彼得斯（John Durham Peters）在审思整个20世纪经常被辩论的话题——“媒介具有何种宏观的社会意义？”时便提醒我们关注媒介之于身体的涵化，“媒介的意义与其说体现在那些经典的社会议题（如媒介对儿童的影响，对女性的媒介呈现，对政治的变革，对大众文化的扩散等）上，不如说体现在媒介如何对我们的身体存在进行重新安排上，这种重新安排同时发生在个体和政治身体层面”。[①] 从记忆本身看，记忆由感受与思想结合而成，身体自然是记忆的源发场所。保罗·康纳顿（Paul Connerton）强调身体之于记忆的重要性，将记忆的身体积淀与积累区界为两种不同社会实践——“体化（incorporating）实践”和“刻写（inscribing）实践”，体化实践强调身体的在场，“每个群体对身体自动化委以他们最急需保持的价值和范畴”[②]。个体在文化记忆中角色不管是积极再造，还是被动“委身”都一再暗示记忆媒介与身体的亲密性，这种紧密关系体现在文化记忆作为人与城市/地方交往的中枢，影响、调动、重塑个人的感官知觉。

以鼓浪屿形成的围绕“音声”与“听觉”文化记忆为例。鼓浪屿很早就形成了某种声音文化记忆，它原名“圆沙洲”，自明朝才改称“鼓浪屿”，据说在岛屿的西南隅海边有两块相叠的岩石，长年累月受海水的侵蚀，中间形成了一竖洞，每逢涨潮水涌，浪击礁石，声如擂鼓，人称“鼓浪石”，鼓浪屿由此而得名。在清代，《鼓浪洞天》词曰：“风清夜，仙宫月满，歌吹遍雕栏”，形容的就是以南曲和歌仔戏为主的音乐对鼓浪屿的“包裹”。20世纪四五十年代，在诗人、散文家的笔下，这座小岛有浪漫“琴岛”“音乐之岛”的美誉。这是因为，岛内虽仅有2.4万居民，却有5000余台钢琴，从这里走出多位音乐家、歌唱家、钢琴演奏家和小提琴演奏家，如20世纪20年代的周淑安，再到新中国成立后的殷承宗、许斐平、林俊卿、陈佐煌等名家。[③] 同时，这里拥有全国唯一的钢琴博物馆（图3）和众多演奏厅。2010年2月《音乐周报》评介全国演出场所十宗“最”，鼓浪屿音乐厅荣膺“最”钢琴，理由之一是：“一年365天音乐厅都有演出，大多数是钢琴音乐会，音乐厅采用全自然的音响效果，品质颇高。”[④] 鼓浪屿上悠扬的琴声穿梭萦绕，岛内

① [美]约翰·杜翰姆·彼得斯：《对空言说：传播的观念史》，邓建国译，上海：上海译文出版社，第329页。

② [美]保罗·唐纳顿：《社会如何记忆》，纳日碧力戈译，上海：上海人民出版社，2000年，第125页。

③ 刘连丁：《音乐之岛——厦门鼓浪屿》，《黄河之声》2010年第11期。

④ 栾锋：《“琴岛”没有远去》，《人民日报海外版》2011年02月08日，http://paper.people.com.cn/rmrbhwb/html/2011-02/08/cmtent-740526.html.

的每个建筑、每片土地也仿佛都有音乐魔力，正如著名诗人舒婷所言："脚下是一块巨石，钢琴似的凌空伸向海天。""偶过的脚步蹀蹀可辨，一片两片落叶夹杂其中，像切分音。""外地人上了岛，一头钻进幽深僻静的小巷，盯着敞开的百叶窗，支棱着耳朵分辨哪家窗户里飞出了琴声。"①

图 3

厦门政协原主席蔡望怀先生在接受访谈时，对鼓浪屿的音乐氛围，曾有过如此回忆：

历史上，鼓浪屿这么个弹丸小岛，曾经拥有几百架钢琴，钢琴教育普及程度较高，……那时的鼓浪屿，晨昏时分，一片宁静，唯有悠扬的琴声和轻柔的海浪；周末假日，热爱音乐的一些居民还常自发举行家庭音乐会。一踏上鼓浪屿，一种身置不凡之境的感觉油然而生。②

无论是听"鼓浪""天风海涛"，还是听琴声悠扬，与其说是我们参与建构鼓浪屿独有音乐文化记忆，不如说是这种文化记忆塑造的"听觉景观"反身作用于我们感官体验，在"听"的过程中，各种音乐（声）文化记忆会适时"跳出来"，

① 栾锋：《"琴岛"没有远去》，2011 年 02 月 08 日，http://paper.people.com.cn/rmrbhwb/html/2011-02/08/content-740526.html.

② 蔡望怀：《厦门市音乐学校及厦门爱乐乐团的创办历程——〈鼓浪屿往事〉专访厦门市政协原主席蔡望怀先生》，何瑞福主编：《鼓浪屿研究》（第七辑），厦门：厦门大学出版社，2017 年，第 154 页。

成为个人感知城市的“媒介”。某种程度上，城市是可以“聆听”的，而人与城市/地方的交往在“听”音中实现。犹如有传播学者认为，有些城市中央的大钟声使人们在“听、看和钟声—城市地理知识之间的不断回返”，物质性的城市与个人听觉感官文化产生同构关系，“人们对城市展开了地图式的抽象与理性的体认，借由钟声获得感知城市的新的视点；城市作为行动者，亦通过钟声将其合理化的机体展露出来”。[①] 这即是说，物质性“钟声”通过调动听觉机制安置身体，同时将感知、行为牵引至“音源地”与音声指涉地，这就意味着，城市变成“听得见的城市”。如同阿兰·科尔班（Alain Corbrn）声称，18、19 世纪的法国不管是城市还是乡村，钟声已形成“稠密的声音网络”，使“个体期待，然后感知钟的声音，钟声及其引起的情感有助于个体地域身份的建立”，“凭借钟声，更轻易地感到自己扎根于此地”，“钟楼（因此）强加给人一个与某种区域性观念相符的，受到相互认识纠缠的音响空间。钟不断重复内部和外部的分界，这就是共同语表达‘乡土观念’时所意味的东西”。[②] 如此说，鼓浪屿上的“鼓浪声”与琴声引发“听见”赋予的想象，即与文化记忆媒介结合的个人阐释才是“人—城市”交往行为的关键“联结”。更有甚者，“同一种声音”背后却会在不同个体脑中形成不同声音印迹，牵引身体穿越、想象至声景形成源发地，产生纷繁迥异的交往关系，地方文化记忆成为自我在地方的生存方式。

再者，以“视觉”和“触觉”为中心的“建筑文化记忆”为例。当我们踏足鼓浪屿，便自觉与小岛形成了某种交往关系，身体也无时无刻不在对空间做出回应。在梅洛 - 庞蒂（Maurice Merleau-Ponty）的“知觉现象学”中，空间亦即“身体空间”，“我的身体在我看来不但不只是空间的一部分，而且如果我没有身体的话，在我看来也就没有空间”。[③] 例如，我们总是无意识地将自己的身体置于一个三维的边界之内（背靠着墙的拐角等），倘若将个人“内部”的私我空间从“外部”超我空间中分离出来，外部边界环境则是以“一种虚构的封套形式来对身体的延伸”，通过“放大或压缩影响我们的力的心理效果”，个人“建立心理上的防御‘屏障’来修改边界的形状和质地，从而回应这个特殊的领域”。[④] 所谓“回应”，其实

① 季凌霄：《“听”得见的城市——晚清上海的钟声与感官文化》，《新闻与传播研究》2019 年第 1 期。

② ［法］阿兰·科尔班：《大地的钟声：19 世纪法国乡村的音响状况和感官文化》，王斌译，桂林：广西师范大学出版社，2003 年，第 101 页。

③ ［法］莫里斯·梅洛 - 庞蒂：《知觉现象学》，姜志辉译，北京：商务印书馆，2001 年，第 140 页。

④ ［美］肯特·C. 布鲁姆，查尔斯·W. 摩尔：《身体，记忆与建筑》，成朝晖译，杭州：中国美术学院出版社，2008 年，第 49 页。

就是外部空间参与“身体调度”的佐证，实现内部空间感与身体周围空间的统一，若这种生命中感知能力受到抑制，则可能“减损了我们对自己是谁的记忆，以及我们具备什么的能力”，成为“最危险的后果之一”。但这并不意味着对“视听”的偏私，或集中于来自环境的景象，而不去更新和扩展我们更多的原始感知体验——比如触觉，“我们将很有可能接触不到许多我们自己体内的感觉细节——韵律的感觉，硬的和软的边界的感觉，巨大的和微小的元素的感觉，开放的和封闭的感觉，以及无数标志物和方向的感觉”，只有把他们“聚集到一起”，才能完善“我们人类特性的核心”。[①] 事实上，当我们漫步鼓浪屿时，每一处建筑、每一方空间都是集合视、触等多重感官体验与撬动文化记忆进驻身体的载体，在笔者的访谈中，很多受访游客一再提及现场观看、触摸百年老建筑时带来的内心波动、联想、沉思远非电脑照片与书中文字可比，当通过建筑标识与简介知悉建筑历史时，建筑承载、生发的文化记忆更会给予他们生动的历史交往情境。例如在笔者的访谈中，就有受访者表示，即便是站在这些老建筑下观望，但只要静静感受，“自己仿佛也来到了阁楼上，窗户边，看到了一百多年前的世界”。

结语：在文化记忆中交往中寻找自我，发现城市

“鼓浪屿”是古老厚重的，又是现代明快的，更是可以交往的。这种交往关系并非仅存在物质空间，也存在个人与小岛的精神交往中，而“文化记忆”（包括鼓浪屿建筑文化记忆、音乐文化记忆等）恰恰成为个体在两者中寻求心灵感应、情感交流与历史沟通中的虚拟媒介。但是，文化记忆从来都不是脱离实际生活而简单地萦绕脑中的“虚幻媒介”，它的魅力恰在于“虚拟—现实”交互中虚拟媒介对现实的建构性，文化记忆形成的某种“观念基元”类媒介性够扭转我们沉迷于“实体媒介”研究的窠臼。因此，当我们再次审察鼓浪屿实体空间中各种传播媒介（包括街道、建筑、音乐等），即“城市传播”学者聚焦的实体媒介时，亦可将其视为个人思想等虚拟空间中，连通社会历史层面的文化记忆与个人层面的感官体验、情感认知间的双向“触媒”，并在其中构建起个人城市交往的虚拟中枢平台，即在“个人—文化记忆—城市”中为社会整体提供“共有之物”的感知与阐释框架（“沉浸式媒介”），干预、引导、推动城市传播活动的演进。

这其中不仅要关注“触媒”背后勾连的感官重组、身体调度以及文化记忆内涵，需审视文化记忆发挥“沉浸式媒介”的具体情境和虚、实媒介的联动性，即不同触媒对不同文化记忆的触发条件和机制。记忆的动态、难以定型的弥散性，

① ［美］肯特·C. 布鲁姆，查尔斯·W. 摩尔：《身体，记忆与建筑》，成朝晖译，杭州：中国美术学院出版社，2008 年，第 59 页。

要求我们需要锚定静态、实体的“触媒”，而尝试以记忆为中心的“虚拟媒介”转向，并非旨在搭建形而上的思想“空中楼阁”，抑或结构功能主义的生硬嵌套与牵强附会，而是基于虚拟记忆媒介的考量形成对“城市传播”实体媒介拣选、重塑、嵌合的“再思考”。此外需要指出的是，记忆/文化记忆与“身份认同”有着某种亲缘关系，而个人身份认同是受政治、经济、宗教等制度影响的社会建构过程，作为媒介的“文化记忆”的生成与作用并非处在完全独立语境中，却是类似于大多数社会媒介一样，受到其他独立制度（如政治、宗教等）的影响，笔者倾向于丹麦传播学者施蒂格·夏瓦（Stig Hjarvar）将社会媒介视为一种“半独立机构”的论述，他说：

> 媒介对其自身的影响，它们成为一个半独立机构，并为其他社会制度与参与者提供交流手段。媒介干预并影响着例如家庭、政治、宗教组织等其他社会制度的活动，同时也为社会整体提供一个“共有之物”，即其他社会制度与参与者越来越多地将媒介作为互动场合的虚拟交流论坛。……媒介化本身具有双重性，因为它在不同的制度语境下介入人际交流互动，同时也将媒介建构成半自治的制度。①

因此，即便是“文化记忆”这种“虚拟媒介”是社会组织、机构、个体共同参与建构与运作的独立对象，但是当文化记忆进入“个人—城市”具体交往情境中充当某种媒介效力时，也会受到其他独立机构/制度乃至传播个体的干扰，如同前文所指鼓浪屿文化记忆由近代“公共租界”记忆到“国际历史社区”记忆框架的现代社会重构与转变过程，而这些都需我们审慎待之。

① ［丹麦］施蒂格·夏瓦：《文化与社会的媒介化》，刘君等译，上海：复旦大学出版社，2018年，第25页。

下篇：海峡传播研究

记忆重塑与认同建构：自由时报网有关日据时代台湾抗日史报道（2008—2016）的话语分析

黄　敏*

本文以自由时报网2008至2016年有关日据时期台湾抗日史的报道为例，分析了“独”派媒体是如何在相关集体记忆的重塑中建构与传播“台湾认同”的。本文认为“独”派势力并不如有些学者所言竭力抹杀台湾人民的抗日斗争来否认台湾的中国身份，而是通过各种操作将其从建构中华民族认同的重要资源转换为建构“台湾认同”的有力工具。文章最后通过民进党文件及其党主席言论与自由时报网社论的对比，进一步揭示了作为“独”派的喉舌，自由时报网是如何在“抗日”这一特定议题的日常传播中建构和推举所谓的“台湾认同”的。

一、研究背景与研究问题

20世纪80年代以来，在以民进党为代表的“独”派势力的操控下，本作为乡土认同的“台湾认同”开始异化，①在台湾出现了国族认同层次上的“台湾认同”与“中国认同”的二元对立或认同困境。②虽然台湾社会在“中国人/台湾人认同”与“统一/独立”两个维度上形成复杂的光谱，③即便倾向“独立”的人中也有人

* 黄敏，1974年生，女，湖北孝感，浙江传媒学院新闻传播研究院常务副院长，研究员，新闻传播学学科带头人，浙江省“钱江学者”特聘教授，浙江省151人才工程第一层次人才，研究方向：大众传播话语分析。

基金项目：浙江省哲社规划项目“基于民族认同感的两岸媒体抗日集体记忆话语研究”（16NDJC166YB）。

① 刘国深：《试论百年来“台湾认同”的异化问题》，《台湾研究集刊》，1995年第3/4期第95—102页。

② 杨芙宜：《民主化与国家认同的转变：从菁英论述到民众态度的分析》，台湾大学硕士论文；黄囇莉：《M型政党 vs. 钟型意识》，《中华心理学刊》（台湾）2007年第4期。

③ 参见台湾政治大学选举研究中心有关台湾民众“中国人/台湾人认同”（1992—2017）（https://esc.nccu.edu.tw/course/news.php?Sn=166）和“独统立场”（1994—2017）（https://esc.nccu.edu.tw/course/news.php?Sn=167）的调查。

将“民族认同”与“国家认同”相区分，将前者视为文化认同，将后者视为政治认同，“想要同时保有‘中华民族的民族认同’以及‘台湾的国家认同’”，[①]但以民进党为代表的主流“台独”势力显然是将“台湾认同”作为一种与“中华民族”相区隔的国族认同加以建构和宣扬的。许多学者认为正是在20世纪80年代后期，由于民进党对族群意识的论述，才使得台湾的族群关系开始转变为认同层次上的“台湾民族主义”与“中国民族主义”的对立，[②]“中华民族”这一两岸关系的最大公约数遭到严重挑战。认同与记忆紧密相关，“认同的观念依赖于记忆的思想，反之亦然。任何个体或群体认同的核心意义，即一种跨越时空的同一感，是由记忆维系的；而所记忆之事又是由假定的认同来界定的。我们不断修改我们的记忆以符合我们当前的认同”。[③]这一点也体现于台湾有关抗日的集体记忆与国族认同的关系之中。

从台湾而言，抗日史包括发生于大陆的抗日战争和发生于台湾的抗日运动。随着台湾社会的“去中国化”，不仅大陆的抗日战争不再是促进台湾社会中华民族认同的资源，即便是台湾本岛的抗日斗争也似乎被“独”派势力有意忽略以抹杀台湾的中国身份。学界对此也多有批判，比如：王明珂在讨论群体借着结构性失忆而疏离华夏认同时，无不痛心地指出台湾社会对中国抗日战争日渐失忆，而这与台湾社会国族认同的变化息息相关；[④]B. Kushner分析1990年以来台湾有关二战的集体记忆时，认为“独”派势力常通过美化日本殖民史，忽略殖民者的暴行和台湾人民的抗日斗争来否认台湾的中国身份；[⑤]另一位台湾学者戚嘉林在2013年纪念“七七抗战”的演讲中也批评道：“近一二十年来，台湾分离主义者……推动‘亲日殖民史观’，除蓄意淡化抹杀台湾先贤用鲜血和生命谱写的壮丽抗日史实，并建构‘日本殖民统治肯定论’”。[⑥]

王明珂认为台湾社会对抗日战争失忆的原因之一，是台湾民众对这一战争原本就缺乏记忆。[⑦]即便如此，日本对台湾的残酷殖民和台湾人民的反抗却是台湾人

---

① 庄雅媛：《中国崛起与台湾国家认同之变迁》，台湾中正大学硕士论文，2013年，第12页。

② 施正锋：《台湾人的民族认同》，台北：前卫，2000年；王甫昌：《当代台湾社会的族群想象》，台北：群学，2003年；庄雅媛：《中国崛起与台湾国家认同之变迁》，台湾中正大学硕士论文，2013年。

③ Gills, J. R., “Memory and identity”, in Gills, J. R. (Ed.). *Commemorations*. Princeton, New Jersey: Princeton University Press, 1996, p.3.

④ 王明珂：《华夏边缘》，台北：允晨文化，1997年。

⑤ Kushner, B., “Nationality and nostalgia”, *The International History Review*, 2007, 29(4), p.793—820.

⑥ 中评社：《七七抗战祖国认同与中国梦》，2013年7月8日，http://www.crntt.com/doc/1026/1/7/6/102617687_2.html?coluid=7&kindid=0&docid=102617687&mdate=0708005111.

⑦ 王明珂：《华夏边缘》，台北：允晨文化，1997年。

民所实实在在经历的。如萧阿勤所言："在许多与民族/国家认同建构有关的集体记忆中，'他者'所引起的'苦难'（包括剥削、压迫、侵略等），以及对这种苦难的'抵抗'（包括不合作、逃离、武装抗拒等），往往扮演着极重要的角色。"[①]台湾在1874年就爆发了少数民族抗日的"牡丹社事件"，在甲午后长达50年的日本殖民统治中，台湾的抗日运动一直延续不断。这段历史虽被国民党政府及统派人士与中华民族认同相勾连，作为台湾人心向祖国的表现，[②]在战后相当长一段时期，台湾社会有关日据时期的抗日集体记忆一直是建构中华民族认同的重要资源。[③]在这一"集体经验叙事模式"[④]的主导下，"独"派势力又是如何重塑这一段历史记忆以建构一种与中华民族认同相区隔的"台湾认同"的呢？

本文聚焦于"独"派喉舌自由时报的官网，以2008—2016年间的相关报道为例，围绕以上问题分析他们是如何建构相关集体记忆的，其所推举的"台湾认同"是如何在相关记忆的建构中得以显现和传播的。

二、研究对象与分析方法

（一）研究对象

在台湾主流媒体中，《自由时报》自创立之初就秉承"台湾优先"的理念，早期支持李登辉国民党本土派，政党轮替后支持民进党，是深绿阵营的喉舌，[⑤]被称为一份"台湾认同的报纸"以与《联合报》等"中国认同的报纸"相区隔。[⑥]而研究也发现以《自由时报》为代表的所谓"主张台湾认同的报纸"正是影响民众国族认同转折的重要媒介，[⑦]自由时报官网所刊登之文章虽与其纸质版不尽相同，但其"主张台湾认同"的倾向是一致的，因此当属观察"独"派势力如何借助大众媒体建构与传播所谓"台湾认同"的最佳对象。之所以选择2008—2016年，是因为此时期台湾由马英九执政，马因其坚定的中华民族认同而被称为台湾"最后一

① 萧阿勤：《抗日集体记忆的民族化》，《台湾史研究》（台湾）2002年第1期。

② 同上。

③ 前引萧阿勤：《抗日集体记忆的民族化》，《台湾史研究》（台湾）2002年第1期。另请参余静华：《历史叙事、认同建构与政治能动》，台湾清华大学硕士论文，2008年。

④ 萧阿勤：《抗日集体记忆的民族化》，《台湾史研究》（台湾）2002年第1期。

⑤ 陈致中：《台湾报业》，台北：风云时代，2016年，第48、54页。

⑥ Hsu, C.—J., *The Construction of National Identity in Taiwan's Media, 1896—2012*. Boston, Mass.: Brill, 2014.

⑦ 叶春娇：《国族认同的转折》，台北：稻香出版社，2010年。

个中国人”,[①] 其执政的 8 年也被视为近来两岸关系最好的时期。然而民调显示也正是在这一时期台湾民众中“台湾人认同”首次超过“既是台湾人也是中国人”的混合认同而成为主流社会认同意识。[②] 当领导人持坚定的中华民族认同，官方也与大陆关系亲近时，民间的社会认同却越发偏离。鉴于大众媒体在台湾族群认同形成中的重要影响，[③] 以自由时报为代表的“独”派媒体如何通过集体记忆的操弄建构“台湾认同”也就更值得探究。

本文以自由时报网（http://libertytimes.com.tw）2008—2016 年有关抗日史的报道为分析对象，具体而言，以“抗日”为关键词 [④] 在其官网“新闻查询”中搜索，剔除不相关及重复性文本，共获有效样本 605 篇。

（二）分析方法

搜索结果表明，对于那段历史，“独”派势力可能不及统派重视但并没有放弃，那么他们是如何再现那段历史从而赋予那段经验以“台湾认同”的呢？

为回答这一问题，本文结合文本分析与文献分析，[⑤] 运用内容分析、扎根理论与文本细读的研究方法，从内容主题的选择和表征策略的运用两个方面加以探讨。在“内容主题的选择”方面，根据历史文献确定相关报道的可能主题，通过内容分析梳理这些主题在媒体文本中的实际呈现，以揭示媒体在主题选择上的倾向性。在“表征策略的运用”方面，依循扎根理论路径，并不事先假定文本中所用到的策略类型，而是从文本入手，经过反复比较和提炼，归纳实际存在的情况，再通过文本细读，分析其策略运用的特点和语言表述上的微妙之处；必要时再结合文献，探查其策略运用和语言表述背后的内在逻辑。总之，本文试图通过文本与文献的详细分析与比较，观察那一段历史“哪些被涵括于其中哪些又被排除在外，哪些被清楚表达哪些又被含糊其词，哪些被前景化哪些又被背景化，哪些被主题

---

① 马军：《台湾步入“最后的中国人”时代》，FT 中文网，2015 年 6 月 25 日 http://www.ftchinese.com/story/001062693?full=y。

② 台湾政治大学有关台湾民众“中国人 / 台湾人认同”（1992—2017）（https://esc.nccu.edu.tw/course/news.php?Sn=166）的调查。

③ 李世宏：《从建构主义探讨台湾国家认同的变迁》，博士学位论文，台湾中正大学，2009 年。

④ 从样本的全面性而言，仅以“抗日”为关键词是不够的，但由于搜集条件所限，在无法保证全面性的情况下，为保证样本的典型性，本文以“抗日”为关键词，至少当以这样的词语指涉那段历史时，媒体是从“抵抗日本殖民者”这一角度回顾那段历史，当是最典型的“抗日集体记忆”。

⑤ 对于文献本文只参考所记录的史实，不吸纳其观点。台湾文献有：洪弃生：《台湾战纪》，杭州：杭州古旧书店复制，1980 年；叶荣钟：《台湾民族运动史》，台北：自立晚报社，1983 年；陈汉光：《台湾抗日史》，台北：海峡学术，2000 年；林国章：《民族主义与台湾抗日运动（1895—1945）》，台北：海峡学术，2004 年。大陆文献有：薛军力、徐鲁航：《台湾人民抗日斗争史》，北京：北京燕山出版社，1997 年；安然：《台湾民众抗日史》，北京：台海出版社，2003 年。

化哪些又被非主题化，哪些过程类型和范畴被用以再现事件等等”，以深挖镶嵌于媒体话语中的那些与国族认同有关的“共识性假定和预设”[①]。

三、文本分析与特点讨论

（一）文本分析

1. 内容主题的选择

综合文献，台湾抗日活动大体可以1915年噍吧哖事件为界分为两个阶段，前期为台湾官民的武装抗日（主题T1），后期则是知识分子主导的非武装抗日运动（主题T2）。武装抗日又可依族群分为汉族抗日（主题T1A）和少数民族抗日两大类（主题T1B）；非武装抗日则基本上都是由汉族知识分子发起的。汉族武装抗日又可分为两期：1895年的乙未战争（主题T1A1）和此后的抗日活动（主题T1A2），前者指1895年所发生的台湾官民抗日的大小战役之总称，又可分为大陆入台正规军抗日（主题T1A1a）和当地义勇军抗日两类（主题T1A1b）。本节根据以上主题对报道进行内容分析，若涉及多个抗日活动的，以出现在标题或导语中的为准，具体结果如下图1所示：

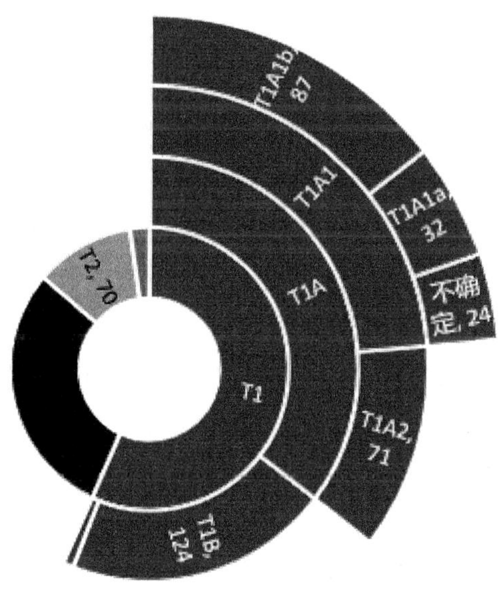

图1：各类抗日活动报道篇数

① Fairclough, N., *Media Discourse*. London: Edward Arnold. 1995, p.104 & 46.

由上图可知，自由时报网在报道主题上呈现出如下特点：在武装抗日和非武装抗日中更侧重武装抗日（特点 1），武装抗日中更侧重汉族的抗日活动（特点 2），在汉族抗日活动中更侧重乙未战争（特点 3），在乙未战争中又更侧重当地的义勇军抗日（特点 4）。

根据前述萧阿勤有关抵抗、记忆与认同之间关系的论述，相较于非武装抵抗，武装抵抗是对日本殖民者的一种激烈反抗形式，所遭受到的镇压更为残酷，留下的集体记忆也会更为深刻，更适于建构国族认同，但也更易于把日本置于一个“他者”位置。特点 1 表明自由时报网基本遵循了国族认同建构的一般规律，也并不避讳日本殖民者的“他者”身份。而武装抗日确实以汉族占主导，就此而言，特点 2 似乎表明自由时报网是尊重历史事实的。但鉴于少数民族的人口比例（当时不到台湾总人口的 2%）及相关抗日活动的规模和影响，其相关文章达 36%（124 篇）的比例是偏高的，因此自由时报网实际上仍对少数民族抗日投入了更多关注。从少数民族的族群看，报道涉及了阿美、布农、排湾、赛德克、赛夏、太鲁阁、泰雅和邹等，涵括了日据时期所识别族群的绝大部分。[①] 这进一步表明自由时报网力图更加详细和全面地呈现少数民族的抗日活动，增加少数民族在抗日集体记忆中的分量。汉族抗日活动中，不论就参与抵抗及牺牲的人数、涉及的地域以及造成的影响而言，都是乙未战争最为显著，特点 3 似乎再次表明自由时报网是尊重历史事实的；但特点 4 又表明，相较于大陆入台的正规军，自由时报网更青睐当地义勇军的抗日活动。如果再细查有关义勇军抗日的 87 篇报道就会发现，有关客家人的抗日活动约占 95%。也即在汉人这一族群中，自由时报网尤其关注客家人的抗日活动。

综上，就主题内容而言，自由时报网似乎遵循了国族认同建构的一般规律而侧重武装抗日，尊重历史事实而侧重乙未战争，但又弱化大陆入台官兵的抗日斗争，而以当地少数民族和客家人抗日为主，这就使其所建构的抗日集体记忆具有较强的本土色彩，凸显它是台湾本土人民的抵抗活动。自由时报网以弱化抗日斗争的“大陆性”来凸显其“本土性”，显然将大陆与台湾置于不可兼容的对立位置，一种试图与大陆相剥离的“台湾认同”已昭然若现。

2. 表征策略的运用

在表征策略方面则主要包括：对非我族类群体的他者化、将抗日活动性质的本土化。

---

① 日本殖民政府曾将台湾少数民族分为 9 族群，包括泰雅、布弄、邹、泽利先、排湾、漂马、阿美、雅美、赛夏，其中泰雅人包括现在的赛德克人和太鲁阁人，参见周恩典：《台湾少数民族的类别与族称述论》，《华南农业大学学报》，2010 年第 2 期，第 115—121 页。

（1）非我族类群体的他者化策略

国族认同本质上是一个划界的过程，“国族认同，便是经由‘他者’的作用与影响，来自我界定与再界定”。[①] 因此对“他者”的建构是国族认同建构的重要一环。那么，在抗日集体记忆的建构中自由时报网是如何建构“他者”，又是如何在这一过程中“自我界定”即建构“台湾主体性”的呢？

自由时报网在报道中所建构的“他者”大体可分两类：敌对的他者和不忠的他者，前者包括日本殖民者、清朝政府、国民党政府及大陆等；后者则是被他们视为并不真正为台湾奋斗牺牲的人。

I. 敌对的他者

在抗日的集体记忆中，日本殖民者的“他者”身份自是不可回避的，这一点自由时报网并不讳言，多次表明其殖民统治的性质和台湾人民的反抗，比如：

例 1：“日本治台（……）期间，本质上是殖民统治，抗日运动前仆后继。前廿年就发生过廿起以上大型武装反日行动；之后的雾社事件并震动国际……”（2011-01-03）

然总体来看，在自由时报网中这一“他者”却并不那样可憎，其弱化策略包括：

A．强调日本殖民统治在台经济建设成果。比如，紧接上例的一段就叙述了日据时期台湾的近代化成就：

例 2：“经建方面，……与同时期的中国相比，台湾更早完成近代化建设的基础。早在一八九九年，便完成台北自来水道工程；……奠定台湾走向现代商业社会的基础。长达四〇五公里的纵贯铁路，……台湾财政情况在一九〇四年以后，已可自立自主，显示社会迈入富足。”（2011-01-03）

B．弱化日本殖民统治以及台人抗日的独特性。将日本殖民统治以及台人抗日描述为不过是历史上台人所遭受殖民统治及反抗活动中的一例，比如：

例 3：“从历史轨迹来看，台湾人抵抗外来殖民统治的事迹也是可歌可泣。……荷兰殖民台湾的最后十年，一六五二年爆发反抗荷兰政府的郭怀一抗暴事件。……满清统治台湾二百二十一年，大大小小的抗官民变有一百一十六次之多。……日本统治台湾的前二十年，武装抗暴没有停歇。……之后的抗日行动就转为非武装的文化、社会运动，……二次战后中国国民党迁占台湾，因贪官污吏、欺压百姓恶政频传，……终致爆发二二八事件。”（2013-01-13）

C. 表明双方都是牺牲者，强调今天的和解。例如：

例 4：“一八七四年发生惨烈牡丹社事件的牡丹石门天险，百余年后物换星移，

① 沈松侨：《中国的一日，一日的中国》，《新史学》（台湾）2009 年第 1 期。

来自日本冲绳以及牡丹的原住民后代，……携手为战场的入口意象及描述当年场面的壁画揭幕，除了象征和解，也为‘战场’赋予了新的生命。……一百三十五年前发生的牡丹社事件是历史的错误，……一百三十五年后，两国人民用爱与和平的文化交流来抚平历史伤痕，……”(2009-05-30)

上例3也表明自由时报网不仅将日本殖民者建构为“他者”，也将清政府和国民党政府建构为历史上压迫台人的“他者”。此外，自由时报网还将清政府和国民党政府建构为“卖台者”，比如：

例5：“……大清和日本发生甲午战争，清败，一八九五年把台湾割让给日本，……这是台湾第二次被出卖，……二次大战，……台湾糊里糊涂遭国民党派军队接收、统治，……国民党竟利用二二八事件血洗台湾，将台湾人菁英一网打尽，……这是第三次被出卖。事隔六十多年，国民党两度败选后重新执政，但内政不修，……，文武百官争相朝贡中国，……，台湾人面临第四度被出卖。”(2014-01-24)

至于大陆，尽管跟台湾的那段历史扯不上什么关系，但也通过与日本殖民者或清朝政府的类比，直接界定为台湾的“威胁者”，比如：

例6：“反抗外侮，保卫家园，一八九五年时的对象是日本，二〇〇八年的对象已非日本，而是中国。”(2008-11-30)

例7：“哪一个台湾人相信会有祖国？清国李鸿章奏折以文字批斗台湾，弃之可也的用语，百多年后读来犹然可恨，比之于现在中国瞄准台湾的飞弹营已增加至七个，如何？历史的暴力竟是如此惊人的相似啊。”(2014-06-13)

综上，在自由时报网建构的这些“他者”中，清朝是曾经的“压迫者”和“卖台者”，日本是曾经的压迫者，现在的“友好者”，国民党政府是曾经的压迫者，曾经及现在的“卖台者”，大陆则是现在的“威胁者”。也即，在其所建构的抗日集体记忆中，不是那个所抵抗的对象日本而是大陆成为与台湾最对立的“他者”。

II. 不忠的他者

自由时报网还进一步将抗日阵营细分，将一部分人划出“我族”的范围，如下例中前期抗日的沈葆桢、唐景崧、丘逢甲、刘永福以及后期抗日的罗福星等。这些人之所以被划出，按文中的说法，是因为他们并非“真正抗日”或“真正为台湾这片土地奋战、流血、牺牲”，因此从自由时报的角度看似可称之为“不忠的他者”。

例8：“过去国民党的教育每谈到一八九五年台湾的抗日，都只着重唐景崧、丘逢甲、刘永福。然而这些人的‘抗日’，禁不起历史检验。唐景崧干了十天的‘台湾民主国’总统，……他就跑了；丘逢甲的抗日始终只是纸上功夫，……实则不曾打过一兵一卒一弹一炮，就卷走军饷十万银两潜逃了；刘永福也在主力部队还未和日军交战，就抱着心爱的小狗从安平开溜了。最荒唐的是，唐景崧找来的一堆广勇（广东兵），……抗日无能，最后官兵还变成盗贼！真正投身抗日的，如吴汤兴、徐骧、姜绍祖，率苗栗、新竹的客家子弟兵奋勇抗敌……”（2008–11–30）

例 9：“不论是‘葆桢、福星’，或是‘铭传、逢甲’，显现的是军方的历史意识与国族认同，尚停留在历史中国，……翻翻国高中的历史课本，真正曾为台湾这片土地奋战、流血、牺牲的，是打游击的‘抗日三猛’、历时最久且牵连最广的噍吧哖事件，与原住民赛德克族抗日的雾社事件；……”（2016–04–13）

若以是否“曾为台湾这片土地奋战、流血、牺牲”为标准的话，无论是大陆还是台湾的历史文献均认可以上人物都曾为台湾奋战、流血乃至牺牲。即便是自由时报网对于他们也偶尔流露一些相对正面的信息，比如也提到有关丘逢甲“卷款潜逃”的说法可能并非史实（2015–09–23），提及民间传诵“沈葆桢带领排湾族勇士对抗日军、建造亿载金城、开采煤矿、开山通道故事”（2008–02–18），也称刘永福是“抗日名将”（2015–06–22）等等。不过此类信息不仅稀少且表述极为简短，无法平衡以上负面建构。那么，是什么使得报纸将他们打入另册呢？

限于篇幅，本文仅以乙未战争中的抗日人物为例，一探其中可能存在的缘由。陈汉光在《台湾抗日史》中曾将参战的重要人物列入“人物事略”，共计 14 人。为自由时报网提及的有 9 人，其中，指名褒扬的 3 人（吴汤兴、徐骧、姜绍祖），未指名但褒扬其事者 2 人（江国辉、林昆冈），其余 4 人（唐景崧、刘永福、丘逢甲、林朝栋）均遭到程度不一的批评，至于其他 5 人（林维源、许南英、吴彭年、胡嘉猷、王赤牛）则完全被忽略。如果稍微深入了解这被批评或忽略的 9 人之背景就会发现，其中有 8 人与大陆有着紧密关系：唐景崧、刘永福和吴彭年是来自大陆的官员和将领，其余 5 人则是忠于清廷的台湾人，他们或为朝廷效力而被封官，或在抗日失败后移居大陆。再考虑到上例 9 人中被指名排斥的沈葆桢、罗福星、刘铭传，也都是与大陆有紧密关系的人（沈和刘是清朝官员，罗参加了孙中山领导的革命），令人不难得出一个推断：他们之所以被视为“不忠的他者”，很大程度上是因其所具有的强烈“中国性”或自由时报网所称的“中国联结”。

如果再看自由时报网一篇文章对罗福星抗日活动的诠释（例 10），媒体对抗日人士之“中国联结”的忌讳就更明显了。这篇文章对马英九在纪念罗福星的活动中强调中国认同表示不满，虽不否认罗福星抗日，却竭力抹除其抗日活动与中国的联系。

例 10：“罗福星的‘苗栗事件’，……还必须放在整个‘武装抗日’的脉络中来检视。基本上，史家将一八九五至一九〇二年划为前期，这时候的台民具有较高的‘反日复清’意识，……被归为后期的一九〇二到一九一五年，抗日的口号有了很大的改变，这时，诉诸自立与自主成为主旋律，已不再流行连接中国。……在罗福星时代，台湾为日本统治，不会因为罗福星曾参与中国革命，就与‘中华民国’有关。”（2014–03–03）

（2）抗日活动性质的“本土化”策略

自由时报网还力图将台湾抗日活动的性质“本土化”，包括：突出相关人物的“本土化”色彩、对活动目的加以“本土化”诠释。

I. 突出相关人物的“本土化”色彩

一个人物客观上有着多重身份，主观上也可以进行不同的定位，但媒体往往只突出其台湾本土色彩较强的方面，如与台湾相关的族群、地域关联，或直接强调其“台湾性”。以报道较多的吴汤兴为例，他既是客家人，也是清朝秀才、“台湾民主国总统”唐景崧亲封的统领。按理说，在乙未战争中其“统领”身份更为重要，因为这赋予他征兵、参战及调动军队更多的合法性，但在 32 篇报道中只有 1 篇提及他的统领官职，其余均突出其客家人身份，称之为“客家烈士”或“客家秀才”，与姜绍祖和徐骧并称“客家三杰”，将其抗日精神称为“客家精神”。与其并肩作战的徐骧、姜绍祖也常被称为“客家菁英”“客家抗日烈士”“客家人忠义节气代表”，或“头份之光”（徐骧）等。不过，这种“本土化”似乎只针对“我族”成员，“他者”则不一定，比如对同场战争中同样来自本岛的客家人丘逢甲，只有一处称其“抗日客家先贤”，而对来自大陆的客家人刘永福，则丝毫没提及其客家身份。

有关台湾少数民族抗日的报道则将人物归于具体族群，比如称莫那鲁道为“赛德克抗日英雄”，称拉荷阿雷为“布农抗日英雄”，把对于拉荷阿雷的纪念称为“找回布农历史精神”，等等。之所以如此，除了他们确实来自这些族群外，下例大概可让我们一窥其中更深刻的原因：

例 11：“但大家在赞叹莫那鲁道之余，切切不要忘记他是南岛族裔，不是什么所谓炎黄子孙，若说他是民族英雄，也是南岛民族的民族英雄，和所谓中华民族扯不上关系，……”（2011–09–23）

媒体也强调人物的“台湾性”，如称蒋渭水为“台湾反殖民运动领袖”“台湾抗日领导者”“台湾先知觉真正代表人”“台湾本土运动的‘国父’”，将“赖和精神”等同于“台湾精神”，将莫那鲁道、林少猫、吴汤兴、余清芳等抗日烈士称为“台湾先烈”。除直接定性外，媒体还运用了一些间接方式，如将抗日史归为与“中国史”相区隔的“台湾史”，例如：

例 12：“与一般传统上演中国史的剧本不同，朱其岛近年以台湾史为剧本，……

并重新设计噍吧哖抗日领导人余清芳、杨逵等木偶造型，希望能让下一代更了解台湾这块土地的历史。”（2015–11–04）

例 13：“台湾学生熟读中国历史，但可曾了解过台湾抗日五十年的可歌可泣？我的经验是汗颜的！”（2010–02–27）

II. 对活动性质加以“本土化”诠释

自由时报网还从目的或意义上对抗日活动的性质进行“本土化”诠释，突出其“台湾主体性”。比如，强调抗日活动不是为了效忠朝廷或为了祖国，而是为了“捍卫斯土斯民”“保卫 / 守护乡土”，是为了台湾的“自立自主”，追求“台湾本身主体性”，这些活动开启了“台湾意识”或恢复了“自我主体意识”，等等。以下仅举两例：

例 14：“日军……在中南部遭到顽强抵抗。史书记载刘永福在退回中国前致函日军云：‘欲想抗战唯有台湾人耳’。这些真心抗日的在地台湾人，为斯土斯民而战，哪管什么‘遥奉正朔，永作屏藩’！”（2008–06–17）

例 15：“吴汤兴等绝对不是对清朝‘愚忠’，而是用生命保卫乡土以及生活方式，……他们宁愿肝脑涂地，……化作泥也要守护乡土，他们的遭遇正是身为台湾人的‘悲哀’，但也是台湾意识‘启蒙’的开端。”（2008–12–08）

观察以上抗日活动与相关人物“本土化”的具体方式，不难发现媒体在强调“本土性”时总会或明或暗地否定其中国性，或者说以否定其中国性为建立“本土性”的预设前提。

（二）特点讨论

在以上文本分析的基础上，本节进一步讨论其建构过程中所呈现的特定和问题。

1. 集体记忆与国族认同结构上的差异化

前引萧阿勤的观点指出，“他者”所引起的“苦难”以及对这种苦难的“抵抗”之集体记忆对国族认同的建构发挥着极重要作用，也即逻辑上讲，集体记忆中的这一“他者”也应该是国族认同中的“他者”，而且是那个“重要他者”（the “significant other”）①，因为正是“他”造成的威胁以及对这一威胁的抵抗才形成“我族”的集体感以及个体对“我族”的归属感。因此，集体记忆中“他 – 我”结构与其所激发或促进的国族认同中的“他 – 我”结构应是一致的。事实上也确实

① Triandafyllidou, A., National identity and the ‘other’, Ethnic and Racial Studies, 1998, 21(4), 593—612.

如此，比如，M. Kim 指出对日本殖民者的抵抗使韩国人重获了作为一个国族的认同感，尤其是韩国工人阶级因共享抗日的集体记忆而作为韩国人团结在一起，获得一种以日本人作为“他者”的认同感；[①]V. Ingimundarson 则发现有关 1990s 反塞族统治斗争的记忆极大地促进了阿尔巴尼亚人以塞族作为他者的国族认同。[②]在一个国族的历史上可能会有不止一个“重要他者”，比如在韩国国族主义的发展中，中国、朝鲜和美国都曾是“重要他者”，但在抵抗日本殖民斗争所激发的国族主义中，日本才是“重要他者”。[③]

根据这种逻辑一致性，若真如自由时报网文章所言，抗日是“台湾意识‘启蒙’的开端”，是为了“追求台湾本身主体性”，那么相关集体记忆所蕴含的国族认同应是以“日本”为“重要他者”。然而细究其建构方式不难发现，自由时报网实际上处处以消除这场记忆中的“中国联结”，以解构中华民族认同来形成“台湾国族认同”，中国成为其用以建构国族认同的“重要他者”，由此形成集体记忆与国族认同在结构上的差异化。之所以如此，是因为媒体对这段记忆所赋予的国族认同是一种后设性的，即以当今构拟的国族认同重新组织过去的历史，他们正是基于当今的政治立场划出“我群”的范围，并据以将日据时期的抗日斗争重新表征和诠释，从中寻找台湾作为一个与“中华民族”相区隔的“国族”所需要的内容。这正是自由时报网重塑有关这段历史集体记忆的重要机制，是实施以上建构策略的指导性原则。

由上也可知，“独”派势力并没有竭力抹杀台湾人民的抗日斗争以否定台湾的中国身份，而是在建构相关集体记忆时刻意消除这场斗争的“中国联结”，以中国取代日本成为“重要他者”，正是通过这样的操作，他们试图将日据时期的抗日斗争从建构中华民族认同的重要资源转换为建构“台湾认同”的有力工具。

2. 中国认同的结构性失忆与无意识浮现

虽然当集体记忆沦为政治的附庸，扭曲甚至否定历史事实的现象也时有发生，但 M. Schudson 认为这种对集体记忆的任意建构将遭遇到各种阻力，包括：①那些仍然健在的人们的记忆；②别种对过去的看法；③专业的批判、④乍然泄露的真相；⑤寻找历史的指引和追求正确知识的动机；⑥约束人们如何正确讨论过去的种种文化规范；⑦以不同方式诠释故事的可能性；⑧深植于语言、意识形态、

---

① Kim, M.—Y., National memory and identity of the working class in Korea (1910—1950), *International J. of Korean History*, 2000, 1, 63—90.

② Ingimundarson, V., The politics of memory and the reconstruction of Albanian national identity in postwar Kosovo, *History and Memory, 2007,* 19(1), 95—123.

③ Park, H. Y., Shared national memory as intangible heritage, *Annals of Tourism Research*, 2011, 38(2), 520—539.

器物遗迹的过往旧事；⑨不愉快的历史在人们身上留下深刻的伤痕。[①]对于自由时报网所建构的这一集体记忆而言，以上阻力虽都程度不同地存在，但最致命的可能还是自己对真相的“乍然泄露”。

尽管自由时报网百般消除这一场斗争的“中国联结”，但仍会不经意间显露历史真相，从而使得那段抗日史中所蕴含的中国认同在被刻意地结构性失忆的同时，也偶尔会无意识地浮现。比如，上例 14.15 称徐骧等人的抗日绝非出于对清廷的忠诚，可是在上例 10 中却明明说过“一八九五至一九〇二年划为前期，这时候的台民具有较高的‘反日复清’意识”，又如在下例 16 中引述了徐骧的一段誓言，徐骧是否忠于当时由清廷代表的国家，答案也是非常明显的；例 17 引述一位学者的话表明“乙未抗日”中的义军多效忠于台湾民主国，而台湾民主国正是为了“遥奉正朔，永作屏藩”；在例 18 中则承认日据时期的反日社会运动者是效忠于中国的，尽管被批评为“理想化的中国”。

例 16：他在保卫台南……的共商军事会议上，斩钉截铁地说：“此地一失，台湾即亡，我不愿生还中原，在此决死一战，大丈夫为国捐躯，死而无憾！”（2014–04–05）

例 17：台北大学历史系助理教授洪健荣表示，当时的义军多效忠于台湾民主国，……（2015–07–12）

例 18：在日据时期，反日社会运动对中国仍然存有盼望，……吴浊流、钟理和等知识分子到中国游历时，纵被台中两地的文化差异吓倒，最终仍然……一厢情愿地继续效忠于他们心目中那理想化的中国。（2015–10–18）

3. 台湾认同建构的理论悖论与实践困境

关于国族认同大体有“本质论”和“建构论”两种观点，前者强调血缘、种族在国族形成中的重要作用，后者则主张国族与血缘、种族没有必然联系而是后天建构的产物。而从自由时报网以上所建构的“国族认同”看，“独”派势力显然是同时采纳了以上两种观点，从而造成了一种国族认同建构理论上的悖论。比如，他们一方面基于“本质论”，宣称台湾少数民族在种族上是“南岛族裔”，“跟中华民族没有关系”，以此消除台湾的“中国性”；另一方面又基于“建构论”，将早期渡海入台的汉人与大陆切割，称不同时期治理台湾的中国政府为“外来殖民统治”或“异族异人”（2014–06–13），甚至以并非“真正曾为台湾这片土地奋战、流血、牺牲”为由将抗日阵营中一些他们认为有“中国联结”的人划到“我族”之外。

这种理论悖论看似将台湾的“中国性”消除得干干净净，却极易令人“以子

---

① 转引自黄秀端：《政治权力与集体记忆的竞逐》，《台湾民主季刊》（台湾）2008 第 4 期。

之矛攻子之盾”，从而使其将岛上不同族群熔铸为同一个“台湾认同”的努力引入困境。比如有些台湾少数民族人士就将历史上渡海入台的汉人都视为“殖民者”，向民进党当局提出要与台湾建立“准国与国关系”。[①]

四、余论

根据邹振东的梳理，在60年来的台湾舆论中，“台湾意识”经历了一个从20世纪70年代“作为中国人、中华民族的台湾人”到80年代与中国国族主义相抗衡的“台湾国族主义”的发展过程。[②]虽尚未有人专门研讨《自由时报》，但可推想创立于1980年一直秉持“本土立场”的《自由时报》在这个过程中一定发挥着重要作用。国族主义的发展一般都有一个“国族”观念从少数精英借助各种媒介与手段向民众扩散以形成大众运动的过程。[③]就台湾而言，也有研究指出以“台湾”为主轴的族群意识的塑造“往往是‘菁英’分子由上往下宣导的历程”。[④]作为“独”派的喉舌，《自由时报》究竟是如何将少数“精英”精心制作的“国族”观念付诸实践并四处传播的？对于这一问题，本文的研究似乎可以让我们略窥一斑。

为解构中华民族认同，确立“台湾主体性”，“独派精英”也注意到了“重塑集体记忆”的重要性。在2010年颁布的“十年政纲”中，民进党明确指出要“重塑台湾历史记忆”：“台湾历史的记述、诠释，应从承认台湾最早主人的少数民族历史记忆为起点，并兼顾多族群观点，更应以转型正义角度，促进各族群对话，重建多族群文化共享的记忆。”[⑤]次年11月7日民进党主席蔡英文再次提出重建多元族群观点的所谓“国家”历史记忆的主张，强调一个所谓“国家”的历史，不该只是单一族群的观点，具体指出：“我们国家记忆的记录，应该从‘原住民’开始，再把不同时期移入台湾的各个族群对台湾历史的不同记忆，都纳入台湾共同的历史记忆中。”[⑥]

在蔡讲话的第三天，自由时报网发表了题为《台湾意识来自多元族群的历史

---

① 凤凰网：《台湾“原住民”要求：与台湾“政府”是“准国与国关系”》，2016年7月31日，http://news.ifeng.com/a/20160731/49692452_0.shtml。

② 邹振东：《台湾舆论议题与政治文化变迁》，北京：九州出版社，2014年。

③ 参见M. Hroch对国族主义运动模式的总结，转引自安东尼·史密斯：《民族主义：理论，意识形态，历史》，上海：上海人民出版社，2006年，第79页。

④ 庄静怡、李美枝：《台湾地区的族群认同与对日态度》，《本土心理学研究》（台湾）2003年第20期。

⑤ 《民进党“十年政纲”：不再视大陆移民为外来他者》，《联合报》，2010年8月12日A8版。

⑥ 民进党台北市党部：《铜锣天后宫参香蔡英文：重建多元族群观点的“国家”历史记忆》，2011年11月7日，http://www.dpptp.org.tw/news/newscendetail.php?pd_id=654。

记忆》的社论，[①]直接表明了这一貌似公平、包容的“多元族群历史记忆”主张的真正目的：解构中华民族认同，建立“台湾认同”。社论点明了“十年政纲”和蔡英文主张所针对的对象，指出：“在台湾的环境中，多元族群观点的国家历史记忆，很明显是针对单一族群观点的国家历史记忆而发的，而单一族群观点正是中国国民党的专利品。”而且挑明了其中含糊其词的“转型正义”和“兼顾多族群”的言外之意，即多考虑台湾少数民族、福佬人和客家人的历史记忆，因为：“过去六十多年，只要是国民党执政，这种单一族群观点就会贯彻于各种政策，尤其是国家庆典和学校教育，全然不顾原住民族、福佬人、客家人的感受。”其中，鉴于福佬人在台湾的强势地位和政治倾向，[②]无需自由时报网调动并重新诠释其历史记忆，这样重建历史记忆的重点自然落到台湾少数民族和客家人族群。而台湾少数民族的价值还在于可以之作为对中华民族认同的一种挑战，因为在他们看来，台湾少数民族是“不属于中华民族”的。

我们再回过头来看以上自由时报网对日据时期抗日集体记忆的建构，会发现无论是从内容主题的选择还是到表征策略的运用，无不是这一所谓“多元族群历史记忆”主张的实践。作为独派势力面向大众的传播平台，自由时报网忠诚而细致地将这一思想观点实现于有关日据时期的抗日史报道中，在这一特定议题的日常传播中建构和推举着所谓的“台湾认同”。

---

① 自由时报网：《台湾意识来自多远族群的历史记忆》，2011年11月9日，http://talk.ltn.com.tw/article/paper/537935。

② 在台湾四大族群（福佬人、客家人、外省人和少数民族）中，福佬人因人口众多，经济实力雄厚而一直居于强势地位，常以“台湾人”自居，在“反对运动”初始阶段其激进势力就表现出构建“台湾国族主义”的政治意图，因此在“独”派支持者中福佬人占有较高比例，民进党甚至被称为“福佬的沙文主义党”，参见冯运波、李绍鹏：《台湾族群政治分析》，《太平洋学报》2005年第2期；中评网：《沈富雄：民进党是一个“福佬的沙文主义党”》，2008年5月9日，http://www.crntt.com/crn—webapp/doc/docDetailCreate.jsp?docid=100640219。

两岸新闻媒体交流制度的变迁

王 莹 王 月*

两岸新闻媒体交流制度是多种媒体意识形态博弈的结果，是研究两岸及国际媒体交流的珍贵样本。本文以制度为核心，以历史制度主义为研究范式，考察有哪些意识形态影响制度，怎样影响制度，利益平衡后形成的制度又如何影响着新闻实践。从而以1949—2018年共70年为一个全周期考察制度变迁的过程，共分五阶段：隔空想象的新闻交流：不成文制度盛行期；双向新闻交流逐渐开启：成文制度的诱致与合法期；制度变迁：管制精细化与开放渐近式的博弈期；制度依赖：有限理性诉求期以及制度再变迁的诱致期。

一、引言及理论概述

（一）引言

两岸新闻媒体交流的良性制度有利于媒体交流实践及两岸关系和平发展。制度的定义是制度分析的逻辑起点。各学科有史以来对其结论不一，但历史制度主义学派视域里“制度是意识形态的结构化”[①]最能概括两岸新闻媒体交流制度的形成逻辑，即两岸新闻媒体的交流制度是两岸多种意识形态历史交流的集中体现。

那么有哪些意识形态影响制度？怎样影响着制度？如此利益关系平衡后的制度影响着怎样的实践？即本文想在历史视域里探讨两岸新闻媒体交流制度与历史意识形态表现出怎样的逻辑关系？关系互动背后动因是什么？制度的良性变迁又

* 王莹：复旦大学新闻学院博士研究生，两岸关系和平发展协同创新中心成员。王月：上海社会科学院新闻研究所副研究员。

基金项目：本文系“国家民委民族研究青年项目”（项目号：2018–GMC–035）及“上海社会科学院创新工程项目”阶段性成果。

① D.North, *Understanding the Process of Economic Change*, Princeton：Princeton University Press, 2005, p1—8。

何以可能？

（二）历史制度主义的范式、逻辑及两岸新闻媒体交流制度

历史制度主义同其他六种新制度主义（New Institutionlism）①一样，既被当成研究范式，又被当成研究学派。②笔者认为，从语言学角度称“主义”的应为范式，称“主义者”或“主义学派”等才能指称人。因此本文使用“主义”来讨论研究范式。

历史制度主义是新制度主义研究范式之一。较旧制度主义关注固态的政策与法律等结构主义、整体主义以及之后行为主义从个体视角对其反思的两极视域而言，新制度主义将视域转向形成人的意识形态的组织，即将主要行动者视为特殊组织，同政治、经济中各种组织同时构成制度形成过程中的各种关系。且制度的范畴也由传统的固定样式转向习俗、习惯、信仰等不成文的意识形态。

政治学领域的新制度主义范式主要包括理性选择制度主义和历史制度主义；经济学领域主要有成本经济、演化经济及经济史范式；社会学以组织分析制度主义为代表。本文选择的历史制度主义是政治学新制度主义中的主要范式，符合考察两岸关系的政治语境，同时其偏向从历史发展视域窥探制度形成过程及变迁动因，可呈现更动态完整样貌。

以历史制度主义分析两岸新闻媒体交流制度主要可从以下维度操作：首先，继承旧制度主义理念的大架构的考量，尤其意识形态对媒体交流制度的影响；其次，考察制度变迁的必然性的两种主要视角，即制度偏见引发冲突以及旧制度与新环境不符导致冲突；再次，对制度依赖特性分析。即从制度主体安全性视角切入观察原有的制度习惯形成制度依赖的可能性；第四，制度下的多方权利关系主体呈现有限理性特征。但历史制度主义致力于描述制度体现意识形态的过程，对于二者之间的关系乃至为何形成本质性的关联并没有更深层的分析，本文将尝试体现过程同时呈现其间关系本质。

二、制度与实践变迁的历史及逻辑

两岸新闻媒体交流现状形成过程应追溯到1949年前后，直至当下2018年正好历经70个年头。研究两岸70年新闻媒体交流制度的变迁可相对完整地看到多种意识形态碰撞下制度变迁的全貌。因为台湾媒体理念不但受祖国大陆的新闻思

---

① Peter Hall, *Governing the Economy*, New York: Oxford University Press, 1986, p2—5.

② 何俊志、任军峰、朱德米编译：《新制度主义政治学译文精选》，天津：天津人民出版社，2007年，第43页。

想影响，同时也有日本及美国文化的熏陶。因而研究此样本不但益于制定两岸新闻媒体交流的良性制度，同时也为国际新闻媒体间交流提供有益借鉴。

（一）隔空想象的新闻交流：不成文制度盛行（1949—1978）

中华人民共和国成立初期至1978年底中美建交前是两岸的双向对峙期。新中国成立初，两岸在“一个中国”的框架里展开了隔空广播宣传战。[①]当时，双方人员往来及正常信息传播处于隔绝状态，一切隔空信息传播均为了尽快“解放台湾”或“反攻大陆”。两岸新闻媒体在此特殊历史交往环境中形成不成文的制度（默契）并小心地遵守。

首先，台湾在此特殊情况下施行“戒严”，[②]刚刚脱离日本管制如雨后春笋般涌现的报纸、杂志又骤减到寥寥无几。此框架下的新闻业受到极度压抑，自由主义的理想在办报文人对现状反思中勃发出来。1949年末，以胡适、殷海光等知识分子所创办的《自由中国》杂志为代表的民营杂志在台湾威权时期成为权力的制衡器，其践行着西方新闻自由的理念，由起初的反俄到两年后的反蒋当局对言论自由及民主的压制。文人们用文章坚持并呼吁共建理想的“一个中国”。但这种自由理念并没有打动当局，反而因与当局政治理念相悖而遭到取缔。因而此时台内部不成文制度便是“诤言不突破当局执政的底线”。[③]当时的《联合报》及《中国时报》都小心地走着这样的路线。

此时两岸在金门与厦门间拉开了舆论“心战”，双方架起了广播隔岸喊话。[④]“九头鸟”[⑤]广播设备留存至今。据当事人回忆：“上个世纪50年代初，我播得最多的是号召国民党军投城起义的‘五条保证、奖励规定’”“而金门也找到了他们的‘糖衣炮弹’——邓丽君的歌声。”[⑥]双方按照各自的想象将对方描述成吃香蕉皮或树皮

① 杨允达：《金门炮战期间国际采访的研究》，硕士学位论文，台湾政治大学新闻研究所，1959年，第25—57页。

② 1949年国民党退台后施行“戒严”，是指由于战争等特殊原因，台当局可以用安全名义，在一定程度上剥夺个人的自由，其中言论和出版是重点管制对象。从1951年6月颁布“报业从严限制登记令”，如果再想办报只能购买旧报的登记证重新发行。直到1988年“报禁”解除为止，报纸数量保持31家。此后又颁布限印，限纸、张，同限证一起被合称为“三禁”。

③ 李金铨：《文人论政：知识分子与报刊》，桂林：广西师范大学出版社，2008年，第1—4页。

④ 王隆华：《台湾地区对大陆心战广播之研究》，硕士学位论文，台湾政治大学新闻研究所，1969年，第2—43页。

⑤ “九头鸟”为解放军在角屿岛使用过的军用喇叭，是解放战争时期从国民党军缴获的美式设备，由九个小喇叭组成，每个小喇叭250瓦，体积小，功率大，灵活机动，结实耐用。当年角屿广播组为了更好地对金门官兵进行宣传，常背着它和敌人的炮弹进行捉迷藏，打广播游击战。

⑥ 陈影：《播音员陈斐斐口述历史 听见历史的声音 文物传奇》，2018年10月22日，http://www.siming.gov.cn/zmhd/ldlt/20180725_15071/，2019年3月10日。

生活的状态。而双方获取对岸真实消息源为“香港及国际媒体”[1],收悉对方的真实情况后再进行有针对性的宣传。因此，此段特殊的媒体交流成了隔空想象的交流。

此前学者们将此段称为无实质新闻交流期，细节暂略去不叙。主要有两个原因：一是此时处于“戒严”期，并没有政策规制两岸新闻媒体交流；二是此期的新闻交流并没有体现新闻专业主义精神。但笔者认为此段不能被抹去不写，一是因为此时两岸新闻媒体（广播、报纸）仍然有获得对岸信息来源的渠道，且仍然在相互报道。尤其在台湾开放言论前，纸媒已经有自己的第三方记者从大陆采集信息。二是除了前线广播“心战”外，两岸几大纸媒，尤其是台湾民营报纸报道对岸多以社会及民生真实情况为主。因为两岸血浓于水的亲情被隔离，对岸的消息尤其宝贵（尤其在“眷村”），得消息者便相互传播，使台湾岛内一时间口头新闻盛行。第三，也是最重要的原因是此期的新闻理念影响着后来的新闻制度与实践。大陆由“解放台湾”转化为“和平统一祖国”，台湾由“军事反攻”转成“文化反攻”，后来的两岸新闻媒体制度便是在这两种理念衍变与融合下逐步形成的。

因此，从新闻制度上说，此期虽无成文制度，但不成文制度却已形成，且影响着后来的新闻制度理念：“两岸心战以‘一个中国’为目标、无人身攻击理念上形成默契”；从新闻报道形式来说，传受双方有来有往，相互影响；从报道内容来说，除了前线夹杂着真实信息的宣传战外，几大纸媒的报道客观、真实且追求时效；此段新闻交流对未来两岸新闻交流形成了历史镜鉴——任何政治外力都无法阻挡两岸亲情沟通。

（二）双向新闻交流逐渐开启：成文制度的诱致期与合法期（1979—1994）

1979—1994 年囊括了两岸新闻媒体开启双向新闻交流的全过程，成文制度在此时正式出台。虽然 1979 年台湾尚未“解严”，但祖国大陆已经提出“一国两制”并发布《告台湾同胞书》，提倡两岸“三通”、扩大交流（包括媒体），此一系列举动可视为在成文制度层面大陆单方开启两岸新闻媒体交流的新篇章。因而本文将以 1979 年中美建交，两岸双向对峙状态自然消解，大陆单方开启交流意愿到 1994 年底即李登辉美国演讲破坏两岸“一中”交流理念之前为一个交流时段，这其中涵盖大陆率先开放交流到台湾“解严”，再到两岸新闻媒体事件诱发媒体双向交流制度的逐步形成，两岸新闻媒体交流由单向至双向开放的完整过程，以此展现制度初次变迁的全貌。

---

① 杨允达：《金门炮战期间国际采访的研究》，硕士学位论文，台湾政治大学新闻研究所，1959 年，第 25—57 页。

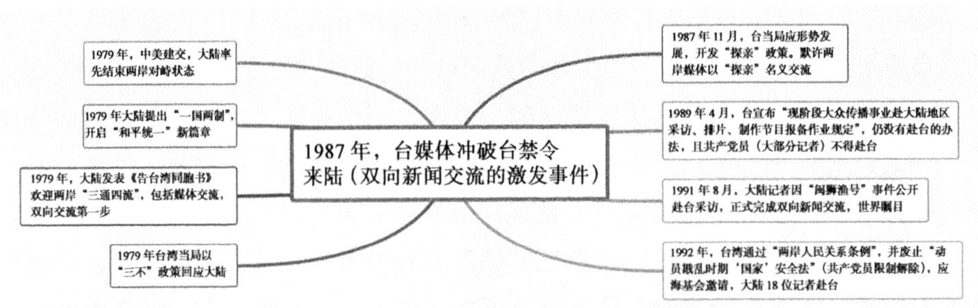

图 1　两岸新闻媒体交流的成文制度初变迁（开启双向新闻交流）的全过程

资料来源：作者自制

在这一过程中，有一转折事件激发了变迁的进程，便是 1987 年 9 月 11 日，《自立晚报》率先派记者李永得、徐璐绕道日本，登上隔绝 38 年的故土，引起了国际关注。[①]1987 年大陆高层得知后第一时间指示由中国新闻社接待，“表示欢迎并积极协助其完成采访计划”，而当时台湾社会虽已风气松动，开放在望。但此次媒体行动仍成为诱发其政策变迁的重要力量。两个月后台湾便开放“探亲”，台当局已经无法管制媒体来大陆行动，各媒体以“探亲”为名来大陆采访的趋势打开。12 月台当局宣布自 1988 年元旦起“报禁”正式解除，岛内媒体如雨后春笋般绽放，多有媒体虽无实际营业但先办理登记证为安。1989 年 4 月临时颁布“现阶段大众传播事业赴大陆地区采访、拍片、制作节目报备作业规定”，开放台湾记者来大陆采访。1989 年 9 月，国台办公布《关于台湾记者来大陆采访的管理办法》，制度上正式欢迎台湾记者来祖国大陆采访。但台湾仍没有真正开放大陆记者赴台采访，坚持“动员戡乱时期‘国家’安全法施行细则”（1987.7.1—1992.7.29），其中第十二条规定，具备共产党员身份的大陆人士不得赴台。而当时祖国大陆记者多为中共党员，此政策变相阻止大陆记者赴台。

但此时新闻事件再次诱致新闻制度变迁，1991 年 8 月 12 日因“闽狮渔号”事件，新华社记者范丽青与中新社记者郭伟峰赴台采访。是台“解严”后第一批被台当局允许赴台采访记者，使两岸新闻媒体望到双向交流的曙光。而后 1991 年初两岸为处理交流事务，台湾海基会与大陆海协会先后成立。1992 年经双方协商促成大陆 18 位记者访台，为几十年来正式以媒体组织身份受邀赴台记者。此后媒体间合作项目逐渐增多，高层会谈也随之增多。至此，新闻媒体行动及新闻事件诱致新闻制度形成两岸隔绝 40 余年来的第一次核心变迁，为两岸新闻交流制度向前

① 笔者在 2018 年 5 月于台湾政治大学访问《自立晚报》时任总编辑陈国祥。

推进一大步。双向交流之初的短暂“蜜月期”持续至1994年底，因为1995年李登辉美国演讲破坏一中原则，两岸和谐新闻交流被干扰。

虽然此期两岸新闻媒体交流制度完成首次重大突破。但良性制度的变迁是在各方权利平衡前提下因旧制度与新环境不匹配而自然促成的。即制度变迁有两个主要形式，一是因为利益多方权利不平衡而为制度变迁埋下伏笔；二是因为旧制度与新环境不匹配而形成自然变迁需求。而当时两岸新闻媒体交流双方并未实现权利平衡。台当局禁止大陆共产党员入台采访，专业交流制度起初便被赋予过多的政治条件，即从“军事反攻”的短期计划到“文化反攻”的长期目标使得台媒体历史上便担负着将其所谓西方自由意识形态传播到大陆来的使命。① 从而将其“新闻自由”定义成为两岸新闻交往制度的圭臬。因而此期的变迁必然会因牵扯过多的外界因素而导致制度依赖及滞后的现象。

表1　1979年—1994年两岸新闻媒体交流大事表

时间	事件	结果
1979年前后	大陆提出“一国两制”构想	开启“一个中国”下和平统一新篇章
1979年元旦	全国人民代表大会常务委员会发表《告台湾同胞书》	为最重要一次《告台湾同胞书》。首次由台湾民族自治同盟发表于1950年2月28日
1987年9月	《自立晚报》记者李永得、徐璐“非法”来大陆“探亲”	打破38年来两岸新闻媒体无实体交流的局面
1987年11月	台湾开放“探亲”	社会交流层面打开
1989年4月	台当局宣布“现阶段大众传播事业赴大陆地区采访、拍片、制作节目报备作业规定”	台媒体来大陆有了政策依据
1989年9月15日	国台办公布《关于台湾记者来大陆采访的注意事项》	台记者在大陆采访也有了政策依据及规范
1990年9月	北京亚运会	来陆记者增多，同时大陆方正式提出记者赴台采访要求
1991年8月12日	“闽狮渔号”事件，新华社记者范丽青与中新社记者郭伟峰赴台采访	是“解严”后第一批去台采访记者
1991年	台湾成立海基会；大陆成立海协会	双方为促进和平往来与发展，处理相关事务专门机构成立

① 《新闻媒体与两岸交流》，大陆事务及政策研究基金会，台北：“行政院新闻局”，1991年第1—6页。

续表

时间	事件	结果
1992 年 9 月	双方协商大陆 18 位记者访台	两岸新闻突破性发展，从此双方媒体以各种方式受邀并互派记者。
1992 年 7-12 月	媒体间合作项目增多	《新民晚报》与《中国时报》；中国新闻社与《中国时报》等
1992 年 7 月	台当局通过“台湾地区与大陆地区人民关系条例”，并废止“动员戡乱时期‘国家’安全法”	使台湾来陆采访人员有法律可循
1991-1994 年	双方开展一系列政治性会谈：汪辜会谈、唐焦会谈、两岸文书验证、挂号函件等共 18 次	两岸和谐协商局面打开
1993 年	大陆方面开始审批同意台湾新闻机构不间断派记者来大陆采访（俗称“蹲点”，台湾称之为“驻点”）	地点遍及北京、上海、福州等地。台湾方面于 2000 年开始审批同意大陆媒体赴台驻点。
1994 年 3 月	千岛湖事件	两岸和谐商谈氛围被打破

资料整理自：大陆的《人民日报》、人民网、新华网及国台办官网；台湾的《联合报》、陆委会、“新闻局”官网。

（三）制度变迁：管制精细化与开放渐近式的博弈（1995—2005）

此期两岸新闻媒体的交流表现出两大特征：祖国大陆的重大新闻成为交流主要动因；新闻交流政策表现出台湾管制与大陆开放形成对比。

1995 年 1 月，江泽民进一步阐释邓小平关于“和平统一、一国两制”的精髓，提出推进祖国和平统一的“江八点”；4 月，李登辉以“拖”“独”为理念的“李六条”回应；“5 月，为改善两岸关系，海基会与海协会在台北确定第二次‘汪辜会谈’于当年 7 月在北京举行；6 月李登辉赴美演讲，公开拒绝一个中国原则。致使第二次‘汪辜会谈’未能如期举行，两会事务性商谈随之推迟，两岸新闻交流也因此持续降温。”[①] 随后的几年间，两岸重大议题如 1997 年香港回归及 1999 年澳门回归等成为两岸新闻媒体交流的重要中介。双方在深入管制与渐进开放中开展多样态合作。直到 2005 年 3 月 14 日全国人第三次会议通过《反分裂国家法》，2005 年 4 月 10 日台陆委会以驻台记者报道违反专业处理原则为由暂停《人民日报》、新华社赴台驻点。被台湾业界称为“交流史上的严重判罚”。[②] 至此，台当局

① 于保中、陈新根：《海峡两岸关系发展简史》，北京：九州出版社，2014 年，第 307 页。

② 徐瑞希：《两岸新闻交流》，《两岸大众传播交流现况与发展》，台北：“行政院新闻局”，2005 年，第 54 页。

以不成文制度框定两岸新闻媒体交流实践的行为使双方交流再次负重难行。

台湾开放大陆记者赴台驻点较大陆迟约7年，2000年11月10日，台湾公布“大陆地区新闻人员进入台湾地区注意事项”，摘录原文前三点如下：

时间：每人每次最多停留1个月，原则上不得延期。

人数：开放初期家数不会多，且每家不超过2人。

活动区域：以台北地区（台北市、县）为主，欲前往其他地区时，上班日须于4小时前，例假日则须于1天前，向“行政院新闻局”申请许可。申请入境时有关行程表部分，可不需要逐日填写。

大陆按照协商要求派遣新华社、《人民日报》、中央电视台、中央人民广播电台四家中央级媒体赴台驻点。2001年2月范丽青、陈斌华成为首批赴台驻点的大陆记者。但2001年4月23日，台湾“新闻局”召开记者会以新华社记者报道片面为由而一度暂停新华社记者驻点权利。

2003年2月27日，台当局以平等交流为由停发已在台落地近10年的中央电视台第四套（CCTV4）的执照。2004年《人民日报》刊载文章引起台北股市震动，被台当局暂缓一周后获准赴台，隔年4月10日，陆委会正式决定暂停《人民日报》与新华社赴台驻点直至后来国民党执政才恢复。

与上对照，大陆以宽广的胸怀欢迎台湾记者来大陆采访。1996年12月1日，为方便台湾记者进行新闻采访，国务院台湾事务办公室（以下简称国台办）公布了《关于台湾记者来祖国大陆采访的规定》，进一步下放审批权限，使拥有台湾记者采访审批权的省市增加到13个（含深圳市），并将申请时间由过去提前1个月缩短为提前10天。事实上，在实际作业中，如遇紧急情况，审批单位通常在当天即予批复。2002年12月国台办等对1996年的规定再次修订，将台湾记者赴各省、自治区、直辖市和深圳市、新疆生产建设兵团采访的审批权，全部下放。并进一步简化手续，使台湾记者来祖国大陆采访更加方便、快捷。2005年9月，国台办进一步开放地点及时限，由1个月延长至3个月且地点不限。两岸新闻媒体交流政策中台湾缩紧管制与大陆渐进开放的表现形成鲜明对比。

制度变迁动因主要有两种：主动性及诱致性变迁。[①] 此期两岸新闻媒体交流制度变迁以大陆主动而台湾路径依赖而呈现诱致变迁为主。在台湾缩紧制度的同时大陆表现开放的态度，一定程度上让度权利，使交流渐趋走向开放。

① V.W.拉坦：《诱致性制度变迁理论》，科斯等：《财产权利与制度变迁》，上海：上海人民出版社，1994年，第302—305页。

（四）制度依赖：有限理性诉求期（2006—2015）

两岸新闻媒体交流制度的发展变迁进入了深水区，进一步与社会结构方方面面深度联结。此期两岸政治政策逐渐进入两头热状态，但因台湾岛内多种力量博弈，两岸交流实质进展曲折缓慢；同时，新媒体的加入使两岸媒体交流话语与范式均发生变化，新闻专业主义交流理念渐渐迁移；另外，两岸媒体属性差异及台媒体生态与政局的互动使两岸媒体交流形成“蓝”热“绿”冷的难以逾越的固化模式。因这三个维度上多方有限理性的诉求，使两岸新闻媒体交流制度变迁缓慢而呈现路径依赖特征。

首先，政治上此十年中有八年是国民党即“蓝营”执政期，两岸关系大为缓和。但因岛内多种力量的博弈，使得两岸交往难有质的突破。2014 年“太阳花学运”便是一个集中体现。在两岸新闻媒体交流制度方面亦是如此。如两岸关于新闻媒体互设“常驻办事处”事宜已经提议多年，但至今没有实现。大陆对此一直持开放态度，希望促成而方便新闻媒体专业交流。但台湾方面一直以各种理由拒绝[①]。因为此事涉及多方力量的影响。如下表：

表 2　2006 年至 2015 年两岸六方关于媒体互设常驻办事处的意愿影响因素

两岸新闻交往三类主体	考虑因素由重到轻						
大陆记者	政府支持	媒体支持	两岸关系	社会需要	职业理想	经济补助	家属安排
台湾记者	媒体支持	社会需要	政府支持	两岸关系	职业理想	经济补助	家属安排
大陆媒体	政府政策	社会需求	媒体定位	经济收益	投入成本	传播影响	两岸关系
台湾媒体	媒体定位	社会需求	经济收益	投入成本	媒体发行	政府政策	两岸关系
大陆官方	国家安全	政治安全	两岸关系	社会往来	舆论建设	实体经济	投入成本
台湾当局	政府安全	政治目标	两岸关系	社会往来	舆论建设	实体经济	投入成本

资料来源：作者自制

表 2 所反映的因素并非一成不变，而是一个大体上综合影响因素排列。2006 年—2008 年，两岸媒体关于常驻办事处事宜考虑最多的因素为政治政策，但 2008 年以后，两岸关系缓和，传统媒体生存的问题的凸显，台湾多数为民营媒体，经营市场的不景气使其对开销大的常驻办事处望而却步，且新媒体使其消息来源方便多元，更促使其关于办事处的意愿逐渐变淡。虽然两岸常驻办事处事宜至今没

① 笔者于 2018 年 5 月访问台湾的两岸资深记者：“台湾方面主要担忧大陆记者在台做情报工作，并担忧常驻地变相成为官方行政机构等等。”

有落实，但两岸新闻交流的步伐仍向前迈进。

其次，媒体格局的变更加速两岸新闻媒体交流意愿的商业主义转化，但成文制度没有及时因应而呈现对旧制度的依赖。

从1978年改革开放伊始大陆主流媒体在离开旧经济保护下开始寻求转型，媒体感知着市场经济的风浪。台湾虽然媒体市场早已经进入流血厮杀的市场化阶段：从1988年全面解除“报禁”，随后1992年台湾开放有线电视合法化，电视市场也由原来的老三台（台视、中视、华视）垄断时代进入群雄并起的江湖，但新闻范式并没有根本变化。而在2006年以后新媒体彻底冲击着两岸媒体市场，使两岸传统主流媒体同时面临转型压力。原本的新闻专业交流已经不能满足两岸媒体生存需求，双方交流体现出专业内容所延伸出来的商业合作范畴，共同举办活动，媒体公司间相互合作等等。如《联合报》与《解放日报》由起初的专业交流活动为中心转向为衍生活动为主流的交往模式，合办健康论坛，《解放日报》数位文创公司活动与合作，联合数位公司在上海成立等等。

再次，媒体属性的差异使交流呈现制度依赖的特征。两岸新闻媒体的交流总是绕不过媒体属性的差异。台湾媒体属性表面多元，但基本表现两种政治倾向：“绿营”和“蓝营”态度取向。因此对祖国大陆态度持正面且交流较多的为蓝营媒体。大陆并没有限制任何媒体属性的台湾媒体来采访，但希望报道对两岸关系和平发展有利的新闻，希望两岸能共享发展成果，共圆中国梦。近年来，随着大陆的发展，台湾民众对大陆的向心力增强，有些媒体的“后真相”特征减弱，逐渐变得更加客观。大陆官方和媒体一直以包容的态度对待两岸关系发展，认可台湾民众近几十年辛勤付出同时理解台湾同胞因历史原因所形成的心理状态。

（五）制度再变迁的诱致（2016—2018）

虽然两岸新闻媒体交流制度中大陆以开放的胸襟欢迎台湾媒体，努力维持着两岸交流持续开放状态，但从2016年始两岸新闻媒体交流制度变迁的诱致条件在逐渐形成。首先就政经环境而言，两岸经济发展差距拉大，2016年台民进党再次执政，对两岸政策再次保守。而大陆“一带一路”“惠台31条”吸引着越来越多台青年来陆学习及就业。其次，从媒体市场角度来看，台媒体因扩充过速，新闻媒体与政治新贵逐渐构筑共生关系，形成新闻自由悖论，使台舆论发展空间受限，新闻呈现岛内性、政治化与煽情化。台媒体为求新的发展空间，将目光转向海峡对岸的祖国大陆。再次，两岸社会生活交往近年并没有因绿营执政而受负面影响，却不降反升，为媒体交流提供新空间。因此，从政治、经济、媒体发展及社会交往四大方面来看台湾媒体与大陆的交流意愿增强。这又将为下次交流制度变迁埋下伏笔。

三、制度变迁的动因、特征

（一）影响制度变迁的内、外因素分析

从两岸近70年的新闻媒体交流制度与实践的历史变迁全样貌来看，主要呈现四大外部因素：政治环境及政策、新闻事件、媒体市场及社会交往。其中，政治政策环境本体由三部分环境相互构成，即大陆与台湾各自的政治环境及双方重叠的环境。双方重叠的环境主要受生活交往影响，但一旦单方政治环境施压于这种交往，无论是积极还是消极，都会使双方重合部分扩大，而这便意味着制度变迁的可能；新闻事件也是交往及制度变迁的催化剂，尤其是长期隔绝后的首发新闻事件，但新闻事件的发生也并非偶然，是历史所积聚能量的爆发口之一；而社会交往虽然没有政策及新闻事件等外力作用一样快速作用于两岸新闻交流制度，但作用力巨大且坚固。

如将两岸新闻媒体交流制度比作一棵大树，社会交往是根，媒体交往是干，新闻事件是枝，政策是叶。政策凋落与繁茂及新闻事件生长，作用于树的外观最明显，但却不能轻易动摇两岸血浓于水的亲情根基的基础交往。但长久的凋零也会渐进影响深层根基的养分。

那么内部因素便是树的基因，决定着它的性质即内部规律，成长周期、成长可能性等。两岸新闻媒体交流制度形成的内因主要有：权利关系形成制度偏见与否、旧制度与新环境冲突性、旧制度安全感与路径依赖、决策层的有限理性四个层面。这四个因素中制度形成初期权利关系平衡与偏见与否为最基础的内因，它是构成未来制度良性成长的基础因素。那么如何实现利益平衡呢？这需要权利多方间在共同的目标基础上一定权利的让度，对于两岸新闻媒体交流制度而言，共同的目标便是实现新闻专业的自由交流。因而以实现新闻专业主义交流为初衷的制度是良性制度的核心基因。

因此，从对内外因素分析得出以新闻专业主义交往为根本目标，以两岸社会交往为基础的交流是两岸新闻媒体交流的最核心要素。其他各因素以此逻辑为起点，并从益于二因素的方向运转，方能使两岸新闻媒体交流制度这棵大树健康成长，从而造福绿洲上的万世生灵。

（二）制度的特征

上面分析了影响两岸新闻媒体交流制度的内外因素。那么在内外因素的作用

下制度表现出怎样的特征？突出的特征揭示了背后哪些不平衡关系？

首先，诱致性（因环境促发的被动性）与强制性（决策层主动性）制度相互制约与补充。两岸新闻媒体交流的制度滞后但强制性制度变迁不能满足社会环境需要时，诱致性制度产生可能性便大大增加。而这种诱致性原因主要为新闻事件及媒体行动。制度变迁在同一周期内诱致性变迁的次数越多说明制度滞后的程度越大。最后往往以强制性变迁收尾。

其次，成文制度与不成文制度互相制约与补充。两岸新闻媒体交流实践中一直存在着成文与不成文制度的作用。学者们习惯称之为正式与非正式制度，黄芝晓老师认为"这样划分不十分准确，用成文与不成文更恰当。因为对于两岸新闻媒体交流制度而言均应划入正式的，都要遵守的。只是有一些是书写下来，规定成文了;有些没有书写，但双方都知晓并且在交往中主动遵守的。"① 因为这都是双方交往的前提。当成文制度缺失或者滞后于交往实践时，不成文制度便盛行。但不成文制度从来与成文制度伴生，从未消失过。就如同装满沙子的瓶子里再加入的水一样，使整个瓶子里饱满而完整。

再次，制度与实践的路径依赖特征。即制度主体在多力量博弈下，判断变动的风险大于不变，甚至不确定时，出于安全考量便选择对旧制度忠诚，而使制度呈现依赖特性。当多个主体将面对同一客体规制时，每一主体面对的变量增多，个体规避风险的可能性便随之增大。两岸新闻媒体交流制度受多方权利主体影响，如两岸关系、两岸媒体、两岸记者、两岸社会等。因此两岸新闻媒体交流制度更多地表现制度依赖，因为变动的不确定性因素及风险多元且变动不一。

最后，制度边际调整促成制度变迁。制度变迁往往不是一蹴而就，多数情况为动态的且包含多个边际调整的过程。从制度变迁范围来说，可分为核心制度及边际制度。两岸新闻媒体交流制度中大陆的边际调整次数多于台湾，从表一便可看出。边际调整表现出主体的主动与开放性。对于两岸新闻媒体交流而言，因其涉及多主体的实践，因而边际调整可以使多方力量平衡而保持制度灵活且与时俱进。

四、讨论与结论

综上所述，两岸新闻媒体交流制度是多种权利关系相互作用的结果。影响制度变迁四大外因有政治环境及政策、新闻事件、媒体市场及社会交往。四大内因为权利关系形成制度偏见与否，旧制度与新环境冲突性，旧制度安全感与路径依

① 黄芝晓老师现为复旦大学新闻学院教授，原《福建日报》副总编辑，参与两岸新闻媒体交流实践近 40 年。"成文"与"不成文"说法为 2017 年 12 月笔者于复旦大学访谈黄老师时记录下的，法律上专业术语"成文法"与"不成文法"均是书写成文的，不成文法往往对应"判例法"。

赖，交往主体的有限理性。从而呈现制度变迁中关系较量的动态矢量结构。从中看到在共同目标基础上一定权利的让渡而形成的制度是保持力量平衡的基础。

关于两岸新闻媒体交流制度研究，通过本文我们看到一个历时概貌。即我们用历史制度主义视角剖析制度。但未来研究可从经济学媒体经济规制视角及社会学交流意愿视角剖析，我们会看到更多的样态。同时也可以从横切面的共时性剖析：中华人民共和国建立初期、80 年代、千年之交及 2016 年，因为这是一个制度变迁的全过程中四次较大的核心调整期。

中华文化与《联合报副刊》五六十年代文学图景

李光辉 *

作为20世纪五六十年代台湾重要的文学媒介之一,《联合报副刊》自50年代初(1951年9月)起步进行文学生产，是中华文化给予了其最初的滋养，也因此形成了一道道风姿独特的文学与“泛文学”的景观。

文学生产在文化场域中进行，需要从中吸收文化资源进行文学的“酿制”,“社会空间中存在各种各样的场域，而文化场是文学生产的重要场域”[①]，就台湾的文学生产来说，其文化语境复杂，因此也造就其不同时期殊异的文学景观。起步于20世纪50年代初的《联合报副刊》文学生产，是中华（传统）文化给予其最初的滋养，可以说20世纪五六十年代的“联副”的文学生产中，无处不散发着中华文化的馨香。

一、中华文化的“泛文学”呈现

有着悠久历史的中华民族，创造和积淀了博大精深的中华文化，也产生过大量优秀的传统文学作品，这一切既构成了“联副”文学生产的文化语境，也构成了其取之不尽用之不竭的文化源泉。在五六十年代“联副”的文学生产当中，有许多关于传统文化、传统文学的回溯，造就了一些独特的“泛文学”景观。

首先，各类考据文章频现。我国文史考据传统由来已久，至清乾嘉时期大盛起来。“‘考据’也称‘考证’，指在文本诠释中，根据资料进行的考核、证实和说明”[②]，考据普遍应用于各类文史研究当中，是我国传统学术研究的重要方法之一，却与中文报纸副刊结下过不解之缘，形成了副刊考据文章的传统。就五六十年代

---

* 李光辉，1980年生，男，安徽濉溪人，文学博士，福建师范大学福清分校文学学院副教授，研究方向：文学与媒介传播。

① 吴玉杰:《文化场域与文学新思维》，北京：社会科学文献出版社，2013年，第225页。

② 康宁:《儒家诠释学研究》，哈尔滨：黑龙江大学出版社，2015年，第47页。

“联副”的文学生产来说，文学、文化考据类的文章很多，这一方面是对中文报纸副刊“考据”传统的一种承继，另一方面也是文学创作多受政治掣肘时的一种选择。该时期“联副”中的考据文章涉及广泛，既包括传统文学作品的相关考据，也包括其他民俗民风、名物等文化事项的考据，多以知识性杂文的方式出现，兼具了学术性与可读性，在读者中较受欢迎。

“中国的文学传统，源远流长而且作品辉煌，跟世界其他民族相比之下，更显突出。”[①] 传统文学名著具有较高的社会认识度，围绕这些经典名著展开的考据，既有学术性又不乏趣味性、可读性，“联副”早期围绕这些经典名著的考据文章很多。如汉镛《西游记新考》，在大胆否定前人有关《西游记》中孙悟空原型考证的基础上，提出了孙悟空的原型是“封神榜书中的梅山七怪之一——袁洪脱化而来”[②]的结论，并且给出了考据《西游记》与《封神榜》后发现的六点理由。围绕《水浒传》中的人、事、物，曲颖生也有系列的考据文章，都涵盖于《水浒人物考释》《水浒事物考释》两个专栏当中，包括了《高俅》[③]《天王堂》[④]《吴学究绰号的由来》[⑤]等。这些考据文章都不落俗套，多选择特别的考据对象。比如《吴学究绰号的由来》，并不研究梁山泊军师吴用的“征战计划”“政治建设”等常规题目，而是盯着“他学究一号得名的原委，及他未发迹时，在教育界的地位及情形”[⑥]这一话题之上，进而考据了宋末的学校体制，整篇文章有一定的学术性，但读来却并不枯燥。50年代早期，“联副”中此类考据文章非常多见。1953年底林海音接编“联副”以后强化文学性，增加文学创作的分量，“但不能完全摒弃非文学性的……总要做到开卷有益，不要消闲性浓才好”[⑦]，考据类的“泛文学性”内容此后有所减少，但是仍然有相当的分量。

“中华文化的载体，不是别的，正是汉语言文字”[⑧]，此阶段“联副”中围绕语言、民俗、名物等文化事项展开的考据文章也很多。比如《“张三李四”称谓探源》[⑨]，就考察我国语言中以“张三李四”代不确指人物的起源及流变。借助多部古

---

① 杜国清：《现代主义文学论丛 台湾文学与世华文学》，台北：台大出版中心，2015年，第350页。

② 汉镛：《西游记新考》，《联合副刊》1952-01-06。

③ 曲颖生：《高俅大方》，《联合副刊》，1953-03-02。

④ 曲颖生：《天王堂》，《联合副刊》，1953-03-03.

⑤ 曲颖生：《吴学究绰号的由来》，《联合副刊》，1953-04-09。

⑥ 曲颖生：《吴学究绰号的由来》，《联合副刊》，1953-04-09。

⑦ 林海音：《流水十年间》，联副三十年文学大系编委会编：《联副三十年文学大系 史料卷 风云三十年》，台北：联合报社，1981年，第96页。

⑧ 杨匡汉：《中国文化中的台湾文学》，武汉：长江文艺出版，2002年，第2页。

⑨ 曲颖生：《“张三李四”称谓探源》，《联合副刊》，1953-04-20。

籍的考据，厘清了“张三李四”的称谓自后汉发端至宋代定型的过程。《大方家杂钞》专栏当中有《“大小”的问题》[①]一文，研讨自古以来中国语言中有关大小便的动名词搭配问题，原本难登大雅之堂的话题，作者却引《庄子》《汉书》等古籍为据论述之，读来不但风趣幽默而且富有知识性。考释传统节日寒食节的《寒食考》[②]，笔名磊庵的作者结合对《史记》《左转》《刘向新序》等多篇古籍的考察，探寻传统寒食节的源头及其背后丰富的文化意涵，文章学术味道较浓。此类考据性的文章，在该时期的“联副”当中还有很多。

其次，轶闻掌故类文章多见。“文化是历史的投影，是历史可以理解的方面”[③]，在内蕴丰富、博大精深的中华文化中，各类轶闻掌故往往就作为历史的投影，构成中华文化的组成部分，而且是其中最生动活泼富有生命力的部分。这部分文化资源，历来也是文艺副刊休闲、消遣性内容经营的重点，“联副”当然也不例外。

这一时期，“联副”中有不少轻松幽默、妙趣横生的逸闻掌故类的文章，以我国历史文化当中的旧闻、人物、知识等为大宗，多以小品文的形式出现。如棐笃的有关历史名人轶事的文章：《汲黯魏征韩休之憨直》[④]《郭子仪守法》[⑤]等，前者是关于历史上明主与谏臣间的轶事，后者则讲述了中唐名臣郭子仪“知理守法不自骄满”的几件轶事。50年代初期，“联副”中有多个以轶闻掌故类文章为主的专栏，比如1952年老彭的“读史小记”专栏、1953年小芋的《切豆腐干室随笔》专栏、王钧的《饮苦茶斋笔记》专栏、1954年的《涵碧楼碎墨》专栏等，当中分别刊有《萧规曹随》[⑥]《贾生痛哭》[⑦]《功亏一篑》[⑧]《谈隐士》[⑨]《捷才》[⑩]《苏小妹》[⑪]等有关历史掌故、人物轶事的文章。与考据类文章不同，轶闻掌故类文章对于稗史、趣闻、传说等，都给予直接地呈现而不事溯源、考据，不具学术目的，以满足读者休闲性、消遣性阅读需求为主。例如在《谈太监》一文中，作者丁冬讲述了“太监”这一我国特有现象的发展历史，行文轻松风趣，所言信马由缰不求证据，谈及造成太监的方式时，甚至说：“我有一个朋友说太监的造成有两种……”[⑫]再如磊

---

① 大方：《“大小”的问题》，《联合副刊》，1953-12-29。
② 磊庵：《寒食考》，《联合副刊》，1957-04-05.
③ 陈孔立：《台湾史事解读》，北京：九州出版社，2013年，第46页。
④ 棐笃：《汲黯魏征韩休之憨直》，《联合副刊》，1952-07-04。
⑤ 棐笃：《郭子仪守法》，《联合副刊》，1952-07-08。
⑥ 老彭：《萧规曹随》，《联合副刊》，1952-10-01。
⑦ 老彭：《贾生痛哭》，《联合副刊》，1952-11-04。
⑧ 小芋：《功亏一篑》，《联合副刊》，1953-2-14。
⑨ 王钧：《谈隐士》，《联合副刊》，1953-6-10。
⑩ 王钧：《捷才》，《联合副刊》，1953-7-16。
⑪ 磊庵：《苏小妹》，《联合副刊》，1954-4-28。
⑫ 丁冬：《谈太监》，《联合副刊》，1954-3-16。

庵的《苏小妹》，主要描述了民间有关苏小妹在大洪水中，舍身挽救徐州城及百姓的传说，却托词“今身在客中，要供考注的书籍，没有一本……”[①]，对苏小妹的真实身份及命运不予考察。其他还有人物轶闻《曾文正有妾》[②]、有关戏曲服装知识的《时世妆》[③]、关于唐代杂耍与百戏知识的《唐百戏》[④]、掌故《窦尔敦·秦翁》[⑤]、《董永与孝感县的遗迹》[⑥]等很多。到了60年代中期以后，“联副”中直接反应中华文化的逸闻掌故类的文章就显著减少了，与之相对的，是像《英国的温莎古堡》[⑦]《明末日本乞师记》[⑧]《自由女神像的故事》[⑨]等，反映外国名人轶事、趣闻掌故的译介文章却多了起来，而这恰恰与此时期各类外国文化“横的移植”同步。

再次，中国传统文学作品的评论颇多。总体上来看，五六十年代台湾文学批评很不景气，“台湾文学创作在战斗文艺的氛围中尝试开创文学的各种可能，文学批评却相形荒凉”[⑩]，这种状况一直持续到60年代中期。如郑明娳所言：“文学创作与文学批评应该是辨结式双向成长，文学创作的水平高，就会出现与其相应的批评……”[⑪]当时的情况是，国民党退台后，“在文学方面，不仅查禁‘30年代’革命文艺，凡‘五四’以来稍有进步意义的作品均不准流传，切断了台湾文学与新文学传统的联系”[⑫]，而台当局所提倡的“战斗文艺”虽不乏优秀作品，但是风貌单一艺术价值有限，至于其他的文学创作尝试，距离产生经典仍需假以时日，可供文学批评选择的文本范围非常狭窄。这样看来，60年代中期之前台湾文学批评凋敝的局面，也就不难理解了。就“联副”来看，50年代至60年代中期，文学批评总体上亦不景气，朝向中国传统文学尤其是传统经典文学的批评，几乎成为必然的选择，也构成了对中华传统文学、文化的一种特殊的回溯。

50年代“联副”中的文学批评，以古典文学作品为主要对象，多沿用传统的古典文学研究方法，“呈现在其中的更多是‘感悟的灵光’”[⑬]，也就是以所谓的“印

---

① 磊庵：《苏小妹》，《联合副刊》，1954-04-28。

② 孟还：《曾文正有妾》，《联合副刊》，1957-08-26。

③ 朴人：《时世装》，《联合副刊》，1961-11-23。

④ 朴人：《唐百戏》，《联合副刊》，1961-12-15。

⑤ 朱介凡：《窦尔敦·秦翁》，《联合副刊》，1962-09-03。

⑥ 庄练：《董永与孝感县的遗迹》，《联合副刊》，1964-01-04。

⑦ 汉石译：《英国的温莎古堡》，《联合副刊》，1964-03-06。

⑧ 李嘉：《明末日本乞师记》，《联合副刊》，1968-04-05。

⑨ 山译：《自由女神像的故事》，《联合副刊》，1968-08-04。

⑩ 卢纬雯：《颜元叔与狂飙的文学批评年代》，硕士学位论文，中兴大学中国文学研究所，2008年，第I页

⑪ 郑明娳：《当代台湾文学大系（2）文学现象卷》，台北：正中书局，1993年，第4页。

⑫ 翁光宇：《台湾新诗简论》，中国世界华文文学学会编：《直挂云帆济沧海　世界华文文学研究三十年论文集》，北京：中国文史出版社，2012年，第96页。

⑬ 肖瑞峰：《关于古典文学研究方法的思考》，《文艺理论研究》1985年第2期。

象式批评”为主。研究古典诗词，以短札形式出现的诗话、词话不少。比如曲颖生的《马致远：秋思》[①]，从《秋思》一词说开去，分析唐以来诗词在“辞藻、思想、用韵”等三个方面变化。作为50年代“联副”中最重要的古体诗作者，湘阴龙子同时期也开设有《古调今弹》专栏，其中有不少古诗词研究的文章，如《古代情诗溯源》《古诗中的劳动之声》[②]《诗史之祖》[③]等。谷怀也有一系列讨论“口语诗”的文章，在《李白的思想与口语文艺》中对“口语文艺”进行了定性：“一首好诗，也必然是性灵与情感汇合而成的。性情的自然流露，便是天籁，天籁而形成之于言以成诗，就是口语文艺。”[④]之后还有《女诗人与口语诗》[⑤]《宋元词曲与口语文艺》[⑥]等文章。

表1[⑦] 1952—1962年“联副”文学批评与理论情况：

时间	总数（篇）	传统文学相关总数（篇）	占比	外国文学相关总数（篇）	占比
1952	34	20	59%	3	8%
1953	52	26	50%	9	17%
1954	41	9	22%	11	27%
1955	39	2	5%	5	12%
1956	33	4	12%	8	24%
1957	8	5	62%	2	25%
1958	58	12	20%	28	48%
1959	105	3	3%	93	89%
1960	90	2	2%	85	94%
1961	70	8	11%	47	67%
1962	79	8	10%	54	68%

此一时期，“联副”中有关传统文学理论梳理的文章也有一些。比如《性灵》一文开宗明义地说：“为诗须有性灵，为文亦然。”[⑧]文中通过对不同时期多首古体诗歌的分析，强调“性灵”之于诗、文创作的重要性。再如禾子的《穷而后工》一文，讨论文学史上“穷而后工”的著名命题。同类文章还包括：《谈八股文》[⑨]《我

① 曲颖生：《马致远：秋思》，《联合副刊》，1951–10–09。
② 湘阴龙子：《古诗中的劳动之声》，《联合副刊》，1953–08–31。
③ 湘阴龙子：《诗史之祖》，《联合副刊》，1953–9–12。
④ 谷怀：《李白的思想与口语文艺》，《联合副刊》，1958–09–19。
⑤ 谷怀：《女诗人与口语诗》，《联合副刊》，1958–11–13。
⑥ 谷怀：《宋元词曲与口语文艺》，《联合副刊》，1960–11–08。
⑦ 联副三十年文学大系编辑委员会编：《联副三十年总目（上）》，台北：联合报社，1982年。
⑧ 弘今：《性灵》，《联合副刊》，1952–05–08。
⑨ 容若：《谈八股文》，《联合副刊》，1953–02–25。

对‘穷而后工’的理解》[①]《中国俗文学中的人物性格刻画》[②]《近视眼——俗文学的人物》[③]等等很多。上表一是1952年至1962年“联副”中文学批评与理论文章的情况，从中我们不难发现，50年代中期以前，“联副”中以中国传统文学批评及理论为主，而此后外国文学批评与理论多了起来并且逐渐占据了绝对的上峰。

二、文学创作中的中华文化印痕

对于台湾文学生产来说，中华文化的影响远不止于前述的“泛文学性”内容方面，也同样深刻影响着台湾文学的创作，“我们可以通过对半个世纪以来台湾文学作品的分析，清楚地看到中国传统文化精神在其中涌动”[④]，这种情况在五六十年代尤其明显。该时期“联副”的文学创作当中，有着大量的中华文化痕迹的存在。

首先，看古体诗、词创作。“一个民族的文学，是那个民族的文化的一个璀璨的组成部分”[⑤]，中国传统文学尤其是古典文学，作为中华文化的一部分，深刻影响着包括台湾文学在内的文学创作活动。五六十年代，特别是50年代早期，“联副”的文学创作当中有着不少古典文学、传统文化的印记。

传统文学影响印记最鲜明的当数古体诗词的创作。就台湾文坛来看，新、旧诗创作的沿革与变迁情况较为复杂，经历过五四新文学革命、新/旧诗论战以及二战后的“国语运动”等变革，旧诗创作“不得不面对旧诗已属白话文学对立物的尴尬性，因为这样的古典文体，与国语运动言文一致体的现代化理想，显然有所背离”[⑥]，因此台湾光复之后旧诗社以及旧诗创作逐渐式微。该时期“联副”中从事旧体诗创作，最具代表性的要数湘阴龙子了，50年代中期之前他的旧体诗词较为密集地出现在“联副”当中。例如《还俗尼》[⑦]《华屋泪》[⑧]《秧歌怨》[⑨]《英·雄·带》[⑩]等不少，湘阴龙子本人说这些诗词：“纪述匪党统治大陆初期暴行”[⑪]，属于“反共文学”的行列，但其“新乐府”旧体诗的特征却非常鲜明。“反共”主题之外，湘

---

① 魏子云：《我对“穷而后工”的理解》，《联合副刊》，1958-09-29。

② 娄子匡：《中国俗文学中的人物性格刻画》，《联合副刊》，1963-01-01。

③ 娄子匡：《近视眼——俗文学的人物刻画》，《联合副刊》，1963-02-11。

④ 蓝天：《台湾文学场域的中国文化属性》，《南京师大学报》（社会科学版）2009年第2期。

⑤ 陈映真：《中华文化和台湾文学》，《世界华文文学论坛》2005年第4期，第3页。

⑥ 黄美娥：《战后台湾文学典范的建构与挑战：从鲁迅到于右任——兼论新/旧文学的消长》，《台湾史研究》2015年第4期，第144页。

⑦ 湘阴龙子：《还俗尼》，《联合副刊》，1951-09-23日

⑧ 湘阴龙子：《华屋泪》，《联合副刊》，1951-10-16。

⑨ 湘阴龙子：《秧歌怨》，《联合副刊》，1953-02-28。

⑩ 湘阴龙子：《英·雄·带》，《联合副刊》，1953-03-05。

⑪ 湘阴龙子：《秧歌怨》，《联合副刊》，1953-02-28。

阴龙子的旧体诗词创作还包括不少吟咏风物、寄情山水的律诗，如《龙山寺夜景》[①]《夜游淡水河边小巷陌》[②]《春雨到基隆》[③]等等。关于湘阴龙子的古体诗、词创作，同时期“联副”中的一篇评论认为：“取材都是眼前事物，写新意，创新格，只为学力到，笔力健，思想深，感情富，善于胎息古人，而不着痕迹。不但却是做到旧瓶装新酒，而且装的，都是佳酿。”[④]该时期其他作者如方希陆、郭敏行等人，也有较多古体诗词刊于“联副”，比如《端节感怀》[⑤]《北投之夜》[⑥]《江干赋别》[⑦]《秋怀》[⑧]等等，个体作者偶发性的创作也还有一些，这当中既有律诗也有词，在格律、韵味与风格等等方面都较为严格地因循了古典诗词的审美规范。

其次，看“故事新编体”小说的盛行。“所谓故事新编体小说，是指以小说的形式对古代历史文献、神话、传说、典籍、人物进行的有意识的改编或重写。”[⑨]50年代初期，“联副”的《故事新编》专栏中连续密集地刊载此类小说，比如《夫子浮海》[⑩]就改编孔夫子及众弟子的故事，以讽刺大陆的“土改”运动与文化改革。小说《宝玉出家》[⑪]则将古典名著《红楼梦》贾府中诸人物搬到了台湾，宝玉成为一个崇洋媚外的公子哥，最终当了洋和尚——信教后出国去了，小说目的在于讽刺当时台湾日益严重的崇洋媚外的社会风气。该专栏当中还有不少同类型小说，比如《西门大郎归来》[⑫]《宋江晋京》[⑬]等，甚至到了1957年还有小说《云长拒婚》[⑭]。另外，在“旧史新绎”专栏中也有《黄巢决策记》[⑮]《再上梁山》[⑯]等小说，还有以单篇形式存在的《孔子逃出铁幕》[⑰]《宋江碰壁》[⑱]《孔子囤粮记》[⑲]等小说，同样

---

① 湘阴龙子：《龙山寺夜景》，《联合副刊》，1951-12-30。

② 湘阴龙子：《夜游淡水河边小巷陌》，《联合副刊》，1952-1-4。

③ 湘阴龙子：《春雨到基隆》，《联合副刊》，1952-4-13。

④ 禅叟：《勉励湘阴龙子》，《联合副刊》，1952-1-11。

⑤ 方希陆：《端节感怀》，《联合副刊》，1953-6-15。

⑥ 方希陆：《北投之夜》，《联合副刊》，1953-7-1。

⑦ 郭敏行：《江干赋别》，《联合副刊》，1953-8-3。

⑧ 郭敏：《秋怀》，《联合副刊》，1953-9-16。

⑨ 杨灿：《论故事新编体〈青蛇〉的叙事手法》，《中南大学学报》（社会科学版）2008年第3期，第407页。

⑩ 风力：《夫子浮海》，《联合副刊》，1951-9-29。

⑪ 花郎：《宝玉出家》，《联合副刊》，1953-2-9。

⑫ 花郎：《西门大郎归来》，《联合副刊》，1953-4-7。

⑬ 昔云：《宋江晋京》，《联合副刊》，1953-4-15。

⑭ 菲夫：《云长拒婚》，《联合副刊》，1957-8-23。

⑮ 秉迨：《黄巢决策记》，《联合副刊》，1953-4-11。

⑯ 王千：《再上梁山》，《联合副刊》，1953-3-31。

⑰ 燕南：《孔子逃出铁幕》，《联合副刊》，1953-4-10。

⑱ 燕南：《宋江碰壁》，《联合副刊》，1953-4-19。

⑲ 燕南：《孔子囤粮记》，《联合副刊》，1953-4-24。

属于“故事新编体”小说。此类小说都是从传统文学、历史文献当中寻找“文学母题”与“故事原型”，“打破固有的时空观念，把古时和今时、古事和今事糅合在一起”[①],在对“原型”的模仿与改造中生成了新的文学意涵。这些小说多有着较为强烈的批判色彩，部分着意于批判、针砭当时台湾社会的不良风气，更多的则属于批判大陆的“反共小说”，抛开意识形态属性不论，其对古典文学、传统文化的承袭却是不言而喻的。

再次，看“乡愁”主题散文的高产。中华民族历来是一个安土重迁的民族，其成员对土地都有着深深的眷恋，“乡土情结”浓厚，一旦离开原生土地就会不断地牵动乡愁，这些都沉淀于中华文化当中，反映在文学上就是“乡愁”文学的传统。“乡愁”之音，自古以来就在诗词歌赋等各类文学作品当中不绝于耳，形成了我国文学中的“乡愁”母题，“‘乡愁’的音响一直在中华文学传统的城堡上空萦绕,也一直在‘中国文学的游牧民族’的心灵深处回荡”[②]。就“联副”来看,五六十年代的文学生产当中有大量“乡愁”主题的作品产生，以散文创作为主。

有关家乡的记忆，直接呈现乡愁的散文在该时期的“联副”中很多。经历羁旅、离散之后的游子，直接在纸上筑起了“望乡之台”。例如《岁暮乡思》[③]《忆扬州》[④]《故园之思》等等,每一篇都是直抒胸臆的“乡愁”散文。以《故园之思》为例，开头就有：

每次，当我想到我离乡背井，避难来台，辗转已经十年时，就忍不住泫然欲涕；我怀念着故乡的每一寸土地和一草一木以及逝去了的许多在家乡时的美好日子。[⑤]

在开门见山的寥寥数语间，毕璞道尽了“游子”们共同的刻骨乡愁与由此产生的创作冲动。同类的散文还包括《乡思》[⑥]《故乡》[⑦]等等很多。“乡愁”本是一种抽象的情愫，却常常被人们投射在具体的事物、事象之上，这些事象也成了寄托乡思、乡愁的载体，对这些“富于民族色彩故国风物”[⑧]的回忆与描摹，也构成了该时期“联副”中另一类重要的乡愁散文类型。正所谓“月是故乡明”“水是故乡

① 汤哲声：《故事新编：中国现代小说的一种文体》，《明清小说研究》2001年第1期。
② 杨匡汉：《中华文化母题与海外华文文学》，武汉：长江文艺出版社，2008年，第57页。
③ 雪茵：《岁暮相思》，《联合副刊》，1954–1–13。
④ 虞汝扬：《忆扬州》，《联合副刊》，1954–1– 22。
⑤ 毕璞：《故园之思》，《联合副刊》，1959–8–7。
⑥ 萧白：《乡思》，《联合副刊》，1966–4–6。
⑦ 谢冰莹：《故乡》，《联合副刊》，1958–9–8。
⑧ 徐学：《当代台湾文学与中华文化》，厦门：鹭江出版社，2007年，第26页。

甜”，故乡的一切在“乡愁”的浸润下，都变得美好起来了，在《柳的怀念》[①]中故乡的柳分外婀娜：

台湾似乎很少看到柳，但在我们江南地方，无论乡村城郭，大都种植着杨柳，春天来时，随风摇曳，那舒徐的绿意和婀娜柔媚的姿态，正如一位明眸皓齿的娴雅少女……

在立础的《金针忆》《沙冻瓜》[②]中，回忆里两种食物的美味，后来在台湾却再难尝到了，作者思考个中原因道：“不知是客地心情的作祟？抑或是味觉的改变？总觉得缺少它原来那股清新浓郁味。”[③]回忆中的那些食物的美味，当然有着乡愁作为作料。此类乡愁散文在该时期的“联副”中很普遍，包括《故乡的苹果》[④]《话雪》[⑤]《故乡的集会》[⑥]《上海的秋天》[⑦]《柳笛》[⑧]等等很多。

一些专栏中更有系列化的乡愁散文刊载。早期的如1954年3、4月份的《故都览胜》专栏中，连续有散文介绍潭柘寺、戒坛寺、居庸关、八达岭等北京的名胜古迹，在访古、览胜与知识散播中传递着乡愁。林海音称北平为“我的第二故乡”[⑨]，60年代初她在“联副”中有“北平漫笔”专栏，接连刊载《换取灯儿的》[⑩]《看华表》[⑪]《陈谷子、烂芝麻》等多篇散文，在对古都北平风物记忆的细致书写中，纾解着对第二故乡浓浓的乡愁。就像她在《陈谷子、烂芝麻》中写到的：“我漫写北平，是为了多么想念她，写一写我对那地方的情感，情感发泄在格子稿纸上，苦思的心情就会好些。”[⑫]散文名家琦君有《晒晒暖》[⑬]《小时候》[⑭]等散文，将故乡浙江永嘉的生活记忆写得温馨动人。梅逊也有系列散文包括：《玉蜀黍的怀念》《看

① 蕾芷：《柳的怀念》，《联合副刊》，1957-04-18日

② 立础：《沙冻瓜》，《联合副刊》，1962-08-01日

③ 立础：《金针忆》，《联合副刊》，1959-11-27日

④ 薛振家：《故乡的苹果》，《联合副刊》，1955-02-16。

⑤ 方舟：《话雪》，《联合副刊》，1956-1-20。

⑥ 杨念慈：《故乡的集会》，《联合副刊》，1957-09-13。

⑦ 盛爱耐：《上海的秋天》，《联合副刊》，1958-10-14。

⑧ 立础：《柳笛》，《联合副刊》，1962-04-22。

⑨ 林海音：《城南旧事》，北京：海豚出版社，2015年，第188页。

⑩ 林海音：《换取灯儿的》，《联合副刊》，1961-11-04。

⑪ 林海音：《看华表》，《联合副刊》，1961-11-05。

⑫ 林海音：《陈谷子、烂芝麻》，《联合副刊》，1961-11-05。

⑬ 琦君：《晒晒暖》，《联合副刊》，1962-01-13。

⑭ 琦君：《小时候》，《联合副刊》，1962-02-20。

收》[①]《祖父的槽坊》[②]等等,也很具有代表性。五六十年代"联副"的文学创作,尤其是散文"作品满溢着怀乡之情、忧国之思，题材颇多为故国山河的眷念，战乱流离的漂泊"[③]。

三、结语

中华文化源远流长，其对台湾文学生产的影响一直存在，20 世纪五六十年代"联副"的创作班底以迁台"文人""武士"为主，更使得这种影响在该时期"联副"的文学生产中体现得深刻而充分。"当意识形态的符咒还严重紧箍台湾"[④],"反共文学"与"战斗文艺"仍然充斥文坛之时，正是中华传统文化、传统文学为"联副"的文学生产提供了最初的滋养，"展现在文学生产场域里，则常常是对连带的历史谱系、创作类型——甚至包括容易附会的文学传统细微支流——赋予正当性，承认其美学资源的时令价值（民间文学、"中国传统文化"、抒情传统）"[⑤]，也由此生成了上述的中华传统文化直接呈现的"泛文学"以及古体诗词、乡愁文学等文学景观（当然远不止这些）。吹尽政治的沙粒，上述诸多文学与"泛文学"景观，也是该时期"联副"文学生产中具有较高艺术价值的部分，穿透那些文字的表面我们不难看到中华文化、文学的底色，嗅出中华文化的馨香。

---

① 梅逊：《看收》，《联合副刊》，1963–04–04。
② 梅逊：《祖父的槽坊》，《联合副刊》，1963–04–20。
③ 联副三十年文学大系编辑委员会编：《风云三十年》，台北：联合报社，1982 年，第 3 页。
④ 张黛芬：《台湾文学：特定的民族文化形态》，《世界华文文学》2001 年第 3 期。
⑤ [美] 张诵圣：《当代台湾文学场域》，镇江：江苏大学出版社，2015 年，第 291 页。

“一国两制”视野下重构台湾老兵的社会身份

曹瑞冬

台湾老兵一般是指1949年前后因国共战争而迁徙到台湾的国民党军人。1987年台湾老兵率先赴大陆探亲，开启两岸融冰交流，自此被设定为祖国统一路口上具有象征意义的关键角色。一方面，他们在与台湾社会长时段的互动过程中“内/外”的差异建立并强化，逐渐被界定为“在人之下”的外省人；另一方面，该群体呈现出一定的分化和集聚，在与政治主体的互动中，灵活运用“一国两制”提供的既定资源为自己争取返乡的结果和更大的空间。此后，他们往来于海峡两岸的“家与根”之间，扩大对公众领域的介入，颠覆固有的台胞身份，重构被社会体系认同的文化空间。

1987年10月15日，台湾当局同意开放台湾居民到大陆探亲①。国务院于1987年10月16日公布了《关于台湾同胞来祖国大陆探亲旅游接待办法的通知》②。至此，两岸打破了自1949年长达38年的冰封期。而台湾老兵作为缔造两岸融冰交流的第一块础石，其符号往往象征着一条局限于“和平统一”的政治公式，譬如当代文学以“流浪”二字揭示“老兵形象”的精神特质③，进而上升到中华民族苦难的表征，借此凸显“回归”之主旨。老兵的苦痛形象被文学作品所强化，这种印象的生成蕴藏着非历史的偏见，所幸两岸的频繁交流通融了大陆学者的社会调查，并就口述史的个案④探讨其富有意义的生存状态。但由于两岸中国人尚未走出历史的羁绊，台湾老兵的社会身份缺少合理的界定，他们的返乡运动也被塑造为

① 《国民党中常会已通过有关方案　同意开放台湾居民到大陆探亲》，《人民日报》1987年10月15日。

② 《中华人民共和国国务院办公厅关于台湾同胞来祖国大陆探亲旅游接待办法的通知》，中华人民共和国国务院办公厅1987年10月16日。

③ 谢昕妤：《悲歌可以当泣 远望可以当归：当代台湾文学“老兵形象”研究》，硕士学位论文，广西民族大学，2012年。

④ 罗小红：《落叶归根：台湾老兵口述史个案研究》，硕士学位论文，中南大学，2010年。

“抗争的结果”。

论及社会身份这个问题，必须明确一点，这是台湾老兵个人或组织在长时段的日常生活实践中的自我构建，而他们伴随着两岸形势的变化重构身份的界限，并进一步扩展这种社会认同，无法否认“一国两制”方针在此过程中发挥的作用，但“一国两制”既不是抽象的政治概念，也不是静态的思想学说，而是在等级规范和实际行为之间进行身份重构的机会空间。台湾老兵身份的模棱两可性提供了社会界限重新界定的可能，每个人都在通过各种“私性活动”[①]的参与，积极把握各种机会，扩展生存空间，进而促进了社会体系的弹性变动。本文拟从社会身份重构的角度研究台湾老兵与“一国两制”等社会文化空间的互动，探讨台湾老兵如何在被界定的空间内创造社会意义和建构生命尊严。

一、“内 / 外”界限与身份差异的强化

在微型身份社会中，称呼语体系直接体现了彼此的身份概念和身份意识，例如台湾社会以 1946 年为节点将之前之后到台湾的人分别称作“本省人”和“外省人”。“本省人”在很长一段时间里遵循着语言和地域带来的省籍区别，后在“二二八”惨案的影响下强化了这种隔阂心理，带着猜疑的眼光敌视“外省人”：“然自内地来的不论是政界商界，均见夹杂着些不良分子，尤其是政界的工作人员，更易引起大众的视听，有德有才的很受大众的欢迎，而尸位素餐的亦难免受人指摘，而贪官污吏更觉引起大众的鄙薄。”[②]这时，台湾人眼中的大陆赴台军人是新一批的“外省人”，是控制台湾经济社会的“国民党”，是终身无所依托的“失败者”。所以本省人增强了“省籍—族群”认同，通过约定或习惯将军人集团整体排斥于公众领域之外，阻断互相交流的一切可能，比如在择偶上“不可与那些省籍的人交往，例如外省人（都是国民党）”[③]。当然，“本省人”谨守与赴台军人的社交距离，是基于生长环境和生存状态的差异做出的恰当选择。实际上，许多台湾老兵不匹配女性的择偶标准，蒋介石在 1951 年“婚姻条例”上明定“现役在营期间不准结婚”，并建立“军中乐园”制度来解决士兵的性欲问题。[④]这种措施直接妨害了军人的适龄婚配，同时由于受到歧视的娼妓长期生活在军营，社会无形中把军营这个空间视作“污秽”，随着这种意识的强化，为接触“污秽”的军人构陷了

① 李振：《社会宽容论》，北京：社会科学文献出版社，2009 年，第 229 页。

② 褚静涛：《二二八事件实录 上卷》，台北：海峡学术出版社，2007 年，第 195 页。

③ 《无奇不有的择偶条件》，台北：“中国广播公司”，2014 年 10 月 15 日。

④ 李敖：《〈李敖作品集〉之〈国民党与营妓——“军中乐园”的血与泪〉》，南昌：江西高校出版社，1999 年，第 217 页。

“污秽”的身份特征。此外，他们也不具备供养家庭的能力，老兵曾回忆道：“刚到台湾时，军队生活困苦。发的米，不够填饱肚子；发的钱，买了菜买不了油，买了油买不了菜；日用品买不起，过冬连棉被都没有，裹着一条薄毯熬过一个个阴冷潮湿的冬夜。”① 而老兵退伍时仅能领到 500 多元的新台币和一张分文不值的“战士授田证”，他们必须在毫无保障的情况下跻身社会打拼，其工作往往不固定，劳动强度又大，正如陈明礼老人讲述自己的谋生经历：

> 我在家的时候，就是靠种地为生，到了台湾在城市里流浪，我除了有一点力气别无所长，但是，我在想老了怎么办，在这里举目无亲，将来我去靠谁？本来我一直在一家皮鞋厂打零工，帮他们装车卸车，可后来我想倒不如学一门手艺，将来老了也是一个本事，最起码能够自己养活自己。于是，我去求了鞋厂的老板，他把我安排到了车间，让我正式拜师学起了怎样做皮鞋，那一年我 37 岁，到台湾已经整整 6 年了。②

显然，老兵的知识结构和身体状态决定其不能胜任支配阶层的工作。他们大都能找到自己在公众领域的恰当位置，即“在人之下”的社会地位，索性以“底层”身份为中心，建构“底层”的社交网，如《将军族》中国民党退伍军人“三角脸”和台湾女子“小瘦丫头”一致认为“身子已经不干净了”和“这副皮囊是恶臭不堪的”。③ 这说明老兵在用他们的界限回应“本省人”设置的壁垒，在形成新的社会集团来对抗旧有集团，因而引起“本省人”的戒备，并通过力量压制或强化观念上的歧视来限制老兵集团的“抬头”，这样一来就形成了“内 / 外”“良 / 贱”“强 / 弱”等身份界限。“本省人”通过对社会性别体系的建构控制了“外省人”的生理和精神需求，当国民党军人试图进入当地家庭时，他们便借助物质的门槛凸显了这种界限，譬如潘银堂老人迄今还觉得妻子养父母索要的 10000 元彩礼实在是狮子大开口。④ 这种“般配”婚姻是少数现象，大多数老兵只能娶残疾或智障的女性为妻，又或者终身未婚。他们在本省人的婚恋垄断下失去了组建家庭的机会，从而无法建立以自我为轴心的亲属关系网，而家庭的保护功能和援助功

① 戎国彭：《倾听　真实隐秘的口述故事　耐人寻味的人生百态》，杭州：浙江人民出版社，2003 年，第 156 页。

② 于秀：《悄悄不归：老兵自述：我在台湾 40 年》，北京：中国友谊出版社，2012 年，第 233 页。

③ 陈映真：《陈映真文集 · 小说卷》，北京：中国友谊出版社，1998 年，第 102 页。

④ 赵川：《台湾老兵口述历史》，桂林：广西师范大学出版社，2013 年，第 36 页。

能须在社会中亲属的接触交流下发挥作用。[①] 对于拥有家庭的老兵来说，亲属关系和婚姻纽带促进其“友谊”的形成并扩展了平等的社会交往，都在竞争激烈的社会环境里，充当着共同体利益的实现手段，正如一些老兵的生活轨迹：“王恒文转行到学校里教书，与现在的台湾太太相识，家里有钱有势的，但她父亲不同意她嫁给一个大陆来的穷教员，最后太太与家庭决裂，两人结婚，在外面建立起不算富裕的家。后来，女方家庭慢慢接纳了恒文。而这些年来，他在台湾苦苦奋斗，吃了很多苦，最终从一个小学教员成为几家公司的董事长。”[②]

一个人的社会资源越多，越能从他的亲朋好友中得到帮助，职业成功的机会越大。[③] 但广大老兵不具备上述的亲属关系和社会网，在地位获得中也很难成功。实际上，他们与“本省人”之间的身份界限在内外和时空等因素的作用下不断强化，塑造成不可逾越的“鸿沟”，以致让自己受害于这种社会关系，承受着较大的心理压力。台湾学者曾分析老兵的住院问题，指出年龄层愈高、教育程度较低者、退伍军阶为士官兵者、内住就养者与未婚之老兵住院之可能性显著较高。[④] 这些相关因素是个人与社会文化空间长时段互动的结果，为老兵的社会身份所统一，共同强化着差异带来的社会界限。“差异”一部分是由地理和习惯塑造的，一部分是强大的意识形态长久渗透的结果，后者则是难以克服的。就像老兵总在用“思念”排斥生存环境的差异：“台湾岛几乎天天云气氤氲、湿漉漉，这种阴湿潮热的天气，我在大陆是很少体验到的。连续许多晚上，我就像个鬼魂一样，从这里飘到那里，遇到一个个亲人，却总也看不清他们的脸，我越想走近他们，他们离我越远、越远，于是我就拼命地追、拼命地喊，当身边的人捅我或踢我一下，才知道是做梦。”[⑤] 一旦这些身份意识在环境差异中长期渗透，老兵自然就接受了社会体系为其安排的位置。他们之所以能够容忍这种被隔离的生存空间，是因为互相通过姿势和态度将某种意识传递给对方，恰如“希望”所体现的一致性：“当初到了台湾以后，大家都很想家，为了安抚军心，当时蒋介石提出了‘一年准备，两年反攻，三年扫荡，五年成功’的口号，信誓旦旦地要带老兵们回家。”[⑥] 处于支配阶层

① ［日］上子武次，增田光吉：《理想家庭探索——日本和世界诸国家庭的比较研究》，北京：国际文化出版公司，第 202 页。

② 于秀：《悒悒不归：老兵自述：我在台湾 40 年》，北京：中国友谊出版社，2012 年，第 135 页。

③ 郑建伟：《现实问题的社会学研究》，长沙：湖南师范大学出版社，2004 年，第 117 页。

④ 朱慧凡，吴肖琪：《台湾六十五岁以上荣民住院之相关因素分析》，《台湾公共卫生杂志》，2004 第 4 期。

⑤ 李善惠：《金门之殇：来自台湾的一位参战老兵亲口讲述的历史》，北京：华文出版社，2012 年，第 83 页。

⑥ 中央电视台对台节目编辑部主编：《海峡热点》，北京：新华出版社，2004 年，第 69 页。

的国民党通过各种手段将这种可能性教育给老兵，一种是许以利益的欺骗，如“战士授田证”，一种则是带有惩戒性质的身体控制与再建

意识形态的教育和身体的控制与再建最终让老兵接纳了“反共义士”的历史设定，他们对国民党白色恐怖的忍耐逐渐演变成一种精神支柱和行为范式，如同20世纪50年代，初到台湾的老兵们吃着粗茶淡饭，手握简易工具，在险峻的幽谷里，凿眼放炮；在坚硬的石壁上，攀附划动；或顶着烈日，冒着滂沱大雨；或躲着泥石流的频繁袭击，一把钢钎，一把铁锤，硬是在深山里开凿出一条令人惊愕的奇异公路。[①] 支配阶层热衷于政治控制和精神洗脑，从军营到社会，一直在增强对老兵生活空间的操纵。1954年，蒋介石决定成立“国军退役官兵就业辅导委员会”，由“行政院”领导，规定该机构的职权是：解决退除役官兵的就业、保健，医疗、职业训练及就业辅导、“法令”权益及优待、调查、检定、调配、养老救助、生活指定与管理及有关事项。[②] 像许多没有生活保障的老兵都主动加入这类官方行政机构，其他诸如外省台湾人协会、眷村、红包场、“荣民医院”等老兵组织，均存在国民党一定程度的势力渗透。而国民党此举是强化老兵对其权力和资源的依赖，进一步控制他们的生活空间，并为其建构区别于“本省人”的“荣民”身份，将他们分离并隔绝于公众领域，强调社会等级和区分的延伸。所有分层社会都至少提供一些流动，这有助于减轻不平等系统内部所固有的紧张。[③] 但许多老兵为依靠国民党换取生存总以身体流动性为代价，丧失了个人在社会中“向上流动”的可能，恰恰也说明了国民党试图建构一种等级结构的封闭社会，不允许社会在“流动”刺激下变得失序。

伴随着私人空间的限制和公共空间的缩小，老兵的生计和心理问题长期并存，而他们也在与社会集团的隔离中完成了对身份界限的塑造。就像老兵和“外省人”常去的歌舞厅——红包场就像一枚琥珀，狭窄的空间里包裹住了旧日时光。故乡的滋味，越老越觉得苦涩。老人们试图抓住一些能缅怀住过去的时光，不管是家乡菜还是旧歌曲。这是老兵的世界。[④] 老兵在社会大环境中营造了符合自身的人际环境，并在其中进行情感交流和利益共享的实验，但也让内外之间截然不同的意识形态和生活习惯塑造并强化着各自封闭的历史格局，致使不安定的社会因素长期积累，加速了封闭型“戒严”格局的瓦解。

---

① 赵钧海：《在路上，低语》，乌鲁木齐：新疆美术摄影出版社，2012年，第84页。

② 马英华：《蒋经国全纪录：1910—1988（中册）》，北京：华文出版社，2009年，第451页。

③ 威廉·A·哈维兰著：《文化人类学（第10版）》，上海：上海社会科学院出版社，2006年，第338页。

④ 《大众电视》，2015年第17期。

二、一个中国：空间重构与文化认同

1979 年 1 月 1 日，全国人大常委会通过了《告台湾同胞书》，首次提出“三通”、扩大两岸交流等方针。[①] 而据老兵回忆，那时尽管两岸关系仍未松动，但已有人偷偷从国外往家里捎信，千方百计地同家人取得联系。此后，这种私人行为慢慢演变成一种集体活动，并在与台湾当局的长期斗争中扩展为老兵的“返乡运动”，最后在 1987 年取得“同意开放台湾居民到大陆探亲”这一阶段性胜利。“台湾老兵”作为两岸关系的敏感话题，他们的反抗代表着政治呼吁，他们的回家象征着两岸交流，符合和平统一台湾的方针政策：“海峡两岸各族人民迫切希望互通音讯、亲人团聚、开展贸易、增进了解。我们建议双方共同为通邮、通商、通航、探亲、旅游以及开展学术、文化、体育交流提供方便，达成有关协议。”[②] 所以，大陆方面总在尽可能地争取像老兵这群有益于祖国统一的坚实力量，一方面情感大力呼唤，一方面给予其返乡探亲同情和支持：“两岸同胞探亲应当有来有往，允许台湾同胞来大陆探亲，也应当允许大陆同胞到台湾探亲。对来往探亲的同胞，不应有不合情理的限制，希望台湾当局采取更加积极的态度。”[③] 同时可见大陆方面主张的两岸政治摒弃了传统的威胁恐吓，而是建立在民间互相交流基础上的双方共识，不直接介入台湾的权力竞争，而是注重于培养合作力量实现祖国统一的目标。

迄今，海峡两岸的历史格局尚未打破，但打破隔绝、互相交流的两岸发展态势是不可逆的。而关于形势的发展超过人们的心理和思想准备，费孝通指出“一国两制”不仅在统一战线理论上提出了值得深入探讨的问题，而且将更现实地考验我们能不能理论联系实际，怎样使自己的行为符合统一战线的要求。[④] 事实上，两岸人民既共同创造了有利于两岸和平统一的发展态势，又伴随着这种形势的变化成为其中的受益者，在此激励下进一步创造发展的无限可能，正如台湾老兵缔造了两岸交流，也成了“一国两制”的首批受益者，并继往开来引领祖国统一的旗帜。“一国两制”是大陆单方面提出的对台实验方案，却对 20 世纪 80 年代的台湾社会产生重大影响，从当时老兵的抗议活动便能窥见一二：

1987 年 11 月 9 日，来自台湾全省 2000 多名“自谋生活老兵自救会”的成员聚集于“行政院”门口，要求台湾当局妥善照顾老兵生活，发给每月 5000 元生活

---

① 《中华人民共和国全国人大常委会告台湾同胞书》，《人民日报》1979–01–01。

② 全国人大常委会办公厅，中共中央文献研究室编：《人民代表大会制度重要文献选编 二》，北京：中国民主法制出版社，2015 年，第 515 页。

③ 《欢迎台湾当局开放台胞到大陆探亲 保证来去自由 尽力提供方便和照顾 希望台湾当局允许大陆同胞到台湾探亲》，《人民日报》，1987–10–15。

④ 《瞭望》周刊海外版编辑部：《“一国两制”与祖国统一》，北京：新华出版社，1988 年，第 107 页。

补助费。这批老兵携带换洗衣物、帐篷、棉被、锅灶等后勤设备，准备长期抗争。警方动员了1000余名宪警及镇暴部队，以12道人墙挡在"行政院"门前严阵以待。从上午9点至深夜1点，双方僵持达14小时。其间，老兵们几次发难，企图冲破封锁进入"行政院"。火爆紧张局面不时出现。[①]

当时，围绕权力和资源竞争所产生的冲突明显增多，如黑社会势力遍布各个角落、地下经济和经济犯罪泛滥、失业和劳工问题开始政治化等问题更趋严重。这些社会问题与资源、权力和经济利益的分配息息相关，而作为利益分配机制的制度，其变迁意味着权力结构的变化，目的是追求与当前权力结构相适应的分配结构。稳定的制度结构暗含了财富分配的不断积累以及权力结构的不断变化，最终会引起制度的变革。[②] 所以，老兵与现有结构运转相抵触的行为是为了重构与当前权力、资源和利益结构相匹配的体制，而这种体制是一种无形的公共空间，包含了更有效率的分配和激励功能。《授田证狂想》中有人们对于老兵生活空间的反思："是什么样的思想教育使他们将自己的贡献放置于台湾其他人群之上？他们的创伤、他们的损失有多少是台湾民众应该承担、应该补偿的？在'反攻'和'不反攻'的反复政策中台湾的民主发展受到抑制？多少家庭破碎？多少人前途黯淡？"[③] 老兵们用最直接的街头请愿和抗议表达他们的利益诉求，但开放的空间和自由的含义是直接与社会等级的特定维持相对的，而台湾当局为了加强控制社会集团，竟不惜与"台独"联手，恢复以国民党为中心的等级秩序，譬如"外省人台湾独立促进会"主张破除"大中国意识"，卸除"充满迷思的原乡情结"，企图与大陆彻底脱离关系，最终完成"台湾独立"，并主要在"外省人"集中的"眷村"等举办各类活动，宣传"台独"理念，成为势力分化和利用"外省人"的重要平台。[④] 这些阴谋势力的渗透促使社会舆论将争取权益的老兵视作"共匪""台独"和"阴谋分子"，使老兵集团的抗争一度被分离于其他社会集团的政治表达。但老兵的集体抗议最终还是获得了社会的同情和支持，尤其引起了一批教授和学者的关注和声援："应恢复与大陆同胞的实质关系，逐步容许台湾人民公开到大陆去探亲、观光、讲学或者参加学术会议，甚至可主动派员到大陆去，亦可以接受大陆派员到台湾来。"[⑤] 这些非政治性主张是建立两岸共同体的思想雏形，正如台湾大学

---

① 姜殿铭，邢魁山，蒋孝文：《当代台湾大事典》，太原：山西教育出版社，1995年，第367页。

② 张屹山：《资源、权力与经济利益分配通论》，北京：社会科学文献出版社，2013年，第256页。

③ 胡台丽：《燃烧忧郁》，台北：张老师文化事业股份有限公司，1991年，第34页。

④ 王建民，吴宜，郭艳：《泛绿　台湾政坛（下）》，北京：九州出版社，2007年，第33页。

⑤ 郭超人：《新华社优秀新闻作品选集——台港澳新闻选（1949—1999）》，北京：新华出版社，1999年，第37页。

张亚中先生指出两岸应着手开展文化统合、货币统合、经济统合、身份认同、安全认同、国际参与及和平框架等七项统合工程，最终实现两岸整合。[①]

在利益统合层面上应当格外关注包括老兵在内的台湾民众于“一国两制”框架内外“求身份”的政治诉求，上述材料中台湾民众的通力合作反映了老兵的人际关系暂时在社会空间上摆脱了隔绝和向心的状态，社会中的界限和空间得以创造和重新界定。老兵在《我们已经沉默了四十年》传单中这样控诉社会等级秩序：“眼看国民党的高官、学人、有钱的富豪，有办法、有关系的人如富豪、歌星，他们随心所欲进入大陆探亲旅游（据中共发表的统计每年有六千多人），并将他们的照片、文章在台湾的报纸上发表，我们大多数退伍军人、荣民、公教人员，仍遭受到百般刁难、恐吓，这样的政策我们能谅解吗？”[②]老兵成立的“外省人返乡探亲促进会”和展开的返乡探亲运动以摆脱对支配阶层的依赖，独立开辟生存空间为目标，并且通过与现行社会结构相抵触的过程实践的。他们对空间重构的要求体现在求平等、求权利、求身份认同上，是为了在国家与社会规定的合法框架内“自由”地去寻找并规定自己的生活筹划。[③]而台湾当局最终在老兵的呼声中默许了他们的胜利，这是基于利益做出的决定，张富忠先生是这样解释的：

这些人反你，整个国民党的基础会崩掉，他的基础会崩掉。你在台湾，靠这些大陆带过来的这些老兵做你最强的支持。这个到现在选举你都可以看得到，所谓的眷村都还是他最强的支持，那这一块松动了那还得了。他当然不能让这一块松动。那么有何文德这样的人站出来反他，有姜思章这样站出来反他，他当然怕整个台湾最稳固的政权基础松动。[④]

但是，老兵集团没有供养社会发展的能力，他们很快便在重构的社会空间中恢复了对支配阶层的依赖和支撑，如《回家的时候到了》传单中声明：“我们只希望透过真正民间性的人道组织共同努力，我们欢迎真正民间性的组织给予支持，包括在香港设立的探亲服务中心之类，提供适当的服务。”[⑤]老兵们看到返乡探亲的目的已经达到，就立即停止活动，以防被某些政治势力所利用。所以，他们的斗争既要颠覆社会熟知的秩序，又要再建立稳定与安全的生存空间。依赖于这种社

① 张亚中：《“两岸统合”：和平发展时期政治安排的可行之路》，《北京大学学报（哲学社会科学版）》，2014年第1期。

② 徐宏达：《逝去的硝烟：赴台老兵访问实录》，北京：人民日报出版社，2012年，第31页。

③ 张静，潘建雷：《身份认同研究　观念 态度 理据》，上海：上海人民出版社，2006年。

④ 《张富忠谈外省人返乡运动》，访问时间地点：2009年1月18日14:00，自宅受访。

⑤ 何文德：《回家的时候到了！》传单，1987年9月20日。

会空间的重构，老兵的社会身份得以创造和被认同，因而拥有了活动的自由、扩大的机会和有利的资源。而他们首先需要解决的是情感的社会展示，正如卡西安和戈登的研究表明，情感文化的文献可作为社会结构改变的索引，[①] 老兵的情感被抑制，如游行队伍大声合唱《母亲，你在何方》："雁阵儿飞来飞去白云里，经过那万里可曾看仔细，雁儿呀我想问你，我的母亲可有消息。秋风那吹得枫叶乱飘荡，嘘寒呀问暖缺少那亲娘，母亲呀我要问您，天涯茫茫您在何方？"[②] 这也反映了那个时代的压抑。《我不入地狱，谁入地狱？》即如此呼唤："对那些用尽他们一生的青春血泪换来茫然无所知的退伍老兵——我的老哥哥们，只希望他们有一天能毫无恐惧地喝一瓢故乡水，亲手掬一把故乡泥土填在祖坟上，燃一炷回报父母的香火。"[③] 他们借由情感凸显了对这种再建空间的文化吁求，它至少能满足个人在家庭和族群领域的认同。或者说，这是一种在文化空间中建构的社会身份，跳出了更正式的法律标准和政治范畴，通过情感和想象把彼此的关系纳入更大的社群中去提供重要的资源，有赖于更有意义的生活标准。[④] 这种标准是无法准备定义的，但至少在老兵的世界里意味着人性诉求的满足、生活品质的提升和人际关系的和谐。而老兵们的人际关系和感情在眷村和"退辅会"这类封闭的文化空间中达到了很高甚至不舒服的温暖程度，所以他们急于在"一国两制"带来的新形势中寻找更大的关注点，譬如相似的文化身份认同。

"一国两制"在承认差异的前提下为赴大陆探亲的台湾居民建构了一种"台胞"身份，尤其针对像台湾老兵这样身份界定模糊的群体。但绝大部分台湾老兵，都抱持一个中国理念，正如潘银堂老人所言："我们不是'外省人'，请别以'台胞'相称，我们就是地地道道的中国人。"[⑤] 台湾老兵对一个中国有这样的体悟："多数的闽南人都认为'台独'只是一群失意政客、政治小丑为其自身利益，故意制造出来的问题，而'自由民主的中华民国'才是与共产主义中华人民共和国的谈判筹码，望在海外的中华儿女为未来的自由、民主、均富的大中华而努力，才是正途。"[⑥] 而这种认同既是蒋介石政权一个中国官方意识形态长期渗透的结果，也是在隔离状态中可为自己寻求心理安慰和争取更大空间的灵活资源，正如毛善祥老人指出了返乡探亲的意义："为现代国民指引正确方向和行为指标。记着中国人的忠

① 乔纳森·特纳，简·斯戴兹：《情感社会学》，上海：上海人民出版社，2007年：第29页。
② 陈文贵，叶子：《原乡》，福州：海峡文艺出版社，2014年，第231页。
③ 何文德：《我不入地狱，谁入地狱？》传单，1987-05-29—1987-07-27。
④ 尼克·史蒂文森：《文化与公民身份》，长春：吉林出版集团有限责任公司，2007年，第9页。
⑤ 赵川：《台湾老兵口述历史》，桂林：广西师范大学出版社，2013年，第58页。
⑥ 何建华：《给儿子的提醒》，家书，1994年10月31日。

孝传家、毋忘根本的古训。访友，温故知新。”[①] 总言之，一个中国的认同能够为台湾老兵在权力和资源竞争环境中营造一致的信仰文化圈，并经由传播媒介扩展这种认同及其所带来的社会关系网，实现他们理想的身份概念。而且，“一个中国”是台湾老兵与其生存空间的互动而创造的关键性中介符号，个人自由空间的营造是直接与两岸开放空间的创造相适应的，内外、大小环境在相互影响中共同受益。

三、两制：观照下的身份协调

认识台湾老兵，必然会涉及其身份界限模糊的问题。老兵的身份意识是依据时空感知的：“对于自己，大陆故乡是根，台湾亦是家。在自己的有生之年，总像一只候鸟，仆仆于家与根之间。”[②] 而据上文分析，这种模糊性是在不同的历史时期里，各种外在的政治和社会因素作用和强化的结果。他们究竟是台湾人，还是大陆人？他们究竟是台湾老兵，还是中国老兵？由于两岸的中国人尚未走出历史的羁绊，诸如此类的问题无从深究，但他们作为不能容忍“模糊性”的个体，往往把模糊性的情境看作对自己构成威胁的源泉，[③] 并以深刻的方式将模糊性的情境创造和再界限，而老兵及其身份必须首先被视作社会结构的一部分，才能真正认识他们的身份重构。一般意义上，老兵的返乡探亲运动既改变了当事人的命运，也影响了海峡两岸的历史政治走向。但他们的“回归”不是按部就班的，而是在“一国两制”新形势下为自己争取的特权，这意味着老兵必须重新在“陌生”的公众领域中找到自己的恰当位置。台湾学者曾指出老兵定居于大陆的一些现象：“在荣民心中，仍然对自己未能守护家园，善尽孝道有着些许遗憾，对于亲人晚辈替代其照顾父母心存感谢，因而产生回馈之心，以金钱作为补偿，慷慨解囊提携晚辈，栽培读书，不求回报，无怨无悔。由于近年来，大陆房地产市场持续升温，买楼只是为了定居，如今却成了受惠者。”[④] 总体来看，他们之前设计的亲人团聚、祭拜先祖、访问友人等活动都在探亲中逐步实现，如易健老人讲述自己 1988 年的返乡经历：

第一次返乡探亲，于当天杀了一只大猪，席开二十多桌。由于是乡下，没有好的场地，是在我出生的地方，以前是晒谷场，由于地小，不能一次餐会，是分三次

① 毛善祥：《与如文之三儿书》，家书，2005 年 5 月 18 日。

② 李善惠：《金门之殇 来自台湾的一位参战老兵亲口讲述的历史》，北京：华文出版社，2012 年，第 123 页。

③ 夏正江：《一个模子不适合所有的学生：差异教学的原理与实践》，上海：华东师范大学出版社，2008 年，第 79 页。

④ 吴郑善明，林志强：《荣民海峡两岸定居经验之研究》，《美和学报》2014 第 1 期。

进行，来宾多是乡亲好友。真的太简陋了，没有布棚，还好天气温和，他们来的客人，都燃放炮火，非常壮观，他们都有送礼金，我叫弟弟一定退回，客人都不接受。结束后，弟弟说：“父亲年纪大了，在生产大队，年轻人去工作，他就要看顾工人的衣服。又谈到分田，有田有地的人，不愿把财物拿出来，就斗争他，每天清算斗争，后来用枪杀他、折磨他，不是一次OK，是一枪一枪慢慢来折磨他，送命而后再分他财产。”[①]

这是老兵从个人到家庭、社会和国家，又回到内心反省自身的过程。他们将台湾的生活经历当作一面镜子，借以观照“两种制度”下的生活常态，如有的老兵认为火葬是“土法炼钢的余毒”，有的老兵发出“家乡人事全非，亲人生活艰苦”的感慨，有的老兵则描绘了祖国的大好建设。其实，他们一方面创造和改变着空间，另一方面也被自己生活和工作的空间以不同的方式所支配。[②]而后老兵在各式各样的观照基础上展开了一个“外来者”的日常生活。首先，有的老兵为扮演好家庭角色，对家庭负责，仍旧回台，继续打工，帮补家计，他们有“没有任何收入保障，留在家里我也不知道该怎么生活。只能再回台湾，再跨越那道我看一眼都觉着心寒的海峡”[③]的想法。其次，老兵为了家族、宗族、民族绵衍情感的串联，发起祖祠的整建并主持“文革”后第一次祭祖大典。[④]还有些老兵从香港采购家电给大陆的亲人，没想到亲人们误以为他是富翁，而有许多索求。[⑤]这些趣闻轶事展现了老兵大陆生活的许多方面，以家庭为中心重建友谊、亲属和婚姻纽带，增强对宗族关系的依赖，逐步介入公众世界，保持着情感对道德的向心状态。

显然，这些老兵的家庭适应和社会融合是在与社会结构运转相适应的前提下进行的，并且努力建构新职责和新身份，以使社会的价值标准包容现实，而这种价值标准往往是由正式的法律制度和非正式的社会习惯共同决定的。例如有规定“大陆人民和各级政府乐于帮助台湾同胞解决定居中的困难”，[⑥]又有一种文化认同：“故乡老百姓生活安定，国家也日趋繁荣富强，所以我想回家的想法日益强烈，要叶落归根。”[⑦]尽管“定居”是私人的选择，老兵仍须在公众视野中进行价值判断，

① 易健：《易健的返乡感言》，照片，1988年4月10日。

② 杨上广：《中国大城市社会空间的演化》，上海：华东理工大学出版社，2006年，第33页。

③ 于秀：《悄悄不归：老兵自述：我在台湾40年》，北京：中国友谊出版社，2012年，第121页。

④ 王亚元：《王氏大祠整建竣工暨祭祖大典》，照片，2002年。

⑤ 王鄂瑛：《荣民返乡探亲感谈二》，照片，1988年8月11日。

⑥ 王善福：《台胞定居生活简明手册》，北京：华文出版社，1989年，第3页。

⑦ 陈玲：《解密国共舟山群岛争夺战》，杭州：浙江工商大学出版社，2014年，第161页。

由此倾向对社会组织原则的依赖。而这些适宜的做法最终会获得广泛的认知和认同，人们逐渐把老兵当作一种生活的平衡力量而纳入等级秩序中，进一步强化老兵“中国人”的身份属性，包容了他们的身份差异，譬如大陆对老兵“追名逐利”的行为是大加赞赏的：“能否通过在台同乡会，请在台亲属各投资少许资金，积水成河，积集五十九万人民币，家乡再筹一点，办一个制瓶厂，一来可以解决家乡的一些台属的实际困难，二来可以增进乡亲之情谊，三来可以为改变家乡的穷困面貌出一分力量。”[①]这实际上反映了大陆方面积极建构与台湾的经济关系网，并遵循改革开放的时代性格共同创造两岸人民的生存空间。而倘若老兵站在了祖国一统的主旋律上，必将获得更大的社会支持和国家认同：“海峡浅浅，明月弯弯。一封家书，一张船票，一生的想念。相隔倍觉离乱苦，近乡更觉故土甜。少小离家，如今你回来了，双手颤抖，你捧着的不是老兵的遗骨，一坛又一坛，都是满满的乡愁。”[②]从家庭开始，将价值理念延伸至亲属、地区、社会乃至国家，逐步扩展社会关系，因而构建了机会较大、职业较好、资源较多、认同较强的生存空间，他们真正的“回归”不在于带给大陆发展和两岸统一实质性利益，而是他们的身份和“中国人”为一致的文化理念和利益诉求所统一，灵活运用各种方式完成自己在“两制”中的角色转换。

关于社会身份的重构，老兵或立足于台湾社交网而重建大陆关系网，致使两种关系网并存，又或者以家庭为中心建立与非官方自由领域的依存关系。他们以集团的姿势，以适应的态度逐步向社会渗透势力，同时必须应付各种人际关系的建构与完善，但依附关系的强化意味着社会地位的降低，有时也会遭遇挤压：“许多台湾老兵都知道，大陆一些农村嫁过来的新娘，有的是利用假离婚的方式嫁到台湾的，图的就是台湾老兵手中的那点儿钱。而老兵呢，往往也要找比自己年轻许多的大陆妹，以弥补失去的青春岁月。真是有市场就有营销，连婚姻这种人生大事，也变成海峡两岸某些人交换的筹码。”[③]他们在协调大陆和台湾家庭关系上也存在障碍：“在习俗上你应该称呼她‘大妈’的陌生老奶奶，一直是爸爸妈妈争吵的开端：妈妈总是无限委屈地说爸爸不该骗婚，有了妻子不该再娶。”[④]判定老兵重构的社会身份是否合格，在于其是否成为两岸社会阶层结构的一部分，并不断让自己与变迁中的社会结构相协调。这种协调是相互的，因为“一国两制”下两岸的开放是相互的，作为一种改革，它大大促进了经济发展，增加了许多前所未

① 柯尊三：《柯树秦寄给柯尊三家书 1993》，家书，1993 年 4 月 21 日。

② 胡占凡：《CCTV 感动中国 2012》之《高秉涵》，北京：学习出版社，2013 年，第 151 页。

③ 彭玉冰：《大陆记者看台湾》，苏州：古吴轩出版社，2011 年，第 46 页。

④ 贺澍棻：《大妈》，家书，1970 年—1990 年。

有的就业岗位，增加了流动的机会，增加了人们改变社会地位和社会阶层的可能，从而促进了社会结构向着积极的方向整体推进[①]。所以，老兵应努力协调自身以符合社会文化空间的诉求，大到两岸统一的国家利益，小到家庭亲属的生活品质，如大陆亲人向老兵寄出的求助信所写：“自从邓小平南方话谈沿海地区搞经济开发后，成千上万的打工仔涌向广东。舅父舅母，您也知道，我们家的生活状况并不好，外甥我离家一年多到广东，主要是想多挣钱给家里，可现在遇到这种情况，无奈想起你们曾给家中写过一封信提到过在深圳的一位朋友，外甥想通过您写一封信给我，让我到那里找他，看他能是否帮我找一份好一点的工作。”[②]但许多老兵不具备这样的人脉资源，也不拥有匹配的知识结构，更没有解决生计的经济财富，在竞争性市场制度下，资源的稀缺性决定了他们无法占用更大的空间，否则将不利于建立公平的社会秩序。

所以，在除去政治同情和历史关照后，“两种制度”系统地诠释了海峡两岸的差异性及各自差异化的发展，同时也指出了解决两岸问题的路径。作为一种现代性制度，它主张建构两岸开放性的空间，并以承认差异作为前提。这种差异不是由政治权力配置资源而生成的，而是在非官方自由领域个人或集团自发创造的结果。此外，它的主要和最终目的是实现海峡两岸统一，涵盖但不等同于利益互惠两岸人民。在“一国两制”视野下的台湾老兵，不完全是这种制度的受益者，而应是开放性空间的创造者和践行者。

---

① 陆学艺，龚维斌：《邓小平理论与当代中国社会阶层结构变迁》，北京：经济管理出版社，2002年，第74页。

② 柯尊三：《吴朋华寄给柯尊三家书1994》，家书，1994年5月31日。

影像多模话语：两岸青年新媒体交往话语创新

黄明波*

两岸文化交流和人员往来由于民进党的再次执政而波澜不断。新媒体为两岸青年提供了一个虚拟交往平台。这个平台是对杂音不断的现实交往的有益补充，但也存在交往理性不足等问题。随着影像传输技术的不断升级，影像符号逐步成为新媒体交往的主流符号。两岸新媒体空间正在形成一个众声喧嚣的影像公共领域。在这里，两岸艺人借助影像符号影响两岸青年，两岸青年使用影像符号表达诉求。影像公共领域内的话语，融合进文字、声音、图片、视频等元素，是一种多模态话语。影像多模话语是两岸青年交往的创新话语，有助于重建两岸青年的交往理性。新时期，我们应该加强两岸青年影像文化交往，建构影像公共领域多模话语，增进两岸青年的文化认同和社会认同。

2017 年 10 月 18 日，习近平总书记在十九大报告中指出："承认'九二共识'的历史事实，认同两岸同属一个中国，两岸双方就能开展对话，协商解决两岸同胞关心的问题，台湾任何政党和团体同大陆交往也不会存在障碍。"2008 下半年至 2016 上半年间，主政台湾的国民党承认"九二共识"，两岸间经济文化交流热络，人员往来频密，赴台陆生人数和在陆台生人数达到较高水平。但 2016 年 5 月后，拒不承认"九二共识"的民进党上台执政，两岸交流波澜不断。两岸青年交流，尤其是人员往来式的人际交流，遇到各种障碍。如 2017 年 3 月岛内爆出所谓的"陆生共课案"表明陆生在台备受歧视。大陆学生赴台求学意愿锐减，2017 年赴台陆生人数由 2016 年的 2136 人骤降至 1000 人。[①] 与此同时，岛内青年对蔡英

---

* 黄明波，1982 年生，男，硕士，福建南安人，黎明职业大学文化传播学院讲师。研究方向：影视艺术、涉台传播。

基金项目：福建省社会科学规划项目《新媒体语境下两岸青春电影与两岸青年社会认同研究》（编号：FJ2015C072）

① 高杨：《陆生赴台就读人数骤降调查》，2017 年 6 月 12 日，http://www.rmzxb.com.cn/c/2017-06-12/1587780.shtml。

文强烈不满。2017 年 5 月初，岛内民调显示，岛内青年对蔡英文的满意度已降至 20.9%，不满意度已升至 63.3%，在各年龄段群体中，由一年前最支持的群体逆转为最不满意的群体。[①]

民进党当局推出的政策给两岸人员往来和人际交流带来了各种障碍。但是新媒体的普及，则另辟蹊径，为两岸青年搭建了一个崭新而广阔的虚拟交流空间。两岸青年通过新媒体平台，依然可以相互沟通，增进了解。这种沟通虽然减弱了面对面式直观交往的亲近性，但同时也打破了由历史原因、政治因素造成的两岸青年之间的隔阂感，并且有利于开拓思想领域方面交流的深度和广度。

互联网信息传输速度的大提升，尤其是 4G 移动互联网络的大发展，极大提升了影像视频的网络传播质量与效率，两岸间正在形成一个众声喧嚣的影像公共领域。影像语言是一种多模态话语，影像作品具有直观性、情感性等特点，意识形态色彩较隐蔽。如何建构起让两岸青年高度认同的影像多模话语，促进两岸青年理性交往，培养两岸青年的民族和国家认同，业已成为紧迫的问题。

一、两岸青年新媒体交往的现状与机遇

哈贝马斯提出的交往行为理论是对公共领域理论的延伸。哈贝马斯将社会生活中的人际关系活动划分为工具行为和交往行为，并指出工具行为是主客体关系，而交往行为是主体间性行为。哈贝马斯在 1982 年提出交往行为的概念："从相互理解的角度来看，交往行为是用来传播和更新文化知识的；从协调行动的角度来看，交往行为起着社会整体化和创造团结互助的功能；最后，从社会化的角度来看，交往行为是为了造成个人的独有的特征和本质。"[②]哈贝马斯认为交往理性是人们相互理解、平等交往的基础，是社会和谐的前提。真实性、正当性和真诚性是交往行为应该遵守的三个有效性原则。人们以"生活世界"作为背景和"信念储存库"，来"协调地处理各个角色所面临的、既不同而又共有的三个世界：客观世界、社会世界和主观世界"。[③]

新媒体的迅速发展，为两岸交流提供了一个广阔且可以实时进行的互动平台。当前，大陆青年喜欢使用的新媒体有微信、微博等社交媒体，新浪、百度等门户网站，还有两岸议题相关论坛如天涯社区台湾风云板块、凯迪社区、人民网强国

① 李帅：《民意大逆转：蔡英文上台近一周年，年轻人从全力挺变最不满》，2017 年 5 月 3 日，http://www.taiwan.cn/taiwan/jsxw/201705/t20170503_11758069.htm。

② 哈贝马斯：《交往行动理论（第一卷）》，洪佩郁，蔺青译，重庆：重庆出版社，1994 年，第 594 页。

③ 艾四林：《哈贝马斯交往理论评析》，《清华大学学报（哲学社会科学版）》1995 年第 3 期。

论坛等。这些新媒体都是大陆主办。台湾青年喜欢使用的有雅虎奇摩、PTT、痞客邦等台湾主办网站以及国外的Facebook、Line等。两岸青年集中在各自主办的新媒体上发表言论、描述现状、分享观点。当前两岸青年新媒体交往与对话具有以下几个特点：

（一）新媒体使用活跃，但交往机制尚未成形

两岸同胞都踊跃使用新媒体。大陆截至2017年6月“网民规模达到7.51亿，网络普及率为54.3%，占全球网民总数的五分之一”。[①]台湾网路咨询中心（TWNIC）2017年7月21日发布的《2017年台湾宽带网络使用调查》显示：全台湾上网人数达1879万，网络普及率达80.0%。两岸青年都能够通过电子邮件、访问对岸网站、使用社交软件等方式进行沟通和交流。但由于两岸客观存在的“生活世界”差异，两岸间尚未形成一个两岸青年共同喜爱且自由交流的新媒体平台，而是形成了一些两岸青年各自热衷的新媒体部落。两岸青年新媒体交往机制尚未成形。在两岸各自的新媒体部落中，都有一批活跃的“好事者”，他们往来于两岸各自的新媒体部落，将对方讨论本方的内容截图到本方论坛中，引发本方网友的热烈讨论。这批“好事者”往往成为各自部落的“意见领袖”，两岸各新媒体部落间的交流，尤其是敏感议题的交流，主要由各自部落的“好事者”来推动。这些“好事者”当中也有少数品行不端的人，充当“反串者”在两岸新媒体部落中挑事。例如，台湾《自由时报》记者曹伯宴曾经伪装成大陆南宁人在天涯台湾板块注册，并自行发帖对台湾岛内的空难幸灾乐祸，然后在《自由时报》上发新闻稿指责大陆网友冷血。该事件在天涯论坛上被揭发后，引发了大陆网友的强烈抗议。

（二）交往话语基本无碍，但交往理性不足

两岸同文同种，拥有共同的血缘和文化传统，使用相同的的文字和语言，两岸青年可以使用汉语和汉字在新媒体上基本无障碍地交往。但是，由于两岸近百年来不同的社会发展路径，以及地理距离、意识形态差异和政治因素干扰，两岸青年在新媒体上呈现出交往理性不足的状况。哈贝马斯提出重建“交往理性”来消除生活世界的殖民化。理性交往的语言应当满足4个有效性要求，即：真实性、正当性、真诚性和语言本身的可领会性。两岸网友在针对敏感议题进行发言时，多数情况下，很快会陷入情绪宣泄的状态，开始进行各种谩骂和讽刺挖苦。如果双方中有人提出一些有利于对方的客观事实，立即会被本方人员围攻，怀疑其为

---

① CNNIC：第40次《中国互联网络发展状况统计报告》，2017年8月3日，http://www.cnnic.net.cn/hlwfzyj/hlwxzbg/hlwtjbg/201708/t20170803_69444.htm。

对方“反串”“卧底”。两岸青年在各大论坛上这种情绪宣泄的情况层出不穷，而理性辩论却少之又少。这体现出两岸青年新媒体交往过程中的交往理性尚未建立，对客观世界的描述未能做到“真实性”，两岸交往关系的规范尚未满足“正当性”要求，对内心主观世界的表达还未能足够“真诚”，而两岸间由于上述差异，交往语言的“可领会性”也存在不足。

（三）不当交往话语受约束，但规范制定矫枉过正

交往行为是否能够达到理性，正当、合理的行为规范是重要的制度保障。两岸新媒体交往要受到行政管理部门的限制，也要遵守各个新媒体平台自定的行为规范。由于历史原因和生活环境的隔断，两岸青年在新媒体交往中还未能构建出双方高度认同的价值标准，存在“敏感议题分歧较大”“情绪宣泄压倒理性辩论”等客观现实，两岸各自的新媒体平台都制订了限制对方用户注册和发言的制度。天涯台版、PTT 论坛等网络平台管理人员有意识地采取技术手段，对两岸青年进行区隔。例如天涯台版限制台湾 IP 地址的用户发言，并对过激言论进行删帖和封号；PTT 严格限制大陆居民注册，必须拥有台湾岛内收费邮箱账号的用户才能顺利注册，对有大陆背景的用户发言进行限制，对言论违规者进行封号。由于交往理性的缺失，交往主体未能有效地约束和调节自身的交往行为，导致网络管理人员以外部的措施进行规范调节，这些措施矫枉过正，客观上阻碍了两岸青年深入交流的进程。

（四）创新交往话语的机遇：大陆视频网站和影像公共领域多模话语

网络信息传播速度不断加快，影视节目已经能够在互联网上流畅传输和播放。互联网已经成为两岸青年欣赏影视节目最重要的平台。近几年来，大陆视频网站优酷、爱奇艺、腾讯视频等发展迅猛，建立起丰富的节目资源库。由于大陆市场庞大，视频网站更容易积累起雄厚财力，购买众多影视节目的版权，其影视节目丰富程度远高于台湾岛内视频网站。因此大陆视频网站不仅深受大陆青年喜爱，也吸引大量台湾青年登录观看。台湾青年经常访问这些视频网站观看影视节目，与大陆网友一起同步互动点评，与敏感议题方面的剑拔弩张相比，更能体现出“两岸文化同根同源、两岸青年沟通无碍”的祥和气氛。大陆视频网站为两岸青年提供了一个影像公共领域。两岸青年在这里讨论影视相关议题时，经常使用图片、小视频、小动画、文字和语音等各种媒介形式的信息进行交流。这种多模态信息具有元叙事功能，能够淡化意识形态色彩，承载更多意义，为两岸青年创新交往话语提供了机遇。

二、两岸青年新媒体交往中的影像公共领域

哈贝马斯提出一个理想公共领域的概念，他认为在公共权力领域和私人生活领域中间，存在一个公共领域，这个公共领域连接并影响着公共权力领域和私人生活领域，公共领域是“国家社会化”和“社会国家化”的结果。“大众传媒影响了公共领域的结构,同时又统领了公共领域。”[①] 以互联网络应用为代表的新媒体应用，为公共领域的建构提供了更多的可能。伴随着互联网技术的大发展，影像视频的网络传播质量与效率获得显著提升。近十年来，大陆娱乐产业发展迅猛，大型视频网站迅速崛起。爱奇艺、优酷等视频网站在两岸拥有众多的用户，已经成为两岸青年交流的重要场域。法国社会学三大创始人之一加布里埃尔·塔尔德在讨论公众与群众的区别时，提出了公众的两层含义。第一层含义是存在身体的接近或接触的公众，即“剧院里的公众”“集会中的公众”；第二层含义是由没有身体接触的、分散的个体组成，是精神关系上的组合，将他们组织在一起的纽带“存在于他们同步的信念或激情之中，存在于同时与许多人共享一个思想或愿望之中”[②]。两岸青年在新媒体公共领域中更多的是第二层意义的公众身份，他们大多数没有身体接触，甚至从未谋面，分散在两岸各地，他们是精神上的组合，把他们组织在一起的纽带是某种共同的思想或愿望。两岸青年面对面的交往受到政治、地理和经济等多种因素的制约，新媒体上的交往更为便利，而且更加丰富多彩。近年来，两岸青年围绕各种影像议题展开的交流和探讨可谓熙来攘往、热闹非凡。

（一）艺人迁徙：台湾艺人北上大陆并经由新媒体影响两岸

台湾文化创意产业开发较早，形成了一整套比较完善的艺人选拔、培养、包装和推广的流程，培养了较多被两岸民众广为熟知的艺人，也积累了一大批幕后策划、创意、编剧和制作人才。虽然，当前华语综艺节目和电影、电视节目的制作中心已从香港和台湾转移到大陆，但是台湾和香港的艺人在大陆乃至整个华语娱乐圈当中仍然拥有巨大的影响力和号召力。在电影行业，2010 年《海峡两岸经济合作框架协议》（ECFA）正式实施后，众多台湾电影导演、演员以及电影技术人员“北上”大陆拍片，形成影人大迁徙的态势。[③] 在电视行业，近两年在华语娱乐圈异常火爆的综艺节目《中国好声音》和《我是歌手》都活跃着台湾艺人的身

① 哈贝马斯：《公共领域的结构转型》，曹卫东，王晓钰，刘北城，宋伟杰等译，上海：学林出版社，1999 年，第 15 页。

② 加布里埃尔·塔尔德：《传播与社会影响》，何道宽译，北京：中国人民大学出版社，2005 年，第 279 页。

③ 黄明波，连子强：《两岸青年影人合作与青春电影新风潮》，《河北工业大学学报（社会科学版）》2017 年第 3 期。

影。张惠妹、庾澄庆、周杰伦、齐秦是《中国好声音》的导师，张信哲、萧敬腾担任过《中国好声音》的梦想导师。《我是歌手》第一季总决赛的七名歌手中有 4 名是台湾艺人（杨宗纬、林志炫、彭佳慧和辛晓琪）。两岸青年通过爱奇艺、芒果 TV 等新媒体平台欣赏这两档节目，并在平台上自由、平等地发表各种观点和意见，因为共同的“思想或愿望”组织在一起讨论公共的文化话题，形成两岸新媒体影像公共领域。

（二）北艺南传：大陆影视作品和艺人通过新媒体影响台湾

在台湾影视和综艺影响大陆 30 余年之后，大陆流行文化也开始在台湾发挥越来越大的影响力，呈现北艺南传之势。根据《法制晚报》报道，在台湾本地电视剧低迷之际，大陆古装剧在岛内受到广泛欢迎。根据 2015 年台湾电视剧收视数据统计，排行榜“第一位被内地古装剧《武媚娘传奇》占据，这份榜单前十名中内地剧占据三席”[①]。除了这些经由正规渠道进入台湾并大受欢迎的古装电视剧之外，还有大量大陆制作的偶像剧、综艺节目、纪录片和电影经由新媒体平台广泛影响台湾。2016 年大陆时装剧打破两岸口音和文化背景差异，通过新媒体在岛内俘获不少剧迷。在岛内受追捧的《琅琊榜》剧组原班人马打造的时装偶像剧《欢乐颂》，再次受到岛内网民追捧。2016 年 4 月 27 日晚多位台湾网友在台湾最热门论坛批踢踢实业坊（PTT）China-Drama 看板上讨论《欢乐颂》观剧体验。他们通过大陆视频网站观看该剧直播，而该剧被安排在中央电视台《新闻联播》结束后播放。多位台湾网友为了追直播，连同《新闻联播》一起看。这些台湾网友出于对影视艺术或影视明星的喜爱，其政治对抗意识已经淡化，对大陆《新闻联播》等主旋律宣传可以部分接受，至少不会抗拒。

（三）草根传播：两岸网友自制视频影响两岸青年

除了电视台和影视公司制作的影视剧、综艺节目影响两岸之外，两岸网友也会自制视频进行交流。台湾网友 Hiroshi 制作了一个反映大陆城市风光和军事建设状况的视频，发布到 YOUTUBE，吸引了大陆和港澳台乃至海外华人网民的广泛关注。而国内弹幕视频网站哔哩哔哩转载该视频后，大陆网友发布大量红色弹幕，表达了极强的国家自豪感，堪称一部爱国主义经典教材。一位网名为“Taiwan Beiju”的网友发布一个名为“一次让你看懂南海主权争议”的视频，以讲故事的方式，条理清晰、有理有据、深入浅出地讲述了南海问题的始末，号召两岸联合

① 许思鉴，王磊：《内地古装剧台湾霸屏：9 部收视破 1，“武媚娘”称霸》，2015 年 12 月 26 日，http://yule.sohu.com/20151226/n432635724.shtml。

起来共同捍卫南海“祖权”。该视频在大陆各视频网站广泛转载并得到大量点赞。大陆网友也制作了一些网络视频经由新媒体影响两岸。2016 年 7 月 2 日，厦门网友“浪吧频道”制作视频“台湾雄 3 导弹误射真像！”调侃台湾在 7 月 1 日误射“雄三”导弹及台湾当局的应对处理方式。大陆网友“叫兽易小星”策划制作了中兴手机视频广告《茶叶蛋的美丽传说》。该视频在推广中兴手机的同时，调侃式回应台湾劳务部门辅导讲师高志斌关于“很多大陆人消费不起茶叶蛋”的言论。这些视频在大陆主流新媒体平台上被广泛转载并引发了众多评论，同时也引起不少台湾网友的关注，他们与大陆网友同步收看，并在线评论反馈观感。

综上所述，两岸影视文化在新媒体平台上不断融合，为两岸青年提供了一个平等交往的影像公共领域。两岸青年在影像公共领域内交流使用的多模态话语，不同于传统媒体上或面对面交流时使用的单模态话语。多模态话语是指话语使用者为了更好地提升意义解码与传播的效率，在编码时综合使用文字、影像、声音、动作等多种符号类型，从而调动起人的视觉、听觉和触觉等多种感官参与解码的话语方式。相比单纯的文字语言，这种话语方式具有更为强大的话语建构能力和社会动员力量。在以新媒体技术为支撑的影像公共领域，两岸青年可以围绕影视话题，采用语言、图像、声音、动作等多种符号资源进行表达，讨论影视作品所呈现出的各种社会议题，交流彼此的思想和情感体验。这种多模话语表达方式所使用的视频和图片本身具有元叙事功能，其话语生产能力和意义空间承载潜力巨大，为两岸青年实现理性交流提供了更多的可能性。

三、影像多模话语有助交往理性建构

“交往合理性是内在于交往行为之中的、语言性的、互主体性、程序性的合理性。”[①]“交往理性从主体间性角度研究人的社会行为，是对两岸关系的进一步升华。”[②]推进两岸青年交往必须重建交往理性。哈贝马斯将人类社会行为划分为目的行为、规范调节行为、戏剧行为和交往行为四类。哈贝马斯的交往理性，要求人与人之间交往时，目的行为应符合真实性原则，规范调节行为应符合正当性原则，戏剧行为应符合真诚性原则。当代社会一个显著的特征是，图像具有越来越强大的政治动员能力，已经成为普通公众参与政治的主要方式，也是建构政治议题、动员公众政治参与的主要手段，学者迪卢卡称之为图像政治时代。迪卢卡（1999）在著作《图像政治》中指出“图像具有语言文字不可比拟的社会动员力量和话语

① 艾四林：《哈贝马斯交往理论评析》，《清华大学学报（哲学社会科学版）》1995 年第 3 期。

② 唐桦：《两岸关系中的交往理性初探》，《台湾研究集刊》2010 年第 3 期。

建构能力。”[①] 在众声喧嚣的两岸影像公共领域，主要依托影视作品建构的影像多模话语，依托新媒体这一“公众广场”，在上述三个有效性的实现方面都具有优势：

（一）影像多模话语有利于目的行为的真实性建构

目的行为是指为实现某种目的而发生的行为，即人类个体有目的地改造客观世界。两岸虽然已经开放人员往来多年，但是能够到对岸实地感受、面对面交流的人员，无论台湾方面还是大陆方面，都只是少数。因此，对于未参与过人际交往和实地参观的这部分两岸青年来说，纪录片、电视新闻等影视节目可以让两岸青年对对岸耳听目染，相比文字语言的抽象描述，更加具象，更有真实性。例如台湾中天电视台制作播出300多集旅游纪实类节目《台湾脚逛大陆》，以台湾青年的视角和亲身感受，将大陆各个省份的自然风光和人文风情展示给台湾观众。节目播出后不仅在台湾反响热烈，在大陆也受到广泛欢迎。这类作品被加工成影像多模话语后，有利于两岸青年目的行为的真实性建构。

（二）影像多模话语有利于规范调节行为的正当性建构

规范调节行为是指某一社会群体的组成成员以共同认可的价值观为指导的行为。电影、电视剧等影视节目通过讲述历史故事，以生动、具体的人物形象和事件还原，传承中华优秀传统文化。这些节目所宣扬和表现的仁义、“己所不欲勿施于人”、“人欲达己，必先达人”等思想在两岸都得到有效传承、积极认同，已经成为两岸青年共同的价值观。例如台湾拍摄制作、在华人圈广受追捧的电视剧《包青天》体现的“为官清廉”“严以律己”等思想，大陆制作同样在两岸热播的《雍正王朝》《铁齿铜牙纪晓岚》等电视剧所提倡的“为民请命”“恪尽职守”等观念，都是中华民族的文化精髓，是两岸同胞共同认可的行为规范。这些影像作品能够引导两岸青年建立正当、准确的交往规范，被加工成影像多模话语后，有利于两岸青年规范调节行为的正当性建构。

（三）影像多模话语有利于戏剧行为的真诚性建构

戏剧行为是一种行动者在公众中根据自身的主观性展示形象的行为。行动者自身的主观性包括情感、道德判断等价值观层面，需符合交往理性的真诚性原则。两岸青年在共同的影视公共领域内，观看共同的影视作品，欣赏共同的音乐，喜爱共同的偶像，拥有共同的情感，两岸青年能够在欣赏的过程中比较真诚地展示

① 汤景泰：《网络社群的政治参与与集体行动——以FB“表情包大战”为例》，《新闻大学》2016年第3期。

自己。像《欢乐颂》《琅琊榜》《中国好声音》等等影视作品，寄托着两岸青年共同的小资情调、共同的文化传统、共同的偶像崇拜与艺术享受。相比其他交往活动，娱乐话题更容易引起共鸣，形成共识。这类作品被加工成影像多模话语后，有利于两岸青年戏剧行为的真诚性建构。

四、丰富影像多模话语：增进两岸青年新媒体交往的话语策略

影视作品包含文字、语言、图像、动作等多种符号形式，自身就是多模态话语载体，影像公共领域内的文化交往使用的话语方式，天然具有多模态特性。由于两岸同属中华文化区，拥有相同的语言，一脉相承的文化传统，两岸影像文化具有交汇融合的先天优势。我们可以从以下几个方面来增进两岸青年影像文化交往，丰富影像公共领域多模话语，增进两岸青年的文化认同和社会认同。

（一）以社会伦理影像作品，建构两岸青年共同的伦理话语

台湾电影《不能没有你》在两岸间传播着对社会底层人物的人文关怀，湖南卫视真人秀节目《爸爸去哪儿》引发了两岸各界对男人在家庭中的作用这一伦理问题的广泛思考。而大陆影星王宝强的妻子马蓉出轨事件，在两岸网络上都遭到了一致的口诛笔伐。台湾当红小生柯震东因吸毒在大陆被捕，因为对毒品的共同抵制，大陆警方的处理获得了台湾民众的理解与支持；周立波在美国被捕，两岸民众反映一致。两岸同源同种，虽然在近代以来经历了不同的社会发展路径，但是两岸民众最核心的伦理观念是一致的。基于中华传统伦理观创作的影像作品，能够获得两岸青年的广泛认同，建构两岸青年共同的伦理话语。

（二）以真挚情感影像作品，建构两岸青年共同的情感话语

两岸有着类似的教育制度和文化传统，两岸青年在成长的过程中经历的成长的烦恼以及初恋的青涩与甜蜜，具有相似的体验。因此，台湾电影《那些年，我们一起追的女孩》在大陆掀起了 80 后的怀旧风，而大陆电影《致我们终将逝去的青春》也在台湾催下众多少男少女的热泪。印度电影《摔跤吧！爸爸》（台湾译《我和我的冠军女儿》）在两岸青年中产生较大反响，影片传达的亲情和励志引起两岸青年的共鸣。对爱情、友情、亲情的渴求和向往，是两岸青年共同的心声。基于真挚情感的影像作品，能够建构两岸青年共同的情感话语。

（三）以大众艺术影像作品，建构两岸青年共同的艺术话语

以邓丽君为先驱的台湾流行音乐人整整影响了大陆 30 年，当前《中国好声音》

《我是歌手》舞台上众多的台湾音乐人的声音再次证明了这个影响至今仍然十分强大。而大陆流行音乐也在近几年开始反过来影响台湾，《中国好声音》组织的好声音歌手进台湾大学校园活动，在台湾大学生群体中大受欢迎。《中国好声音》《我是歌手》都成为台湾青年在网络上追捧的综艺节目。台湾漫画家几米创作的《向左走，向右走》等漫画作品及其同名改编影视剧风靡大陆十几年，2016 年大陆漫画家夏达创作的《长歌行》引爆台湾。基于展现两岸青年喜闻乐见的大众艺术的影像作品，能够建构两岸青年共同的艺术话语。

（四）以德艺双馨的影像明星，丰富两岸青年共同的偶像认同话语

共同的人种和文化，使两岸青年在偶像崇拜上具有鲜明的一致性。在台湾大受欢迎的男神、女神，往往也能够风靡大陆。台湾电影《我的少女时代》女主角林真心狂追香港偶像刘德华的经历在大陆并不鲜见。大陆当红明星胡歌、王凯在台湾也有着无数的粉丝。台湾艺人彭于晏、林志玲、苏有朋在大陆同样拥有巨大的粉丝群体。影像明星在粉丝群体具有强大的影响力和号召力，同一个明星的粉丝成员具有极高的价值认同感。明星的言行举止，能够在粉丝群体里获得高度认同。我们应借助两岸不断融合的影像市场，培养认同“两岸一中”又受两岸青年喜爱的影像明星，建构两岸青年共同的偶像认同话语。

五、结语

由于政治的隔阂，在当前两岸青年交流中，面对面式的人际交往较为稀少，交往面狭小，交往数量明显不足。而大众传媒尤其是新媒体的普及为两岸青年交往提供了更多的可能，两岸青年可以建构起一个以互联网络为中介的公共话语空间。影视作品作为艺术形式，追求真善美的情感体验，比较容易规避经济利益与政治主张。因此，在这个话语空间，两岸青年可以围绕影视文化展开深入的思想交流和情感交流。根据哈贝马斯交往行为理论，两岸青年交往必须以交往理性为指导，才能够增进相互理解，平等交流的公共领域才能够实现。影像作品有利于目的行为的真实性建构，有利于规范调节行为的正当性建构，有利于戏剧行为的真诚性建构，因此影像多模话语为交往理性的重建创造了条件。习总书记在十九大报告中指出：“两岸同胞是命运与共的骨肉兄弟，是血浓于水的一家人”，“将推动两岸同胞共同弘扬中华文化，促进心灵契合”。我们应该加强两岸影像文化交往，建构影像公共领域多模话语，以两岸青年高度认同的伦理话语、情感话语、艺术话语和认同话语，来促进两岸青年心灵契合，增进文化认同和社会认同。

闽籍媒体涉台报道的叙事特色及优化路径

——以台海网台湾频道为例

马海霞*

在涉台报道方面，闽籍媒体有得天独厚的地理和人文优势。台海网作为福建省第一家以对台传播为特色的综合性新闻网站，其涉台报道在叙事者、叙事视角和叙事策略方面存在一定的特色和不足。闽籍媒体应扬长补短，通过提高叙事可信度，实现专业性与可读性的平衡，加强互文叙事等优化涉台新闻叙事之技，以期更好服务于两岸和平发展大局。

推进两岸关系和平发展，早日实现祖国统一，新闻媒体责无旁贷。就地方媒体而言，闽籍媒体应该走在前端。福建与台湾仅一水之隔，80%以上的台胞祖籍地在福建，闽台两岸“地缘相近、血缘相亲、文缘相承、商缘相连、法缘相循”，形成闽籍媒体涉台传播得天独厚的优势和资源。目前，对涉台报道的研究多局限于传播学、艺术学、文化学等学科，尚未涉及叙事学领域。事实上，“新闻是一种叙事文”，涉台报道是一种特殊的叙事形态。因此，从新闻叙事学角度研究闽籍媒体涉台报道的叙事特色与不足，探讨其优化路径就有相当的必要性及实际价值。一方面可以提高闽籍媒体涉台报道的叙事水平和传播有效性；另一方面有助于新闻工作者在涉台报道中有的放矢，牢牢掌握涉台传播话语权，更好服务于两岸和平发展大局。

台海网由福建日报报业集团主办，是福建省第一家以对台传播为特色的综合性新闻网站，其依附纸媒《海峡导报》是目前全国唯一以台海新闻为主要特色的

---

* 马海霞，1981年生，女，河南洛阳人，闽南师范大学新闻传播学院，讲师（硕士），主要从事新闻学理论研究。

基金项目：福建省社会科学规划青年项目“闽籍媒体涉台报道的叙事学研究”（2014C055）。

综合类市民生活报，2005 年改扩版后成为全国唯一以“台海新闻”为第二封面并保持每天 6—8 版报道力度的日报。依托平面媒体集团背景优势，台海网迅速发展，尤其台湾频道，每天更新台湾岛内及两岸交流的新闻数百条，全力打造两岸新闻资讯门户，是最能体现台海网“人无我有”对台传播特色的频道。论文以台海网台湾频道“源发”涉台报道（指新闻来源是台海网的报道，源于其他媒体的新闻不能代表台海网叙事水平）为例，从叙事者、叙事视角、叙事策略三方面分析闽籍媒体涉台报道的叙事特征与规律，反思优化其涉台报道的叙事路径及对策。

一、涉台报道的叙事者

叙事学认为,叙事“是对一个或一个以上真实或虚构事件的叙述”[①]。叙事者即叙述事件的人。新闻文本中选择恰当的叙事者，能够增加涉台新闻的权威性、可信度或亲近感。台海网涉台报道叙事者主要有以下三种类型。

（一）当事人、相关人叙事者

新闻当事人或相关人是涉台报道的重要叙事主体之一，由于他们身处事件中心或参与、了解事件进程，对新闻事实的前因后果，个中缘由最为清楚也最有发言权，因此事实由他们叙述更能体现真实客观性。如《福建平潭签发首张“一次有效往来台湾通行证”》中，来平潭旅游的湖北宜昌游客刘海峰以自己的切身体验讲述了一张小小的台湾通行证给一名普通大陆游客带来的实惠，他是平潭与宝岛互惠交流的第一个受益者，是两岸一家亲最生动鲜活的见证。报道特别引用人物直接引语，使叙事语言更加客观，可信度更强，既消解了记者的话语霸权，也彰显了涉台报道的平民关怀意识，使人倍增亲近之感。

（二）第三方叙事者

涉台报道的第三方叙事者主要有两种：一是专家、学者、政府官员或权威人士等。他们并不处于事件中心，但时刻关注事件最新进展，对台海关系及两岸发展大局有更为清晰的认识与判断。在涉台报道中，记者往往请他们对新闻事件进行解读，通过他们的宏观视角，高屋建瓴地对事件予以诠释，条分缕析，揭示个中缘由利弊，增加叙事内容深刻权威性。二是普通网民。由于涉台报道关系两岸和谐发展，而两岸发展真正的受益者是普通民众，因此他们的立场和声音尤为重要。台海网涉台报道也较多引用了普通网民对新闻事件的看法，如《网友：师道

① 罗钢:《叙事学导论》，昆明：云南人民出版社，1994 年，第 2 页。

沦丧，误人子弟》，针对台湾彰化某幼儿园让幼儿在庆生时大玩男女舌传食物、舔奶油等夸张游戏做法，报道直接贴出众网友挞伐之词：“太过分了！！为人师表不懂分寸！！”“园方寡廉鲜耻，师道沦丧，误人子弟”等，彰显对普通网民、两岸百姓声音的重视，同时这种叙事方式鲜活、直接，也使报道更具可读性、趣味性。

（三）记者叙事者（台海网叙事者）

在台海网涉台报道中，记者并未完全缺席，他们或公开或隐蔽地干预新闻事实的叙述过程。主要表现为三种情况：一是记者处于新闻事件之外，以隐蔽叙事者身份客观陈述事件，看不到记者身影；二是记者以公开叙事者身份，直接出场，通常表现为“导报驻台记者发现（了解到）”；三是记者虽未公开表露身份，但通过直接概述或评论发声，叙事倾向明显。如《第十二届海峡两岸图书交易会 8 月台北登场　书香盛会主攻青少年客群》中：

与往届相比，今年海图会首创双展联动，与第十七届台湾漫画博览会同期同馆举办，两个展览将在参展和观展资源上相互借势、优势互补，为台湾读者特别是酷爱阅读和动漫的青少年读者打造最具影响力的书香文化盛会。

报道中记者直接评叙本届海图会的特色、意义，力赞其是两岸文化交流的重要盛会。显然这属于第三种情况，是为公开的叙事者。但不管叙事主体是公开还是隐蔽，其背后所代表的都是台海网的叙事立场和价值倾向。因为从本质上讲，是台海网自身的采写和运作机制以及整体传播语境决定了其记者的“话语规范与体系”，甚至局限着他们的思维和表达。而台海网作为海西首家重要的以对台传播为特色的综合性新闻网站，其致力于沟通两岸民意、传播两岸亲情、搭建两岸交流良性互动平台！其所有涉台报道都是为这一根本目标服务。

二、涉台报道的叙事视角

叙事视角即叙事者观察、叙述故事的角度。法国结构主义批评学家热奈特将其分为零聚焦、内聚集、外聚集三种。零聚焦，即全知视角，叙事者无固定观察角度，却无所不知，无所不能，人称“上帝的眼光”；内聚焦，即限知视角，选择事件中人物为叙事者，严格从这个人物的视点出发，不能叙述他人所见所想；外聚焦，又称纯客观视角，如摄像机客观摄录人物的外在言行和表情，无法看透人物内心。若这三种视角出现交叉或转换，就成为“复合视角”。涉台报道叙事中场合不同，内容不同，视角的选择就会不同，其最终目的都是为增强涉台传播的话语力量和效果。

（一）叙事多为复合视角：多维、立体

台海网涉台报道叙事视角灵活多变，尤以复合视角运用最多。由于大部分涉台报道都是非简单的新闻事件，要讲清事实的来龙去脉，满足受众深层次探寻之需求，单一视角较难完成，而在叙述中合理安排视角转换，不同叙事者从不同视角出发对新闻事实进行关照、阐释，反而使报道更加明晰、立体。研究发现，台海网涉台报道中，复合视角的使用多遵循这一模式：叙事者先以零聚焦视角交代事件概况、介绍相关背景，或穿插简短评论；再从当事人、相关人或权威人士角度即限知视角出发叙述事件经过或评析其影响，或者以摄像机般纯客观视角对新闻人物进行专访或客观呈现网友对新闻事件的不同看法等。不同叙事视角各尽其责，相互流转，使新闻事件自然展开，增强报道的立体性、可读性。值得一提的是，台海网涉台报道中复合视角多为全知与限知视角的复合，纯客观视角由于受限最多使用最少，只偶尔出现在人物专访中或原话引用网友不同观点的部分，也多与其他视角混合，构成复合视角。

（二）大量运用他媒视角：影响台海网叙事权威

台海网“源发”涉台报道中有大量援引或改编自其他媒体的新闻，这使得其涉台报道叙事不仅有台海网自身的观察角度，也存在大量其他媒体的叙事视角。仅以2016年4月一月的涉台报道为例，笔者统计发现，在该月的311篇“源发”涉台报道中，纯粹台海网自采自编的稿件只有146篇，尚不足一半；援引或改编台湾媒体（主要包括台湾“中央社”、《联合报》、《中国时报》等）的报道131篇；来自中新社、中新网等的通稿4篇；其他媒体（如环球时报、香港中评社、澳门《新华澳报》等）的报道30篇。详见下表1：

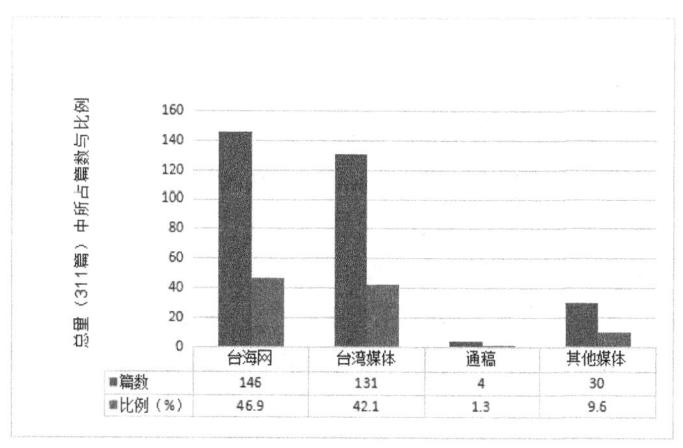

	台海网	台湾媒体	通稿	其他媒体
■篇数	146	131	4	30
■比例（%）	46.9	42.1	1.3	9.6

表1　台海网2016年4月“源发”涉台报道新闻源头分类统计

大量援引或改编其他媒体（尤其是台湾媒体）的新闻，一方面，使涉台报道的叙事视角更加开阔，叙事话语丰富多元，使受众不必拘泥于台海网设定的叙事框架，而是从更加广阔的视角了解台湾的政治、经济、社会万象及复杂的两岸关系与现状，对台湾及两岸有更加丰富、全面的认知；但另一方面，过多运用他媒视角叙事，援引或改编他媒新闻，又削弱了台海网自身的叙事声音与话语力量，不利于树立台海网的叙事权威，特别是对一些非权威（甚至是不知名）媒体或网站（如《台湾醒报》、玩全台湾网等）报道内容的引述，其叙事内容真实性、可信度有待考证，一定程度上影响了台海网的叙事公信力。

三、涉台报道的叙事策略

台海网涉台报道注重叙事技巧与策略的运用，以求达到最好的叙事效果。如在文本外部结构上，注意标题、导语、新闻事件、背景、评价等构成要素的多样式组合，灵活拆分，不拘一格；组织长篇文本时尽量采用结构整齐、对称的小标题分割叙事情节，提高文本易读性；重视使用新闻图片辅助叙事，图文结合增强叙事效果等。除此以外，在涉台报道的内部逻辑建构方面，台海网还特别使用了硬新闻软处理这一叙事技巧。主要表现在：

（一）新闻叙事故事化倾向

新闻故事化是“采用对话、描写和场景设置等细致入微地展现事件中的情节和细节，突出事件中隐含的能够让人产生兴奋感、富有戏剧性的故事”[①]。为增强涉台报道的可读性、趣味性，台海网采用故事化的手法对复杂、枯燥的涉台新闻进行了软处理。如《破易立难，柯文哲走下“神坛”》一文，通过细述台北市市长柯文哲上任一年多来种种不作为的事实和细节，犀利幽默地向受众展示了一个走下“神坛”的新闻人物。

有些文本则直接在新闻标题设置悬念，运用疑问句提炼矛盾冲突。如《刚崭露头角就闹分裂？陈为廷宣布退出“时代力量”》一文，通过“时代力量”党员之一的陈为廷宣布退党引发众说纷纭的事实，展现台湾不同党派势力的激烈角逐以及各党内部错综复杂的人物关系。除文本标题外，文内两个小标题也采用相同疑问句式提炼事实矛盾点，刺激受众的阅读欲望。

同时，台海网还注意将故事化的叙事手法与新闻的倒金字塔结构相结合。先在导语部分将最重要、最精彩的事实和盘托出，再按时间先后顺序进行故事讲述，

---

① 陈林侠、谭天：《广播电视概论》，广州：暨南大学出版社，2013 年，第 145 页。

叙事过程中借助小标题将事实分层，每个小标题下面又是按照倒金字塔顺序逐层剥离重要信息，以此吸引受众不断往下读。在新媒体时代追求“快阅读”“浅阅读”的当下，这种叙事结构使网民在最短的时间内获得最有价值的信息，提高了叙事效率。

（二）语言陌生化，彰显闽台地方特色

陌生化叙事，多用闽南语。“陌生化”是指语言表达的反常或奇特方式，使人产生陌生感。台海网涉台报道注重发挥闽台地缘优势，增进两岸人民亲近感。最显著的表现就是使用闽南语叙事，如上文报道《破易立难，柯文哲走下“神坛”》的导语，就用了两个闽南语“吊车尾”（意为吊在马车尾部的装饰，后延伸为最后一名的意思）和“冻未条”（受不了之意），来表达柯文哲日渐低迷的民意度，以及民众对其“只会破坏不懂建设、只会动嘴不懂实干作风”的不满。再如“摆瞑”“扛乩”“冻蒜”“阿嬷”等，这些鲜活的语言，使熟悉闽南语的受众倍感亲切，又使其他受众觉得陌生、新奇，构成陌生化叙事。

运用流行语，遣词造句幽默接地气。为迎合网民阅读心理，台海网叙事多用网络或台湾流行语，如“闹哪样”“神展开”“刷屏”“自黑”“赖神”“柯P”等，增强贴近性。同时文本遣词造句别具一格，幽默接地气。如“这‘速冻’的感觉让大家‘又爱又恨’，有人戏称周末出门‘一秒恐变棒冰’，已经决定在家窝棉被里，但也有很多不怕冷的‘勇士’摩拳擦掌，准备迎接这‘十年一遇’的寒流可能带来的山上飘雪”（《近十年来最强的寒流23日将袭台　岛内民众“疯”上山追雪》）。叙事者以幽默戏谑性的语言描述了台湾人民喜迎初雪的激动心情，读来生动有趣，颇富台湾特色。

恰当使用标点符号加强叙事效果。标点符号具有辅助文字、断句，表示停顿、语气等作用，恰当使用能强化叙事效果，增强感染力。如引号可以表达特殊的含意，惊叹号能表示惊喜、兴奋的心情等。上文标题中“岛内民众‘疯’上山追雪”，加了引号的“疯”，形象表达了民众疯狂、喜悦的心情。而“《窃贼7分钟搬走整台ATM》后续，侦破！只因窃贼主动‘贴条’”中，“贴条”一词激起悬念，“侦破”后的惊叹号则传达了案件告破之后的兴奋心情。

然而，台海网涉台报道中硬新闻软处理这一叙事策略的运用并没有广泛普及，不少报道由于对叙事人物语言的过度转述而乏味、沉闷；新闻文本配图仅限新闻图片（包括新闻现场照片、新闻人物照片、视频截图、网页截图等），并没有对各类数据图表的运用；同时文本缺少多媒体叙事手法的使用，如超链接、音视频信息、网页互动等，除少数标签外，文中所涉及重要媒体等都不能链接，页面也没

有受众评论与反馈功能（2016 年 1 月 9 日后台海网取消了表情投票和网友评论功能），这大大削减了新媒体叙事的互动性特征。

四、优化闽籍媒体涉台报道的叙事建议

（一）坚持新闻客观性，提高叙事可信度

叙事坚持平衡性原则，让各种见解都有同等的表达机会。无论是当事人、相关者、权威人士，抑或普通民众，都要给予他们平衡的话语权，不能厚此薄彼或忽略某一方。在《厦台同推音乐剧　你会去看吗？》一文中，“你会去看吗？”主要针对受众发问，但记者却只采访了音乐剧主要制作人“台湾原创音乐剧第一人”杨忠衡和闽南大戏院艺术教育中心副总监吴珊雅，音乐剧《微信》的首演已经结束，对于相关演职人员和观众的体验与感受却丝毫未提及，报道效果可想而知。

多用人物直接引语，选择重要叙事人物有分量、能切中事实要害的原话，不断章取义，擅自更改。目前台海网涉台报道中对叙事人物语言转述得较多，缺乏生动可信的直接引语。新闻文本中恰当使用人物直接引语，增加不同类型的语言，不仅使叙事话语显得多元，还有助于消解记者的话语霸权，提高叙事可信度。

（二）优化涉台报道叙事技巧，实现专业性与可读性的平衡

加强原创叙事话语，提高闽籍媒体叙事公信力。针对涉台报道中存在大量援引或改编他媒新闻这一现象，闽籍媒体应想方设法加大原创新闻叙事比例，可依托传统媒体集团优势加派驻台记者，加大驻点台湾报道力度，提高其记者独立采写、编排新闻的数量；同时全力发挥闽台“五缘”优势，在原创叙事话语基础上，充分挖掘闽台独到新闻点，不断创新求变，努力做到涉台报道“人无我有，人有我优，人优我变”。

借力权威叙事声音，加强涉台深度叙事。信息时代受众已不再单纯满足于信息的快捷与丰富，反而更追求新闻的独家与深刻。因此，涉台报道叙事应向纵深开掘，记者必须精心策划，对复杂的事件抽丝剥茧，全方位透视事实真相；同时与闽台两地热心台海发展的有识之士建立良好的人脉关系，攫取权威叙事声音，整合多方信息资源，力争做到涉台新闻原创化，涉台评论专业化，满足受众全方位、深层次的信息需求。

充分考虑受众的接受心理，完善硬新闻软处理叙事技巧，实现专业性与可读性的平衡。如改变以往单一的新闻图片运用模式，丰富图片叙事手段，多用图表、对比代替抽象的数字。特别是在一些较多使用抽象数字叙事的文本中，如《去年

赴台个人游再创新高》中，报道对2015年度大陆地区人民赴台人数及事由等的数据分析，若能以形象的图表或对比形式辅助说明，则叙事内容会更简明、直观，更利于受众接收、理解，并增添报道生动活泼感。

（三）开发多媒体叙事功能，强调互文叙事

“互文性”的提出者法国文学理论家朱丽娅·克里斯蒂娃（Julia Kristeva）认为：“‘文学词语’是文本界面的交汇，它是一个面，而非一个点……任何文本都是对其他文本的吸收和转化”①。基于此，新闻叙事就不必完全拘泥于文本本身，而应充分利用和开发多媒体优势。如台海网可以借助超链接连接到相关媒体网页实现跨媒介叙事；除台海网微信外，还可打通台海网微博及客户端等；进一步恢复、加强网友评论功能，对网友的疑问及时解答，并能发现其中有价值的报道线索。至于文本内部，则可以充分调动多媒体叙事手段，如将文字、图片（可实现幻灯秀）、音视频组合报道，多管齐下刺激受众的感官，增强报道厚重感、立体感。

（四）涉台报道叙事应兼具专业、技术和市场精神

全媒体时代传媒业竞争愈演愈烈，各种媒体形式蓬勃发展、方兴未艾。闽籍媒体涉台报道要赢得受众的关注，具备相当的影响力、竞争力，就必须在专业、技术和市场三方面不懈努力。通过提高记者专业水平增强涉台报道叙事能力，依托平面媒体集团优势，加强驻台报道力度，增加涉台原创叙事话语；着力发挥闽台“五缘”优势，关注两岸热心台海发展的卓越人士，从他们的论坛、博客、微信及民间沙龙等活动中寻觅有价值的独家新闻，攫取权威叙事声音，加强涉台深度叙事。技术方面充分开发利用多媒体，运用超文本拓展叙事内容，打通微博、微信和客户端实现跨媒介叙事，允许并鼓励网民留言、参与评论，强调互文叙事功能。市场方面始终坚持以“受众为中心”，不断创新并改善产品，满足受众多元、多变的涉台新闻需求，叙事风格彰显闽台特色又兼顾其他受众，努力达到新闻专业性与可读性的平衡。真正使涉台报道成为沟通两岸民意、传播两岸亲情、服务两岸交流、搭建两岸良性互动的重要平台。

---

① Julia Kristeva. *Word, dialogue and novel*, in Toril Moi (ed.), The Kristeva Reader, p.36—37.

海峡两岸“广播电视编导”专业人才培养模式的比较

乔 巧*

近年来随着我国广播影视媒体业的蓬勃发展，广播电视编导作为一个热门专业在高考招生中表现得十分火爆，引起了学术界和社会的广泛关注。为了提供优秀编导创意人才，如何批量化快速地培养高质量的广播影视编导人才，迎接未来快速发展的影视产业需求，一直是学界和产业界共同关心的课题。在此背景下，台湾在编导人才培养上与大陆地区呈现出了不同的态势：大陆地区的广播电视编导专业的人才培养资源存在区域分布不均、院校间差距大等问题；而台湾地区的产业资源则相对均衡、院校间差异小、重视实操。通过实地调查、比较两岸高校在广播电视编导专业形成、培养方向、培养目标、课程设置、课外实践、生源、师资设备等方面的差异，总结出两岸院校各自办学的特点，并提供思考与借鉴。

由于历史与社会形态的原因，海峡两岸广播影视业发展轨迹一直存在同中有异的特点，台湾地区的广播影视业更早就进入了市场化阶段，因此在产业形成、经验、模式以及人才培养上都存在优势，大陆的业界与教育界在早期也大多派人前往学习。2010年以来，广播电视编导（以下简称“广电”）人才缺口凸显，广电人才需求激增。在大陆，广电人才培养一直都由以传媒大学为代表的几所重点院校承担，专业定点培养。然而，随着专业报考人数激增，在市场需求的推动下，大陆各地的许多院校纷纷开始兴办编导专业。本文通过对台湾地区院校的实地走访调查，通过了解和对比两岸的广电人才培养的相关现状，以本科人才培养为例，对比两岸在广电教育上的不同之处。

* 乔巧，1985年生，女，福建建阳，武夷学院文教学院讲师，研究方向：文化创意产业，新媒体。

一、两岸广电专业的系所设置：“分开培养”还是“融为一体”

两岸的广电专业在兴办时间上存在先后，都强调理论与实践并重。在媒介融合时代，跨平台训练与技能融合显得尤为重要。因此，是“分开培养”，还是“融为一体”，两岸的学院在此问题上一直存在着两种不同的培养模式。“分开培养”的学校则是在一开始便将专业按照不同媒体的属性划分出几个大的方向，每个方向都有自己的侧重；而“融为一体”的学校则将“广播”“电视”“电影”三者专业特性结合，设置了培养综合素质、兼具创作与人文思考结合的专业方向。

台湾的广电专业普遍创办于90年代中期，创立之初旨在为台湾的传媒影视业发展培养人才，故在名称叫法上也与大陆地区有所不同。在刚开始发展的阶段，有的以“影视传播系”或“传播艺术系”冠名，台湾传媒院校的杰出代表——世新大学则干脆叫“广播电视电影学系”。在系所设定上，为了能够培养适应新时代的创意制作人才，则更是将“广播”“电视”“电影”三项分组培养，三个方向有各自的侧重点。三个方向在课程上有重合，但又按照三个方向各自的特点与要求有各自的专业课程。在培养方式上也更针对三个方向业界人才市场需求，注重人文与实践并重，重视学生影视艺术创作能力的培养，并强调产学互动。

大陆的编导专业则兴办于2000年之后，以中国传媒大学为代表的专业院校成为编导人才培养的专业标杆，成为国家级特色专业。传媒大学旨在培养国家各级电视台、传媒机构、文化宣传单位和其他企事业单位从事广播电视节目制作、策划、管理等工作的专业人才。媒体汇流时代，传媒大学将广播电视编导专业按照编导创意与制作技术的划分，将专业调整设定成广播电视学类普通类、广播电视编导（电视编辑）、广播电视学（国际新闻传播）、广播电视学（电视摄影）四个方向，面向普通类学生以及艺术类学生招生。此外，针对网络时代下媒体发展的新态势，传媒大学还另外设置了编辑出版学（新媒体方向）与网络与新媒体两个自主招生的专业。

在融合培养方面，台湾的新闻传播航母级院校——政治大学就向学生提供可根据自己个人的兴趣与特长在“大一大二不分系”，学生于三年级再选择自己擅长与喜爱的专业领域并分系主修。而大陆的传媒大学也设有“出境记者班”“英语实验班”“融合新闻工作坊”以及与业界精英一起工作的“国际教授工作室”，学生在大二时可以自愿报名，采用公开选拔的方式最终确立学生专业方向，学生进入后可接受后续强化训练，包括理论与实训。

然而，除了上述这三所颇具代表性的广电人才培养基地外，两岸间其他的一些高校虽也陆续设置了广电专业，但大多存在不分方向、融合培养的方式，将不同方向的专业侧重兼顾，在课程设置上也结合了各专业的课程特点，课程数量远超单一方向，以求高效适应两岸广电人才市场的需求。总而言之，两岸间的人才培养，无论是“分开培养”还是“融为一体”，都体现在媒介融合背景下，传统媒体业对新媒介生态环境的积极适应与应对。

二、两岸专业培养的课程设置

两岸在课程设置上也都秉持着实践与理论并重的教学方向，通过理论培养与技能训练，培养出具备传播理论、制作、艺术涵养以及人文素养的创作型专业人才。因为两岸大部分院校采用的是“融为一体”的培养方式，所以接下来我们以融合培养的广电学校的课程设置为例。

这些学校通常将专业核心课程划分为理论与实践两大类，而在这两大类的基础之上，又可细分为核心理论类、功能实践类、数字媒体技术类。核心理论类注重的是学生的思考能力，注重培养学生的美学理念、人文与社会、分析与批判能力，其主要课程包括传播学理论、广电概论、广播电视学、戏剧理论、新闻理论、媒体道德与法规、新闻史、电视文化传播等课程。功能类课程主要培养的是学生的独立创作能力，让学生具有创意思维与动手制作的能力，其中又可细分为影视剧情类、新闻纪录类、数字媒体广告类与文字创作类。其课程具体包括：视听语言、电视写作、新闻写作、纪录片创作、剧情片制作、非剧情片电视制作、广告片制作、电影策划与写作等。而数字媒体技术类则侧重培养学生的新媒体操作实务与技巧，具体包括：电视节目制作技术、电视画面编辑、非线性编辑、DV 操作训练、摄影摄像、电视摄影、新闻摄影、电视导播、新媒体编辑、新媒体交互设计、图片编辑处理、报刊编辑、影视特效等课程。

值得一提的是，在课程名称上，两岸间许多课程内容相似，却在名称上有所区别。两岸专业课程设置上名称的不同如下表：

表 1

大陆	台湾
电视策划	电视企划
实践 / 实训	实务
数字媒体	数位媒体
网络	网路
媒介伦理与法规	广播电视电影法规与政策
英语新闻采写	媒体英文
播音主持	媒体主持实务

从以上表格可以看出两岸间虽在课程名称上有所不同，但却在课程分类与设置上大体一致。而仔细比较两岸高校广电专业的课表发现，台湾的一些广电专业课程更为多元化，选择也更丰富。比如台湾的学校一般都开设了特殊化妆设计（选修）、化妆学（选修）、媒体英文（选修）、广电英文（选修）、非戏剧类电视制作（必修）、电子媒介销售（选修）等选修课程，重视学生的外语能力，强调人才培养的国际化；而大陆的学校则更多的是把媒体英文用于培养专门的国际传播报道的人才上，并未普及到全部。当中的特殊化妆设计与化妆学则作为选修课程让学生可以在专业基础上有所拓展；而大陆的化妆类课程则基本出现在电影学院的课堂上，并未在普通的广电课程中出现。另一方面，动画制作（必修）、动画电影分析（必修）在大陆的广电专业中并未开设，动画也都是作为另一门专业的课程而设置。最后，台湾的院校也看中对学生专业之外的能力培养，提供营销、管理类课程，让学生根据自己的特点选择。

广播电视编导专业本身杂糅了广播、电视、影视等多个方向的内容，因此两岸间的许多院校在人才培养上为了兼顾多个方向上的不同，同时开设了不同方向的专业技能课程，以求适应多元化市场需求。同时，在自媒体盛行，相对复杂的信息汇流时代，两岸皆注重培养学生自主思考、判断、分析的能力以提高学生竞争力。于是，两岸的许多院校都在近年的课程体系中加入了评论、反思、批判类课程，进而培养学生理性思考与独立创作的能力。

三、两岸院校的实践教学培养

近年来，为了让学生能够学以致用，两岸的院校都致力于搭建课外教学平台，注重学生对技能的演练以及产学互动的能力培养。然而，从实践教学平台的资源分布上看，大陆地区存在明显的资源分布不均，而台湾地区因为地域狭小则相对均衡。

具体来说，在大陆，大多数媒体、广告公司都集中在一线城市和沿海发达地区，这些企业又更热衷于与排名靠前的高校合作，这就使得许多在内陆地区，或媒体欠发达地区的学生缺少技能实践的机会。比如中国传媒大学的毕业生通常能够在央视及省级电视台得到实习机会，可由于传媒大学的学生本身数量就不少且颇具竞争力，而省级广播电视台每年实习生的名额也有限，这就导致了许多地方院校的学生没有实习拓展的机会。

同时，因大的电视台、媒体机构等资源基本上被重点高校占据，使得其他院校只能与县、市级电视台和一些规模较小、资质较差的媒体单位合作，这样一来，许多同学的专业技能并不能得到演练。而在很大程度上，媒体资源分布不均与学生数量众多最终导致了大多数广电毕业生毕业后难以选择和专业相关的工作。

最新的观察是，网红经济带来的自媒体火爆局面也使许多学校转而寻找新的实训机会。一些广电学生利用所学技能在自媒体平台上开设账号并制作发布视频如今年大热的抖音、快手等 APP，都成为时下许多广电学生演练技能的平台。

相较之下，台湾因地域狭小，且广播、电台、广告、出版、报纸、自媒体等方面十分发达，资源丰富，且分布均衡，这给广电专业的学生提供了更大的学习空间。笔者走访了解到，台湾的媒体、广告公司都十分乐意与高校进行“建教合作”，他们乐于提供实习机会给学生，因此台湾的学生则拥有更多的实践机会。台湾学生在大学四年内都会在学校的安排或自己寻找的机会中找到实训的平台，许多学生在大学期间都有在电台、电视台、广告公司实习、打工的经历。此外，台湾的院校还以教学观摩、暑假实习、校外媒体参访、专题演讲及产学合作等方式来增进学生的务实经验。在此优越的条件下，许多毕业生都备受业界欢迎，能够实现毕业—就业岗位的零切换。

台湾的院校每年招收的学生数量也远不及大陆。与大陆院校动辄就四五十人的班级相比，台湾的班级少则十几人，多则不过三十人，这样的人才培养相对细致且照顾周全，与大陆的学生规模形成鲜明对比。

四、两岸学生在专业选择与就业出路方面的比较

两岸的专业培养在生源选择与就业出路上存在着巨大不同。从大陆历年广电专业招生情况来看，许多学生和家长会为了被录取而选择广电专业。虽然高校扩招已多年，但编导类招生面向的是艺术类考生，文化课的分数要求并不高，因此也就成了许多家长选择的捷径。这些家长会在高考前几个月将子女送进培训班进行考前临时特训，此举也带动了各大培训班的火热招生，而这影响了学生的学习动机与未来的择业。

笔者针对这一问题，对大陆一普通高校广电专业 50 位大一新生开展调查，其中男生 10 人，女生 40 人。笔者将这 50 位新生选择广电专业的理由大致归纳为四类：即个人喜好、父母驱使、高考录取压力以及包括“不清楚”和“受他人影响”等构成的其他原因。透过调查，可以看出许多学生对广电专业并不熟悉，也对未来的就业模糊不清。他们当中被父母安排与因升学压力而选择的比例过半，而发自内心喜爱广电编导专业的同学却并未过半。具体如下：

表 2

选择原因	人数
个人喜好	17
父母驱使	22
高考录取压力	8
其他	3

注：本表源自 2016 年笔者对某高校某一 50 人广电班级的调查统计。

在毕业出路方面，笔者对一普通高校毕业班 56 人展开调查，许多广电学生也并未选择和自己专业相关的工作就业，而更多的选择了去考研、考公务员、考教师资格证等方面的出路。具体来看，毕业生们的毕业去向大致包括：考教师资格证、考研、考公务员、去企业、进广电相关行业、个人创业以及北漂（赴北京等待机会）。其中，考教师资格证占据了最大一部分，其次是去企业和个人创业的同学。这当中有部分同学同时考研和考教师资格证，也有同学同时进行创业与考研。因为存在多项选择，所以在统计上，我们按照人次统计，最后得到下表：

表 3

就业选择	人次
考研	5
考教师资格证	20
考公务员	1
企业	15
广电相关行业	8
个人创业	10
北漂	3

注：本表源自 2016 年笔者对某高校某一 56 人毕业班的调查统计，男生 17 人，女生 39 人。

从表 3 中可以看出，毕业后实际从事和广电行业相关工作的学生并不多，更多的学生只是出于对学历学位证的考量。在调查中发现，有些学生因为对自己的第一学历不满意，进而选择考研继续深造。也有许多学生对于未来没有计划，而听从家长的安排选择考公务员、教师资格证。这表明许多学生对自己专业未来的一种不确定性。还有一些学生则选择自己创业，具体包括开淘宝店、微店以及开设个人自媒体工作室的方式进行创业。也有一部分学生会进入电视台、广告公司等与广电相关的单位。仅有3位学生选择去北京等媒体影视资源丰富的城市打拼寻找机会。

而相比之下，台湾的情况则完全不同。台湾面积不大，人口只有2300万，可却有171所高等院校，台湾高中生的大学升学率达百分之百。因此，台湾学生没有升学压力，在专业选择上则更为偏重个人兴趣与喜好。在笔者赴台交流期间，虽未得到正式统计调查的数据，但通过与广电专业的教师、学生对话交流后发现，听从父母安排的学生十分罕见，台湾大多数广电学生毕业后还是会从事和自己专业相关的工作，而主要的原因可以归结为以下几点：

1. 台湾的广电学生大多是出于个人喜好而选择该专业，不存在升学压力；2. 台湾的家长对孩子的教育更为宽松，并给予考生更大的自主选择空间；3. 台湾的广电专业每年毕业的学生数量不多，可以被相关行业单位接收；4. 台湾拥有众多的报社、广播电台与电视台，媒体广告公司也不计其数，可以吸纳较多的应届毕业生。

五、两岸广电专业在院校师资背景与教育理念上的比较

两岸的高校在师资背景与教育理念上也存在着巨大的不同。大陆的高校，从“985”“211”到普通本科院校，大部分教师都是出自本土高校，国际化背景相对弱，整体的教育理念与学术风气偏向本土化。

大陆的院校从学术研究到教育模式，都承袭着本土特色，这与大陆从一开始就开展本土化的新闻传播学理论研究与探索息息相联。广电编导作为从新闻传播学中派生出来的专业，现虽隶属于戏剧影视学，但其基础理论离不开传播学。在这一本土化的传播理论基石上，大陆院校沿袭了本土新闻传播学人才培养与理论研究的特质，在广电人才培养上更注重本土化理念的树立与训练；同时大陆的院校也看向国际，致力于培养能适应多媒体融合，具有国际视野的广播影视人才。

相较之下，与大陆院校的兼收并蓄不同，台湾院校的情况则是“受美所困”。台湾有大波人才从欧美毕业返台进入高校，尤其是从美国返台，学术界代表也大多毕业自美国院校，在学术研究与教育理念上承袭着美式风格。

以台湾新闻传播学教育与研究的航母——政治大学为例，政大传播学院51名教师中，最高学历出自美国的有33位之多，占65%，而且还有8位出自英国高校，仅有10位教师是台湾本土院校毕业。而另一所著名传媒院校——世新大学的专任教师也有超过半数毕业于欧美院校。即使一些院校的教师是毕业自台湾本土，他们的导师许多也来自欧美院校，是第一代留美留欧返台的知识分子。在欧美传播院校系统下培养出来的教职员在很大程度上影响到台湾的广电专业的教学体系。

在学术上，这些教师也早已继承并发扬美式量化研究的特点，他们已然成为台湾新闻传播学界的中流砥柱[①]。台湾的新闻传播学已经走过了“奠基、发展、蓬勃、沉寂”四个阶段，现已处于重构阶段。[②]已经有很多台湾学者意识到了台湾传媒教育与学术都过分西化，亟需在本土化与西化之间平衡，“去美化”与构建“本土化”的教育与研究的重要性凸显。

六、结语

在2018年，两岸的广电人才培养都已进入新的阶段：大陆地区要在政策、法规的空缺与空白而造成的诸多顽疾的背景下，培养出能够为健康良好的业态环境添砖加瓦的人才，这种人才非但要顺应时代发展，还要兼具人文思考与创新创作能力。台湾地区则要在把握好先行一步的优势之外，回归中国传统兼容并包的价值观，重构本土化的理论研究与教学理念。

① 王楠:《不同学术脉络下生长的不同体系——海峡两岸新闻传播学术研究风格的差异》,《东南传播》2014年第6期。

② 徐佳:《十字路口的台湾新闻传播学：去美化与本土建构》,《新闻爱好者》2017年第5期。

走向新时代："新文科"建设视野下闽南传媒人才培养模式创新及实践

王　伟*

改革开放特别是21世纪以来，泉州高等教育在为区域经济社会的繁荣发展提供动力支持的同时，走上迅速发展的快车道，渐次形成高等教育的泉州经验。在新建地方本科院校向应用型大学转型的"二次创业"关口，泉州地面高校的传媒人才培养模式必须更加注重内涵，实现错位发展与特色锻造。本文以泉州师院文学与传播学院为例，探勘其在"五个泉州"的建设热潮中，不断探索区域文化创意人才培养的新机制，努力打造互利共赢的"校地协同发展共同体"，积极对接闽南创意文化产业发展的战略需求，以期为"新文科"背景下同类高校培养新时代创新创业人才提供对策参考。

一、引言：从新时期到新时代

在向应用型大学转型的历史大背景下，新建地方性本科院校的人才培养模式必须尽快调整，实现错位发展与特色培育，已然成为一种不言自明的社会共识与话语时尚。但是，如何错位，怎样培育？显然需要我们在具体实践中加以凝练、进行总结。本文以笔者所服务的泉州师范学院文学与传播学院作为论述对象，将其视为"从新时期迈向新时代"的泉州高教文化事业发展的一个缩影，阐述并反思其在转型过程中积极创新"'本硕一体'闽南文化人才培养机制"①，努力打造

* 王伟，1981年生，男，汉族，福建泉州人，美学博士，泉州师范学院文学与传播学院副教授，福建师范大学文学院外聘硕导，厦门大学中国语言文学博士后科研流动站博士后，研究方向：戏剧与影视学。

基金项目：本文系中国博士后科学基金(2015M570554)、福建省本科高校教育教学改革研究项目(FBJG20180195)、福建省教育科学"十三五"规划2018年度课题研究成果。

① 王伟：《走向主体间性的建构主义——当下美学的教学困窘及其对策探讨》，《成都理工大学学报》2013年第1期。

"海丝先行区文化产业暨文化品牌应用型专业集群"特色专业集群，以对接泉州文化创意产业、基础文教事业之现实需求的经验，希冀以小见大、由点及面，为同类高校的应用型文科建设提供思路。

二、整合力量打造专业应用集群，对接泉州文创产业发展

众所周知，培养适应泉州地方经济社会发展需求的新时代创新创业型人才，离不开一支"有爱心、高素质"师资队伍的系统打造。为了真正落实《普通高等学校本科专业类教学质量国家标准》以及依据"国标"所制定的专业人才培养方案，专业师资队伍建设须从如下方面持续发力。

（一）适应"新文科"建设要求，加快师资转型力度

首先，学院下属专业的专任教师要从单一化的理论型，转向职业技能型与学术研究型的有机结合，力争在"十三五"期间让真正意义上的"双师双能型"教师占比达90%。鉴于近年来以重点学科建设为名目引进的年轻博士，还是世纪之交"三校合并"前的资深教师，其履历大都是"从学校到学校"（甚至是"从师范院校到师范院校"），因而对所在行业之实践经验有所欠缺，往往习惯"从学理到学理"的传统课堂讲授方式，和亲近产业、职业导向的技能教学与"翻转课堂"为表征的教育信息化、网络化的时代要求尚有一定距离。是以，学院将采取更有力的举措，继续从现有专任教师当中选送一批人（特别是在1980年后出生的教师），前往有关部门进行实实在在的挂职锻炼，或者下沉到企业等一线单位。与之相应，专业今后引聘人才或许需要更加辩证，要注重应聘者所具有的行业经历与职业资质，而不要一味地追求其所谓的学历水平。

其次，本着"协同创新、互惠共赢"之理念，从单纯依靠专业内部稍显单薄、不堪重负的专任师资力量，转向"学院派、行业、校内双肩挑"之有机结合的"三三制"原则。事实上，文传学院广播电视学、广告学（闽台合作办学方向）等新办应用型文科专业，已经多方聘请泉州广播电视台、泉州晚报社、皇品微电影、金马影视等行业人才前来授课并指导学生学年乃至毕业设计，校企合作开发课程"媒体实战众筹课程"更是因为效果显著而被学院推荐申报教学成果奖。今后学院其他基础性长线专业可将其先行先试的成功经验做进一步推广。例如可考虑专任师资主要负责基础原理的课堂传授，延揽来自政界商场的行业精英加盟，以从根本上提升实践性教学的比重和层次，实现校内外的无缝对接与良好互动。

再次，专业师资的储备与培养、考核、管理，可由此前相对整一型的笼统对

待，逐步转向“教学型、教学科研型、科研型”[①]的分类管理。本着自由自主的双向选择原则，专业教师可根据自身实际条件与职业生涯规划，而与学院学科所规划的发展方向相互对接，选择其所能适应的岗位类型，进而履行规定的相应岗位职责。如果选择教学为主的专任教师，则从教学方面进行360度全方位考核，注重发挥其在教育教学改革、服务泉州产业发展的贡献，对其承担的科研任务相对降低，解除其在晋职等方面的诸多顾虑；而自主选择投身科研的专任教师，则主要从学术方面进行阶梯式考核，相应减免其教学工作量与琐碎的杂务负担，使之把握有限青春、集中精力于服务社会的科研成果产出。

（二）转变培养观念，倡导“工匠精神”，孕育“双创”人才

其一，从均衡用力的“无差别对待”，转向公平基础上的差异化、分类别的培养模式。根据文传学院各个专业所提交的《本科专业评估报告》（2016年）及其《专业整改方案》（2017年）显示，“社会捐赠”这一项表现着实一般，“创业典型”似乎也不够典型，原因固然很多（如基础学科属性、师范教育底子等等），但其中很重要的一点就在于此前在人才培养方面强调平均理想，而对将来能够成长为各个领域之“优秀校友”“杰出校友”重视不够，没有及早发现，培养并且保持长期联络。是以，依据看似俗气的“二八法则”，前面20%的人创造80%的价值，后面80%的人，只创造20%的价值。若从纯经济学意义上的投资回报比上看，学科专业辛苦争取来的有限资源必然要用在刀刃上，而不要“撒胡椒面的摊大饼”。是故，各个专业可在二级学院的统一指导之下，综合考量学生的综合素质（含专业学习成绩、未来发展潜能、社会实践能力、服务地方意愿等指标），透过“卓越秘书”“卓越教师”“卓越媒体人”等人才培养项目的管道，精心遴选一批可造之才，向其注入相应资源（如提供高额奖学金、推荐“一带一路”沿线名校的访学机会、选派到亿元企业与机关事业单位实习等），进行合理而必要的倾斜培养。为了鼓励竞争和公平，对这批重点培养的学生，根据制定的评价指标（从大学生创新创业项目、竞赛获奖等级、论文发表层次、专利申请数量、参加导师科研情况等），实行量化考核、动态管理。

其二，从粗放型、分散化的人才培养模式，转向集约型、“订单式”之一体化的培养体系，推动应用型较强的专业做到“毕业即就业”“进校门即进企业”。因此，一方面要继续深化与泉州地面上的上市公司、政府部门、事业单位的全面合作，考虑双赢式的企业冠名（如冠之以“企业名+班级”的名号）。如果将来政策

---

① 娄宇：《我国高校“非升即走”制度的合法性反思》，《高等教育研究》2015年第6期。

允许又有现实必要，也可以学院整体冠名，如借鉴类似于省内兄弟院校的经验（如"武夷学院圣农食品学院"）的命名模式，考虑采用"泉州师范学院 + 企业名 + 学院"的整体命名。另一方面要不断跟踪并根据泉州地区企事业单位的用人需求，会同用人单位与行业专家，提前布局、及早谋划，精心制定并且适时调整人才培养方案，加大实践性课程、选修性课程的比重，部分实践性较强的专业课程，不要局限在校内教室的一隅之地，可将课堂真正建立在企业单位之上。

其三，从"个人带导"转向集体化、专业化的导师组，从校内导师制转向"双导师制"，从高年级设置学业导师转向全程导师制，扩充本科生导师制的内涵与外延，充分发挥"以本为本、本硕衔接"一体化培养模式的优长。根据 2015 年度的笔者参与撰写的文学与传播学院《本科专业评估报告》显示，学院部分专业"导师与学生的比例"超过 1 ∶ 8，缘此有必要发挥集体优势，实行更加合理的集体化的导师制，做到优势互补、资源共享。另外，学院可考虑在原有的"工作坊"制度下，试水本科生导师制实行项目驱动策略，打破按照职称、职务、资历、学历分配名额的论资排辈。例如，文传学院各个专业的学生在入学的第二学期，必须参加其所选择之校内外导师的项目研究工作，其报酬可由导师所负责的项目经费列支。根据项目的研究需要，导师量力而行招收学生进入课题组；若导师经费不足、项目缺失，必须减少甚至最终停止招收学生进入项目组。其实，相关举措在成熟之后，亦可以推广到学院的艺术专业硕士（MFA）美术领域书法方向以及未来有可能招生的"广播电视领域""艺术设计领域广告设计方向"的培养当中。

三、推进学科专业综合改革、加快应用型转型的发展设想

（一）设置"特区"先行先试，"造大船"扬帆出海

首先，要本着"效率优先、因地制宜"之灵活原则，专业不应过分分散、单打独斗，而应该跨学科、跨学院组建专业集群，以优化现有资源的合理配置，促进"文理互渗、学科融通"之"新文科"人才的复合培养，更好地对接地方规划的产业集群。其次，为了配合地方性新建本科高校向应用型大学的转型需要，与过去包袱画清界限而轻装上阵、塑造品牌形象，学院或者专业（群）可考虑启用全新的统一识别系统。切而言之，学院可设置便于识别的"院徽、院旗、院歌、院训"，以增强情感凝聚力、打响学院知名度。如果条件允许，可以考虑类似于省内"武夷学院圣农食品学院"的冠名方式。

（二）服务国家“一带一路”倡议与泉州“海丝先行区”建设

首先，在完成转型的学科及其所对应的专业当中，如新闻传播学一级学科可考虑以传统媒介教育为底色，借助与地方宣传主管机构开展“部校共建新闻传播学科”、与国内知名传媒机构共建产业学院的东风乘势而上，积极整合学院其他专业（特别是国际汉语教育专业与历史学专业）等资源，以“闽南文化的全球传播”为底色和亮点所在，依托挂靠学院的福建省高校特色新型智库“海丝文化传承发展研究院”、福建省高校人文社会科学研究基地“闽南文化生态研究中心”，服务地缘政治的重大需求与国际外交战略。是故，要突出大众化基础之上的国际化办学理念，以各种奖学金的积极设置与争取，而在全球范围内招生（目前主要做菲律宾、马来西亚、印度尼西亚等东南亚地区及密克罗尼西亚联邦等太平洋岛国的非学历教育，将来逐步过渡到面向日、韩、美、欧等发达国家的正规学历教育）。其次，转型之后的专业集群要在“协同创新、互惠共赢”的理念指导下，探索与“一带一路”沿线国家和地区的知名学府（特别是日、韩等东亚高水平大学）开展“2+2+2”“4+1”“4+2”等形式的研究生学历教育，借力使力而提高办学层次，规避当前人为设置的政策壁垒。再有，有鉴于国内外在新闻传播学领域的“代差”关系，以及汉语国际教育专业传承中华优秀文化的使命肩负，其专业课程与部分方向性选修课程应该有步骤、有计划地实行双语授课，在政策规定的范围内适当引进最新的英文原版教材，要求有条件的广播电视学、广告学专业学生，在毕业之前能够获取国际职业资格的证书。最后要适应“互联网 +”的时代潮流，从已然饱和的传统媒体人才培养，转向缺口较大的新媒体人才培养，重点关注、勇于尝试。

（三）实行“能上”也“能下”的弹性机制、“引进来”与“走出去”的兼顾策略

首先，专业集群的师资队伍建设一方面要本着“不求为我所有，但求为我所用”[①]之开放心态，除了在海峡两岸乃至全球范围招聘具有丰沛之人脉资源和行业经验的顶尖师资，在另一方面还要精心遴选部分具有潜力的骨干教师到英国、日本、韩国等世界一流大学深造，逐步建立世界范围内的联结网络，向着全球闽南文化传播中心的目标而迈进。再有，新型的专业集群对于全国乃至全球招聘的高层次人才，可采用当前通行的“常任轨”制度（Tenure Track），给予这部分教师特殊待遇，例如相对充裕的科研启动经费、实行合理的年薪制、免除相应教学工

---

① 濮海慧、徐国庆：《应用型本科师资队伍建设的挑战与策略》，《职教论坛》2016 年第 26 期。

作量，但要求其以学校为第一署名单位发表能够用于填表的高水平论文，提升本学科、本地区的国际能见度与学术话语权，努力尽快实现"在平原上隆起高峰"。

（四）厘清学科建设思路，发挥"爱拼敢赢"的精神，打造新型区域智库

从 2016 年学校进行审核评估的情况上看，作为地方性新建本科院校的学科专业建设思路依旧沿用照搬"老高校"科研导向的学科建设模式，循例强调科研工作在学科建设整体布局的支撑性作用。应该承认的是，这在一定历史阶段取得了有目共睹的成绩，如泉州师院就"在 2011 年获批培养硕士专业学位研究生试点工作单位，2013 年获批福建省硕士学位授予培育单位立项建设高校、福建省首批'2011 协同创新中心'"（《泉州师范学院 2014 年本科教学质量报告》）。但是在今天面临更名大学与转型应用的时代张力与压力中，继续强调科研的重要性依然很有必要，但这只是问题的一个方面而已。其辩证综合的破解之道还在于进一步明确科研的主攻方向。为了尽快提升学院整体科研水平，让科学研究真正支撑学科建设，服务泉州乃至福建经济社会文化的发展。可从以下两个方面精准发力。其一，强干弱枝、集中资源，渐次改变低效运作的单干模式，搞"大平台、大团队"[①]，实行由学院全面统筹之下的"首席负责人制"（PI）一方面，根据双方签订的责任书，赋予其相应独立的人财物诸方面权力，但依照责任书对其进行严格考核。另一方面专业（群）推进每个专任教师（包括研究生）依据自身条件和兴趣，明确归属、各就各位，避免"乱拉郎配"的拼凑队伍。其二，科学研究须从传统理论研究的"学科导向"，转向对接地方发展特别是泉州发展之战略需求的"问题导向"，科研评价更加注重其在推进区域经济社会发展的贡献，要千方百计地加速科研成果快速转化为现实生产力，而不是以论文所发表的级别、专著所出版的层级进行简单的量化评鉴。

四、结语或开始："新文科"建设再出发

整体而言，目前泉州师范学院文学与传播学院拥有文学、历史学、艺术学三个学科门类，涵盖中国语言文学、新闻传播学、历史学、美术学四个一级学科。上述学科大致又可分为两类：一为广大精微的传统学科，侧重基础研究与历史文化传承，一为方兴未艾的新兴学科，长于应用对策研究与服务区域发展，二者关系犹如"鸟之双翼、车之两轮"，[②] 齐头并进、不可偏废。考虑到未来学校争取复办"泉州大学"需要继续强化科研整体实力，同时学院转型亲近产业的职业教育，需

① 陈冬梅：《基于"产学研用"协同创新的高校人才队伍建设探析》，《高教探索》2013 年第 2 期。

② 李喆：《谈地方高校内涵式发展的八对关系》，《中国高等教育》2012 年第 8 期。

要更加重视新闻传播学一级学科的建设工作。缘此，未来学院下面的专业集群可基于“全球、泉州、全国”①之“三位一体”凝心聚力、同心同德来推进跨越式的科学发展，努力将之建设成为“全球一流的闽南文化研究基地，全国一流的闽南文化传播机构，泉州一流的文教文创人才培养中心”。②

① 王伟：《“一带一路”语境中的新泉州学——兼论泉州学研究的内涵、外延与未来》，《泉州师范学院学报》2015 年第 5 期。

② 王伟：《海峡两岸共同记忆中的闽南戏曲文化图景》，北京：九州出版社，2018 年，第 147 页。

五十年来台湾《新闻学研究》“言论自由”议题的内容分析

谢清果　徐　莹*

通过对台湾《新闻学研究》期刊自创刊始至2017年有关言论自由的文献资料进行内容分析，发现其对于言论自由的研究存在学者浓墨重彩研究基础理论、论文呈现三个事件相关峰值 、研究范围狭隘偏颇于西方发达国家、研究倾向断崖式倒向不乐观等特点。在总结其言论自由研究特点的基础之上，再进一步分析得出其研究的稳定和连续性和研究范围中心缓慢转移的研究趋势。

其以《新闻学研究》期刊的言论自由研究为参考，在掌握其研究特点和研究趋势的基础之上，折射出台湾言论自由研究的趋势预判，力争为后来研究者在研究方向、内容和侧重点的把握依据上有所裨益。

一、绪论

大陆学者在对台湾言论自由的研究过程中，基本都不约而同地达成了台湾光复前、国民党威权统治时期以及报禁解除后三阶段的分段研究倾向。如厦门大学的佘绍敏在其《台湾报业的新闻理念与实践》一书中就明确地将对台湾报业新闻理念的研究分为了光复之前、光复后至“报禁”解除前以及“报禁”解除后三个阶段；而同样，厦门大学谢清果教授的《台湾新闻观念变迁与两岸传媒交流前瞻》一书中，亦从威权统治期、“解严”之后和政党轮替后三个阶段分析研究台湾的新闻自由。虽然二者的研究在光复前没有重合，但在结合其他研究成果的过程中可以看到，绝大部分的研究重点均集中在威权统治时期以及“解严”前后两个部分。

---

* 谢清果，1975年生，男，福建莆田人，厦门大学新闻传播学院教授、博士生导师，传播研究所所长。研究方向：文明传播；中国传播理论研究。徐莹，女，青海畜牧兽医职业技术学院教师。

基金项目：国家社科基金一般项目“华夏文明传播的观念体系、理论体系与当代实践研究”（项目编号：2019BXW056）。

如《1950年代台湾自由主义政治理念——以〈自由中国〉杂志为例》[①]、《战后初期台湾自由主义思潮的源流论析——以〈自由中国〉杂志为中心》[②]、《威权体制下自由主义话语及其命运——台湾〈自由中国〉杂志研究》[③]等就集中于威权统治期的台湾言论自由研究。同样,《"解严"后政党角力下台湾新闻自由的进步与迷思》[④]、《试述解严后台湾出版业的发展》[⑤]、《从〈中国时报〉透视解严后的台湾报业生态》[⑥]、《"解严"前后台湾广播观念之变迁》[⑦]等等研究成果则是集中于"解严"解除前后的台湾言论自由的研究。

从这些学者的研究成果中，我们可以清晰地看到，台湾人民对于言论自由的追求，自甲午战争清政府战败，台湾被割让于日本起，历经两蒋时期直至"本土化"时期，从未停歇。尤其是在1949年"台湾回归祖国怀抱"之后，美国从政治、经济、文化层次全面介入台湾，其自由主义思想更进一步促进了言论自由思潮。[⑧]就算是在报禁时期，贯穿台湾新闻教育的仍然是美式自由主义，新闻自由和新闻专业主义成了大多数学者和新闻人员追求的理念。[⑨]如果说报禁解除之前，言论自由的追求还是一种压抑的蓄势待发。那么，报禁解除之后，对于言论自由的开放则是一发而不可收。那么，在对于言论自由如此渴望并得到落实的台湾，台湾的学者们对于言论自由的研究，其研究倾向、研究对象、研究内容、研究主体究竟存在什么样的特点，则是本文的研究重点。本文通过定量研究，以期进一步揭示研究存在的失衡，预示研究趋势，以期对台湾言论自由理论及实践研究有所裨益。

（一）言论自由的融涵度

对于《新闻学研究》期刊的研究是以"自由"一词为搜索条件，搜索全篇涉及"自由"一词的文章，之后再以人工筛选剔除了与新闻自由、言论自由不相关

---

① 王仲:《1950年代台湾自由主义政治理念——以〈自由中国〉杂志为例》,《华东理工大学学报（社会科学版）》2008年第3期。

② 张高杰:《战后初期台湾自由主义思潮的源流论析——以〈自由中国〉杂志为中心》,《文化学刊》2017年第11期。

③ 杨荣庆:《威权体制下自由主义话语及其命运——台湾〈自由中国〉杂志研究》，博士学位论文，南京大学，2011年。

④ 谢清果、曹艳辉:《"解严"后政党角力下台湾新闻自由的进步与迷思》,《台湾研究集刊》2014年第1期。

⑤ 杨腾飞:《试述解严后台湾出版业的发展》,《科教导刊（中旬刊）》2012年第11期。

⑥ 姚春霞:《从 < 中国时报 > 透视解严后的台湾报业生态》，剑南文学（经典教苑），2011年第9期。

⑦ 夏倩芳:《"解严"前后台湾广播观念之变迁》,《新闻与传播研究》1998年第2期。

⑧ 佘绍敏:《台湾报业的新闻理念与实践》，厦门：厦门大学出版社，2016年，第15—20页。

⑨ 陈韬文:《新闻传播教育对新闻人员的影响：大陆、台湾和香港的比较研究》,《传播研究集刊》2003年第8期。

的内容，从而得到了研究样本。那么这里就涉及一个问题，即新闻自由是否可以融入言论自由研究之中？想要弄清楚这个问题，就需要我们对于这两个概念进行分析和比较：

新闻自由与言论自由，顾名思义，二者自然是存在不同之处。而二者区别从林子仪先生给出的定义中可窥一斑。林子仪先生认为“新闻自由是一种制度性根本权利，是宪法为了保障新闻媒体作为现代社会一个重要的制度，而给予新闻媒体的一种基本权利的保障，以使新闻媒体能够发挥其应有的制度性功能”。而“言论自由是一种个人基本权利，是宪法为了保护个人的自我表现或自我实现，及尊重人自我决断的自主，所规定的一种基本权利”。[①] 由此不难看出，二者最大的区别就在于主体不同：言论自由的主体是个人，而新闻自由的主体则是媒体。但却也恰恰正是这个最基本最大的不同，时代的发展、科技的进步，促使二者有着可进一步商榷的融涵关系。既然新闻自由是针对媒体，而言论自由是针对个人，那么在新媒体高速发展，用户内容平台林立的当代，可以说人人都成了新媒体的内容生产者。而正如“纯粹的个人无权采访他人，无权制作新闻，而是需要经过申报、审批，具备一定的形式要件，取得法人资格，方能成为‘新闻自由’的主体”，[②] 当新媒体平台给予了普通大众采访他人、制作并发布新闻的权力之时，新闻自由与言论自由的区别就显得模糊了。普通大众争取的言论自由其实也就将新闻自由融涵于内了，毕竟其言论自由除了表达自由，也已经涉及了媒介使用和发布新闻的自由。而相反，新闻自由考虑的范围也就成了言论自由的一部分，甚至新闻自由已经成了实现言论自由的一个途径和手段。[③]

再从二者的历史渊源来说，对于二者谁先谁后、谁源于谁的争论从未停歇，但论者更倾向于新闻自由源于言论自由的论点。黄旦在《传者图像 ：新闻专业主义的建构和消解》中提道：“革命时期、政治势力角逐、占据重要地位，如果在它们中间加上连线的话，就可以被看成从言论自由延伸到新闻自由的线路。”[④] 台湾学者吕光亦认为 ：一般民主国家的宪法，因为蜕化了人权宣言的精神，均认为人民有自由思想之权，而表达此项自由的方式分为两种：“一为言论自由，一为出版自由，而现在所谓之新闻自由，乃系出版与言论自由之延伸，所以，他们以为新闻自由之发展程序乃是这样的，先有了思想自由，然后产生了言论与出版的自由，

---

① 林子仪 ：《言论自由与新闻自由》，台北：月旦出版社，1993 年，第 66— 69 页。

② 马岭：《言论自由、出版自由、新闻自由的主体及其法律保护》，《当代法学》2004 年第 1 期。

③ 李晶：《微博视角下的新闻自由与言论自由》，《上海商学院学报》2011 年第 2 期。

④ 黄旦 ：《传者图像 ：新闻专业主义的建构和消解》，上海：复旦大学出版社，2005 年，第 49—50 页。

于是，延伸而有了今日的新闻自由。”[①]即使在还未有出现专业新闻机构的明清之前，长期的封建时代，也有人民为争取言论自由而斗争以及封建政权为抑制舆论而镇压的事件，如秦始皇的“焚书坑儒”；汉武帝的“独尊儒术”而禁谶纬、天文、佛道等书籍；隋炀帝“乃发使四出，搜天下书籍，与谶纬相涉者，皆焚之。为吏所纠者，至死。”（《隋书·经籍志》）；唐在前一时期对谶纬、天文、星气、佛道经书禁止的基础上又增添了阴阳术数、兵书之类；唐之后的禁书内容更丰富，规定更细致，法律更健全。及至出现了新闻机构，才进一步在言论自由的基础上，发展出了有针对性和专业性的新闻自由的概念和内涵。言论自由的历史显然比新闻自由来得更久远，新闻自由是言论自由在传媒领域的体现。当然，从广泛意义上讲，新闻自由并不是传媒机构的自由，而是公民的权利。只不过，因为传媒业对新闻自由的要求更迫切，加之，民众的新闻自由也大多是要通过传媒机构来实现的，因此，从表象上看，容易被理解成传媒机构的自由。不过，无论如何，从言论自由的角度来研究台湾社会，尤其是学界，对自由认知与追求就更具包容性与代表性了，因为言论自由从历史与现实上看，都可以涵摄新闻自由。

鉴于此，此研究在选择研究资料时，并没有去苛求地区分新闻自由和言论自由，而是将二者都放到了“言论自由”的研究范围之中，研究侧重点在于台湾地区对于言论自由研究的研究特点和趋势。

（二）《新闻学研究》的代表性

对于台湾言论自由研究的内容分析研究资料的选择，论者是经过慎重考虑而后选择的。之所以认为《新闻学研究》期刊可以作为研究台湾言论自由的代表性刊物，首先，因《新闻学研究》创刊于 1967 年 5 月 2 日，持续至今，已有逾 50 年的历史。其创刊初始，台湾新闻传播教育方才萌芽，依李瞻教授自述，《新闻学研究》是我国第一种新闻传播学术性刊物，是新闻传播学教师与研究生公开“进行对话”的学术园地。《新闻学研究》一贯为傲之严谨编辑流程亦从未松弛，逼近国际学术期刊之水准，是台湾各大学新闻传播科系教师升等或评量所认可之少数学术期刊之一，曾多次获得“国科会”优良学术期刊奖励（1992，1996，2002，2004 各年）。[②]其学术水平可以代表台湾新闻研究之较高水平，其中对于新闻自由和言论自由的研究内容亦资料颇丰；其次，《新闻学研究》的创刊者李瞻本人很具有代表性。李瞻教授曾作为国民党的文宣大将，在 20 世纪 70 年代提出了“三民

---

① 黄旦：《传者图像：新闻专业主义的建构和消解》，上海：复旦大学出版社，2005 年，第 49—50 页。

② 《新闻学研究出刊历史》. http://mcr.nccu.edu.tw/about06.asp，2018–04–14。

主义新闻哲学”，指出“新闻自由并非人人享有”“新闻事业应由智慧最高，道德最好的人士主持，而不应由市侩主持”。①可见其对于言论自由是有着非常明确的观点和立场的，那么由其主持的《新闻学研究》在言论自由方面的研究内容自然会对言论自由有着非常忠实的斟酌和探讨。鉴于此二者原因，我们认为台湾对于言论自由的研究可以在《新闻学研究》案例之上窥见一二。

当然，基于《新闻学研究》研究台湾的言论自由是存在一定的局限的。最大的问题就在于《新闻学研究》的创刊时间是1967年，此时已经进入了以蒋介石为中心的硬威权时代（1949—1972）的尾端，很快就要进入以蒋经国为中心的软威权时代（1972—1987）。为此，我们在研究台湾的言论自由时，无须涉及台湾光复前的阶段特点，而对台湾言论自由的研究阶段主要集中在威权时代、报禁“解严”后两大阶段。而在报禁解除之后又可以分为两个阶段即多党纷争时期（1988—2000）以及政党轮替后（2000—2012）两个阶段。②

二、研究问题与假设

台湾媒体在日据时期，以宣传、启智、反殖民为宗旨，力求言论报国；国民党威权时期则既强调新闻自由又兼顾社会责任；③而在国民党当政时期，实际上是美国自由思想全面影响台湾。在台湾报禁解除之后，台湾言论自由水平更是进入了一个空前高涨的程度。而对于言论自由给台湾市场带来的影响，也成了很多专家学者、行业精英研究的重点。这些研究既有处于完全积极的肯定，也有对其影响的深深的忧心，自然也有只是基于理论本身的客观研究。而台湾地区对于言论自由的研究正是此篇论文的研究问题：

（一）了解《新闻学研究》期刊关于言论自由的文章概况，概括包括其作者背景、文章内容研究侧重面、研究内容国别倾向以及文章对于言论自由的态度等，从而一定程度上可以了解台湾社会在不同时期对言论自由问题的思考；

（二）在掌握了以上四点内容的基础之上，尝试分析《新闻学研究》期刊对于言论自由研究的特点；

（三）在分析《新闻学研究》期刊言论自由研究特点基础之上，推测台湾言

① 李瞻：《我国新闻政策 三民主义新闻制度之蓝图》，台北：新闻记者公会，1975年版，第60—62页。

② 谢清果等：《台湾新闻观念变迁与两岸传媒交流前瞻》，北京：九州出版社，2017年，第44—51页。

③ 佘绍敏：《台湾媒体新闻思想的演进》，《国际新闻界》2015年第3期。

论自由研究未来趋势。

三、研究方法

（一）样本选择

本文将台湾《新闻学研究》刊载的有关言论自由的所有文章作为本次内容分析的对象。

样本选择的时间段为1967年5月（创刊）至2019年4月，共52年。

本研究以篇为分析单位。首先，在百度中搜索“新闻学研究”进入《新闻学研究》期刊主页面；随后，在《新闻学研究》期刊主页面的搜索框中输入“自由”一词，搜索全篇涉及“自由”一词的文章，共搜索出173篇文章；最后，再通过人工筛选的方式，剔除掉全篇未涉及“言论自由”的文章共78篇，最终得到样本共计99篇。

（二）抽样

由于本文仅涉及《新闻学研究》一家期刊，且以篇为单位分析，研究过程中则是将所有筛选出来的文章全部纳入研究，则就不需涉及抽样问题。

（三）类目建构

本文具体类目建构为：1. 作者类型；2. 研究侧重面；3. 研究范围；4. 研究倾向。其中研究侧重面以及研究倾向的操作性定义见附录2。

作者类型可分为：1. 学界；2. 业界；3. 法学 / 法律界。

研究侧重面包括：1. 概念及相关新闻理论；2. 案例分析；3. 人物思想；4. 历史追溯；5. 法理学角度。

研究范围则涉及：1. 中国大陆；2. 港澳台地区；3. 英美及其他西方国家；4. 其他国家或地区；5. 中西对比；6. 无特指。

研究倾向包括：1. 积极乐观；2. 不乐观；3. 中立。

三、研究描述

（一）信度检测

在编码类目确定且操作定义确定后，则需要进行信度测试。在四个一级类目中，由于作者类型和研究范围两个类目是客观明确的，因此不需要进行信度测试。

而研究侧重面和研究倾向则需要进行信度检测。本次采用编码员自身的信度检测。本人共选择了40篇样本，进行了共计两组共80道题的重复编码。这种重复时间间隔为2周共14天的时间，避免因为重复编码而存在记忆干扰信度。将前后两次编码结果输入SPSS，测得研究侧重面和研究倾向的克朗巴哈系数a值分别为0.957.0.943，均高于0.90，可见编码员内信度较理想，符合研究标准。

（二）样本分析与研究发现

1. 作者类型分布情况

《新闻学研究》从1967年5月（创刊）至2018年4月的52年间，其发表的文章内容涉及言论自由的共计99篇，其作者类型分布情况见表一。

表1　文章作者行业分布表

作者行业	学界	业界	法学 / 法律界	总计
篇数	80	15	4	99
百分比（%）	80.8	15.2	4.0	100

总体上来看，52年间涉及言论自由的研究作者主要集中在学界，占据了总数的80.8%；而业界和法学 / 法律界仅分别占据了15.2%和4.0%，尤其是法学 / 法律界几乎可以忽略不计。

2. 研究侧重面分布情况

表2　文章研究侧重面分布表

研究侧重面	概念及相关新闻理论	案例分析	人物思想	历史追溯	法理学角度	总计
篇数	48	28	4	10	9	99
百分比（%）	48.4	28.3	4.0	10.1	9.2	100

近乎一半的论文研究侧重面集中在言论自由相关的概念和新闻理论研究，再有近三成集中在案例分析研究，剩下的二成才由历史追溯、法理学角度和人物思想研究构成，而对于人物思想的研究仅占4.0%，近乎可以忽略不计。

3. 研究范围分布情况

表 3 文章研究范围分布表

研究侧重面	英美及其他西方国家	中国大陆	中国港澳台地区	其他国家或地区	中西对比	总计
篇数	48	8	32	9	2	99
百分比（%）	48.5	8.0	32.3	9.0	2.2	100

由表 3 不难看出，文章研究的范围区域有 48.5% 的比例是集中在英美及其他西方国家；而仅次于西方国家的就是中国港澳台地区，占研究总数的 32%；而其对于中国大陆的研究内容仅占 8.0%，还排在其他国家或地区的 9% 比例之后；而中西对比的研究则仅仅只有 2.2% 的比例。

4. 研究倾向分布情况

表 4 文章研究倾向分布表

研究倾向	积极乐观	不乐观	其他	总计
篇数	6	62	31	99
百分比（%）	6.0	63.6	30.4	100

由表 4 可以看到一个惊人的数据，即对于言论自由的研究，其中对于言论自由发展中带来的社会影响，63.6% 的论文都表现了极大的不乐观；未表态和客观理论研究的论著占据了 30.4；而对于言论自由发展表达出来积极乐观态度的仅仅只占到了 6.0%。

四、研究结论

（一）研究特征

通过上述分析不难看出，《新闻学研究》中“言论自由”的研究体现出来的特征可以总结如下：

1. 学者浓墨重彩研究基础理论

言论自由与新闻自由有着千丝万缕的联系，而作为言论自由工具的新闻自由更是占据着极重要的地位。而理论来源于实践，进而进一步反作用于实践、指导实践。因此，理论与实践是密不可分的。此次研究发现，《新闻学研究》中对于言论自由的研究主要集中在学界学者群体，而相关的业界人士对于言论自由的研究则少之又少，仍是有所欠缺的。当然，此处并不在比较二者孰轻孰重，而只是就理论与实践的关系，基于业界人士长期从事言论实践工作的经验，对业界人士加入言论自由学术研究会有所助益十分肯定。研究主体侧重于学者带来的最直接的影响，即论文研究侧重面主要集中在言论自由相关理论的辨析和内涵挖掘，或是历史追溯、人物思想研究，而与实践紧密联系的应用型的研究只占了不到30%。此处需要提出的是，言论自由相关法律规章的研究也只是占到了9.2%的比例，而在科技发展、媒介普及、用户内容创造飞速发展的情况下，对于言论自由的责任与义务以及法律界定界限，却是急需更多的法学界研究者的加盟。正如密尔所说："一切意见是应当允许其自由发表的，但条件是方式上须有节制，不要超出公平讨论的界限。"[①] 安德鲁·基恩曾说过“在Web2. 0时代，人们的梦想是成为高贵的业余者”，而在微博创造的公共空间中，“高贵的业余者将实现专家统治”。[②] 在业余者“统治”新媒体的前提之下，对于媒体和媒体从业者的法律似乎很难加诸这些业余者之上，对其媒介行为的约束力似乎有待法律界人士的研究探讨。

2. 论文呈现三个事件相关峰值

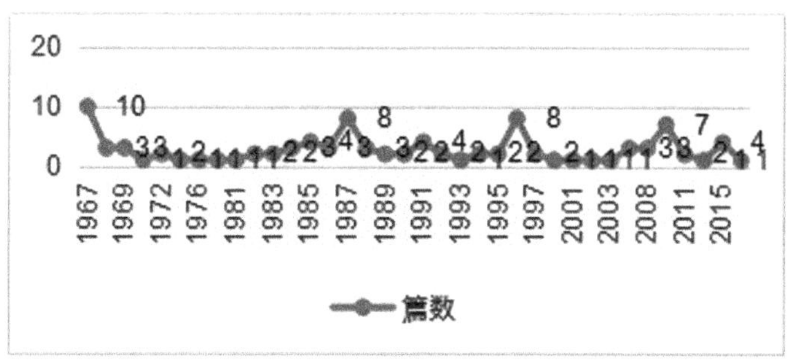

图1：新闻学研究言论自由相关文章篇数年度分布图

在对论文资料进行统计后发现，《新闻学研究》刊发52年共135期中，言论自由相关的论文一直连续出现，中间虽偶尔有所断续，但这种断续在连续流畅大势之前就显得无须介怀了。而在统计中更是发现了一个特点：言论自由论文集中出现四个峰值，且四个峰值都和几件大事相关联。第一个峰值出现在1967年的第一期。“1967年曾虚白讨论了新闻自由与新闻责任之间的关系，谢然之则从新闻

① 密尔：《论自由》，程崇华译，北京：商务印书馆，1982年，第53页。

② 安德鲁·基恩：《网民的狂欢——关于互联网弊端的反思》，丁德良译，海口：南海出版公司，2010年，第38、35页。

自由的角度出发来探讨新闻自由与新闻界的自律问题。”[①] 而60年代,《新闻学研究》创刊主编李瞻教授也热衷于自由主义论和社会责任论研究，因此其组织的《新闻学研究》第一期发表的22篇文章中就有11篇与言论自由相关，占据了所有文章的50%。而一般来说，从第一期内容可以看出一个期刊的研究偏好，由此不难看出,《新闻学研究》对于言论自由研究的热衷。而作为台湾第一种新闻传播学术性期刊，被“台湾社会科学引文索引核心期刊（TSSCI)”收录的第一级期刊，其研究偏好可以从一定程度折射出整个台湾学术界言论自由研究的倾向；第二个峰值出现在1987年的第39、40期，同一年出现8篇言论自由相关文章。仔细联系历史可以看出，1987年正是台湾1988年“报禁”解除的前一年。台湾“报禁”时间可追溯到1949年陈诚、蒋经国受蒋介石委派先赴台湾“主政”时，在经济上压制、结构上裁并和法律制度上约束。[②] 而这种情况一直持续到“1986年10月4日，执政党高层12人小组原则通过以“国家安全法”取代“戒严令”，并修法允许成立政治性社团。10月8日，蒋经国接见美国《华盛顿邮报》董事长凯萨琳·葛拉汉夫人时，进一步明白表示，台湾为贯彻实行民主政治，促进政治革新，将尽速废除“戒严令”。虽然他未提到报禁问题，但是一般人认为，如果连“戒严”都可以废除，则“报禁”解除亦为期不久矣。”[③] 在此情况之下，李瞻主编的新一期《新闻学研究》一次性发表多篇言论自由文章则不足为奇了，尤其其中有一篇直接是《我国“报禁”问题及其解决之道》，足可见此峰值出现与“‘报禁’解除”事件有着紧密的联系；第三次峰值则是出现在1996年的第52期，更突出的是本期一次性出现了7篇言论自由相关文章。笔者通过论文内容的研究以及相关历史资料的比较发现，所有7篇文章都是与1994年以“抢救自立”为契机的“编辑室公约”事件直接相关。此由时任《自立早报》副总编辑的苏正平提出效仿德国新闻媒体，劳资双方签订“编辑室规章”以共同遵守之构想。[④] 随后引发了学者们的热议，对于“编辑室公约”的讨论在《新闻学研究》期刊中一直有所体现，直到1996年达到了顶峰，而随后的53期还在讨论，刊出文章《关于“内部新闻自由”的两点感想》；而第四个峰值出现的2009年，也不是偶然。仔细看《新闻学研究》有关言论自由的文章，从2000至2009年一直没有断裂，且在2008和2009年达到了两年十篇的高峰值。2000年台湾首次实现政党轮替，民进党候选人陈水扁以“追求

---

① 向芬:《国民党新闻传播制度研究》，博士学位论文，中国社会科学院研究生院，2009年。

② 贺越明:《台湾“报禁”来龙去脉初探》,《新闻研究资料》1988年第1期。

③ 向芬:《国民党新闻传播制度研究》，博士学位论文，中国社会科学院研究生院，2009年。

④ 涂建丰:《编辑室公约运动》，http://mcr.nccu.edu.tw/issueArticle.asp?P_No=34&CA_ID=336，2018.04.24.

百分之百的新闻自由"作为其竞选依仗，但在其竞选成功之后却并没有实现其竞选承诺，而是加强对媒体的控制。直到2008年台湾第二次政党轮替，国民党重新执政，媒体成了政党斗争的舞台。政党轮替之后，媒体出现了政党站队现象，媒体公信力下降，言论自由变成了政商绑架之下的表面自由。

3. 研究范围狭隘偏颇于西方发达国家

学术探讨发展过程正是一个兼收并蓄、去伪存真、去粗取精的过程，一个国家整体学术水平的提升不是仅仅靠研究所认为的先进国家理论，去研究人家的优势和精髓就够的。这里就不得不借鉴一个术语："本土化"，而"本土化"最早的提法是"中国化"。香港中文大学传播研究中心的创立人兼中心主任余也鲁教授认为"我们除了可以在中国的泥土上学习与实验这些（西方传播）理论外，以中国人的智慧，应该可以从中国的历史中找寻到许多传学理论与实际，用来充实 、光大今天传学的领域"。[①] 在言论自由相关理论的研究过程中，我们不可以本末倒置，要时刻谨记立足本土才是最为紧要的。研究学习发达国家言论自由相关研究成果，其根本目的还是为了解决本土问题。那么问题来了，大家一股脑地研究了一堆国外的所谓先进国家的先进理论，却少有精力去研究其与本土问题与事件的联系，或者很少去立足本土文化渊源研究，那么研究就失去了其意义。而在《新闻学研究》的言论自由相关研究中不难看出，立足于中国大陆和港澳台地区的研究仅仅只占到了38.3%，更不要说深入进一步分析这些文章的内容更是很多都是以西方理论为研究基础的，此种情况不禁让笔者感到甚为不解和忧心。当然，对于1945年后与美国有着千丝万缕联系的台湾，这样的研究结果虽然有点不甘却也是理所当然的。但是对于身处研究前沿的研究者们来说，"国家文化安全"和"文化霸权"两个概念不应该只是作为研究对象，而更应该成为指引自己研究方向和研究内容的重要的指引力。

4. 研究倾向断崖式倒向不乐观

本研究坚持价值中立原则。本文所说的"研究倾向"是基于在分析所有样本资料的基础上，将每一个研究者的文章深入细读，找出每一篇文章对于"言论自由"的研究，是对其赞不绝口还是有着褒贬不一，是对其充满期待还是深深担忧，从而表现出不同的趋向，即在此基础上将样本分为了积极乐观、不乐观和其他。这里的"其他"则是基于有的文章只是客观地分析理论、梳理学者思想等。而分析的结果让人大跌眼镜，曾经被一力追捧的求而不得的"言论自由"，在不知不觉中却带来了很多的让人担忧的问题，不乐观和乐观的研究率分别占到了63.5%和

① 章永宏：《再论传播学研究本土化和国际化》，《今传媒》2008年第4期。

6.3%，这两个明显对比的数字显现了研究者们对于“言论自由”的深刻思考和深深担忧。而在对研究文章进行深入分析后发现这些担忧基本集中在以下几点：①国际层面的言论自由与文化霸权问题；②国家层面的言论自由与国家安全以及现代化问题；③社会层面的言论自由与社会责任相关问题；④行业层面的言论自由与言论法律、制度等问题。每一个问题都是涉及国家安全、民族利益、社会稳定和人民幸福的大事记，都是需要我们进一步深入探讨和研究的研究领域。

（二）研究内容的阶段呈现

如果说上一部分是从研究的结构特点进行分析，那么这一部分则是深入对《新闻学研究》的内容与台湾言论自由的学术研究阶段性特点进行结合分析。上文已经讲过，《新闻学研究》是1967年创刊，结合其创刊以来涉及言论自由的学术成果，倾向于找出其与台湾言论自由研究阶段性特点的关系，而阶段性特点则离不开言论自由指导思想的影响。

1. 威权阶段的创刊显现“三民主义”新闻哲学思想

《新闻学研究》在1967年创刊第一期共发表了10篇有关言论自由的文章，而其中有6篇都是转载了从英、意、日、韩等发达国家到土耳其、巴基斯坦、印度以及我国等发展中国家的新闻管理机构的规定。如韩国报业伦理委员会指出只有“自律”及实践“社会责任”才能确保新闻自由；日本新闻协会明确指出防止言论自由滥用；菲律宾报业评议会则直白地表示滥用新闻自由则会带来祸；而我国则指出媒体的力量非常强大，因此，媒体的责任和自律就显得尤为重要等等。除此6篇，还有两篇在梳理新闻自由的发展史，另两篇则直接在强调新闻自由与社会责任的密不可分。不仅仅在第一期，纵观1967—1987，20年间，有关言论自由的责任的论述从未间断。这一切不仅反映了李瞻的“三民主义新闻哲学”的内涵，亦是反映了国民党对于言论自由的控制要求。核心依然在于言论自由需掌握在智慧最高、道德最好的精英人士手中，因为“市侩”难以应付复杂的客观环境，难以应付今日的复杂的思想市场。[①]似乎重点在于言论自由掌握者的素质要求，但深入分析可以发现，重点还在于让公众接受言论自由是有条件的，而这个条件标准则是掌握在国民党的手中。可见，国民党在威权时代对于言论自由的控制可谓费心劳力、手段百出。而李瞻教授在1987年第39期还发表了《我国“报禁”问题及其解决之道》，为国民党的“报禁”手段进行表面中立实则偏袒的辩护。其总结出国民党实施“报禁”的四点理由，并一一为其进行解释和辩护。在防止对手利用

① 曾虚白：《新闻自由与社会责任》，《新闻学研究》1967年第1期。

报纸做分化、"渗透与颠覆"之工具这点理由时，其搬出了马斯洛的需求理论，认为国家和个人一样，在满足了温饱需求之后，更为重要的就是"安全"的需求，因此实行报禁是可以理解的。《新闻学研究》创刊初期在很大程度上可以看到其为国民党政权服务的痕迹。也反映出国民党"软性威权时代，面对岛内外政治格局的风云变幻，'反共复国''国家安全'的理由越来越站不住脚，于是国民党又推出'社会安定'等理由"。[①]

2."报禁"解除后"民主主义"新闻自由思想促发研究专业化

台湾"报禁"的解除标志着"民主主义"新闻自由观对"三民主义"新闻自由观的胜利。[②]但"报禁"解除之后，台湾却进入了言论自由的迷思期。更为有意思的是，1987之后，李瞻教授再没有主持过《新闻学研究》。之后的《新闻学研究》的内容虽然仍会涉及一定的自律等，但是其更多的要求不再是针对整个媒体行业，而是针对相应的专业要求。这些专业要求主要集中在"新闻本质""新闻价值"、"接近使用权""资讯化""现代化""从业者素质要求""网络化""商业化"等等与言论自由的关系进行研究，再很少站在国家的高度，将言论自由的问题上升到国家政策的高度。当然，在这里我们并不是想证明"报禁"之后，台湾的言论自由台湾当局不再重视控制，而是指出，学者们对于言论自由的研究更多的是从市场经济、社会环境的角度去进行分析，而很少再上升到政治的角度。但这并不证明台湾政党不争夺媒介，相反，从另一面刚好证明了台湾言论自由在政党轮替的政治环境之下无所适从，更加倾向于从市场环境的角度去分析言论自由需要注意的点点面面。而这一切与"报禁"解除之后，台当局采取的放任不管的新闻自由倾向息息相关。"政治权力的收缩确实是好事，它可以避免对新闻自由的伤害，但放纵媒体，同样也是一种伤害。"[③]正是自由市场的恶意竞争，为了争夺受众眼球，抢占收视率，一批又一批黄色、暴力、夸张甚至虚假的新闻跃然纸上、银屏，在荼毒大众的同时，也削弱了新闻业的影响力和公信力。在此状况之下，学者们对于言论自由的关注不再是在于如何从政府手中争夺自由权，而更多侧重于去找出如何在保证言论自由的同时，又可以确保言论自由的健康发展。

3.与台湾言论自由血肉相连的"政治"

"新闻自由的核心问题，应该是媒介与政府的关系问题。"[④]这句话笔者十分认

---

① 谢清果等:《台湾新闻观念变迁与两岸传媒交流前瞻》，九州出版社，2017年，第42页。

② 谢清果等:《台湾新闻观念变迁与两岸传媒交流前瞻》，九州出版社，2017年，第43页。

③ 查本恩:《当代台湾新闻思想的演变——以新闻自由观念为主线》，博士学位论文，厦门大学，2013年。

④ 查本恩:《当代台湾新闻思想的演变——以新闻自由观念为主线》，博士学位论文，厦门大学，2013年。

同。仔细分析台湾新闻学研究的论文内容，不难发现，无论在什么时期，研究内容都没有脱离过“政治”因素。无论是威权时期的内容倾向于各国的言论自由的规章制度介绍和评价，或是报禁解除后自由主义思潮下的政府如何通过法律法规对言论自由进行保护的探讨，抑或进入90年代之后商业化、娱乐化、恶质化荼毒言论自由下对于新闻从业人员的专业化要求研究等等，都没有离开对于政府的寄望和要求。媒介与政府的关系处理得是否得当，正是言论自由存在是否合理的关键。而随着进入21世纪，台湾与大陆的关系越来越紧密不可分，台湾学者对于大陆的言论自由的研究也进入了高峰期，从2000年至2018年，新闻学研究中对于大陆的研究文章达到5篇之多，而从其创刊至今，关于大陆的文章总共也只有8篇而已。而在这19年的时间内，其对于美国的研究文章仅有2篇，远远少于之前的10篇（完全以美国言论自由为研究对象，不包括内容涉及美国的文章）之多。可见，政治关系的亲疏远近完全会影响到研究区域的倾向性。当然，我们也应该看到这种倾向并不值得过于开心，毕竟，这些对于大陆的研究专题更多的是对大陆地区的言论自由存在疑虑。毕竟，有关注就可以通过“拟态环境”的塑造去针对性改变一些偏见。我们最害怕的应是视而不见的冷漠，而现在情况正在好转！

（三）研究趋势预期

在以上研究特点的基础之上，借助逻辑思考和理性分析，我们对于“言论自由”的研究趋势做出了几点大胆的预期，既有趋势亦有期望成分。

1. 稳定和连续的研究趋势

《新闻学研究》对于“言论自由”的研究52年来一直保持着持续更新，在135期的内容中除了少数几次出现断续，几乎每一期都会有涉及“言论自由”的研究内容。可见，其对于“言论自由”的研究一直是保持着热忱的，这种热忱是理性和可续的。自然，“言论自由”的相关研究还是会出现峰值期，而这种峰值期的出现自是会和大事件联系在一起。时刻对于研究前沿保持着敏锐度的研究者们是值得期待的。但需要注意的是，这种稳定和连续的研究趋势不仅会体现在研究数量的增长，其亦会体现在研究内容的稳定和连续。回顾台湾新闻学研究中对于言论自由的研究，1987年报禁解除之前，其20年间的研究倾向侧重于如何平衡政府与媒体在言论自由之上的矛盾和斗争；而1987年至今的30多年的时间，其研究的主题则越来越侧重于媒体组织如何去保证在拥有言论自由环境的同时，去保证自身的健康有序发展。而且，这种趋势还会保持相当长的一段时间。因此，此处的持续和稳定在数量上指的是一种持续的增长，而在研究主题上则体现在时间上的相对稳定。

2. 研究范围中心缓慢转移

此处的“中心”既涉及研究范围中心亦涉及研究内容中心。根据样本资料显示，一直到 49 期才出现了就大陆言论自由研究的文章，而之后也偶尔出现几篇关于大陆的研究文章。在研究前期对于言论自由的研究几乎都是基于“欧美”理论及实践的研究，而后期则慢慢出现了欧美以外的东方国家的研究内容。可见，言论自由的研究范围中心有向大陆或东方世界转移，虽然这种转移非常缓慢，但确是符合预期的好的缓转；而对于研究内容来说，曾经的研究几乎都是和言论自由的责任、义务、规章等紧密联系，尤其是对于传统媒介的研究非常热衷，但是随着社会和科技的发展，对于“言论自由”的研究越来越趋向于与新科技紧密联系的新媒体研究以及言论自由如何在市场环境之下健康发展的研究。且研究越来越多地倾向于，对于如何很好地保证言论自由可以在合理规范的法律法规指导下，在新技术加入后媒介大变化、言论市场多变的环境之下，可以更为规范地保持健康发展。如第 98 期出现的《数位时代的“记者特权”以美国法制发展为论述中心》以及 101 期出现的《网络、年轻人与临时自治》等。

3. 研究问题倾向于解决实际性问题

正如上文分析的，报禁解除之后的台湾言论自由市场进入了迷思区，政党对于媒介的控制和利用让言论市场混乱不堪。而进入 21 世纪之后，更多的言论问题则集中在市场化之下的商业化对言论市场的进一步腐蚀。鉴于此，言论学者们对于言论自由的研究的担忧集中点更多地集中在一些实际性问题的解决：①国际层面的言论自由与文化霸权问题；②国家层面的言论自由与国家安全以及现代化问题；③社会层面的言论自由与社会责任相关问题；④行业层面的言论自由与言论法律、制度等问题。每一个问题都是涉及国家安全、民族利益、社会稳定和人民幸福的大事记，都是需要我们进一步深入探讨和研究的研究领域。因此，我相信，在和平、发展、共赢成为时代大背景的如今，如何去通过言论自由服务于社会、民族、国家甚或世界的发展，才是未来研究的大趋势。

附件 2：

《新闻学研究》编码表

一级类目	操作定义	二级类目	操作定义	备注
研究侧重面	台湾学者对于新闻自由的研究侧重于从哪方面进行	概念及相关新闻理论	全篇对新闻自由或言论自由做理论研究	
		案例分析	全篇是根据特定的事件、具体媒介、典章法典、特定报纸杂志、访谈记录等案例进行记录和研究	
		人物思想	1. 全篇对于某些人物的新闻思想的研究；2. 全篇对于某人物的文本的分析；3. 个人对于言论、新闻自由的体悟	
		历史追溯	1. 全篇对新闻自由或言论自由的发展进行时间历史梳理；2. 全篇针对时间的梳理的各种条例的梳理；3. 国家的新闻、言论自由的发展过程；4. 新闻机构的成立过程及机构的原则等。	
		法理学角度	全篇主要从法理学的角度对新闻或言论自由进行研究	
研究倾向	台湾学者对于新闻自由所持有的态度	积极支持	1. 对于新闻自由持积极支持态度，文中对于新闻自由、言论自由完全持积极认可，没有提到任何质疑，或者任何其可能带来的消极影响；2. 没有提到新闻言论自由实施过程中会遇到障碍和挑战。	
		不乐观	1. 文中只要对于新闻、言论自由提到一点关于其可能带来的消极影响；2. 新闻、言论自由在实施过程中遇到的障碍，带来的不便利。	
		其他	1. 没有明确表达立场，只是对于理论进行客观分析的研究；2. 只是单纯的对于法律条例的翻译；3. 只是单纯的对于文本的介绍。	

参考文献

1. 蒋维锬 . 妈祖文献资料 [M]. 福州：福建人民出版社，1990.

2. 林国平、彭文宇 . 福建民间信仰 [M]. 福州：福建人民出版社，1993.

3. 郑振满、（美）丁荷生 . 福建宗教碑铭汇编（兴化府分册）[M]. 福州：福建人民出版社，1995.

4. 林美容 . 妈祖信仰与汉人社会 [M]. 哈尔滨 : 黑龙江人民出版社 ,2003.

5. 庄晓东 . 文化传播：历史、理论与现实网 [M]. 北京 : 人民出版社，2003.

6. 邵培仁 . 传播学 [M]. 北京：高等教育出版社，2004.

7. 蒋维锬，郑丽航 . 妈祖文献史料汇编（碑记卷）[Z]. 北京：中国档案出版社，2007.

8. 李彬 . 传播符号论 [M]. 北京 : 清华大学出版社 ,2012.

9. 杨瑞明等（主编）. 文明传播的哲学视野 : [M]. 北京 : 中国社会科学出版社，2012.

10. 顾颉刚 . 天后 [J]. 民俗，1929，（41.42 合刊）

11. 朱天顺 . 妈祖信仰的起源及其在宋代的传播 [J]. 厦门大学学报，1986（2）.

12. 黄秀林、林剑华 . 妈祖信仰文化社会功能的人类学分析 [J]. 哈尔滨学院学报，2005.

13. 林国平 . 关于中国民间信仰研究的几个问题 [J]. 民俗研究，2007（1）.

14. 张士闪 . 传统妈祖信仰中的民间叙事与官方叙事 [J]. 山东艺术学院学报，2007（6）.

15. 唐国军 . “亲民”与教化：儒家思想政治教育的客体论 [J]. 广西社会科学，2008（1）.

16. 陈兴贵 . 神圣与世俗：妈祖信仰的社会文化功能演变 [J]. 中国宗教，2009（12）.

17. 郑丽航 . 宋至清代国家祭祀体系中的妈祖综考 [J]. 世界宗教研究，2010（2）.

18. 庄美连 . 传播学视域下的妈祖媒介形象解读 [J]. 莆田学院学报,2014（04）.

19. 张宁宁 . 政治教化视域下的妈祖文化传播 [J]. 闽南师范大学学报（哲学社会科学版），2018（2）.

20. 张宁宁 . 文化发生学视野下的妈祖信仰传播 [J]. 文化与传播，2018（04）.

21. 钟祺 . 正统化：宋元时期福建文人对妈祖的形象建构 [D]. 福州：福建师范大学，2016.

22. 孙玮 . 作为媒介的外滩：上海现代性的发生与成长 [J]. 新闻大学，2011(4).

23. 孙玮 . 作为媒介的城市：传播意义再阐释 [J]. 新闻大学 .2012(2).

24. [美] 埃尔基・胡塔莫，[芬兰] 尤西・帕里卡编 . 媒介考古学：方法 、路径与意涵 [C]. 上海：复旦大学出版社 . 唐海江主译，2018.

25.[英] 阿雷恩・鲍尔德温，布莱恩・朗赫斯特，斯考特・麦克拉肯，迈尔斯・奥格伯恩，葛瑞格・斯密斯：文化研究导论（修订版）[M]. 陶东风等译 . 北京：高等教育出版社，2004.

26. 龚洁：鼓浪屿建筑 [M]，厦门：鹭江出版社，2006.

27.[美] 约翰・杜翰姆・彼得斯 . 对空言说：传播的观念史 [M]，邓建国译，上海：上海译文出版社 .2017.

28. [美] 保罗・唐纳顿：社会如何记忆 [M]. 纳日碧力戈译，上海：上海人民出版社，2000.

29. [美] 赖特・米尔斯：社会学的想象力 [M]，陈强，张永强译，北京：生活・读书・新知三联书店，2005.

30. 李红涛，黄铭顺 . 记忆的纹理：媒介、创伤与南京大屠杀 [M]. 北京：中国人民大学出版社，2017.

31.（美）诺尔曼・丹森。情感论 [M],魏中军，孙安迹译，沈阳：辽宁人民出版社，1989。

32.（美）柯林斯 . 互动仪式链 [M]，林聚任，王鹏，宋丽君译，北京：商务印书馆，2009。

33. 冯仕政 . 西方社会运动理论研究 [M]，北京：中国人民大学出版社，2013。

34. Sally Planalp. *Commuincating Emotion ：social, moral, and cultural processes*[M]. Cambs: Cambridge university press，1999

35. 郭于华 . 仪式与社会变迁 [M]，北京：社会科学文献出版社，2000.